Boris Traue
Das Subjekt der Beratung

Boris Traue (Dr. phil.) ist wissenschaftlicher Mitarbeiter des Instituts für Soziologie der Technischen Universität Berlin und zurzeit Visiting Research Fellow am Centre for the Study of Invention & Social Process (CSISP) am Goldsmiths College, University of London. Seine Forschungsschwerpunkte liegen im Bereich der Wissens- und Kultursoziologie, der Professionssoziologie und der Geschichte der Sozial- und Selbsttechniken.

Boris Traue

Das Subjekt der Beratung

Zur Soziologie einer Psycho-Technik

[transcript]

Diese Publikation wurde durch die Hans-Böckler-Stiftung unterstützt.

Bibliografische Information der Deutschen Nationalbibliothek
Die Deutsche Nationalbibliothek verzeichnet diese Publikation in der Deutschen Nationalbibliografie; detaillierte bibliografische Daten sind im Internet über http://dnb.d-nb.de abrufbar.

Zugleich Dissertation an der Technischen Universität Berlin 2008

Umschlagkonzept: Kordula Röckenhaus, Bielefeld
Lektorat & Satz: Rivkah Frick, www.die-textreinigung.de
Druck: Majuskel Medienproduktion GmbH, Wetzlar
ISBN 978-3-8376-1300-1

Gedruckt auf alterungsbeständigem Papier mit chlorfrei gebleichtem Zellstoff.

Besuchen Sie uns im Internet: *http://www.transcript-verlag.de*

Bitte fordern Sie unser Gesamtverzeichnis und andere Broschüren an unter: *info@transcript-verlag.de*

INHALT

Danksagung

Dieses Buch hätte ohne die Unterstützung und Energie vieler Menschen und Institutionen nicht entstehen können. Zuallererst möchte ich Hubert Knoblauch, der die Untersuchung als Dissertation betreut hat, für sein anhaltendes Interesse und seine beständige Unterstützung danken. Auch Walter R. Heinz hat zur Entstehung und zum Gelingen der Studie beigetragen. Er hat sie während meiner Zeit an der Bremer Graduate School of Social Sciences und danach engagiert gefördert.

Die Mitglieder meiner langjährigen Arbeitsgruppe „Diskurs Medien Biographie" haben die Entstehung des Textes mit Anregungen, Unterstützung und Kritik begleitet: Lena Correll, Holger Herma, Lisa Pfahl und Lena Schürmann kann ich deshalb nicht genug danken. Michael Corsten verdanke ich mein Interesse für die Berufs- und Professionssoziologie. Er ermutigte mich sehr zu dieser Untersuchung. Ich möchte außerdem den Teilnehmerinnen und Teilnehmern des Colloquiums für Allgemeine Soziologie an der Technischen Universität Berlin für ihr Interesse und ihre stimulierende Diskussion meiner Thesen danken.

Eine ganze Reihe weiterer Personen, die zur Entstehung oder Fertigstellung des Buches auf die eine oder andere Weise beigetragen haben, verdienen Erwähnung und Dank: Meine Interviewpartnerinnen und Interviewpartnern dafür, dass sie sich die Zeit genommen haben, meine Fragen geduldig zu beantworten. Michaela Pfadenhauer hat frühe Projektentwürfe kommentiert und später als Herausgeberin Ergebnisse publiziert. Mit meinem Kollegen Bernt Schnettler habe ich wichtige Gespräche über Schütz und Foucault geführt. Justin Powell und Alessandra Rusconi danke ich für Kommentare zu einzelnen Kapiteln. Monica Greco lud mich ans Goldsmiths College der University of London ein und gab mir Hilfestellung bei den historischen Analysen. Ulrich Bröckling kommentierte eine älteren Version des Manuskripts. Reiner Keller hat durch seine Arbeiten zur wissenssoziologischen Diskursanalyse und sein Interesse an der vorliegenden Studie zur Präzisierung nicht nur der methodischen Überlegungen beigetragen.

Die Hans-Böckler-Stiftung hat meine Promotion über mehrere Jahre finanziell und praktisch vertrauensvoll unterstützt. Auch die Veröffentlichung dieses Buchs wurde durch sie gefördert. Rivkah Frick und die Mitarbeiterinnen und Mitarbeiter des transcript Verlags haben zur Fertigstellung der Publikation wesentlich beigetragen.

Schließlich hätte dieses Projekt ohne die Hilfe, die durchdachten Kommentare und den liebevollen Rückhalt von Freunden und Familie nicht verwirklicht werden können. Für wichtige Hinweise aus der Insider-Perspektive danke ich besonders Heinrich Dreesen. Auch Ingrid Dreesen, Elke Traue und Harald Traue haben das Gelingen immer unterstützt. Dafür danke ich ihnen. Zahlreiche Gespräche mit Christoph Engemann haben zur Verfertigung der Gedanken und des Textes Wesentliches beigetragen. Am meisten danke ich Lisa Pfahl, die nicht nur alles gelesen und mit durchdacht hat, sondern dies alles mit mir durchlebt hat.

Gewidmet ist dieses Buch Bela und Cleo.

Einleitung: Therapeutik und die Erfindung des Subjekts

In modernen Gesellschaften ist das Individuum Adressat von Interventionen, die darauf abzielen, es an soziale Verhältnisse anzupassen und anderer, die eine Freisetzung aus den Zwängen dieser Verhältnisse versprechen. Die Psychotherapien beanspruchen beides: Befähigung zur Anpassung *und* Befreiung von den inneren Zwängen, denen das Leben der Psyche unterworfen ist. Die Therapeutiken, zu denen auch die Beratung gehört, sind nicht mehr auf Grenzsituationen des Lebens beschränkt. Sie sind ständige Begleiter im Alltag – in Form persönlicher Begleitung und Betreuung, aber auch als Diskurse der Selbsthilfe. Die therapeutischen Wissensformen gehen in das Selbstverständnis ein, geben Handlungsfähigkeiten eine Richtung und prägen mittelbar und unmittelbar Haltungen zum Gemeinwesen. Die wissenssoziologische Beschreibung dieser Wissensformen ist keine einfache Aufgabe, auch weil sich soziologische und kulturwissenschaftliche Theorien des Subjekts traditionell in Konkurrenz zum psychologischen Wissen als Hauptlieferanten der Therapien befinden. Eine historische Herangehensweise, die gegenwärtige institutionelle und kommunikative Formen der Therapeutik in ihrer Gewordenheit rekonstruiert und ihre sozialstrukturellen Bestandsbedingungen beschreibt, erlaubt es, die Auseinandersetzung mit therapeutischen Praktiken nicht normativ, sondern als *Dekonstruktion ihrer Entstehungs- und Bestandsbedingungen* zu führen.

Therapeutische Interventionen, die auf die Psyche abzielen – und die sie begleitende Kritik – haben eine lange Geschichte, die mit der Geschichte der Medizin, der Religion und der Staatlichkeit eng verknüpft ist. Die radikale Ablösung der Therapeutiken von den religiösen Institutionen und teilweise auch von der Medizin ereignete sich im 18. Jahrhundert. Wissenschaftliche und öffentliche Diskussionen um die Therapeutik gehören seit ihrem Aufkommen zum therapeutischen Diskurs. Seit den 1970er Jahren ist eine Konjunktur nicht der Psyche, aber des *Subjekts* zu beobachten, die sich einerseits den politischen und wissenschaftlichen Bewegungen verdankt, die sich der Verteidigung des Subjekts widmen[1], andererseits dem ‚Wuchern der Dispositive', d. h. der Expertise. Die *Experten* und *Professionellen*, die von staatlicher Verwaltung und Regierung als auch von der ökonomischen Produktion relativ unabhängig sind, gehören zu den prominenten ‚*Trägern*' der Problematisierung von Subjektivität. Sie entwickeln und verbreiten Diskurse und Technologien, die zur Lösung von Problemen beitragen sollen, und beanspruchen, Gesellschaft, Institutionen und Individuen zu informieren und zu beraten.

Seit Begründung der Sozialwissenschaften wird die Transformation der Kulturen des Kapitalismus mit Identitäts- und Subjektivitätsformen in Verbindung gebracht. In den 1980er Jahren findet eine intensive gesellschaftsweite intensive, auch sozialwissenschaftlich breit diskutierte Auseinandersetzung über Teilhabe- und Organisationsformen der Privatwirtschaft ein, für die ab Mitte der 1980er Jahre konstatiert werden muss, dass die Hoffnungen auf eine Demokratisierung der Wirtschaft und dauerhafte Stärkung der Arbeitnehmerseite gescheitert sind.[2] In den Sozialwissenschaften entwickelte sich im Zusammenhang mit dieser Diskussion ein Interesse dafür, weshalb diese Maßnahmen und Entwicklungen relativ große Zustimmung bei den betroffenen Bevölkerungen fanden.

Infolge der ‚neoliberalen Revolution' werden die Psychotechniken – darunter sollen im Folgenden alle sozialen Technologien der Bearbeitung des ‚Inneren' gefasst werden – eingehend in ihrer Kapazität zur ‚Produktion von Subjekten' diskutiert – während die psychotechnischen Experten über lange Zeit Teilnehmer, aber nicht Gegenstände der wissenschaftlichen Auseinandersetzung waren.

Die Gestalt und die Folgen der Ökonomisierung im Zuge des jüngsten Globalisierungsschubs des Kapitalismus charakterisieren eine Reihe von Autorinnen und Autoren mit unterschiedlichen Vokabularen als

---

1 Vgl. Alain Touraine: Critique de la modernité.

2 Dieses Scheitern ist an Maßnahmen wie der Anti-Gewerkschafts-Gesetzgebung in Großbritannien, der Verfolgung von linken Politiker und Akademikern in Italien, dem Scheitern der paritätischen Mitbestimmung in Deutschland und der Zersplitterung der französischen Gewerkschaftsbewegung festzumachen.

Ökonomisierung des Subjekts: So etwa Richard Sennett, der in seinen Studien zum ‚flexiblen Kapitalismus‘[3] die Auswirkungen der Entgrenzung von Zeitlichkeit und Räumlichkeit und deren Konsequenzen für die Bindung an Gemeinwesen, Berufe, Orte and andere Personen beschreibt. In den deutschsprachigen Sozialwissenschaften wurden die Paradoxien, die sich aus den veränderten betrieblichen Vergesellschaftungsformen des Neuen Kapitalismus ergeben in der Diskussion um die ‚Subjektivierung der Arbeit‘[4] ausführlich diskutiert. Die ‚fremdorganisierte Selbstorganisation‘ von Arbeit, so die Quintessenz dieser Diskussion, erzeuge das Anforderungsprofil des ‚Arbeitskraftunternehmers‘[5], der lernt, in sich selbst zu investieren und so zur Inwertsetzung seines Arbeitsvermögens beizutragen. Dies führe zu Formen „ideologisierter Subjektivität“[6], die Ergebnis einer ‚diskursiven soziokulturellen Überformung‘ alltäglicher Lebensführung sind. Die freiwillige Unterwerfung von Individuen unter Verhältnisse, die erhöhte Risiken von (Selbst-)Ausbeutung und sozialer Exklusion mit sich bringen, konnte im Rahmen dieser (neo-)marxistischen Analysen allerdings nicht zufriedenstellend erklärt werden – es hat sich als wenig hilfreich erwiesen, die entrepreneurialen Subjektivitätsformen als ‚ideologisiert‘ zu etikettieren, auch wenn hier zweifellos eine Überformung von lebensweltlichem, d. h. älterem Wissen vorliegt. Luc Boltanski und Ève Chiapello[7] setzen sich in ihrer Untersuchung ‚Der Neue Geist des Kapitalismus‘ mit der *normativen Attraktivität* der ökonomischen, sozialen und psychischen Verhältnisse des gegenwärtigen Kapitalismus, bzw. Managerialismus auseinander. In ihrer Untersuchung von Managementliteratur kommen sie zu dem Ergebnis, dass projektförmige Arbeitszusammenhänge durch Legitimations-

3 Sennett, Richard: Der flexible Mensch. Die Kultur des neuen Kapitalismus; ders.: Die Kultur des neuen Kapitalismus.

4 Martin Baethge formulierte die Subjektivierungsthese in der Industriesoziologie erstmals unter diesem Titel, weniger in einer ‘kritischen‘ denn in einer normativistischen Perspektive: Baethge, Martin: „Arbeit, Vergesellschaftung, Identität – Zur zunehmenden normativen Subjektivierung der Arbeit“. G. Günter Voß und Hans Pongratz publizieren 1998 eine kritisch-marxistische Formulierung der Subjektivierungsthese: Voß, G. Günter und Hans J. Pongratz: „Der Arbeitskraftunternehmer. Eine neue Grundform der Ware Arbeitskraft?“ Eine Zusammenfassung und Zwischenbilanz der industriesoziologischen Subjektivierungsdiskussion findet sich in Moldaschl, Manfred und G. Günter Voß: Subjektivierung von Arbeit.

5 Voß, G. Günter und Hans J. Pongratz: „Der Arbeitskraftunternehmer. Eine neue Grundform der Ware Arbeitskraft?“

6 Kleemann, Frank et al.: „Subjektivierung von Arbeit – Ein Überblick zum Stand der soziologischen Diskussion“, S. 28.

7 Boltanski, Luc und Ève Chiapello: Der neue Geist des Kapitalismus.

strategien gestützt werden, die die neuartige Normativität einer ‚projektbasierten Polis' mit sich führen und die Arbeitenden so für sich einnehmen. Dabei bleibt offen, wie sich diese proklamierte Ethik des Projekts, der Kooperation und des Unternehmertums durchzusetzen vermag – trotz einer gegenläufigen Realität, die mit gesteigerten Risiken, Lohnverlusten und einer Schwächung der Position von Arbeitern und Angestellten einhergeht. Die ‚sociologie pragmatique' von Luc Boltanski und Laurent Thévenot adressiert das Problem der Wissensformen nicht adäquat, insofern die strategische Ausrichtung der managerialen Wissensformen nicht ausreichend berücksichtigt wird. Auch in der deutschsprachigen Biographieforschung wird die Thematik erhöhter Anpassungsforderungen und Gestaltungsmöglichkeiten im Rahmen flexibler institutioneller Vorgaben thematisiert – dies führe zur Individuierung qua „Selbstsozialisation"[8], deren Gelingen allerdings von vielfältigen sozialen Bedingungen abhängt.

Nikolas Rose[9] kritisiert die Ökonomisierung des Sozialen mit der eindrücklichen Formel des ‚Tod des Sozialen'. Seine Rezeption des Spätwerks Foucaults im Rahmen soziologischer Analysen der Wirtschaft und der ‚psy-Wissensformen' (Psychologie, Psychotherapie etc.) bietet gute Voraussetzungen, die *fremdorganisierte Selbstorganisation* der Individuen in postfordistischen Verhältnissen nicht nur aus einer makrotheoretischen Beobachterperspektive zu erklären, sondern die Praxis- und Wissensformen der postfordistischen Führung von Bevölkerungen zu verstehen.

Empirischer Gegenstand der vorliegenden Untersuchung ist die Produktion von Subjekten durch die therapeutische Beratung, genauer: die Problematisierung des Subjekts im Wissen der Therapeutik. Während Beratung in einer allgemeinen Öffentlichkeit, aber teilweise auch im wissenschaftlichen Diskurs als neutrale, angemessene Antwort auf die zunehmende Komplexität zeitgenössischer Gesellschaften verstanden wird, soll hier die Hypothese verfolgt werden, dass Beratung einen aktiven Teil an der Generierung der Probleme hat, zu deren Lösung sie beiträgt. Der Fokus der Untersuchung liegt demnach nicht auf den ‚Leistungen', und damit der Daseinsberechtigung der Beratung, sondern auf den Problematisierungsformen, die sie hervorbringt. Die Frage, was Beratung ist und die funktionalistische Frage, was sie für die moderne Ge-

---

8 Heinz, Walter R.: „Selbstsozialisation im Lebenslauf. Umrisse einer Theorie biographischen Handelns"; ders.: „Self-socialization and post-traditional society".

9 Rose, Nikolas: „The death of the social? Refiguring the territory of government".

sellschaft leistet, wird zugunsten der Frage zurückgestellt, wie sie Problemstellungen aus verschiedenen Handlungs- und Wissensbereichen aufgreift und reartikuliert. Beratung wird als Ort der Wissensproduktion befragt, der eine lange Geschichte der Problematisierung des Selbst aufweist. Die ‚magische Welt der Beratung‘[10] repräsentiert Zukünfte für Institutionen und Individuen und verspricht ihnen Optimierung und eine Steigerung von Glück und Produktivität.

In der historischen Vorgeschichte des Rats stechen zwei Grundbedeutungen heraus: erstens der ‚politische‘ Rat, d. h. die Beratung über Entscheidungen innerhalb von Gemein- und Staatswesen, und zweitens die ‚angeratenen Handlungen‘, die ‚opera supererogationis‘, die in der scholastischen Philosophie eine bedeutende Rolle spielen.[11] Bei den ‚über das erforderliche hinausgehende Werken‘ handelt es sich um Handlungen, die zwar nicht moralisch notwendig, aber doch wünschenswert sind. In der scholastischen Bedeutung handelt es sich um Verdienste Jesu Christi, insofern dieser mehr geleistet hat, als zur Erlösung des Menschengeschlechtes notwendig war; außerdem die Verdienste der Heiligen, insoweit diese nicht nur Gottes Gebote, sondern auch Gottes Ratschläge erfüllten, folglich mehr leisteten, als für Erlangung ihrer eigenen Seligkeit erforderlich war. Diese zweite Bedeutung der Vermittlung von Tugenden trägt zur Kulturbedeutung der gegenwärtigen Beratung möglicherweise mehr bei als die des ‚politischen‘ Rats, der mit der Problematik des Entscheidens eng verknüpft ist. Die Beratung bewegt sich in einem Zwischenbereich: Wozu geraten wird, ist weder klar juridisch-normativ reguliert (in diesem Fall kann man sich an Gesetze halten, die allerdings noch hermeneutisch auszulegen sind), noch soll es der Gewohnheit oder der Tradition überlassen werden.

Die in der sozialwissenschaftlichen Beratungsforschung übliche Annahme, es handele sich bei der Beratung um eine Vermittlungsinstanz, ein neutrales Medium der Förderung von Entscheidungsfähigkeit speist sich teilweise aus der berufs- und professionssoziologischen Diagnose, eine Expertenklasse könne sich den funktionalen Erfordernissen und der Weisungsbefugnis der Bürokratien von Kapital und Staat entziehen und eine eigene Logik installieren.[12] Für die klassischen Professionen mag diese Diagnose in gewisser Weise zutreffen – indem sie sich zusammen mit der Differenzierung gesellschaftlicher Funktionsbereiche etabliert

10 Fuchs, Peter: „Die magische Welt der Beratung“.

11 Vgl. für eine ausführliche Darstellung Wolfgang Kersting: „Rat II: Von der Patristik bis zur Neuzeit“.

12 Eine Aufarbeitung der ‚new class‘-Diskussion findet sich bei Kellner, Hansfried et al. (Hg.): Hidden Technocrats.

haben (wie die Medizin oder die Rechtspfleger) oder als Vertreter bestehender Großinstitutionen fungieren – wie die Theologen. Für die ‚neue Klasse' von Experten, die nicht die Privilegien der ‚professionals' im engeren Sinn genießen, ist die Lage anders:

Das juridisch-formale Heraustreten aus Staat und Ökonomie hat die ‚neuen Experten' nicht in einen Zustand ‚freischwebender Intelligenz' oder in eine klassische Professionalität entlassen, sondern in den Stand einer Möglichkeit und zugleich Notwendigkeit der permanenten Vermittlung zwischen unterschiedlichen Interessen und Bedürfnislagen. Beratungsformen und -kontexte haben unterschiedliche Charaktere und institutionelle Verankerungen: Seelsorge als religiöse ‚Beratung', wohlfahrtsstaatliche Beratung (Beratung Arbeitsagentur, Familienberatung, sozialpädagogische Beratungsstellen, Frauen- und Migrantinnenberatung); Beratung im Bildungsbereich (z. B.: Studierendenberatung); Beratung im Gesundheitssystem (z. B. Schwangerschaftsberatung, Ernährungsberatung, genetische Beratung); therapeutische Beratung (medizinisch und nicht-medizinisch); Politikberatung, Unternehmensberatung und Steuerberatung, Unternehmensgründungsberatung, Personalberatung. Die Auflistung zeigt: Die einen Formen der Beratung verbreiten Wissensbestände und Ethos von Institutionen oder Organisationen, während andere stärker darauf angelegt sind, zwischen Mentalitäts- und Handlungsstilen zu vermitteln.

Typisch für die zweite Gruppe von Beratungsformen ist das Coaching. Coaching ist eine Form der therapeutischen Beratung, die zugleich als Instrument der Personalentwicklung dient. Klienten sind aufgerufen, sich dem Coach mit ihren persönlichen Anliegen, Gefühlen und Überlegungen zu öffnen, um Probleme am Arbeitsplatz, Probleme mit der Organisation des ‚Lebens' und anderen diffuse Unzufriedenheiten zu bearbeiten. Dabei klingt mehr oder weniger subtil die Sprache des Managements an: Zielvereinbarungen, Visionsentwicklung, ‚Soll-und-Ist-Vergleiche' stehen neben Selbstrealisierung, Authentizität, oder der Harmonisierung des ‚inneren Teams'. Coaching steht im Rahmen der Untersuchung für den gegenwärtigen Stand der Beratung, die subjektiviert, ohne zu pathologisieren, und die problematisiert, ohne offen zu belehren.

Um die Beratung als soziale Technologie und Form der Selbstkultur zu untersuchen, werden im einzelnen vier Fragen verfolgt. *Erstens: Welche sozialstrukturellen Kontexte und Bedingungen prägen das berufliche Handeln und die Expertise der ‚Träger' der Beratungsdiskurse, insbesondere des ‚Coaching' als Beratungsform, in der therapeutische und manageriale Diskurse in eine spezifische Konstellation gebracht sind? Zweitens: Welche Programmatiken der Subjektivierung werden in The-*

rapie und Personalführung, und schließlich in der Beratung artikuliert? Wie entfalten diese Diskurse ihre Wirkung, und wie verdichten sie sich zu einem Dispositiv? Drittens: Welche Techniken des Selbst werden in gegenwärtigen Beratungsformen vermittelt? Viertens: In welchem Verhältnis stehen Diskurse und Praktiken der Beratung zur Transformation von Regierungsformen der Gegenwart?

Befunde und Grenzen kommunikationssoziologischer Zugänge

Die diskursanalytische Untersuchung – avant la lettre – der Psychotherapie setzt mit Michel Foucaults[13] und Robert Castels[14] Untersuchungen zur Psychiatrie und Psychoanalyse ein. Die Beratung als nicht-klinische Praxis – mit vielen Querverbindungen zur klinischen Therapie – wurde erst rund 30 Jahre später Gegenstand nennenswerter historischer sozialwissenschaftlicher Forschung. Für die konversationsanalytische Forschung ist die Beratungskommunikation seit den 1970er Jahren ein „geradezu paradigmatischer Gegenstand“[15], u. a. deshalb, weil „Beraten als Gegenstand eines Institutionalisierungsprozesses in einer Gesellschaft wahrgenommen wurde, in der sich in zunehmendem Maße traditionelle lebensweltliche Zusammenhänge in Großfamilien, Ortsgemeinschaften und vergleichbaren Organisationsformen des unmittelbaren Kontakts auflösten und durch arbeitsteilige und spezialisierte Formen institutioneller Angebote ersetzt wurden“.[16] Sie hat damit ein Theorieangebot *und* zugleich eine Ethik der Gesprächsführung für beraterisch Tätige an Schulen, Hochschulen, in der Sozialverwaltung, im Strafvollzug, in der Sozialfürsorge (Familienhilfe, Frauenberatung, Schuldnerberatung, Suchtberatung, Drogenberatung, Ernährungsberatung, etc.) und in der interkulturellen Bildung und Beratung bereitgehalten.

Seit den 1960er Jahren wird eine große Anzahl von Aufsätzen veröffentlicht, in denen die Probleme und Anwendungsmöglichkeiten von Beratung in diesen unterschiedlichen Bereichen dargestellt werden (in der Regel von den Praktikern selbst, bzw. aus den Disziplinen, die diese Beratergruppen ausbilden: Pädagogik, Sozialpädagogik, Psychologie).

13 Foucault, Michel: Naissance de la clinique; ders.: Histoire de la folie à l'âge classique.

14 Vgl. Castel, Robert: Die psychiatrische Ordnung; Robert Castel, Françoise Castel und Anne Lovell: Die Psychiatrisierung des Alltag.

15 Kallmeyer, Werner: „Beraten und Betreuen“, S. 229.

16 Ebd., S. 228.

Die gesprächsanalytische Literatur bezieht verwandte Formen des ‚helfenden' Gesprächs ein: Therapie, Arzt-Patient-Kommunikation und u. a. neuere Formen von beraterischer Kommunikation wie Supervision, Moderation etc. Zentrale Themenkomplexe der konversationsanalytischen Beratungsforschung sind die Wissensvermittlung in der Beratung, sowie den „möglichen Einfluss von Bedingungen institutioneller Organisation und die Überformung der Verständigungs- und Aushandlungsprozesse".[17]

„Detailliertes Fallwissen, der Problembetroffenheit und der damit zusammenhängenden Perspektivenverengung auf Seiten von RS [„Ratsuchender"] stehen „Problemdistanz, generelles Wissen über Problemtypen und Lösungswege bei RG [„Ratgeber"] gegenüber".[18]

Der idealisierende Charakter dieser Vorstellung der kommunikativen Asymmetrie in der Beratung, in der die Institutionen ihre Klienten sprechen lässt, wird in der gesprächsanalytischen Beratungsforschung eher nicht thematisiert. Nichtsdestotrotz kann die Gesprächsanalyse wertvolle Hinweise auf den Zusammenhang von beraterischem Wissen und institutionellen Kontexten geben. Kallmeyer beschreibt die ‚Grundstruktur des Beratungshandelns' folgendermaßen:

> Kernschema ist ein Vorgang der Beanspruchung eines Anderen mit der Zumutung von Hilfeleistung. Dieser Vorgang hat eine dreigliedrige Struktur mit Beanspruchung + Bearbeitung + Verarbeitung.[19] [...] Diese Struktur gliedert sich weiter auf in die Etablierung von Beratungsbedürftigkeit und Instanzeinsetzung, die Problempräsentation, die Entwicklung einer Problemsicht durch ‚RG', die Redefinition des Problems und Festlegung des Beratungsgegenstands, die Lösungsentwicklung, die Verarbeitung des Lösungsangebots durch ‚RS', eine Vorbereitung der Realisierung, die Entlastung und Honorierung durch ‚RS' [...] Entscheidendes Merkmal für das Vorliegen beraterischer Kommunikation ist der Verbleib der Verantwortung für die Handlung außerhalb der Beratungssituation beim Beratungsnehmer.[20]

---

17 Ebd., S. 231.

18 Ebd., S. 229.

19 Hier liegt eine bedeutsame Vorentscheidung vor: der Klient der Beratung wird als „tatsächlich" hilfsbedürftig dargestellt, er oder sie „beansprucht" einen Anderen mit der „Zumutung von Hilfeleistung". Die gesellschaftliche Konstruktion von ‚Hilfsbedürftigkeit' wird gemäß dieser Setzung in der beschriebenen Forschungstradition nicht weiter problematisiert. Dies mag der Selbstwahrnehmung der Berater entsprechen, schränkt aber die soziologische Reichweite der konversationsanalytisch geprägten soziologischen Forschung zu Beratung ein.

20 Ebd., S. 228f.

Kallmeyer grenzt Beratung in diesem idealtypischen Schema von Belehrung („Instruktion und Unterweisung") und Betreuung ab. Betreuungen sind (kommunikativ) dadurch gekennzeichnet, dass der Ratgebende für den Ratsuchenden Entscheidungen trifft.[21] Die konversations- und gesprächsanalytischen Untersuchungen sind um die rechtlichen und historischen Voraussetzungen sprachlicher Muster wenig besorgt. Mit der Unterscheidung zwischen Beratung, Betreuung und Belehrung ist es aber im Prinzip möglich, eine Reihe wichtiger sozialtheoretischer und empirischer Fragen zu stellen: Wie ist das Verhältnis sprachlicher und juridischer Macht in Experten-Laien-Verhältnissen zu denken? Wie wird Verantwortlichkeit ausgehandelt und verteilt? Wie ist das Verhältnis von Wissen (Belehrung) und Führung (Beratung) beschaffen? Um diese Fragen diskutieren zu können, müssen solche idealtypischen Schemata allerdings selbst historisiert werden. Außerdem müssen die sozialen, diskursiven, juridischen und medialen Voraussetzungen und Folgen der Beratungskommunikation berücksichtigt werden – dies ist allerdings nicht ausreichend geschehen.

Die systemtheoretisch fundierte Forschung zu Beratung hat das idealtypische Schema weitgehend übernommen, wendet es aber nicht mehr normativ – d. h. als Kritik von Beratungen, die das ideale Beratungsschema korrumpieren – an. So räumt etwa Rainer Schützeichel im Anschluss an diese kommunikationsanalytischen Thesen, die er systemtheoretisch interpretiert, ein, dass die Abgrenzung zwischen den drei Typen empirisch nicht immer möglich ist:

> Beratungen konstituieren einen Akteur als einen Entscheider, Belehrungen evaluieren die Selektionen bzw. Entscheidungen, die ein Akteur trifft, und Betreuungen verringern die Entscheidungsmacht eines Akteurs. Diese drei großen kommunikativen Gattungen sind institutionelle Vorrichtungen die mit dem Entscheidungs- und Akzeptanzproblem von sozialen Kommunikationen befasst sind. Viele Kommunikationen in sozialen Systemen lassen sich ihnen in einer eindeutigen Weise zuordnen. Andere hingegen changieren zwischen diesen drei Formen, beispielsweise die ärztliche oder psychologische Therapie oder der Bereich der sozialen Hilfe, die zwischen diesen verschiedenen Gattungen je nach Situation und je nach Klient ‚switchen' können.[22]

Diese Diagnose ist empirisch zunächst einleuchtend, aber analytisch unbefriedigend und letztlich verwirrend. Was soll es bedeuten, dass institu-

21 Vgl. auch Schützeichel, Rainer: Skizze zu einer Soziologie der Beratung, S. 279.

22 Ebd., S. 279f.

tionalisierte Beratungskommunikationen abwechselnd beratend, belehren und betreuend sein können?

Diese Unterscheidung soll in der vorliegenden Studie unterlaufen, bzw. auf ihre Voraussetzungen befragt werden. Dazu werden drei Strategien verfolgt.

Erstens: Die juridischen, (d. h. rechtlichen und sozialmoralischen) sowie sozialstrukturellen Voraussetzungen der Beratung werden in den Mittelpunkt der Analyse gerückt. Damit kann die Etablierung von Verantwortlichkeiten im institutionellen Umfeld der Beratung deutlich gemacht werden, etwa durch die *Vertragsformen* der Beratung, und indem Fragen über die impliziten *Eigentumsformen* aufgeworfen werden (Wer besitzt Arbeitsvermögen und Kreativität?).

Zweitens: Die Wissensformen, die die Responsibilisierung des Individuums in der Beratung anleiten, also das implizit belehrende Moment, sollen diskursanalytisch, d. h. durch eine historisch verfahrende Untersuchung von Aussagetypen rekonstruiert werden. Die historische Methode ist die einzige Alternative zu kulturvergleichenden Studien, wenn es darum geht, Vergleichsdimensionen zu generieren, die kulturelle Selbstverständnisse und Machtstrukturen sichtbar machen können.

Drittens: Die *Produktivität* der Beratung als Macht- und Befähigungsform muss systematisch berücksichtigt werden. Die Frage sollte also weniger sein, wie eine unterstellte ‚cartesianische' Unendlichkeit von Handlungsoptionen in der Beratung verengt wird, sondern wie die Diskurse der Beratung unsere *Möglichkeiten* konstruieren. Die Problematisierung des Übergewichts der Beratungsinstanz als *Restriktion* oder *Repression* in der Präsentation der „eigenen Problemsicht" zeigt, dass die konversationsanalytisch und systemtheoretisch geprägte Beratungsforschung vor allem um die *repressive* Wirkung institutioneller Macht besorgt ist – und daher Gesprächsstrukturen beschreibt (und als professionell kennzeichnet), die die Klienten zur Artikulation ihrer Problemsicht ermutigt. Die diskursanalytisch informierten Machttheorien und Zeitdiagnosen betonen demgegenüber die ‚Produktivität der Macht' und zielen auf die Analyse von Formen aktivierender Macht ab.

Zur Genealogie der therapeutischen Subjektivierungsformen

Eine Untersuchung der Problematisierungsformen der Beratung ist mit dem Problem konfrontiert, dass es sich um die Analyse von Wissensformen handelt, die keinesfalls ‚fremd', sondern im Gegenteil zutiefst selbstverständlich und alltäglich sind. Dem Autor und dem Leser eines

Textes zum Thema Beratung sind die Themen und Argumentationsformen meist schon vertraut. Die Schwierigkeit liegt darin, zwischen einer teilnehmenden Perspektive, die die historische Besonderheit dieser Wissensformen verfehlen muss, und einer Beobachterperspektive, die die beschriebenen Phänomene ideologiekritisch oder funktionsanalytisch subsumiert, hindurchzusteuern. Beobachterperspektive und Teilnehmerperspektive sollen in der Untersuchung in einen Dialog gebracht werden. Dadurch wird es möglich, die ‚leidenschaftliche Verhaftung'[23] an die Ideale der Selbstverbesserung und der Lebenskünste der Beratung zu thematisieren und zugleich eine Distanz zu den Imperativen der Beratung herzustellen. Aufgabe einer Beschreibung und Kritik der ‚Selbstdeutungs- und Selbstmodellierungsvorgaben'[24] sollte sein, das Verhaftet sein der Subjekte an die Unterwerfungsformen und Ich-Ideale verständlich zu machen und zugleich zu erklären, wie die Interaktionsordnung und Sozialstruktur der Gegenwart die subjektivierenden Wissensformen begünstigt und hervorbringt.

Inspiriert und angeleitet ist diese Forschungsstrategie insbesondere durch die Wissenssoziologie und die Gouvernementality Studies[25]: Mit der wissenssoziologischen Perspektive ist prinzipiell das Verhältnis zwischen Wissen und Sozialstruktur adressiert. In der neueren Wissenssoziologie ist dieses Verhältnis als durch Handeln Vermitteltes gedacht. Wissen entsteht dabei durch das Aufeinandertreffen von Handlungen und Handlungsformen in medial vermittelten Interaktionszusammenhängen. Die gouvernementalitätstheoretische Perspektive zielt darauf ab, Berührungspunkte zwischen der Führung (bzw. ‚Regierung') von Bevölkerungen und der Lebensführung der Individuen zu beschreiben. Die (von Foucault am Beispiel des Neoliberalismus und Ordoliberalismus des 20. Jahrhunderts empirisch erforschte) Hypothese der Verschränkung von Führung und Selbstführung zu einer ‚Führung der Führung'[26] soll für den empirischen Fall der personenbezogenen Beratungsformen verfolgt werden.

23 Butler, Judith: The Psychic Life of Power: Theories in Subjection.

24 Bröckling, Ulrich: Das unternehmerische Selbst. Soziologie einer Subjektivierungsform.

25 Vgl. Foucaults Vorlesungen: Geschichte der Gouvernementalität I. Sicherheit, Territorium, Bevölkerung. Vorlesung am Collège de France 1977-1978; außerdem für die jüngere angelsächsische Gouvernementalitätsforschung Burchell et al.: The Foucault Effect. Studies in Governmentality und Rose, Nikolas: Inventing our selves. Psychology, Power, and Personhood. Zur deutschsprachigen Rezeption der Gouvernementalitätsvorlesungen siehe Bröckling, Ulrich et al.: Gouvernementalität der Gegenwart. Studien zur Ökonomisierung des Sozialen.

26 Foucault, Michel: „Das Subjekt und die Macht".

Die Problematisierung der Gegenwart durch die genealogische Untersuchung zielt darauf, Programme des Regierens zu rekonstruieren, die das Handeln anleiten, aber es nicht determinieren, die es Deuten, aber nicht mit der Hermeneutik der Lebenspraxis zusammenfallen, die Anforderungen an das Handeln stellen, die jenes konstitutiv verfehlt. Die Empirie, auf die sich eine wissenssoziologisch-diskursanalytische Genealogie der Subjektivierung bezieht, sind „weder die Regelmäßigkeiten und Wahrscheinlichkeiten noch die unkalkulierbaren Momente individuellen Verhaltens, sondern die Versuche, auf diese einzuwirken. [...] Was sie auslegt, sind in Praktiken, Texten, Bilder und anderen Artefakten niedergelegten Regierungsprogramme – Sinndeutungen, die Sinndeutungen, Handlungen, die Handlungen zu beeinflussen suchen".[27] Eine historisch-genetische verfahrende Geneaologie verfremdet als ‚Geschichte der Gegenwart' die selbstverständlichen Identitätsformen der Gegenwart, indem sie „vorhandene Identitäten mit unerwarteten und irritierenden Beschreibungen ihrer Gewordenheit konfrontiert"[28].

Die mit dieser Untersuchung vorgelegte Genealogie modifiziert die Methodik vieler bisheriger historischer und diskursanalytischer Untersuchungen zur Geschichte der Therapeutik.

Die hier unternommene Geneaologie der Subjektivität unterscheidet sich von einem Ansatz, der die Diskursgeschichte ausschließlich auf die engen, wenn auch punktuellen Überschneidungen zwischen Psychologie und Management konzentriert, wie etwa von Nikolas Rose, ohne dessen Vorarbeiten die vorliegende Studie allerdings nicht hätte entstehen können. Seine Analysen des unternehmerischen Selbst folgen in gewisser Weise – trotz seines unbestreitbaren Beitrags zur Entdeckung der gouvernementalitätstheoretischen Schriften Foucaults – der Methodik einer kritischen Geschichtsschreibung der Psychologie, die die Ursprünge der Psychologie aus den Imperativen ihrer jeweiligen Anwendungsbereiche rekonstruiert. Dieses Interesse an einer kritischen Geschichte der Psychologie stellt aber für eine Analyse des Einflusses des therapeutischen Denkens etwa auf die Ökonomie geradezu ein Erkenntnishindernis dar. Die Beobachtung etwa, dass die akademische Psychologie der Nachkriegszeit von ihren Aufgaben im Krieg inhaltlich geprägt ist, kann zur hier vorliegenden Analyse nichts Wesentliches beitragen. Rose interessiert sich dafür, wie das Management die Psychologie instrumentalisiert und wie da-

27 Bröckling, Ulrich: Das unternehmerische Selbst, S. 43

28 Saar, Martin: Genealogie als Kritik. Martin Saar verbindet mit der genealogischen Methode die Hoffnung, eine solche Form der Kritik sei „in besonderem Maße dazu geeignet, einer grundsätzlichen Verwobenheit oder „Komplizität" von Macht und Selbst Rechnung zu tragen", ebd.: S. 15.

durch psychologische Wissensbestände auf Mitarbeiter angewandt werden. Mein Interesse bezieht sich auf die Frage, wie die Diskurse der Ökonomie, der Kybernetik und der Therapeutik sich verbinden, und welche Selbstmodellierungsvorgaben aus dieser Konstellation entstehen. Deshalb wird die Diskursgeschichte der Therapeutik von einer Diskursgeschichte des Managements zunächst stärker getrennt (ohne die punktuelle Verknüpfung der beiden Diskurse im Verlauf des 20. Jahrhunderts aus den Augen zu verlieren), als dies von einer Diskursanalyse zu erwarten wäre (die immer der Gefahr ausweichen muss, eine ‚bequemere' Ideengeschichte zu betreiben), um dann zeigen zu können, welche historisch spezifische Verbindung beide Diskurse gegen Ende des 20. Jahrhunderts eingehen.

Die Genealogie wird durch eine sozialwissenschaftlich-hermeneutische Untersuchung der Wissensressourcen und Legitimationen sowie durch die Beruflichkeit der Beratung komplementiert. Das Wissen um sich und um Praktiken wird im Rahmen der Expertengruppen versammelt und durch sie, entweder unmittelbar, oder durch ihre Publikationstätigkeit an Öffentlichkeiten vermittelt: „Subjektivierungsregime brauchen Subjektivierungsregisseure. Sie verleihen den Programmen Autorität, sie definieren die Aufgaben, vermitteln die Technologien zu ihrer Lösung, sie motivieren und sanktionieren, sie geben Feedbacks und evaluieren schließlich die Ergebnisse."[29] Im Mittelpunkt dieser Teiluntersuchung stehen die Arbeitsverhältnisse im ‚Coaching', das einerseits Bestandteil der ‚Personal- und Organisationsberatung' ist, andererseits einen Markt der Lebensberatung und biographischen Beratung bedient. In dieser Untersuchungsperspektive lässt sich die Arbeitsteiligkeit des Beratungsberufs anhand der Ko-Professionalität von Personalmanagement und Beratern sowie der Assoziationsformen der Berater systematisch auf die Genese ihrer Wissensbestände beziehen. Die anhand von Interviews herausgearbeiteten Deutungen der Berater werden so als Artikulationen im Rahmen komplexer Kräfteverhältnisse verständlich. Diese beiden Untersuchungsebenen werden abschließend zusammengezogen, um herauszuarbeiten, welche durch Legitimationsstrategien und Aufschreibesysteme hergestellten Stützungsverhältnisse zwischen Diskurs, Sozialstruktur und Subjektivierung bestehen.

Sowohl in ihrer methodischen Strategie als auch in ihrem konkreten Gegenstand bezieht sich die Untersuchung neben den eingangs genann-

29 Bröckling, Ulrich: Das unternehmerische Selbst, S. 41. Während Bröckling diese wichtige Rolle der Experten theoretisch sehr klar postuliert, wird die konkrete soziale Position der Experten und ihr Handeln nicht systematisch untersucht.

ten Diskussionen auf einige neuere Studien. Wie bereits deutlich geworden ist, sind Arbeiten aus dem Gebiet der Governementalitätsstudien für die Untersuchung sowohl methodologisch als auch inhaltlich einschlägig. Neben Michel Foucaults Studien zählen dazu vor allem die Untersuchungen britischer Sozialwissenschaftler[30]. Nikolas Roses Genealogie der Psychologie[31] stellt eine wichtige Vorarbeit für die vorliegende Untersuchung dar. Rose hat vor allem die Entstehung der psychologischen Wissenschaftsdisziplin und die Anwendung psychologischen Wissens in Krieg, Betrieb und Therapie zurückverfolgt.[32] In ‚Inventing our Selves' entwickelt er eine Methodologie der Genealogie von Subjektivität, die von Martin Saar[33] und Ulrich Bröckling[34] weiterentwickelt wurde. Bröckling hat erstmals ausführlich die Genealogie des ‚unternehmerischen Selbst' rekonstruiert und deren Performanz in ‚Strategien und Programmen' betrieblicher Sozialtechnologien thematisiert: Kreativität, Empowerment, Qualität, Projekte.[35] Er zeigt, inwiefern das unternehmerische Selbst als die gegenwärtig hegemoniale Subjektivierungsweise begriffen werden kann, also als die dominierende Weise, in der Menschen sich selbst und andere wahrnehmen, bewerten und erleben. Bröckling hat erstmals die große Bandbreite wissenschaftlicher, betrieblicher und normativ-ethischer Praktiken und Wissensformen aufgearbeitet, die im Zusammenwirken das hervorbringen, was gemeinhin in der Formel ‚unternehmerisches Selbst' zusammengefasst wird. Zu nennen ist in dieser Reihe auch Sven Opitz' Studie zur ‚Gouvernementalität des postfordistischen Unternehmens'.[36] Auch er arbeitet die ‚neuen Anrufungen des Subjekts' in Managementpraktiken heraus. Andrea D. Bührmann[37] kritisiert im Anschluss an Katharina Pühls und Susanne Schultz' geschlechtertheoretische Kommentierung der Gouvernementalitätstheorie[38]: Bröckling löse den Anspruch der Gouvernementalitätsperspektive

30 Cruikshank, Barbara: „Revolution within. Self-governement and self-esteem"; Miller, Peter und Nikolas Rose: „Das ökonomische Leben regieren".

31 Rose, Nikolas: Governing the Soul; ders.: Inventing our selves.

32 Ders.: Governing the Soul.

33 Saar, Martin: Genealogie als Kritik.

34 Bröckling, Ulrich: Das unternehmerische Selbst.

35 Ders.: „Totale Mobilmachung"; ders.: „Diktat des Komparativs"; ders.: „Das demokratisierte Panopticon"; ders.: Das unternehmerische Selbst.

36 Opitz, Sven: Gouvernementalität im Postfordismus.

37 Bührmann, Andrea D.: „Das Auftauchen des unternehmerischen Selbst und seine gegenwärtige Hegemonialität".

38 Pühl, Katharina und Susanne Schultz: „Gouvernementalität und Geschlecht"; Pühl, Katharina: „Der Bericht der Hartz-Kommission und die „Unternehmerin ihrer Selbst"".

nicht ein, „die konkrete lokale Praxis von Regierungstechniken zu erkunden und dabei auch die ganz realen Bedingungen zu berücksichtigen, unter denen spezifische Subjektivierungsweisen sich historisch konkret formieren und/oder transformieren“[39]. Diese Kritik soll berücksichtigt werden, indem die lokalen kommunikativen Praktiken der Beratung in ihrer sozialstrukturellen Einbettung (die unter professionssoziologischen Gesichtspunkten analysiert wird) in die Untersuchung einbezogen werden.

Stefanie Duttweiler legte 2007 ihre Studie zur Selbsthilfeliteratur vor, in der sie die ‚Arbeit am Glück‘ als neoliberale Regierungstechnologie untersucht. Die Ergebnisse ihrer Analyse der Selbsttechniken des Glücks weisen zu den hier vorliegenden Befunden zur Beratung große Parallelen auf: „Techniken der Projektion“[40], die die zeitliche ‚Modalisierung‘ des zukünftigen Selbst ermöglichen sollen, ähneln ebenso den hier rekonstruierten Selbsttechniken der Beratung wie ihre ‚Techniken der Observation‘ und der Gefühlsarbeit.[41] Fasst man etwa Ehrenbergs Genealogie der Depression[42], die sich mit dem Wandel der Psychopathologien, ihrer psychiatrischen Beschreibung und pharmakologischen Behandlung beschäftigt, Duttweilers, Bröcklings, die vorliegende Studie und weitere Einschlägige zusammen, lässt sich ein Panorama gegenwärtiger Problematisierungen des Subjekts zeichnen, das auch Unterschiede zwischen den Unterwerfungen des Subjekts und den sich jeweils eröffnenden Gelegenheiten zur Kritik und den jeweils denkbaren Fluchtlinien[43] erkennen lässt. Die Parallelen, Komplementaritäten und Unterschiede zwischen Glücksratgebern, Psychiatrie und Beratung werden im Schlusskapitel wieder aufgegriffen und diskutiert.

Andreas Reckwitz‘ Studie zur „Theorie der Subjektkulturen von der bürgerlichen Moderne zur Postmoderne“[44] ist methodisch anders angelegt als die oben erwähnten Studien. Er untersucht die Widersprüche und Spannungen zwischen jeweils historisch hegemonialen Subjektivitätstypen und den Gegenentwürfen, die sich an ihnen abarbeiten. Sein Kon-

---

39 Bührmann, Andrea D.: „Das Auftauchen des unternehmerischen Selbst und seine gegenwärtige Hegemonialität“, Abs. 11.

40 Duttweiler, Stefanie: „Beratung“, S. 165.

41 Dies verwundert nicht, überschneiden sich doch die sozialen Kreise der Verfasser von Selbsthilferatgebern mit jenen der (quasi-)professionellen Berater; außerdem speisen sich beide Formate von Beratung (publizistische verbreitete Glücksanweisungen bei Duttweiler und Face-to-face-Beratung in dieser Untersuchung) weitgehend aus den gleichen Wissensquellen.

42 Ehrenberg, Alain: Das erschöpfte Selbst.

43 Deleuze, Gilles und Félix Guattari: 1000 Plateaus.

44 Reckwitz, Andreas: Das hybride Subjekt.

zept der ‚Subjektkultur' konkretisiert sich in einer Zusammenführung der „primären Subjektivationsorte"[45] Arbeit, Intimität und Technologien des Selbst. Eine Fülle insbesondere (pop)kultureller Objektivierungen moderner „hybrider" Subjektkulturen plausibilisieren seine historische Gesamtschau des 20. Jahrhunderts. Trotz oder gerade aufgrund der methodischen Differenz (Reckwitz beschäftigt sich weniger mit konkreten Formen von Sonderwissen als ‚Geburtsort' von Subjektkulturen, wie dies für Bröckling, Duttweiler und diese Studie der Fall ist) bietet sich ein Vergleich mit den Befunden zur Beratung an. Bemerkenswert ist dabei, dass Reckwitz' Periodisierung der Abfolge von Subjektkulturen – moralisch-souveränes Allgemeinsubjekt der bürgerlichen Moderne, Avantgarde-Subjekt des ästhetischen Modernismus, gegenkulturelles Subjekt der kulturrevolutionären counter culture – ziemlich genau der Abfolge von Expertenkulturen und Expertenwissen in Therapie und Beratung entspricht.[46]

Für die Thematisierung des Typus des Expertenwissens boten die Arbeiten aus dem Umfeld der sozialphänomenologisch-dramatologischen Experten- und Professionssoziologie wertvolle Ansatzpunkte. Ronald Hitzlers[47] Skizzen zur Form des Expertenwissens und insbesondere Michaela Pfadenhauers synthetisierende Studie zur Professionalität als „Kompetenzdarstellungskompetenz" müssen hier Erwähnung finden. Pfadenhauer arbeitet heraus, dass Expertenwissen als überlegenes Wissen sich immer nur relational zum Alltagswissen behaupten kann. Ihr Ansatz, Expertenwissen als Begleiterscheinung und Konsequenz von Inszenierungen von Professionalität zugleich zu relativieren und zu würdigen, wurde hier auf die diskursive Inszenierung von Zuständigkeit für gesellschaftliche Problemfelder übertragen (vgl. Kapitel ‚Feld der Beratung').

Unmittelbare Relevanz für die Untersuchung von Beratung als Expertenkultur und institutionellem Ort von Subjektkulturen haben die neueren Sammelbände[48] zur Soziologie der Beratung. Zu nennen sind Peter Fuchs' und Rainer Schützeichels Beiträge zu einem gesellschafts-

45 Ebd., S. 55

46 Die von mir vorgenommene Periodisierung ist nicht an Reckwitz angelehnt. Seine Studie wurde veröffentlicht, als das historische Kapitel der Studie bereits abgeschlossen war. Reckwitz' Befunde fallen allerdings – möglicherweise aufgrund seiner Orientierung an Praktiken ästhetischer Überbietung von Hegemonialität – optimistischer aus als diejenigen, zu denen die vorliegende Untersuchung kommt.

47 Hitzler, Ronald: „Wissen und Wesen des Experten".

48 Fuchs, Peter und Eckart Pankoke (Hg.): Beratungsgesellschaft; Schützeichel, Rainer und Thomas Brüsemeister (Hg.): Die beratene Gesellschaft.

theoretischen Verständnis der Funktionen von Beratung. Ihre systemtheoretisch inspirierten Generalisierungen werden in der Untersuchung aus wissenssoziologisch-machtanalytischer Perspektive kritisiert.

Methodisches Vorgehen

Methodisch ist die Untersuchung an die Vorgehensweise der ‚wissenssoziologischen Diskursanalyse'[49] angelehnt. Die Sozialstruktur der Beratung und das Sonderwissen der Experten werden dabei anhand von Experteninterviews und Dokumentenanalysen untersucht.

Feldzugang und Experteninterviews

In einem ersten Schritt wurden Zugänge zum Feld der Beratung erschlossen, d. h. Kontakte mit Beratern und Beratungsfirmen aufgenommen, Websites ausgewertet und internetbasierte Verzeichnisse mit Beraterinnen und Beratern gesichtet. Parallel dazu wurden Interviewleitfäden für die Expertengespräche mit Beratern und berufsbiographischen Interviews mit Beratungsnehmern entwickelt. In diesem Zeitraum wird auch eine erste Bestandsaufnahme der Selbstbeschreibungen der Berater (in Selbstdarstellungen im Internet, Werbung, Informationsbroschüren etc.) vorgenommen. Darüber hinaus wurden in einem ersten Zugriff Beratungshandbücher gesichtet, gesammelt und systematisiert, um einen Überblick über die Bandbreite der Expertise, vor allem im Bereich des Coaching zu erlangen. Nachdem diese Schritte getan waren, wurden Expertengespräche mit den Beratern geführt. Die Beraterinnen und Berater wurden nach ihrer Zugehörigkeit zu Beratungsunternehmen bzw. Sozietäten unterschiedlicher Größe ausgewählt. Außerdem wurden selbstständig arbeitende Coachs interviewt. Die Interviewpartner haben ihren Arbeitsschwerpunkt in drei deutschen Großstädten. Die Coachs wurden mit einer Kurzbeschreibung des Projekts angeschrieben und um Teilnahme an der Studie gebeten. Ca. 70 % der angeschriebenen Beraterinnen und Berater haben eingewilligt. Einige Interviewpartner konnten durch Empfehlungen gewonnen werden. Die Interviews fanden in der Regel in den Büros bzw. Praxisräumen der Berater statt, einige in Cafés und anderen öffentlichen Orten, zwei auf einem Fachkongress.

Die Expertengespräche wurden auf drei Ebenen ausgewertet: Erstens wurde die Struktur ihres beruflichen Feldes erschlossen (Marktsituation, Konkurrenzverhältnisse etc.), zweitens gaben die Berater zu Pro-

49 Keller, Reiner: Diskursforschung; ders.: Wissenssoziologische Diskursanalyse.

tokoll, an welchen Wissensbeständen, Praxeologien, Vorbildern, etc. sie sich in ihrer Arbeit orientieren. Diese Informationen dienten dazu, die historischen Traditionslinien der Beratungsdiskurse und -praktiken nachzuverfolgen. Drittens wurden die Interviewprotokolle als berufliche und biographische Selbstdarstellungen der Berater zu untersucht.

Insgesamt wurden 22 ausführliche Gespräche geführt. Davon waren 19 Interviews mündlich, eines telefonisch, zwei wurden per E-Mail bzw. ‚chat' durchgeführt. Die mündlichen Interviews dauerten in der Regel 50-80 Minuten.

Vier Gruppen von Coaching-Beratern wurden interviewt:

- Coachs in Beratungsfirmen mit 2-5 Mitarbeitern (7 Interviews)
- Coachs in Beratungssozietäten oder Beratungsnetzwerken mit 6-29 Mitarbeitern (6 Interviews)
- Coachs in großen Beratungsfirmen mit 30 und mehr Mitarbeitern (2 Interviews)
- Selbständige Coachs, die vor allem Lebensberatung anbieten (4 Interviews)

Außerdem wurden drei Gespräche mit Personalmanagern und informelle Gespräche mit Coaching-Klienten geführt.

Korpus der Diskursanalyse

Die Diskurse der Beratung wurden anhand von Beratungshandbüchern und -manualen sowie der theoretischen und programmatischen Literatur, auf die sich die ‚Praktikerliteratur' bezieht, rekonstruiert. Die Auswahl der ca. 150 für die Untersuchung ausgewerteten Bücher und Broschüren erfolgte mit einer ‚gemischten' Strategie: Häufig verkaufte Texte wurden ebenso in den Korpus einbezogen wie Texte, die im Zuge der Experteninterviews als wichtige Bezugstexte genannt wurden oder die die Beraterinnen und Berater – in wenigen Fällen – selbst verfasst hatten. Außerdem wurde volks- und betriebswirtschaftliche Fachliteratur zum Thema Humankapital sowie Handbücher zur Personalführung in die Analyse einbezogen (vgl. Kapitel 4) .

‚Teilnehmende Diskursanalyse'

Die Arbeit mit dem Archiv wurde durch teilnehmende Beobachtungen ergänzt, um Beratung und insbesondere Coaching auch als Klient kennenzulernen. Ziel dieser Erkundungen der Welt der Beratung war, eine *armchair-Diskursanalyse* zu vermeiden. Auch eine Analyse der ‚Archive' erfordert es, Erfahrungen mit den untersuchten Phänomen zu gewinnen.

Dies ist bei historischen Arbeiten oft schwierig, aber nicht unmöglich. Beinahe alle therapeutischen Praktiken des vergangenen Jahrhunderts sind in der Gegenwart noch lebendig. Als Besucher von Workshops und Teilnehmer von Weiterbildungen ist es möglich, Erfahrungen mit diesen Formaten und Selbstpraktiken zu machen. Im Einzelnen habe ich insbesondere in den ersten zwei Jahren der Laufzeit der Untersuchung verschiedene teilnehmende Beobachtungen unternommen und Gespräche geführt - auf Fachkongressen, in Betrieben und in workshops. Außerdem habe ich selbst über ein Jahr lang einen Coach aufgesucht, um persönliche Erfahrungen als Klient von Coaching-Beratung zu sammeln.

Historische Subjektivitätsforschung und professionssoziologische Ansätze ergänzen sich im Rahmen einer wissenssoziologischen, diskursanalytisch informierten Forschungsstrategie. Das Diskursgeschehen, das sich in wandelnden Sonderwissensbeständen von Expertenkulturen objektiviert, lässt sich dabei in zweierlei Hinsicht auf die sozialstrukturellen Bedingungen des Diskurses zurückführen: Einerseits haben Diskurse ihren Sitz in der Weltanschauung sozialer Milieus und sozialer Bewegungen. Die gesellschaftlichen Antagonismen und Konflikte, die in diesen beruflichen Milieus vorherrschen, hinterlassen ihre Spuren im Diskurs. Andererseits zeichnen sich in einzelnen diskursiven Ereignissen sowie in bestimmten verallgemeinerten Aussageformen konkrete Strategien von Experten in beruflichen Feldern ab. Diese Strategien sind für die ‚postmodernen Experten' am Problem der Etablierung eines kognitiven und praktischen Anspruchs auf Zuständigkeit für soziale Probleme ausgerichtet. Durch diese ‚Lektüre' der Diskursereignisse auf dem Hintergrund der Handlungsprobleme und Strategien im beruflichen Feld der Experten – und der Handlungsprobleme von Klienten – wird es möglich, die dominierenden Kulturen des Selbst auf die ökonomische und berufliche Struktur der Beratung zu beziehen.

Inhaltsübersicht

In den einzelnen Kapiteln der Untersuchung werden folgende Schritte verfolgt:

Im zweiten Kapitel werden theoretische Zugänge zu Beratung als Wissensform, als Expertise und als soziale Technologie dargestellt. Dazu werden insbesondere die Konzepte der Gouvernementalität und der sozialen Technologie im Sinne einer strategischen Bearbeitung des Sozialen, vor allem von Lebensweisen, durch Expertengruppen aufgegriffen.

Im darauf folgenden Kapitel wird das gegenwärtige Feld der Personalberatung untersucht. Dabei wird berücksichtigt, dass Expertenwissen und Alltagswissen relationalen Charakter hat und diskursiv und situativ inszeniert werden muss.

Im vierten Kapitel wird eine genealogische Untersuchung von Therapie und Personalverwaltung durchgeführt. Beide Wissensbereiche überschneiden im historischen Ablauf immer wieder, zuletzt in der Praxis des ,Coaching'. Die gegenwärtige Überschneidung im Dispositiv der lösungsorientierten Beratung und insbesondere des ,Coaching' wird detailliert anhand von zentralen Topoi und Medien rekonstruiert.

Die Programmatiken der Beratung werden im fünften Kapitel als Technologien des Selbst untersucht, die eine spezifische, aber in sich keineswegs konsistente Subjektivierungsform ausmachen.

Das sechste und abschließende Kapitel beinhaltet zunächst eine Rekapitulation der Untersuchung. In einer Zuspitzung werden die Praktiken und Wissensformen des kybernetischen Selbst schließlich in ihrer Kulturbedeutung als Optionalisierungsdispositiv diskutiert.

Soziale Technologien der Subjektivierung. Theoretische Zugänge

> Kurz, wir haben also zwei große Klassen, die Lebewesen (oder die Substanzen) und die Dispositive. Und zwischen beiden, als Drittes, die Subjekte. Subjekt nenne ich das, was aus der Beziehung, sozusagen dem Nahkampf zwischen den Lebewesen und den Dispositiven hervorgeht.
>
> *Giorgio Agamben*

> Mit der fortwachsenden und immer vollkommeneren Erkenntnismacht über das All erringt der Mensch auch eine immer vollkommenere Herrschaft über seine praktische Umwelt, eine sich im undendlichen Progressus erweiternde. Darin beschlossen ist auch die Herrschaft über die zur realen Umwelt gehörige Menschheit, also auch über sich selbst und die Mitmenschheit, eine immer größere Macht über sein Schicksal, und so eine immer vollere – die für den Menschen überhaupt rational denkbare – „Glückseligkeit"
>
> *Edmund Husserl*

In alltäglichen und außeralltäglichen Situationen werden wir beraten; Beraten werden setzt seitens einer der beteiligten Personen eine Desorientierung voraus. Desorientierung wird durch die kommunikative Institution der Beratung als Nicht-Wissen – oder Nicht-Können, d. h.

Nicht-Wissen-wie – definiert. Die Asymmetrie[1] zwischen Beratendem und Beratenem unterscheidet die Beratung vom Rat, d. h. von der Praxis des ‚sich gemeinsam Beratens', die von einem Kollektiv der Handelnden vollzogen wird. Beratung besteht darin, dass *auf eine Person so eingewirkt wird, dass sie in Folge dessen ein Handeln mit (von anderen oder von ihr selbst) erwünschten Merkmalen oder Folgen vollzieht.* Da diese Einwirkung methodisch kontrolliert erfolgt und auf kodifizierte Wissensbestände zurückgreift, können wir hier von einer *Sozialtechnologie* oder besser: ‚sozialen Technologie'[2] sprechen. Soziale Technologie soll hier nicht heißen – und dies wird im folgenden Abschnitt ausführlicher erläutert – dass soziale Technologien soziales Handeln determinieren. Soziale Technologie soll hier *nicht* als Technologie verstanden werden, die das Soziale ‚technisch' konditioniert, d. h. mit Hilfe einer Rationalität, die dem Sozialen fremd ist und es damit entfremdet. Das Soziale ist selbst technisch, insofern seine Prozesse, weil durch Zeichen- und damit Werkzeuggebrauch konditioniert, erwartbar *gemacht* sind.

Das Problem der Sozialtechnologie

Mit dem Begriff der Sozialtechnologie wird in den Sozialwissenschaften die Ambivalenz von Rationalisierungsprozessen aufgerufen. Der Begriff gehört nicht zu den kanonisierten Grundbegrifflichkeiten der Sozialwissenschaften. Er überschneidet sich mit dem der „Sozialtechnik" oder „sozialen Technik", außerdem mit „Social Engineering", „sozialer Planung", oder „anthropo-politics"[3] und „Life-Style Engineering"[4].

Gemeinsam ist diesen Begriffen, dass sie sich auf ein Soziales beziehen, das verändert, gestaltet, behandelt werden soll. Hubert Knoblauch zählt unterschiedliche Ebenen des von Sozialtechnologien behandelten Sozialen auf:

> Je nach Perspektive kann das Soziale sehr unterschiedliche Ebenen betreffen: Es kann sich um Wissensinhalte und Motive handeln, um Handlungs- bzw. Verhaltensweisen, um Gruppenstrukturen und soziale Organisationen oder um ganze Gesellschaften und ihre sozialen Ordnungen. Das Ziel der Sozialtechno-

1 Der Begriff der Asymmetrie trägt an dieser Stelle keine ‚machtkritische' Bedeutung; er ist hier formal gemeint.

2 Der Begriff der sozialen Technologie soll hier als eine Abgrenzung von Jürgen Habermas' Konzept der Sozialtechnologie verstanden werden, um dichotome Kategorien des Technischen und des Sozialen zu vermeiden.

3 Wahlberg, Ayo: „Measuring Progress: Calculating the Life of Nations".

4 Kellner, Hansfried und Peter L. Berger: „Life-Style Engineering: Some theoretical Reflections".

logie kann darin bestehen, dass etwa durch Sozialkampagnen das Rauchverhalten verändert, das Trinken beim Autofahren tabuisiert oder die gegenseitige Höflichkeit verstärkt werden. Das Ziel kann in der Verbesserung des „Images", der Änderung von „Werten" oder von Institutionen (etwa der Mutterschaft oder einer Firma) liegen. Sozialtechnologie kann sich auch die Integration ethnischer Gruppen zum Ziel setzen.[5]

Die Systematisierung von Lebensführung, bzw. die Ausweitung der systematischen Lebensführung auf breite Bevölkerungsschichten und deren Konsequenzen ist seit ihrer Gründung ein zentrales Thema der Sozialwissenschaften. So hat Max Weber die Ausrichtung von Lebensweisen an methodischen Prinzipien in einer tragischen Geste, die die Sozialtechnologie-Diskussion vorwegnimmt, als ‚Rationalisierung' beschrieben. Die „spezifisch rationale Methodik der Lebensführung"[6] als Ergebnis der „Rationalisierung der Lebenstechnik"[7] hat nach Weber – und hierin stimmt Foucault mit ihm überein – ihren Ausgangspunkt im Mönchstum.[8] Weber beschreibt ferner, wie die rationale Methodik der Lebensführung von anderen Trägergruppen übernommen wird. Die Frage, inwiefern Berater als „geschichtlicher Träger der modernen rationalen Lebensordnung"[9] gelten können, soll im Schlusskapitel aufgegriffen werden. Die Schwierigkeit besteht darin, sehr unterschiedliche Formen der Rationalisierung zu unterschieden – ein Problem, das bekanntlich bereits Weber als ‚Vielgestaltigkeit des Rationalismus' zum Thema gemacht hat:

Eine wesentliche Komponente der „Rationalisierung" des Handelns ist der Ersatz der inneren Einfügung in eingelebte Sitte durch die planmäßige Anpassung an Interessenlagen. Freilich erschöpft dieser Vorgang den Begriff der „Rationalisierung" des Handelns nicht. Denn außerdem kann diese positiv in

5 Vgl. Knoblauch, Hubert: Sozialtechnologie, Soziologie und Rhetorik.

6 Weber, Max: Wirtschaft und Gesellschaft, S. 697.

7 Ebd., S. 662.

8 „Überall [im westlichen und östlichen Mönchstum] aber steht die Gewinnung der unbedingten Herrschaft des Mönchs über sich selbst und und seine kreatürlichen, daher der Vereinigung mit Gott widerstreitenden Triebe im Mittelpunkt. Schon dieses inhaltliche Ziel weist auf immer weitere Rationalisierung der Lebensführung hin, und diese ist denn auch überall eingetreten, wo das Mönchstum sich zu einer starken Organisation zusammenschloß: die üblichen Formen des charismatischen und zünftigen Noviziats, die Hierarchie der Weihen und sonstigen Stellungen, der Abt, eventuell Zusammenschluß der Klöster zu einer Kongregation oder einem „Orden" stellen sich ein, vor allem aber: das Kloster und die das ganze Leben darin bis ins einzelne reglementierende Ordensregel." Ebd., S. 697.

9 Ebd., S. 834.

der Richtung der bewußten Wertrationalisierung, negativ endlich auch zugunsten eines wert*ungläubigen,* rein zweckrationalen, auf Kosten wertrational gebundenen Handelns verlaufen. Diese *Vieldeutigkeit* des Begriffs der „Rationalisierung" des Handelns wird uns noch öfter beschäftigen. [Hervorh. i. O.][10]

Weber fasst mit Rationalisierung einen übergreifenden gesellschaftlichen Prozess, der den Beteiligten prinzipiell bewusst ist, insofern er mit der Einführung expliziter Techniken verbunden ist, in seinen Folgen allerdings unverstanden bleibt. Die Möglichkeit eines Ersatzes der „inneren Einfügung in eingelebte Sitte" durch eine von Dritten geplante innere Einfügung in ‚erfundene' Sitten wird von Weber jedoch weniger in Betracht gezogen.

Eine Theorie- und Kulturgeschichte der Sozialtechnologie müsste zweifellos die faschistische Periode der Europäischen Entwicklung zu einem zentralen Gegenstand machen. Horkheimers Kritik der instrumentellen Vernunft[11] führte bekanntlich zur Kritik der Kulturindustrie als Komplex der Vereinnahmung durch ‚Manipulation'. Die einzelne Person soll für den wirtschaftlichen und administrativen Apparat verfügbar gemacht werden, indem ihr eine Scheinindividualität angeboten wird. Die Manipulation avanciert im Zuge der Verallgemeinerung des Fetischcharakters der Ware nicht zur Zumutung, sondern zur Verführung der Massen, deren Mitglieder schließlich nur noch Charaktermasken sein wollen.[12]

Die *Techniken* der kapitalistischen ‚Bewusstseinsindustrie' und angewandten faschistischen Massenpsychologie werden allerdings in den Sozialwissenschaften – nicht einmal in ihren ‚nicht-angewandten' Abteilungen – nicht durchgehend abgelehnt; Talcott Parsons etwa würdigt die Potentiale einer Sozialtechnologie auf massen- und individualpsychologischer Grundlage:

Propaganda is one kind of attempt to influence attitudes, and hence, directly or indirectly the actions of people by linguistic stimuli by the written or spoken word. It is specifically contrasted with rational „enlightenment", with the imparting of information from which a person is left to „draw his own conclusions", and is thus a mode of influence mainly through „non-rational" mechanisms of behavior.[13] [...] What has previously been called „propaganda" is essentially a technique which is capable of use in the service of any goal. [...] The same basic insights are applicable to a very different orientation of policy,

10 Ebd., S. 15f.

11 Horkheimer, Max: Zur Kritik der instrumentellen Vernunft.

12 Adorno, Theodor und Max Horkheimer: Dialektik der Aufklärung.

13 Parsons, Talcott: „Propaganda and Social Control", S. 142.

that of „reinforcement", of strengthening attachment to the basic institutional patterns and cultural traditions of the society and deliberately and systematically counteracting the very important existing deviant tendencies. Few would question that this is the direction that propaganda should take in relation to the internal situation since, in this great crisis, it is fundamentally preservation of continuity with the great traditions and institutional patterns of Western society which is at stake.[14]

Im Aufsatz „Propaganda and social control" diskutiert er die ,propagandistische' Einflussnahme auf den Einzelnen also als Mittel der sozialen Integration und Regierung. In einem weiteren Abschnitt zählt er die Therapie zu den bedenkenswerten, d. h. auch sozialplanerisch einsetzbaren Formen der Propaganda im Dienst der großen Traditionen der westlichen Gesellschaften.

Der Begriff der Sozialtechnologie ist in den 1970er und 1980er Jahren in kritischer, teilweise auch polemischer Absicht verwendet worden. Dies ist bekanntlich der zweiten Generation der kritischen Theorie zu verdanken, mit allen Vor- und Nachteilen, die eine agonal aufgeladene Kritik mit sich bringt – bestimmte Begriffe werden ,berüchtigt', und sie büßen ihre Glaubwürdigkeit ein. Habermas setzt in der „Theorie des kommunikativen Handelns" nicht nur Selbiges den Sozialtechnologien gegenüber; er kritisiert auch die Systemtheorie Niklas Luhmanns in seiner zugleich begriffsarchitektonischen und polemischen Theoriesprache in toto als Sozialtechnologie. Damit macht er es sich allerdings zu einfach. Er bemüht sich nicht ausreichend, essentialistische Lesarten der Kolonialisierungsthese auszuräumen. Die Diagnose einer voranschreitenden Verbreitung des ökonomischen Denkens und der instrumentellen Praxisformen hat sich als zutreffend; der Versuch, diese Entwicklung begreiflich zu machen, und zwar als ,Kolonialisierung' der nicht-ökonomischen Handlungsfelder (die, vereinfacht gesprochen, als ,Lebenswelt' zusammengefasst werden) ist deshalb folgerichtig und – auch weiterhin – notwendig. Das Verständnis für die Ursachen dieser Entwicklung und die möglichen Auswege muss allerdings reartikuliert werden.

Habermas irrt in der Gegenüberstellung von kommunikativem Handeln und Sozialtechnologie. Dieser Irrtum beruht – ohne an dieser Stelle eine ausführliche Diskussion eröffnen zu können – auf der Annahme, kommunikatives Handeln sei nicht technisch vermittelt. Auch die Interaktionen der bürgerlichen Öffentlichkeit sind erstens ,grammatisiert'[15], bedürfen also der Schrift, beziehen sich zweitens notwendig auf die ap-

14 Ebd., S. 172f.

15 Stiegler, Bernard: Desorientation. Technics and Time 2.

parategestützte wissenschaftliche Beweisführung, die Fragen nach dem Warum durch Fragen nach dem Wie verdrängen[16], und sind ohne ‚Technologien des Geschlechts'[17] in ihrer von Habermas anvisierten Form kaum vorstellbar.

Die Entgegensetzung von Sozialtechnologie und Lebenswelt hat in den sozialwissenschaftlichen Diskussionen der 1990er Jahren zunehmend an Einfluss verloren. Im Rahmen der poststrukturalistischen Philosophie und deren Rezeption in den Sozialwissenschaften sind indes implizite Sozialtechnologie-Konzepte entwickelt worden. Ich verstehe die Gouvernementalitätsthese, wie sie in der angelsächsischen und deutschsprachigen Diskussion in den 1990er Jahren aufgegriffen wurde, als ein solches Konzept. Es ist m. E. nötig, die Gouvernementalitätsforschung im Kontext dieser langen und oft unterbrochenen Diskussion um die sozialen Technologien zu verorten.

Trotzdem ist Habermas' Insistieren auf die entscheidende Rolle der Öffentlichkeit berechtigt und notwendig. Auch deshalb ist es sinnvoll, die Verbindung zum Begriff der Sozialtechnologie nicht zu kappen, sondern das Konzept zu revitalisieren. Dies ist um so mehr nötig, als die mit der Sozialtechnologie-Debatte verbundenen sozialphilosophischen (und politischen) Fragen in der gegenwärtigen institutionalistischen, handlungstheoretischen und systemtheoretischen Diskussionslage fast durchweg ausgeklammert werden, insbesondere in Bezug auf die konkreten sozialen Figurationen der Expertise und die Wirkungen des Expertenwissens.

So wird in der aktuellen sozialwissenschaftlichen Literatur[18] zur Beratung die Frage nach der Vereinnahmung des Individuums und der Kollektive im Sinn einer Einschränkung *alternativer Handlungsmöglichkeiten* nicht systematisch gestellt.

Die Möglichkeiten des Werdens sind allerdings an Techniken gebunden. Jede fortgeschrittene Gesellschaft bedient sich der Sozialtechniken der Schrift, der Bürokratie, der Erziehung, der Arbeitsorganisation. Eine affirmative Beschreibung von Techniken und Sozialtechniken[19] ohne eine Reflexion auf begrüßenswerte und problematische individuelle, kollektive und gesellschaftliche Folgen ist aber entweder apologetisch oder selbst Bestandteil sozialtechnischer Dispositive. Da

16 Stengers, Isabelle: The Invention of Modern Science.

17 Lauretis, Teresa de: Technologies of Gender.

18 Z. B. Schützeichel, Rainer und Thomas Brüsemeister (Hg.): Die beratene Gesellschaft.

19 D. h. in diesem Zusammenhang: eine Beschreibung, die ihre Unverzichtbarkeit oder ihre durchwegs gewinnbringenden Wirkungen hervorstreicht.

die Wissenschaften einschließlich der Geistes- und Sozialwissenschaften allerdings insgesamt zu einem ‚messtechnischen' und damit sozialtechnischen Komplex gehören[20], reicht es andererseits auch nicht aus, eine ‚kritische' Haltung bzw. einen kritischen Ausgangspunkt zu reklamieren, um von ‚dort' aus die Sozialtechniken objektivierend zu beschreiben. Die Techniken selbst sollen im Zuge dieser wissenschaftlichen Intervention (zumindest perspektivisch) einer Transformation unterzogen werden, indem ihre gesellschaftlichen und technischen Voraussetzungen, ihre Wirkungen beschrieben und die Widersprüchlichkeit ihrer Legitimationen offen gelegt werden.

Die Verbreitung von Techniken – einschließlich der Sozialtechniken – sollen im Folgenden also nicht als eine ‚kolonisierende' Zerstörung ‚lebensweltlichen' Wissens verstanden werden. Eine derartige Kritik der Sozialtechnologie vereinfacht die Problematik der technisierten Sozialwelt bis zur Unkenntlichkeit. Mit ‚Technisierung' ist hier – wie bereits erwähnt – nicht primär die Allgegenwart von Maschinen und Apparaturen im Alltag und in den Produktionsverhältnissen gemeint, sondern die kategoriale und numerische Vermessung und Lenkbarmachung von Lebensprozessen durch Techniken. Die Erkenntnis und Nutzung von Prozessen des Lebens wird dabei durch eine asymmetrische Beziehung zwischen Expertenwissen und Alltagswissen ermöglicht. Diese Beziehung ist nicht nur als Beziehung zwischen Experten und Laien realisiert, obwohl dieser Aspekt für die sozialwissenschaftliche Analyse zentral ist; wir können selbst zu Experten unserer eigenen Lebensprozesse werden. Die Experten-Laien-Beziehung nistet sich damit in die Psychen und Körper selbst ein und vervielfältigt sich dort.[21]

Als Sozialtechnologien sollen im Folgenden die Verbindungen von zeichenhaften und nicht-zeichenhaften Dingen und Wirkungen bezeichnet werden, die darauf ausgerichtet sind, die Handlungs- oder Wahrnehmungsweise von Individuen, Gruppen und ganzen Bevölkerungen zu verändern. Das strategische Moment, mit anderen Worten: ihre Instrumentalität, ist ein Definitionsmerkmal von Sozialtechnologien. Sozialtechnologien sind damit zeichenhaft und wirkmächtig; ihnen ist immer ein agonales Moment zu Eigen, insofern sie sich beschreiben, bestreiten und rechtfertigen lassen. Manche sozialen Technologien haben ihre Verborgenheit zur Voraussetzung ihrer Wirkung, manche müssen sichtbar

20 Vgl. für eine grundlegende Argumentation z. B. Edmund Husserl: Die Krisis der europäischen Wissenschaften und die transzendentale Phänomenologie.

21 Die Unterscheidung zwischen Psyche und Körper ist selbst das Ergebnis von seelsorgerischen und therapeutischen Techniken.

sein, um zu wirken. Wie alle Techniken können sie sich offen zeigen oder verborgen werden. Für manche Sozialtechnologien ist die Sichtbarkeit Voraussetzung ihrer Funktionalität, für andere Verborgenheit. Des Weiteren haben sie verstandene und unverstandene Wirkungen. Unverstandenheit soll hier heissen, dass diese Wirkungen in der Praxis der Techniken nicht berücksichtigt werden. Es gibt also Wirkungen von Techniken, die auch von Experten weithin unverstanden sind obwohl oder gerade weil sie Virtuosen ihrer Anwendung sind. Diese Verstandenheit unterliegt aber auch einer sozialen Verteilung: sie kann symmetrischer oder asymmetrischer verteilt sein. Laien können unter Umständen nicht einmal wissen, *dass* Techniken zum Einsatz kommen; oder sie haben begrenzte Kenntnis über ihre Wirkungen. Techniken, deren Anwendung allen Beteiligten bewusst ist ist, und über deren Wirkungen bis zu einem Grad ‚öffentliche' Klarheit herrscht, so dass sie prinzipiell unterlassen oder modifiziert werden könnten, sollen als ‚offene (Sozial-) Techniken' bezeichnet werden.

Bei der Beratung, die als solche gerahmt ist, kann von einer ‚offenen Sozialtechnologie' gesprochen werden, insofern die sozialtechnische Situation allen Beteiligten bewusst ist, d. h. insofern diese Situation als Sondersituation gerahmt ist. Offenheit soll hier zweierlei bedeuten[22]: Erstens ist die Technik als solche, d. h. als voraussetzungsvolle und zielgerichtete ‚Anordnung' (die Gilles Deleuze ‚assemblage' nennt[23]) Gegenstand des Wissens derjenigen, deren Erfahrung durch die Technik vermittelt ist. Verborgenheit steht dem ‚Wesen' der Technik zwar entgegen, ‚entbirgt' sie doch, wie Heidegger in seinem Aufsatz „Die Frage nach der Technik" argumentiert hat.[24] Dieses Entbergen ist jedoch ‚gestuft': Unterschiedlichen Beteiligten entbirgt sich Unterschiedliches und von unterschiedlicher Nützlichkeit.[25] Das Nichtkennen eines Technikeinsatzes ist allerdings mit der modernen Spezialisierung und damit der

22 Es handelt sich hier um die Präzisierung der oben angeführten Bestimmung.

23 Deleuze, Gilles und Félix Guattari: 1000 Plateaus.

24 Heidegger, Martin: Die Technik und die Kehre.

25 Das Marketing ist vielleicht das paradigmatische Beispiel für eine verborgene Sozialtechnik: Dem Konsumenten zeigt sich eine eigentümliche und gelegentlich verwirrende Anordnung der Waren, in der er sich vor allem für seine praktischen Zwecke zurechtfinden muss, während der Marketing-Experte die Waren werbepsychologischen Befunden folgend angeordnet hat und bestimmte Kaufanreize auszulösen hofft. Die Werbung spielt schließlich mit der steigenden Bewusstheit von Marketingtechniken und sucht sie zu übertrumpfen, nicht zuletzt unter Zuhilfenahme verfeinerter, d. h. qualitativer Marktforschungsmethoden.

'Bequemlichkeit' oder auch nur Bewältigbarkeit des Lebens eng verbunden.[26] Die Nichtkenntnis kann sogar bestimmte Formen des Genusses ermöglichen, etwa in der Kunst. Soziale Prozesse sind durch gestufte Techniken (bzw. Medien) und affektive Schichten ermöglicht und gestützt, die in Handlungsvollzügen nicht mehr explizit gewusst werden, obwohl ihre praktische Kenntnis Voraussetzung für das Handeln ist. Zweitens können als offene soziale Technologien solche verstanden werden, die in symbolische Milieus eingebettet sind, in denen die Subjekte der Techniken sich zu den Techniken äußern. Solche symbolischen Milieus können auch als Öffentlichkeiten bezeichnet werden. Die Öffentlichkeiten stehen den Techniken aber nicht gegenüber, sondern sind Teil des technischen Milieus, das versucht, die Techniken zu beherrschen.

Offenheit ist daher noch nicht gleichzusetzen mit 'Verstandenheit' dieser Techniken. Bernard Stiegler unterscheidet zwei Stadien der Technikentwicklung: In einer ersten Schleife suspendieren die Techniken bestehende Programme und zwingen die Individuen dazu, sich den Techniken anzupassen ('adaption'). In der zweiten Schleife können die toxischen und 'nützlichen' Effekte der Techniken verstanden, sie somit in kreativen und sublimatorischen Prozessen 'adoptiert' werden.[27]

Das Verhältnis der sozialen Technologien zum Wissen ist also nicht trivial. (Sozial-)Techniken und Wissen verweisen aufeinander. Sie entwickeln sich parallel zueinander, aber ungleichzeitig. Das subjektive Wissen benötigt kein kodifiziertes Wissen über alle Techniken, auf die es sich stützt, oder die in der Lage sind, sich in der Lebenspraxis zu entfalten. Und doch bleibt das subjektive Wissen den Techniken einschließlich des Wissens als Technik unterworfen, d. h. das subjektiv bleibende Wissen ermöglicht keine einfache Veränderung der Techniken und des allgemeinen Wissens in seiner Faktizität. Der Begriff des Diskurses verweist auf diese Objektivität oder 'Faktizität'; Foucault spricht auch von der 'Positivität' des Wissens. Das Verhältnis zwischen dem subjektiven Wissen, das in die hermeneutische Sorge der Lebenspraxis eingebunden ist, und dem objektivierten Wissen, das anderen Sorgen zuarbeitet, die Menschen sich zu eigen machen können, etwa der „Geschichte", der „Regierung", den „Werten" oder der „Technik" selbst, ist der Gegenstand der Wissenssoziologie.

26 Niemand muss die Funktionsweise eines Mobiltelefons kennen, um es zu benutzen, oder die Geschichte der romantischen Liebe kennen, um eine Textnachricht per SMS zu verschicken. Im Zweifelsfall könnte allerdings beides hilfreich sein.

27 Stiegler, Bernard: Desorientation.

Wissen und Diskurs

Wissen kann als Niederschlag von Handlungen, genauer: Interpretationsprozessen begriffen werden, der die Wiederholung ähnlicher Interpretationsprozesse[28] ermöglicht. Handlungen werden durch Wissen wiederholbar, insofern das Wissen den *Phänomenen* Präsenz verleiht. Die Virtualität der Phänomene als empirisch-ideale Objekte kann durch Wissen als Aktualität erfahrbar werden. Wissen entsteht in dieser hermeneutisch-phänomenologischen Perspektive immer wieder neu, es ist ein Wissensgeschehen oder -prozess. Es wird intergenerationell vermittelt und erfährt dabei Modifikationen, und es wird im Pragma des Alltagshandelns an neue Problemhorizonte angepasst und so modifiziert. Diese Modifikationen treten ein, wenn Zeichengebrauch die Erfahrung durchquert – und damit Spuren hinterlässt – oder Erfahrungen einen Zeichengebrauch durchqueren und ihn dabei modulieren. In diesem Sinne können wir vom ‚Subjekt der Beratung' sprechen: Es gibt Subjekte im Sinne von Handelnden, die dieses Wissen entfalten.

Um zum Gegenstand des Wissens zu werden, muss ein Phänomen für Akteure relevant sein. Wissen ist damit an konkrete Subjekte gebunden, die ihre Erfahrungen durch Wissensbestände artikuliert finden. Relevanzen ordnen sich mit jeder Erfahrung neu, in besonders radikaler Weise im Prozess der Generationenbildung.[29] Mit anderen Worten: Wissen bildet sich anhand von und entlang praktischer Probleme von Handelnden, andererseits können Handelnde ihre eigenen Problematisierungsweisen zeichenhaft repräsentieren, d. h. sich und anderen vermitteln.

Die Relevanz von Problemen ist dabei einerseits *subjektiv*, indem sie an Situationen gebunden ist, denen Akteure in ihrem Handeln begegnen, andererseits sind Relevanzstrukturen gesellschaftlich vorgegeben. Alfred Schütz und Thomas Luckmann formulieren diesen Zusammenhang folgendermaßen:

> Wir [befragen] bewußt unsere eigenen Relevanzsysteme [...] In dieser Weise sind die Relevanzstrukturen, die den Wissenserwerb und somit die Struktur

28 Vgl. Peter Berger und Thomas Luckmanns Definition: „„‚Wissen" definieren wir als die Gewißheit, daß Phänomene wirklich sind und bestimmbare Eigenschaften haben". Berger, Peter und Thomas Luckmann: Die gesellschaftliche Konstruktion der Wirklichkeit, S. 1. In mundanphänomenologischer Perspektive ist Wissen Ergebnis einer intersubjektiven Interpretation von Situationen (‚Typisierung'), die sich durch Wiederholung ‚sedimentiert' und sich schließlich institutionalisiert.

29 Mannheim, Karl: Das Problem der Generationen.

des Wissensvorrats bestimmen, auch selber ein Bestandteil des Wissensvorrats.[30]

Als Relevanz*strukturen* sind die Relevanzen also auch Bestandteil des gesellschaftlichen Wissensvorrats. Relevanzen sind also einerseits subjektgebunden, affektiv, präreflexiv und unbewusst, andererseits, als ‚Struktur', überindividuell, kognitiv, reflexiv und bewusst. Hier zeigt sich eine Schwierigkeit der phänomenologischen Wissenssoziologie. Was dem Einzelnen in seiner Lebensführung wichtig oder problematisch erscheint, ist also einerseits durch ‚lebendige' Erfahrungen bedingt. Andererseits sind Relevanzstrukturen durch Zeichensysteme und Machtverhältnisse vorgeprägt. Wie kann beides der Fall sein? Möglicherweise ist es sinnvoller, davon zu sprechen, dass es die Materialisierungen des Wissensvorrats in Raum und Zeit sind, also die Architekturen, Artefakte, Wahrnehmungsapparate, Texturen und Techniken, die unsere Relevanzen formen und weniger der Wissensvorrat, also das Wissen selbst. Dies wäre kompatibel mit dem konstitutiv präreflexiven Charakter der Relevanzen. Als Bestandteil der sozialen Umwelt sind diese Materialitäten aber Teil des Wissens oder zumindest Ergebnisse der Anwendung von Wissen, also objektivierte Bestandteile des Wissensvorrats. Eine Reformulierung der Frage ist hier hilfreich: Wie können Relevanzen, also subjektgebundene, handlungsmotivierende, affektgeladene Bedeutungen durch überindividuelle, relativ abstrakte und anonyme Wissensbestände *vermittelt* werden?

Eine Radikalisierung der sozialkonstruktivistischen Annahme der Konstruiertheit von Relevanzen führt zur machtanalytisch informierten These, dass die Intersubjektivität der Relevanzbildung einer Asymmetrie unterliegen kann: Relevanzen können offenbar von Akteuren *für* andere Akteure entworfen werden, ohne dass sich beide Akteure in einer gemeinsamen Situation befinden. Die Zeichenhaftigkeit und Gesellschaftlichkeit von Relevanzen eröffnet die Möglichkeit von ‚Life-style engineering'[31]: der sozialtechnologischen Gestaltung von Relevanzen, Identitäten und Selbstverhältnissen. Diese Gestaltung ist machtförmig, insofern sich die Chance bietet, „innerhalb einer Beziehung den eigenen Willen auch gegen Widerstand durchzusetzen"[32]. Die gesellschaftliche Konstruktion von Relevanzen im Medium von Sonderwissensbeständen begrifflich zu fassen ist in der wissenssoziologischen Theoriebildung

30 Ebd.

31 Kellner, Hansfried und Peter L. Berger: „Life-Style Engineering: Some theoretical Reflections".

32 Weber, Max: Wirtschaft und Gesellschaft, S. 28.

bislang nicht befriedigend gelungen. Der Übergang zum Diskursbegriff erleichtert diese Aufgabe.

Diskurse

Als Diskurse werden überindividuelle Wissensbestände bezeichnet, die die Deutungsprozesse Einzelner anleiten. Diskurse beinhalten Problematisierungen, die interpretative Rahmen zur Deutung jeweils individueller ‚Probleme' anbieten, nahelegen oder aufzwingen. Ihre Entstehung ist nicht an subjektiv-biographische Relevanzen gebunden, obwohl solche Relevanzen in sie eingehen. Sie sind überindividuelle Wissensformen, die einerseits durch Deutungspraktiken fortgeschrieben werden und sich andererseits ‚hinter dem Rücken' der Akteure reproduzieren und transformieren.

Michel Foucault hat Diskurse als Verteilungen von Aussagen bzw. als „Systeme der Streuung"[33] definiert. Damit ist gemeint, dass weder vom subjektiven Sinn von Äußerungen noch von starren Regeln der Bedeutungsgenerierung ausgegangen werden sollte. Mit ‚Äußerungen' (enoncés) sind Artikulationen aus der Teilnehmerperspektive gemeint, d. h., der Akt des Sagens, Aufschreibens, Befehlens oder Mitteilens. Mit Aussage wird das Gesamtensemble einer Gruppe von Äußerungen mitsamt ihren Voraussetzungen bezeichnet.

Die Diskursanalyse interessiert sich also „für die Formationsmechanismen von Diskursen, die Beziehung zwischen Diskursen und Praktiken sowie strategisch-taktische Diskurs-Performanz sozialer Akteure."[34] Gegenüber dem hermeneutisch-wissenssoziologischen Ansatz, in dem die „typisierbaren Deutungsleistungen der Handelnden eher isoliert [von kollektiven Wissensvorräten] im Vordergrund stehen"[35], wie Reiner Keller anmerkt, geht es in der Diskursanalyse um die Analyse kollektiver Wissensvorräte. Sie sind Voraussetzung der ‚Veridiktion' also der Formulierung von Äußerungen, die ‚im Wahren' sind. Ziel einer wissenssoziologischen Diskursanalyse sei daher „nicht nur die Deskription der empirischen Vielfalt von subjektiven, typisierbaren Wissensvorräten, sondern auch die Analyse der kollektiven und institutionellen Prozesse, in denen spezifisches Wissen zur gesellschaftlichen Wirklichkeit wird".[36]

33 Foucault, Michel: Archäologie des Wissens, S. 34.
34 Keller, Reiner: Wissenssoziologische Diskursanalyse, S. 182.
35 Ebd., S. 177.
36 Ebd., S. 185.

Einer Diskursanalyse kann – in Foucaults Begriffen – archäologisch oder genealogisch verfahren. Eine archäologische Analyse zielt darauf ab, die Aussagen eines Diskurses als abgrenzbaren Sonderwissensbereich zu beschreiben und die grundlegenden Formationsregeln[37] des Diskurses, d. h. die soziale Ordnung der Beteiligung am Diskursgeschehen herauszuarbeiten. Dabei wird nach Brüchen, Schwellen, Diskontinuitäten gesucht, aber auf der Ebene des Diskurses, d. h. des Sprechens über Ereignisse:

> Es handelt sich tatsächlich darum, sie [die Definitionen, B. T.] ihrer Quasievidenz zu entreißen, die von ihnen gestellten Probleme freizusetzen; zu erkennen, daß sie nicht der ruhige Ort sind, von dem aus man andere Fragen [...] stellen kann, sondern daß sie selbst ein Bündel von Fragen stellen.[38]

Mit der Genealogie hingegen wird ein weitreichenderes Ziel verfolgt; sie „entwirft historische und genetische Hypothesen über die Herkunft der gegenwärtigen Formen von Subjektivität und schreibt so eine kritische Geschichte der Subjektivierungen“[39]. Dabei soll der „Verwobenheitszusammenhang von Selbst und Macht“ in der historischen Erzählung überschritten werden, denn das Selbst wird als eines angesprochen, das sich auch anders und selbst bestimmen könnte. Die Genealogie enthält so eine doppelte Ausrichtung, einmal auf die Prozesse der Führungen oder Bestimmtheiten des Selbst, einmal auf die Selbstführungen oder Selbstbestimmungen; und sie dramatisiert die Bestimmtheit durch die epistemische und soziale Ordnung, um Selbsttransformationen zu provozieren“[40]. Mit der Untersuchung des Archivs der Beratungsdiskurse und der Personalverwaltungsdiskurse im vierten Kapitel soll deutlich werden, welche Aussagetypen im historischen Verlauf für die Beratung und Personalverwaltung jeweils typisch sind. Diese archäologische Untersuchungsebene kann Aufschluss darüber geben, welche symbolischen und institutionellen Voraussetzungen für die Verbindung therapeutischer und managerialer Diskurse vorliegen. Bei diesem Untersuchungsschritt werden aber auch schon Praktiken beschrieben, die differente Elemente einer genealogischen ‚Geschichte der Gegenwart‘ darstellen. Wenn in der Genealogie die Bestimmtheiten des Selbst als Voraussetzung der

37 „Die Formationsregeln sind Existenzbedingungen (aber auch Bedingungen der Koexistenz, der Aufrechterhaltung, der Modifizierung und des Verschwindens) in einer gegebenen diskursiven Verteilung.“ Foucault, Michel: Archäologie des Wissens, S. 58.

38 Ebd., S. 40.

39 Saar, Martin: Genealogie als Kritik, S. 14.

40 Ebd., S. 21f.

Reproduktion des Diskurses untersucht werden, ist es nötig, die Kontinuität und Diskontinuität der Praktiken in ein Verhältnis zu den Problematisierungsweisen zu setzen, die den Legitimationsapparat einer Institution ausmachen. Die Praktiken können diskursive Felder durchqueren, um schließlich eine veränderte Funktion anzunehmen, ohne die Möglichkeit ihrer ‚Umnutzung' auszuschließen.

Zur wissenssoziologischen Analytik der Diskurse: Problematisierung, Relevanz, Topik, Aufschreibesysteme

Der Begriff der *Problematisierung* ist geeignet, die Genese von Bestimmungen des Selbst in Beratungsdiskursen zu untersuchen:

> Problematisierung bedeutet nicht die Repräsentation eines präexistenten Objekts und auch nicht die diskursive Erschaffung eines nichtexistierenden Objekts. Es ist das Ensemble diskursiver und nichtdiskursiver Praktiken, das etwas ins Spiel des Wahren und Falschen eintreten lässt und es als Gegenstand des Denkens konstituiert.[41]

Der Begriff der Problematisierung beschreibt also das wissensgeleitete Relevant-machen von nicht-selbstevidenten Gegenständen und Situationen – wie es etwa das ‚Selbst' darstellt. Problematisierungen sind zugleich Bestandteil von Sonderwissen (vor allem dem der Wissenschaft, die das Kriterium von Wahrheit aufstellt) und des Alltagswissens. Wissenschaftliche und alltägliche Problematisierungen unterscheiden sich im Grad der Abgehobenheit vom unmittelbaren Jetzt der Lebensgestaltung. Aber auch sehr abstrakte und ‚ewige' Fragen können bekanntlich im Alltag wichtig werden, wenn sie in der Lage sind, Erfahrungen zu organisieren. Der Begriff verweist also darauf, dass Subjekte auch vermittels relativ anonymer Formen von Sonderwissen angerufen werden, verantwortlich gemacht werden, und mit Hilfe von Problematisierungsformen ihre Erfahrungen organisieren.[42] Problematisierungen sind relevanzgeneriert und relevanzgenerierend. Als Aussageform sind Problematisierungen eng mit Expertenpraktiken verbunden – wenn Experten die gesellschaftlichen ‚Träger' von Sonderwissensbeständen, d. h. ihre

41 Foucault, Michel: Geschichte der Sexualität, S. 158.

42 Lemke beschreibt die Aufgabe des Problematisierungsbegriffs in Foucaults Werk folgendermaßen: „Während die Archäologie sich mit den Formen der Problematisierungen selbst auseinander setzt, sie analysiert und beschreibt, untersucht die Genealogie die Beziehungen dieser Problematisierungsformen zu bestimmten diskursiven und nichtdiskursiven Praktiken." Lemke, Thomas: Eine Kritik der politischen Vernunft, S. 341.

Generatoren und ihre Vermittler sind.[43] In der Beratung sind beide ‚Richtungen' der Wissensbildung angelegt: Einerseits wird in der Beratung Sinn ‚spontan' und situativ generiert[44], der anschließend in individuelle und überindividuelle Wissensbestände eingeht, andererseits gibt die Beratung ‚Problematisierungsformen' vor, die die Sinngebung dirigieren, lenken und kanalisieren.

Problematisierungen sind mit dem Begriff der Legitimation eng verknüpft. Beide spezifizieren den modus operandi von ‚Wahrheitseffekten' des Diskurses. Während der Problematisierungsbegriff dies aus der Beobachterperspektive versucht, sind Legitimationen deren Korrelat aus der Teilnehmerperspektive. Legitimationen betreffen den Aspekt der Formation des Diskurses: Akteure erklären und rechtfertigen ihr Handeln vermittels Legitimationen. Legitimationen rechtfertigen andererseits außerdiskursive Phänomene:

> Legitimation „erklärt" die institutionale Ordnung dadurch, daß sie ihrem objektivierten Sinn kognitive Gültigkeit zuschreibt. Sie rechtfertigt die institutionale Ordnung dadurch, daß sie ihren pragmatischen Imperativen die Würde

---

43 Schütz und Luckmann weisen auf diesen Sachverhalt hin. Sie benennen erstens die kommunikative Dimension des Sonderwissens, zweitens die institutionelle Dimension und drittens die Dimension der Arbeitsteilung, die bestimmte Personengruppen als ‚Inhaber von Rollen' auszeichnet:
„Die Struktur des gesellschaftlichen Wissensvorrats hat Dimensionen, die denen des subjektiven Wissensvorrats entsprechen. Da die Struktur des gesellschaftlichen Wissensvorrats, die sich in Vorgängen der historischen Anhäufung des Wissens ausbildet, von den institutionalisierten Vorgängen der Wissensbildung bestimmt wird, entspricht sie der jeweiligen sozialen Verteilung des Wissens. [...] Die Struktur des gesellschaftlichen Wissensvorrats beruht erstens auf den Wesenszügen der Intersubjektivität, namentlich auf den Bedingungen der Kommunikation, das heißt der Wissensobjektivierung und der Wissensinterpretation. [...] Die Struktur historischer Wissensvorräte leitet sich jedoch zweitens aus spezifischen, historischen Vorgängen der Wissensanhäufung und der institutionalisierten Wissensvermittlung ab. Die Frage, wie die im gesellschaftlichen Wissensvorrat objektivierten Elemente innerhalb einer gegebenen Gesellschaft verteilt sind, welche konkreten Elemente routinemäßig nur an bestimmte, institutionell fixierte Typen von Personen („Inhaber" spezifischer Rollen) weitergegeben werden, kann selbstverständlich nur im Rahmen der empirischen Wissenssoziologie beantwortet werden." Schütz, Alfred und Thomas Luckmann: Die Strukturen der Lebenswelt I, S. 364.

44 Diese ‚Richtung' der Sinngenerierung ist in der sozialphänomenologischen Theoriebildung ausführlich beschrieben: „Die erste und ursprünglich „objektivierte" Lösung eines Problems war noch weitgehend von den subjektiven Relevanzstrukturen des Einzelnen abhängig. Aber schon die ‚Objektivierung' in Zeichen unterwirft die Lösung einer anfänglichen Anonymisierung." Ebd., S. 352.

des Normativen verleiht. [...] Sie ist, mit anderen Worten, keineswegs einfach eine Frage der „Werte“, sondern impliziert immer auch „Wissen“. [...] Bei der Legitimierung von Institutionen geht das „Wissen“ den „Werten“ voraus.[45]

Dabei lassen sich zwei Ebenen von Legitimationen unterscheiden[46]: Praktische Legitimationen sind einfache Beschreibungen von Praktiken, Ereignissen und Zuständen. Theoretische Legitimationen[47] bilden ein Kontinuum, das von Begriffen, Topoi, ‚Weisheiten‘ bis hin zu expliziten ‚Legitimationsapparaten‘ reicht. Die transzendente Dimension von Problematisierungen und Legitimationen soll hier berücksichtigt werden: Legitimationen sind „Verweisungen auf andere Wirklichkeiten als die der Alltagserfahrung“.[48] Auch in einer Analyse von relativ theoretisch-wissenschaftlichen Sonderwissensbeständen (wie der Beratungsliteratur) ist demnach darauf zu achten, welche transzendenten Sinnbezüge hergestellt werden. Insbesondere transzendente Dimensionen von Legitimationen integrieren disparate Wissensbestände. Unter transzendenten Dimensionen sollen hier Verweise auf alternative Wirklichkeiten im weitesten Sinn verstanden werden. Solche Verweise sind immer Bestandteil von Beratung, indem Zukünftiges und Wünschenswertes Gegenstand der Beratung ist, da Virtuelles ‚präsentiert’ wird. In der Untersuchung werden die Transzendenzverweise von Beratungsdiskursen berücksichtigt, indem sie nicht nur als ‚technische‘, ‚ökonomische‘, ‚therapeutische‘ oder ‚wissenschaftliche‘ Rede- und Schreibweisen gelesen werden, sondern (auch) als Formen außeralltäglicher Legitimation. Zusammenfassend: Legitimationen sind Bestandteil von Diskursen, die die Aufgabe haben, spezielle Problematisierungen in allgemeingültigere Aussageformationen zu integrieren.

Während Legitimationen und Problematisierungen die *Einheit* von Aussagesystemen stiften, sind Topiken Diskurselemente, die unterschiedliche Diskurse verknüpfen.

Topik: Die Oberfläche des Wissens

Der Begriff der Topik bezeichnet, vereinfacht gesagt, die Struktur von ‚Themen‘. Die Topik ist ein in der empirischen Diskursanalyse selten

45 Berger, Peter und Thomas Luckmann: Die gesellschaftliche Konstruktion der Wirklichkeit, S. 100.

46 Berger und Luckmann unterscheiden insgesamt vier Ebenen von Legitimationen, die hier aber nicht detailliert dargestellt werden sollen. Vgl. ebd., S. 100ff.

47 Legitimationen ‚zweiten Grades‘, vgl. ebd., S. 113.

48 Ebd., S. 102.

benutztes Konzept, obwohl insbesondere in der ‚wissenssoziologischen Diskursanalyse‘ quasi-topische Begrifflichkeiten verwendet werden.[49]

Die Topik hat ihren Ursprung in der antiken Rhetorik. Sie beschreibt gewissermaßen die ‚Oberflächenstruktur‘ der Sprache. Der Topos[50] ist als Kategorie zwischen Linguistik und (Handlungs)Wissen besonders gut geeignet, um die Vermittlung zwischen kollektiven und allgemeinen Diskursen und der alltäglichen Rede zu beschreiben. Der Topos ist damit ein Brückenbegriff zwischen den kollektiven Diskursen und dem individuellen (d. h. erfahrungsgesättigten) Wissen. Anders als der Begriff des Deutungsmusters hat der Toposbegriff keine (diskursanalytisch problematische) Verbindung zu strukturalistischen Regelkonzepten, wie etwa der Begriff des Deutungsmusters. Eine Topik ist ein Netz aus ontologischen und argumentativen Aussagebeständen: ‚es gibt‘, bzw. ‚es ist so, weil‘, die sich nicht als Ausdruck einer Tiefenstruktur regelgenerierten Sprechhandelns beschreiben lassen.

Gemeinplätze, als ‚gängige‘, d. h. allgemein anerkannte Wendungen und Bezugnahmen (z. B. ‚eine Hand wäscht die andere‘; ‚1933‘; ‚Freiheit ist die Freiheit der Andersdenkenden‘; ‚Normalverteilung‘, ‚Kollektivschuld‘), dienen in der Rede dazu, Argumentationen zu ‚untermauern‘, und zwar nicht durch ‚logische‘ Syllogismen oder die Konstruktion begrifflicher Gebäude, sondern, indem Begründungen aufgerufen werden, die sich aus historischen Erfahrungen, ‚sprichwörtlichen‘ Wahrheiten oder ‚anerkannten‘ wissenschaftlichen Befunden speisen. Topoi bezeichnen Elemente ‚sedimentierten‘ und meist auch kodifizierten Wissens, die aus dem Wissensvorrat abgerufen werden können. Ihr hoher Allgemeinheitsgrad (meist handelt es sich um kurze Chiffren oder verdichtete Argumentationsfiguren) erlaubt ihren Einsatz als Legitimations-

49 Das Konzept der „Phänomenstruktur“ greift solche Überlegungen auf und bezieht sie darauf, dass Diskurse in der Konstitution ihres referentiellen Bezuges (also ihres ‚Themas‘) unterschiedliche Elemente oder Dimensionen ihres Gegenstandes benennen und zu einer spezifischen Gestalt, einer Phänomenkonstellation verbinden. Vgl. Keller, Reiner: Wissenssoziologische Diskursanalyse, S. 243.

50 Das Dictionnaire d'analyse du discours definiert Topos folgendermaßen: „Une Topique est un système empirique de collecte, de production et de traitment de l'information à finalités multiples (narrative, descriptive, argumentative): essentiellement pratiques, fonctionannt dans une communauté relativement homogène dans ses représentations et ses normes. Les topiques expriment une ontologie populaire oscillant entre le cognitif et le linguistique. Elles connaissent différent degrés de généralité, la plus générale ayant la forme „qui a fait quoi, quand, où, comment, pourqoui...“, Patrick Charaudeau und Dominique Maingueneau: Dictionnaire d'analyse du discours, S. 576.

figuren. Für den Zweck dieser Studie soll die Legitimationsfunktion des Topos hervorgehoben werden. Legitimationen durch Topoi funktionieren auf dreierlei Weise: Argumente oder Beschreibungen können durch Topoi (meist implizit) begründet werden, indem anerkannte Deutungsfiguren auf neue, ungewohnte Deutungen ‚aufgepfropft' werden. Damit kommt ihnen eine ‚inventive' Funktion zu:

> In diesem Sinne ist es auch einleuchtend, die Topik als den Raum und das Medium der „gesellschaftlichen" Einbildungs- und Urteilskraft [zu] bezeichnen, die gegründet ist auf das Fundament der öffentlichen Meinung bzw. auf die Normen der gebildeten und herrschenden Klasse.[51]

Topoi ‚dienen' außerdem dazu, Spezialdiskurse mit unterschiedlichen Begrifflichkeiten und Referenzen zu verknüpfen[52]. Sie können zwei oder mehr Spezialdiskursen wechselseitig Plausibilität verleihen, indem sie jeweils Begründungen aus dem einen Wissensgebiet zur Legitimation von Grundannahmen oder Vorgehensweisen aus dem anderen Wissensgebiet heranziehen. Vermutlich ist dies nicht der Sonderfall, sondern der Normalfall in den Wissenschaften. Drittens tragen Topoi zur Entstehung neuer Diskurse bei, indem sie sinnhaft disparate und Deutungsfiguren antagonistischer oder ‚fremder' Milieus miteinander verbinden. Dieser Aspekt ist für die Herausbildung neuer therapeutischer Formen von Bedeutung. Hubert Knoblauch weist auf die soziale Dimension des Topos als Reservoir geteilter Bedeutungen hin:

> Das die Topik auszeichnende „Wahrscheinliche" kann durchaus begründet auch mit Schelers Begriff der „relativ-natürlichen Weltanschauung" verglichen werden, die gewissermaßen das von den Mitgliedern einer Gesellschaft geteilte Unterfutter der gemeinsamen Kultur darstellt. Noch deutlicher kommt der Topos-Gedanke zum Ausdruck in der phänomenologisch orientierten Tradition der Wissenssoziologie, die den Begriff des Alltagsverstandes bzw. (stärker pragmatisch verstanden) den des Common Sense in die Soziologie einführte.[53]

51 Bornscheuer, Lothar: Topik. Zur Struktur der gesellschaftlichen Einbildungskraft, S. 46.

52 Topoi haben selbst unterschiedliche Verweisungsstrukturen, durch die sie ihre legitimatorische Aufgabe erfüllen und die den mit ihrer Hilfe konstruierten Problematisierungen Plausibilität verleihen. Bornscheuer unterscheidet im Anschluss an Aristoteles und Cicero zwischen Werturteils-Topoi, Denkform-Topoi (Aristoteles) und Bedeutsamkeits-Topoi (Cicero: loci communes). Vgl. Bornscheuer, Lothar: Topik. Zur Struktur der gesellschaftlichen Einbildungskraft, S. 229.

53 Knoblauch, Hubert: „Topik und Soziologie", S. 653.

Topoi haben damit die Funktion, die Jürgen Link dem ‚Interdiskurs' zuschreibt.[54] Der Interdiskurs ist für Link eine synthetische Weise der Diskursformation und es sind soziale Orte, bzw. Öffentlichkeiten, die den Interdiskurs tragen, vor allem die Sphäre der ‚Öffentlichkeit' mit ihren Gattungen des Journalismus, der politischen Rede etc. Die Annahme, dass etwa vor allem die Massenmedien den Interdiskurs pflegen, zeigt m. E. ein zu enges Verständnis der sozialen Verortung des Interdiskurses. Interdiskursive Formen der Bedeutungsgenerierung haben eben auch in Wissenschaft oder in der Literatur ihren Ort, insbesondere in der ‚interdisziplinären' Wissenschaftskultur und in Kulturen des ‚cut and paste'. Es ist hilfreich und sinnvoll, nach sozialen Instanzen, d. h. Orten, Gattungen oder Milieus des Interdiskurses bzw. der Topik zu suchen. Die Kybernetik (deren Entstehung ja paradigmatisch für ‚Interdisziplinarität' ist) ist ein Beispiel für eine Wissenschaft, die sich hochgradig auf topische Diskursbildungen stützt.

Medien und Aufschreibesysteme: Präsentierung und Registratur

Neben der thematischen und der sozialen Ordnung des Diskurses weisen diskursive Wissensordnungen eine mediale Ordnungsebene auf. Damit sind die medialen Voraussetzungen von Kommunikation gemeint: Körperlicher Ausdruck, Sprechen, Schrift, Bild, Ton, digitale Schrift etc. Hier soll zunächst ein sehr allgemeiner und ‚niedrig aggregierter' Begriff von Medien zugrunde gelegt werden. So kann mit Walter Seitter das ‚Präsentieren' von Phänomenen als spezifische Medienleistung gelten:

> Medien sind Instanzen und Techniken, die als bloße Mittel, also relativ dienend dazu beitragen, dass etwas eine Präsenz, und zwar eine bestimmte Präsenz bekommt. Ihre spezifische Rolle liegt darin, daß sie nicht eigentlich produzieren, sondern „bloß" präsentierend wirken. Sie sind also nicht Produktionsmittel, sondern bloß Präsentationsmittel und Präsentationstechniken. [...] Die Medien sind Mittel und Techniken, die nicht sich selber, sondern etwas anderes präsentieren. Dieser „Altruismus" gehört wesensmäßig zu ihnen – auch wenn sie dagegen verstoßen können bzw. sich sogar „kontermedial" auswirken können. Topisch sind Medien dadurch charakterisiert, dass sie außerhalb der bzw. zwischen den Hauptinstanzen der Präsentierung stehen: zwischen Akteur und Adressat und Objekt der Präsentierung.[55]

54 Vgl. Link, Jürgen: Literaturwissenschaftliche Grundbegriffe.
55 Seitter, Walter: Physik der Medien, S. 56.

An anderer Stelle fasst Seitter zusammen, Medien seien „Präsentierungsinstitutionen“[56]. Beratung stützt sich vor allem auf das Medium der Oralität, d. h. des Sprechens und Hörens, sowie des visuellen Zeigens und Guckens[57]. Der Berater selbst wird damit zum Medium. Seitter berücksichtigt – ungewöhnlich für die technikzentrierte Medientheorie – dass auch Teile des Menschen und der Mensch als Ganzes „Träger medialer Leistungen“ sind:

Damit [mit einer anthropologischen Bestimmung des Menschen] kann artikuliert werden, daß Menschen Träger medialer Leistungen sind. Aber als Medien bezeichnet man Menschen oder Menschenteile nur dann, wenn sie einem – Menschen – als Äußerlichkeit entgegentreten und für ihn medial wirken: Das tun Nebenmenschen, menschliche Institutionen sowie Menschenteile, die einem selber auch von außen entgegenkommen: also die eigenen Hände, oder Menschenprodukte, auch wenn sie von einem selber stammen, wie etwa ein Notizzettel, auf dem man sich etwas notiert hat. Mit dem Notizzettel erweitert der Mensch seine eigene Medialität so sehr, daß sie ihm selber als solche auffällig werden kann. Diese Verselbständigung zu Drittwesen – jenseits von Person A und Person B – die macht die eigentlichen, d. h. die äußerlichen Medien erst aus.[58]

Es mag offenkundig erscheinen, dass in Therapie und Beratung eben ‚kommuniziert‘ d. h. gesprochen wird; eine nähere Untersuchung der Rolle des Körpers und des Sprechens in unterschiedlichen Paradigmen des therapeutischen Handelns wird allerdings deutlich machen, dass die Verwendung von Gesten, Tönen und Worten in den unterschiedlichen therapeutischen Praktiken völlig Unterschiedliches bewirken soll und dass auf ganz unterschiedliche Weise unterschiedliche Klassen von Objekten *präsentiert* werden – beispielsweise Vergangenes oder Zukünftiges, Lebensgeschichten, Krankheitsberichte oder Bilder der Zukunft, psychologische Konstrukte mittels Tests, usw. Friedrich Kittler entwickelt einen Begriff von Medialität, der die Materialität der Medien in den Mittelpunkt stellt, zugleich aber auch die Wirksamkeit von Medien für das Imaginäre aufweisen soll. Als *Aufschreibesystem* bezeichnet Kittler primär technische Einrichtungen (z. B. Schrift, Schreibmaschine, Phonograph, Film), die dem Speichern und Verarbeiten von Daten dienen. In einem weiteren Sinn, der größere soziologische Relevanz hat, bezeichnet der Begriff Aufschreibesystem die Technik und das mit ihr korrespondierende Imaginäre:

56 Ebd., S. 431.
57 Vgl. zur Visualität der Beratung das Kapitel zur Genealogie der Beratung.
58 Seitter, Walter: Physik der Medien, S. 432.

> Das Wort Aufschreibesystem, wie Gott es der paranoischen Erkenntnis seines Senatspräsidenten Schreber offenbarte, kann auch das Netzwerk von Techniken und Institutionen bezeichnen, die in einer gegebenen Kultur die Adressierung, Speicherung und Verarbeitung relevanter Daten erlauben.[59]

Der Hinweis auf Schreber verdankt sich Kittlers Untersuchung des bekanntlich von Freud untersuchten ‚Fall Schreber'. Paul Schreber, der ehemalige Senatspräsident des Oberlandesgerichts Dresden, ist Verfasser des 1903 nach längerem Klinikaufenthalt veröffentlichen Krankenberichts „Denkwürdigkeiten eines Nervenkranken". In diesem Werk entwickelt Schreber selbst den Begriff ‚Aufschreibesystem', um seine Erfahrungen mit gewissen göttlichen Strahlen zu beschreiben. Er unterhält die Annahme, dass

> Strahlen nervensprachliche Informationskanäle sind, wie sie unter weltordnungswidrigen Bedingungen Schreber und Flechsig [Schrebers Arzt, der Neurophysiologe Paul Flechsig, mit dessen Schriften Schreber sich vertraut gemacht hatte] (bzw. dessen Inkarnation Gott) psychotechnisch material verschalten. […] Schrebers vorgeblich endophysische Wahrnehmungen schreiben allesamt nur Erkenntnisse seines Psychiaters ab. Laut Flechsig, der den Nervenbahnen eine epochemachende Monographie gewidmet hat, „ist die ganze Großhirnrinde in erster Linie ein gewaltiges Associations-Organ, in welches an einzelnen Stellen die Sinnesleitungen einstrahlen [sic] und in welchem wiederum (an denselben umschriebenen Stellen) die motorischen Bahnen ihren Ursprung nehmen.[60]

Kittler übernimmt die Wortschöpfung des Psychiatrieentlassenen Schreber und illustriert damit seine These: dass nämlich Medien einerseits Wissen selegieren, speichern und verarbeiten, bzw. ‚genutzt' werden, um dies zu tun, dass Medien aber andererseits auch Spuren im Imaginären derer hinterlassen, die glauben, jene nur zu nutzen. Medien und Techniken stehen zum ‚menschlichen' Selbstverständnis in einem *projektiven* Verhältnis: ‚Wir' projizieren menschliche Eigenschaften auf Medien, vor allem aber wird das Bild des Menschen nach den Werkzeugen geformt, die er benutzt.

Kittlers These einer Korrespondenz von Medien und Selbstbezügen erlaubt ein klareres Verständnis des Verhältnisses von Wissensformation und Subjektivierungsweisen. Von Kittler beeinflusste Medientheoretiker haben ihre empirischen Analysen nicht, wie Kittler im Großteil seiner

---

59 Kittler, Friedrich: Aufschreibesysteme 1800 · 1900, S. 501.

60 Ebd., S. 359, Anmerkung i. O.

Schriften, auf die Analyse technischer Apparate beschränkt.[61] So kommen etwa Bernhard Siegert und Joseph Vogl zu folgendem Ergebnis:

> In der Nähe zu Souveränen und regierenden Instanzen hat sich seit der frühen Neuzeit eine Spielart politischer Macht formiert, die professionelles Schreibertum mit Verwaltungsakten verknüpft und sich in Kanzleien, Büros und Registraturen eine eigene Adresse verschafft. Es gibt daher gute Gründe dafür, sekretäre Figuren und Praktiken als Leitfossilien für eine Geschichte zu betrachten, in der sich Aufschreibeweisen und gouvernementales Handeln zu einer neuen Ordnung der Dinge verschränken. [...] Das führt zur Frage nach einer Sekretärspoetik, die sich in der Stille von Schreib- und Schreibtischszenen überhaupt formiert. Schon in den Gattungen von Tagebuch und journal intime, in Haushaltslisten und Registrarien läßt sich ein Sekretärsbegehren erkennen, das von Bürokratien in private Lebensführung hinübergewechselt und an der Buchführung moderner Subjekte beteiligt ist; und man hat es hier zugleich mit einer Autorschaft zu tun, die um so besser Bescheid über sich weiß, als sie sich von jenen Überschätzungen absetzt, mit denen seit dem 18. Jahrhundert Genies, Originale und auktoriale Schöpfer ein Privileg schreibenden Handelns beansprucht haben.[62]

Auch Berater – so die im Anschluss an Siegert und Vogl verfolgte These – sind solche ‚humanoide Medien', die Aufschreibesysteme der kybernetischen Theorie und der betrieblichen Personalbürokratie in die private Lebensführung (ihrer selbst und ihrer Klienten) übertragen.

Die Umformung der Menschen und Dinge: Dispositive und Programme

Problematisierungen, verbindende Topoi, integrative Legitimationen und präsentative Aufschreibesysteme verdichten sich zu Dispositiven und Programmatiken, die – gewissermaßen als institutionelle Basis von Subjektivierungsformen – gesellschaftliche Wirksamkeit erlangen.

Der Dispositivbegriff[63] geht über den Begriff des Diskurses, der ein Gefüge von Aussagen bezeichnet, hinaus, indem Voraussetzungen des Diskurses, seine ‚mediale Infrastruktur', und seine außerdiskursiven Wirkungen in die Analyse einbezogen werden. Foucault definiert ein Dispositiv bekanntlich als „heterogenes Ensemble, das Diskurse, Institutionen, architekturale Einrichtungen, reglementierende Entscheidungen, Gesetze, administrative Maßnahmen, wissenschaftliche Aus-

61 Siegert, Bernhard und Joseph Vogl: Europa. Kultur der Sekretäre, S. 12.
62 Ebd., S. 8.
63 Foucault, Michel: Dispositive der Macht, Agamben; Giorgio: Was ist ein Dispositiv?

sagen, philosophische, moralische oder philanthropische Lehrsätze, kurz: Gesagtes wie Ungesagtes umfasst. Das Dispositiv ist das Netz, das zwischen diesen Elementen geknüpft werden kann."[64] Der Begriff des Dispositivs bezeichnet also nicht die Kommunikation selbst, sondern ihre Eingebundenheit in die Artefakte und ihre Wirkungen.

In Foucaults Werkentwicklung ist der Dispositivbegriff bekanntlich mit dem Übergang von der archäologischen zur machtanalytischen Perspektive verbunden; er wird im Spätwerk auf sogenannte ethische Fragestellungen ausgeweitet. Während also zunächst die Disziplinardispositive im Vordergrund stehen, ist später die Rede von Regierungs- oder Führungsdispositiven oder schließlich auch Dispositiven der Selbstsorge.

Dispositive antworten auf gesellschaftliche Probleme.[65] Sie sind ‚Strategien ohne Strategen',[66] insofern sie als Korrelat ihres Effekts gedacht sind. Handlungstheoretisch gesprochen lassen sie sich nie auf eine einzige Intention zurückführen; sie sind immer Resultat einer ‚Koalition' intentionaler Strategien. Diese gesellschaftlichen Probleme – oder Notstände, wie man den Begriff urgence übersetzen könnte – werden insbesondere von Experten definiert. Dispositive sind also Problemlösungen, die im Allgemeinen von Expertengruppen entwickelt werden, die durch Diskursarenen miteinander verbunden sind. Dieses Expertenwissen zeichnet sich durch eine sozial durchgesetzte Differenz oder Distanz zum Laienwissen aus. Diese Distanz muss nicht hierarchisch-vertikal sein. Auch Expertenwissen ‚von unten' kann sich zum Dispositiv verfestigen. Diese Nähe des Wissens, dass sich im Dispositiv stabilisiert und kristallisiert, zum Sonderwissen, rückt den Dispositivbegriff in die Nähe der Sozialtechnologie. Die innere Mannigfaltigkeit der Sub-Strategien innerhalb eines Dispositivs (das immer nur als Einrichtung in Bezug auf bewirkte Inviduationen beschrieben werden kann) lässt widerständige Umarbeitungen prinzipiell zu. Dispositive sind also Regierungs- und Subjektivierungsweisen mit variablem Verwendungszusammenhang. Foucault spricht hier von „funktioneller Überdeterminierung", d. h. von einer Vielzahl von Wirkungen, die nicht auf einen Macht-Vektor gebündelt sind, und von „strategischer Wiederauffüllung",[67] d. h. von der Möglichkeit der Umdeutung und Aneignung ihrer Kräftevektoren.

Die Sozial- und Sprachwissenschaften tragen sicherlich dazu bei, Dispositive als Konstruktionen zweiter Ordnung verfügbar, nutzbar und

64 Foucault, Michel: Dispositive der Macht, S. 119f.

65 „urgences", ebd., S. 121.

66 Vgl. ebd., S. 140.

67 Ebd., S. 121.

damit auch reflektierbar zu machen. Dispositive wollen gewissermaßen erklärt sein, da jede wahrgenommene sozialtechnische Wirkung in modernen Gesellschaften nach Legitimation verlangt. Dispositive werden stabilisiert, indem sie legitimatorische Diskurse hervorbringen oder als ihre Programmatik ‚enthalten'. Sie werden zweitens dadurch stabilisiert, dass sie Individuen subjektivieren, d. h. sie bringen Dispositionen zu bestimmten Erfahrungs- und Handlungsweisen hervor. Insbesondere in den Diskurstheorien von Ernesto Laclau und Chantal Mouffe sowie von Judith Butler ist diese Stabilisierungsweise des Diskurses ausgearbeitet. Giorgio Agamben erinnert in seiner radikalen Verwendung des Dispositivbegriffs an die Differenz zwischen monadischer Lebendigkeit und Subjekt: „Ich möchte also die schon sehr umfangreiche Klasse der Foucaultschen Dispositive noch weiter verallgemeinern: Als Dispositiv bezeichne ich alles, was irgendwie dazu imstande ist, die Gesten, das Betragen, die Meinungen und die Reden der Lebewesen zu ergreifen, zu lenken, zu hemmen, zu formen, zu kontrollieren und zu sichern".[68]

Während die Einheit eines Diskurses in linguistischen Kategorien beschrieben werden kann, ist die Einheit eines Dispositivs also eine Funktion seiner Wirkung: Sexualitätsdispositive sind das, was Heterosexualität, Disziplinardispositive, was gelehrige Körper, Inhaftierungsdispositive, was Gefangene, Führungsdispositive, was kompetente Menschen (vgl. Traue 2009a) hervorbringt etc. Das ist zentral: Die Begrenzung nicht nur der Archäologie, sondern jeder Analytik von Zeichensystemen ist, dass sie auf einen Nachweis von Regelmäßigkeiten zurückgeworfen ist. Die semiotischen Regelmäßigkeiten entsprechen aber nicht den Wirkungen der Zeichensysteme in ihrer Verbindung mit den Dingen von Gewicht.

Jede kultur- und sozialwissenschaftliche Analyse benötigt eine Heuristik, mit der Einheiten von Zeichensystemen (d. h. Differenzen) mit Einheiten von Wirkungen in Deckung gebracht werden können. In Foucaults Dispositivbegriff ist eine solche Heuristik enthalten: Die Verbindung der Dispositive (Wirkung) zum Diskurs (Zeichensystem) bezieht sich auf Symboliken der Krise, entweder strategisch-antizipierend, wenn es professionalisiertes Personal von Dispositiven gibt, oder legitimatorisch-retrospektiv, wenn Dispositive von Wissenschaftlern oder Praktikern ‚entdeckt' werden.

Innerhalb des hier beschrieben Dispositivkonzepts strukturieren Medien das Netz zwischen den Elementen des Dispositivs. Sie stellen sozusagen eine Superstruktur des Dispositivs dar. Die Materialität dieser

68 Agamben, Giorgio: Was ist ein Dispositiv?, S. 26f.

Medien stellt eine Matrix für bestimmte *Formen* bereit. Mit dem medialen Aspekt des Dispositivs sind die Aufschreibesysteme gemeint, die kontingente Erfahrungen und kontingente Daten zu einem ‚epistemischen Ding' (Hans-Jörg Rheinberger) verdichten. Die Kräfteverhältnisse und das Netzwerk des Dispositivs betreffen die ‚Außenstruktur' dessen, was in der neueren Wissenssoziologie als *Gattung* bezeichnet wird. Dispositivanalyse und Gattungsanalyse verwenden ‚natürliche', d. h. vorgefundene, nicht eigens für die Untersuchung erzeugte Daten. Im Rahmen gattungsanalytischer Ansätze wurden bisher allerdings vor allem die sprachliche Binnenstruktur und die interaktive Ordnung von institutionalisierten Kommunikationsgestalten untersucht.

Das Dispositiv bildet so gewissermaßen ein Scharnier zwischen gesellschaftlichen ‚Makroprozessen' und der Organisation des Handeln und Verhaltens, wobei in funktional differenzierten Gesellschaften die Makroprozesse letztlich nur aus dem mehr oder weniger koordinierten Zusammenspiel dieser Scharniere bestehen.

Programme

Wenn wir unter Dispositiv das Ensemble der Zeichen und Dinge verstehen, das Subjekte hervorbringt,[69] sind die Programme die Abläufe in der Zeit, in denen sich dieses Werden konkretisiert. Programme sind zwischen Wirklichkeit und Virtualität angesiedelt; es gibt sie, und zugleich bestimmen sie – ‚programmatisch' – wie sich Abläufe entfalten bzw. wie sie sein sollen. Ein Programm ist keine ‚Norm', kein Sollen, sondern die Historizität der Materie und des Lebens selbst.

Ulrich Bröckling fasst diesen eigenartigen Charakter des Programms unter Anknüpfung an den systemtheoretischen Ausdruck der ‚Realfiktion': „Jedes soziale Subsystem „sieht" und personifiziert mit Hilfe seines spezifischen Rationalitätsmodells spezifische menschliche Eigenschaften und es „sieht" und personifiziert ausschließlich diese. Es „erfindet sich sozusagen seine eigene Sozialpsychologie" und verfertigt jene Akteure, die es als kommunikative Adressen benötigt, indem es sie als bereits gegeben unterstellt".[70] Ein Programm ist in diesem Sinne gewissermaßen verdinglichtes Handeln, das sich selbst mit Hilfe von kommunikativen Techniken selbst reproduziert – in diesem Sinne knüpft der Begriff an die Marxsche Verdinglichungsproblematik an. Programme sind überall und Bedingung jeder Zivilisation; problematisch kann nur die Selektivität der Programme sein: „Indem die Regime des Selbst

69 Vgl. Agamben, Giorgio, S. 26.

70 Bröckling, Ulrich: Das unternehmerische Selbst, S. 37

selektive institutionelle Personkonstruktionen als Conditio Humana substantialisieren, sabotieren sie die darin uneingelösten menschlichen Möglichkeiten und proklamieren zugleich ein Idealbild, auf das hin die Individuen zugerichtet werden."[71]

Programme bilden also die symbolische und temporale Materialität der Regierungsweisen. Allerdings sichert erst das Ineinandergreifen von Programmatiken unterschiedlicher Materialität und Komplexität die Wirksamkeit einer Regierungsweise. Die Organisation dieses Ineinandergreifens ist das Dispositiv. Programme sind aber Handlungsweisen und -vorschriften, die sich regelmäßig aus verschiedenen Gründen transformieren; entweder weil sie die Übertragung in unterschiedliche Kontexte nicht unverändert lässt, weil sie durch menschliche Widerständigkeit scheitern, oder weil sich ihre technische Grundlage verändert. Bernard Stiegler, der an den allgemeinen Programmbegriff des Paläoanthropologen Leroi-Gourhan anknüpft, weist darauf hin, dass vor allem das Aufkommen neuer Techniken und ‚Grammatisierungen' eine bestehende ‚Pro-grammatik' destabilisieren kann:

> But the program is thus also the possibility of dis-habituation – that is, for decontextualisation. [...] It is [technical development] as such that gives rise to decontextualization, as the legacy of past constitutive experiences of lived, present experience, of consciousness – and, in a unique way, the consciousness of idealities: iterability is essential to an ideality that must be capable of being repeated.[72]

Die ‚technischen' Anteile an Programmen, d. h. die Verschriftlichungen von Regeln, ihre Kommunikationsprozesse, ihre Strukturierung durch räumliche Arrangements etc., die die blinde Automatik der Programme sichern, können gleichzeitig Auslöser für ihren Umbau oder gar ihre Zerstörung sein. Für die Untersuchung von Subjektivierungsregimen bedeutet dies, dass den programmatischen Techniken ebenso viel Aufmerksamkeit geschenkt werden muss wie den ‚Rationalitäten' des Regierens[73], ohne die Techniken (und damit: Medien) als bloße Hilfsmittel zur Implementation einer Rationalität zu unterschätzen. Programme organisieren das Handeln – und hier weiche ich von Bröcklings Programmbegriff ab – nicht nur ‚von außen', als Anpassung einfordernde Zumutung, sondern auch ‚von innen', weil jedes ‚kultivierte' Handeln

71 Ebd., S. 38.

72 Stiegler, Bernard: Disorientation, S. 68.

73 Der Begriff der Rationalität einer Regierungsform ist problematisch: Er kann nur Ausdruck einer historisch spezifischen Konjunktion von Techniken und Deutungen sein.

immer schon ‚pro-grammatisiert' ist. Die Einführung von differenten Sub-Programmen kann Gesamtprogramme aufbrechen, indem sie das Feld des ‚Nahkampfs zwischen Lebewesen und Dispositiven' rekonfiguriert. Eine Veränderung von Programmen kann somit vom *technischen Standpunkt* oder vom *Subjekt* her ihren Ausgangspunkt nehmen: Die Dispositive verlieren (oder ändern) ihren programmatischen Charakter, weil sie nicht mehr die Subjekte konstituieren, die zu ihrer Aufrechterhaltung notwendig wären, oder weil sich in sie selbst neue Techniken einflechten, die bestehende Subjektivierungsweisen verändern.

Subjekt und Subjektivierung

Eine strukturalistisch verkürzte Theorie des Subjekts reduziert dieses auf den bloßen Effekt eines Vokabulars oder eines Dispositivs; eine normativ (zu) gehaltvolle Theorie lässt die Diskurse als ‚Verfehlung' der ‚eigentlichen' Natur des Subjekts erscheinen. Daher ist es nötig, einen sparsamen Begriff des Subjekts vorauszusetzen, der der Formbarkeit des Subjekts Rechnung trägt, das Subjekt aber zugleich als widerständigen Bezugspunkt in vielfältigen Kräfteverhältnissen begreift. Diese Widerständigkeit ergibt sich aus der Leiblichkeit des Menschen: Der Leib bildet den „Nullpunkt der Erfahrung, er bildet das Medium der sinnlichen Erfahrung und des Handelns"[74]. Der Begriff der ‚Widerständigkeit' setzt hier eben nicht voraus, dass sich Individuen substanziell oder ‚politisch' widerständig verhalten, „auch das Nachgeben, Überwältigtwerden oder Erliegen sind Verlaufsformen von Widerstand"[75]. Für die Untersuchung der historischen Genese von Subjektivierungsformen ist die Annahme eines sozial (und ich werde zeigen: medial) vermittelten Selbstverhältnisses zentral. Das Individuum kann sein Sein erst im Verhältnis zu anderen gewinnen.[76]

Erst in der Distanz zu sich selbst, und somit vermittelt über andere Dinge und Menschen, ist dem Mensch eine Innenwelt gegeben. Auch

74 Knoblauch, Hubert: Wissenssoziologie, S. 146.

75 Saar, Martin: Genealogie als Kritik, S. 210.

76 Helmuth Plessner beschreibt den Menschen in der Situation „exzentrischer Positionalität": Leib und Körper fallen, obwohl sie keine material voneinander trennbaren Systeme ausmachen, sondern ein und dasselbe, nicht zusammen. Der Doppelaspekt ist radikal. Ebenso radikal ineinander nicht überführbar sind Umfeld und Außenwelt. Beide Aspekte bestehen nebeneinander, vermittelt lediglich im Punkt der Exzentrizität, im unobjektivierbaren Ich „hinter" Körper und Leib, dem Fluchtpunkt der eigenen Innerlichkeit. Vgl. Helmuth Plessner: Die Stufen des Organischen und der Mensch, S. 12.

George H. Mead geht von einer ‚sozialkonstitutiven Selbstkonstitution‘[77] des Menschen aus, bestimmt diese allerdings kommunikationstheoretisch:[78] Erst die Fähigkeit, sich kommunikativ vermittelte Erwartungen zu repräsentieren, ermöglicht soziales Handeln. Menschen können die Reaktionen der Anderen auf ihre eigenen Handlungsentwürfe vorwegnehmen:

We cannot realize ourselves except in so far as we can recognize the other in his relationship to us. It is as he takes the attitude of the other that the individual is able to realize himself as self.[79]

Die Fähigkeit zur Repräsentation der regelmäßigen Verhaltensweisen von alter ego im Bewusstsein ermöglicht die Ausbildung von Handlungsfähigkeit. Die Handlungsfähigkeit (agency) hat ihre Bedingung daher in der Entstehung eines Selbstverhältnisses, das ein Nachdenken über sich (im Kontext der Sozialwelt) ermöglicht. Mead kennt eine weitere Instanz der Subjektivität, die nur in Phasen der Unterbrechung von Gewohnheit oder in sozialen Krisen zum Ausdruck kommt: Was er „I“, nennt, ist mehr affektiv als kognitiv, mehr unbewusst als bewusst, mehr körperlich als geistig. Es ist eine Vitalität, die sich artikuliert, wenn Menschen ihre Wünsche in den Konventionen des Sozialgefüges nicht wiederfinden und es daher zu erweitern suchen, oder wenn sie die Widersprüchlichkeit sozialer Erwartungen wahrnehmen und einen Ausweg suchen:

Such a novel reply to the social situation involved in the organized set of attitudes constitutes the „I“ as over against the „me“. The „me“ is a conventional, habitual individual. It is always there. It has to have those habits, those responses which everybody has; otherwise the individual could not be a member of the community. But an individual is constantly reacting to such an organized community in the way of expressing himself, not necessarily asserting himself in the offensive sense but expressing himself, being himself in such a co-operative process as belongs to any community. The attitudes involved are gathered from the group, but the individual in whom they are organized has

77 Joas, Hans: Praktische Intersubjektivität.

78 Dieses Verständnis ist deutlich von utilitaristischen Konzeptionen abgrenzbar, die von ‚fertigen‘ Akteuren ausgehen, die lediglich mit bestimmten Präferenzen ausgestattet sind und daher bestimmte Selektionsweisen favorisieren (wie etwa in der Rational Choice Theorie). Es unterscheidet sich auch von normativistischen Konzepten, für die Persönlichkeiten lediglich in der Anpassungsleistung des Subjekts an vorgegebene Normen und Werte bestehen.

79 Mead, George H.: Mind, Self, and Society, S. 194.

the opportunity of giving them an expression which perhaps has never taken place before.[80]

Das Selbst (‚self') bezeichnet in Meads Kommunikationstheorie des Selbst keine Instanz der Persönlichkeit, sondern eine Phase des Handeln, in der die Repräsentanz der Erwartungen der Mitmenschen reartikuliert wird, um auf sie adäquat zu reagieren zu können und zugleich den eigenen Willen durchzusetzen. Dieser Prozess der ‚kreativen Anpassung' an soziale Erwartungen ist bei Mead als *kommunikative* Reartikulation gedacht; das Individuum entwickelt kommunikative Strategien der Reartikulation seiner Identität, um die an es gerichteten sozialen Erwartungen zu einer neuen Synthese zusammenzuführen.

Während Meads Identitätstheorie im Rahmen einer *kommunikativen* Anthropologie formuliert ist, schreibt er die Fähigkeit zur Re-Artikulation von Handlungs- und Selbstentwürfen dem Bewusstsein und der leiblichen Instanz des ‚I' zu. Darin stimmt er mit Alfred Schütz überein, der Handeln als „entworfene Erfahrung bzw. als entworfenes Handeln" begreift. Diese Entwürfe werden im Bewusstsein angefertigt.[81] Entwürfe sind von „typischen Elementen eines subjektiven Wissensvorrats"[82] informiert, von lebensgeschichtlich erworbenen „Interessen"[83] motiviert, und durch Sprache als System intersubjektiv verbindlicher Bedeutungen mit „Vor-Gewichtungen"[84] versehen.

Für beide Autoren ist die Quelle der Kreativität der Handlungsentwürfe das durch lebensgeschichtliche Erfahrungen formierte Bewusstsein, während die Symbolsysteme die *Artikulation* und Objektivierung der Entwürfe ermöglichen. Mead setzt die vitale Kraft des ‚I' als Gegenspieler zu der beschränkenden Macht der symbolisch vermittelten sozialen Erwartungen ein; die Vermittlung von differenten Erwartungen

---

80 Ebd., S. 197f.

81 „Entwürfe sind Utopien: Ich stelle mir in einer Leistung des phantasierenden Bewußtseins einen noch nicht eingetretenen Zustand vor. Aber es gibt Utopien und Utopien: Utopien als Entwürfe und Utopien als Scheinentwürfe. Was und wie ich phantasiere, ist von Vergangenem über die Ablagerungen meiner Erlebnisse und Erfahrungen geprägt." Schütz, Alfred und Thomas Luckmann: Strukturen der Lebenswelt, Bd. 2, S. 37.

82 Ebd., S. 36f.

83 „Wie bestimmte Handlungen bestimmte Interessen befriedigen oder nicht zu befriedigen vermochten, wie sie mit anderen Interessen zusammenstießen und wie der Zusammenstoß schließlich ausging, ist jetzt in unserem Wissensvorrat und in unserem Relevanzsystem abgelagert. Diese Vorgeschichte von Interessen, Entwürfen und Handlungen hat zur Ausbildung bestimmter Einstellungen geführt, die in gegebenen Situationen auf Grund typischer Interessen typische Entwürfe „motivieren"." Ebd., S. 48.

84 Ebd., S. 66.

ermöglicht Kreativität. Schütz konzipiert Relevanzen, insbesondere ‚Motivationsrelevanzen' als Handlungsmotive, die die Vorgaben der sozialen Typiken durchbrechen bzw. sie neu ordnen können.[85]

Um diese Vermittlungsfigur von ermöglichend-beschränkender Struktur und unterworfener ‚agency' zu verfeinern, ist eine ‚Praxeologie des Selbst'[86] notwendig, die die Materialität der Selbstverhältnisse berücksichtigt.[87] Eine Praxeologie des Selbst zielt darauf ab, das Selbstverhältnis als Ergebnis einer ‚technischen' Praxis der Gestaltung der eigenen Person zu beschreiben.

Selbsttechniken und die Praxeologie des Subjekts

Die Entwicklung einer Praxeologie des Selbst kann nicht einem Autor, nicht einmal einer theoretischen Ausrichtung zugeschrieben werden; es kann vielmehr von konvergenten Theoriebildungen ausgegangen werden, die auf gesellschaftliche Strukturveränderungen reagieren – unter anderem auf die Zunahme der Dispositive der Selbstbearbeitung.

So entwickelt Alois Hahn den Begriff der „Techniken der Selbststeuerung". Diese gehen aus einer „soziale[n] Institutionalisierung von Bekenntnisformen"[88] hervor. Das Selbstverhältnis geht in diesem Verständnis aus dem Zusammenwirken von Selbstthematisierungs-Techniken und Erfahrungsweisen hervor. Beichte und Geständnis sind für ihn ‚Biographiegeneratoren', die die „selektive Vergegenwärtigung"[89] von lebensgeschichtlich erworbenen Erfahrungen anregen und strukturieren. In seiner Fassung des praktischen Selbstverhältnisses sind Erfahrungen allerdings ‚gegeben'; biographische Selbstbeschreibungen, die durch unterschiedliche Bekenntnisformen ihre Gestalt gewinnen, sind Ergeb-

85 Schütz reserviert den Motivationsrelevanzen einen vorsozialen, autonomiestiftenden Charakter: „Heißt das nun, daß die vorliegende Analyse des Motivationszusammenhangs wesentlich von den Gegebenheiten einer bestimmten Sprache, der Ausprägung einer bestimmten relativ-natürlichen Weltanschauung abhängig ist? Wir können die Frage mit einem Nein beantworten, allerdings nicht mit einem uneingeschränkten Nein. [...] Formal besehen ist [...] Handeln jedoch auf die zeitliche Struktur des Erfahrungsablaufes fundiert. Von den Besonderheiten einer konkreten Sprache ist es wesentlich unabhängig. Dies begründet unser Nein zur gestellten Frage." Ebd., S. 260.

86 Saar, Martin: Genealogie als Kritik, S. 98f.; Reckwitz, Andreas: Das hybride Subjekt.

87 Sowohl bei Schütz als auch bei Mead ist eine solche Praxeologie durchaus bereits angelegt, aber nicht artikuliert.

88 Hahn, Alois und Volker Kapp: Selbstthematisierung und Selbstzeugnis, S. 7.

89 Ebd., S. 13.

nisse einer durch Bekenntnisformate strukturierten „selektiven Vergegenwärtigung“[90] von Partikeln des lebensgeschichtlichen Stroms von Erlebnissen. Hahn diskutiert mit seinem Ansatz institutionell induzierter Selbstthematisierungsformen gegenwärtige Formen der Herstellung von Selbstverhältnissen, geht dabei allerdings auf die Praktiken, die diese Selbstverhältnisse konstituieren – und die mit einem spezifischen Mediengebrauch verbunden sind – kaum ein. Mit dem Konzept der Technik des Selbst ist die praktische und mediale Bestimmung des Selbstverhältnisses (teilweise) realisiert:

> Technologies of the self [...] permit individuals to effect by their own means or with the help of others a certain number of operations on their bodies and souls, conduct, and way of being, so as to transform themselves in order to attain a certain state of happiness, purity, wisdom, perfection or immortality.[91]

Individuen verfügen also über medienvermittelte und leibliche Praktiken (die historisch und sozial bestimmt sind), durch die sie ein Verhältnis zu sich selbst gewinnen können. Heteronomie und Autonomie des Handelns sind in dieser Vermittlung einer geteilten Sprache bzw. Kultur und der Techniken ihrer Veränderung qua Veränderung des Selbst begründet. Diese Einwirkung ist einerseits intentional, d. h., sie wird vom Einzelnen sinnhaft gedeutet. Andererseits handelt es sich bei den Techniken um Subjektivierungsprogramme, denen Subjekte unterworfen sind, indem sie aufgerufen sind, ihre Lebensführung auf sie auszurichten. Techniken des Selbst sind eigenständige Komplexe von Praktiken, die von anderen Handlungsfeldern mehr oder weniger deutlich abgetrennt sind, „gleichzeitig produzieren sich in ihnen jedoch allgemeine Dispositionen (etwa moralische Selbstreflektion in der bürgerlichen Kultur, Sensibilität für die Oberflächendarstellung in der Angestelltenkultur, Fähigkeit zum semiotischen Expertimentalismus in der postmodernen Kultur), die sich als subjektive Voraussetzung darstellen, die in den *anderen* Feldern – Arbeit und persönliche Beziehungen – zum Einsatz kommen und so zur Homologie der Subjektformen jenseits der Felddifferenzen beitragen“.[92] Reckwitz weist hier auf die – funktionalistisch gesprochen – sozialintegrative Wirkung von Selbsttechniken hin. Solcherart von und an Individuen vollzogene transformierende Techniken sind z. B. Beichtpraktiken[93], therapeutische Selbstgespräche[94] oder Wellness[95]. Im Unterschied

90 Vgl. Hahn, Alois: „Biographie und Lebenslauf“.
91 Foucault, Michel: „Technologies of the Self“, S. 18.
92 Reckwitz, Andreas: Das hybride Subjekt, S. 58.
93 Vgl. Hahn, Alois: „Identität und Selbstthematisierung“.
94 Vgl. Rose, Nikolas: Inventing our selves.

zu Hahns Konzeption sollten die ‚Techniken des Selbst' nicht als Bewusstseinsleistungen oder als ‚hermeneutische' Vergegenwärtigungen durch Narrative, sondern als mediengestützte Praktiken begriffen werden, die sich auf Artefakte und sehr unterschiedliche symbolische Medien stützen.[96]

Aus sozialphänomenologischer Perspektive sind Techniken des Selbst im Allgemeinen Bestandteil und Voraussetzung der ‚relativ natürlichen Weltanschauung' eines Individuums. Sie können den ‚objektiven' Interessen des Individuums hinderlich sein; verleihen dem Individuum, das sie anwendet, aber trotzdem den Vorzug, eine Identität zu erlangen und Anpassungsleistungen und Distanzierungsleistungen vom geforderten Grad und im erforderten Verhältnis erbringen zu können. Der Begriff der ‚Techniken des Selbst' (oder Selbsttechniken) hat mit der Untersuchung von „Biographiegeneratoren" vieles gemeinsam; in beiden Perspektiven geht es um die Schemata der Selbstthematisierung. Hahn geht allerdings in phänomenologischer Perspektive davon aus, dass Biographien „selektive Vergegenwärtigungen" des Lebenslaufs, d. h. der „Gesamtheit von Ereignissen, Erfahrungen, Empfindungen usw. mit unendlicher Anzahl von Elementen"[97] darstellen. Biographiegeneratoren ‚erzeugen' also die Thematisierung von Erlebnissen und Erfahrungen in einer narrativen Form. Sie selegieren als Techniken der Vergegenwärtigung aus ‚ursprünglichen' Erlebnisgegebenheiten, während die Foucaultschen Selbsttechniken die Erfahrungen selbst organisieren.

Foucaults Begriff ist breiter gefasst: Auch Gestaltungen des Selbstverhältnisses, die nicht in explizite Thematisierungen des Selbst mün-

95 Greco, Monica: „Wellness".

96 In diese Richtung weist auch Reckwitz' Interpretation des Technikbegriffs: „Diese Fähigkeit zur Selbstreferentialität ist für das Subjekt als Modernes konstitutiv – aus praxeologisch-kulturtheoretischer Sicht sind diese Dispositionen jedoch wiederum nicht in einer inneren kognitiven oder emotionalen Struktur zu platzieren, sondern als Korrelat bestimmter geregelter, typisierter – und in diesem Sinn kollektiver – ‚Techniken' zu verstehen, die auch in Einsamkeit vollzogen werden können. In der modernen Kultur bleiben diese Selbstpraktiken selbst in der Regel mundan, das heißt, sie sind nicht auf transzendente Ordnungen gerichtet. Diese Techniken enthalten charakteristischerweise – wenn auch nicht durchgehend – spezifische Objekte und Artefakte: Dass es sich um Techniken des Selbst handelt, heißt nicht, dass diese Praktiken von interobjektiven (oder auch von intersubjektiven) Bezügen befreit wären, sondern dass der Umgang mit Artefakten dazu verwendet wird, um im ‚Innern' des Subjekts bestimmte kurzfristige oder langfristige Effekte zu erzielen oder um bestimmte kognitive oder emotionale Kompetenzen aufzubauen. Reckwitz, Andreas: Das hybride Subjekt, S. 58.

97 Hahn, Alois: „Identität und Selbstthematisierung", S. 12ff.

den, aber das Selbst in eine Relation zu sich selbst setzen, lassen sich als Techniken beschreiben, die dem Subjekt (in der Fremd- und Selbstbeobachtung) eine Gestalt verleihen. Auch de-subjektivierende Subjektivierungen können also Ergebnis von Selbsttechniken sein.

Sozialtechnologisierte Lebenswelten: Die Gouvernementalität und ihre Institutionen

Seit Mitte der 1980er Jahre ist in Folge der Rezeption von Michel Foucaults Schriften zur Gouvernementalität der Ansatz der Gouvernmentality Studies[98] bzw. Gouvernementalitätsstudien[99] entwickelt worden. Der Gouvernementalitätsbegriff soll hier als Beitrag zu einem Konzept sozialer Technologien ausgearbeitet werden. Michel Foucault schreibt in einer knappen Definition:

> It is [...] the technologies of domination and self, which have most kept my attention. I have attempted a history of the organization of knowledge with respect to both domination and the self. [...] This contact between the technologies of others and those of the self I call governmentality.[100]

Die Selbstführung von Individuen im Sinne einer Lebensführung, die sie zu Handlungsentwürfen, zur Gestaltung sozialer Beziehungen und zu moralischen Urteilen befähigt, ist in Foucaults Vorstellung auch ein Ansatzpunkt für Praktiken, die der Regierung von Bevölkerungen dienen. Anhand seiner Analysen ist davon auszugehen, dass sich Selbstführungskompetenzen und die moderne Regierungspraxis im weitesten Sinn seit Mitte des 19. Jahrhunderts in wechselseitiger Einflussnahme entwickelt haben. Foucault rückt in seinen Vorlesungen zur Gouvernementalität den Selbstbezug von Akteuren im Verhältnis zum staatlichen, und das heißt allgemein: verwalterischen Expertenwissen ins Zentrum seiner Analyse. Dieses Verhältnis wird als ‚Regierung‘ gekennzeichnet.

Foucault definiert die Gouvernementalität als das Verhältnis zwischen Regierungspraktiken, Institutionen, sozialen Beziehungsformen

98 Vgl. zur Einführung in die angelsächsische Diskussion Burchell, Graham, Colin Gordon, und Peter Miller (Hg.): The Foucault Effect: Studies in Governmentality.

99 Vgl. zur Einführung in die deutschsprachige Diskussion Bröckling, Ulrich, Susanne Krasmann und Thomas Lemke (Hg.): Gouvernementalität der Gegenwart.

100 Foucault, Michel: Technologies of the Self, S. 16f. Das Zitat folgt der englischen Erstveröffentlichung des Textes. Eine französische Version findet sich in ders., Dits et Ecrits.

und Selbstführungsformen.[101] Was bedeutet regieren? Foucault zitiert verschiedene Texte aus der sogenannten antimachiavellistischen Literatur, die sich gegen die territoriumsbezogene Machttheorie Machiavellis richten. In dieser Literatur werden unterschiedliche Gegenstände in die ‚art de gouverner', die ‚Kunst des Regierens' eingereiht: „ein Haus zu führen", „Seelen zu führen", „Kinder zu lenken", „eine Provinz zu führen", „einen religiösen Orden zu führen", „eine Familie zu führen". Die Fähigkeit zu führen ist kein Privileg mehr – „es regieren nun einmal viele Leute: der Familienvater, der Superior eines Klosters, der Pädagoge und der Lehrer mit Bezug auf das Kind oder den Schüler; es gibt also viele Regierungen, wobei die des Fürsten, der seinen Staat regiert, nur eine ihrer Modalitäten ist."[102]

In der Gouvernementalitätsvorlesung versteht Foucault unter Bevölkerung die Bevölkerung eines Territoriums bzw. die einem Staat zugehörige Bevölkerung. Aus der Perspektive einer Soziologie der Experten ist dies ein besonderer Fall, wenn auch ein zentraler, der die Beziehungen zwischen der Staatsbevölkerung und dem Souverän betrifft: „In Wirklichkeit haben wir es mit einem Dreieck zu tun: Souveränität, Disziplin und gouvernementale Verwaltung, eine gouvernementale Verwaltung, deren Hauptzielscheibe die Bevölkerung ist und deren wesentliche Mechanismen die Sicherheitsdispositive sind."[103]

Der zur ‚gouvernementalen Verwaltung' zugehörige Wissenstyp zeichnet sich also dadurch aus, dass er darauf angelegt ist, auf umfassende Weise in die Lebensvorgänge einer Bevölkerung einzugreifen, nicht aber durch unmittelbar disziplinierende Herrschaft.

---

101 „Ich verstehe unter „Gouvernementalität" die aus den Institutionen, den Vorgängen, Analysen, Berechnungen und den Taktiken gebildete Gesamtheit, welche es erlauben, diese recht spezifische, wenn auch sehr komplexe Form der Macht auszuüben, die als Hauptzielscheibe die Bevölkerung, als wichtigste Wissensform die politische Ökonomie und als wesentliches technisches Instrument die Sicherheitsdispositive hat. Zweitens verstehe ich unter „Gouvernementalität" die Tendenz oder die Kraftlinie, die im gesamten Abendland unablässig und seit sehr langer Zeit zur Vorrangstellung dieses Machttypus geführt hat, den man über alle anderen hinaus die „Regierung" nennen kann: Souveränität, Disziplin, und die einerseits die Entwicklung einer ganzen Serie spezifischer Regierungsapparate und andererseits die Entwicklung einer ganzen Serie von Wissensarten nach sich gezogen hat. Schließlich denke ich, dass man unter „Gouvernementalität" den Vorgang oder vielmehr das Ergebnis des Vorgangs verstehen sollte, durch den der mittelalterliche Staat der Gerichtsbarkeit, der im 15. und 16. Jahrhundert zum Verwaltungsstaat wurde, sich nach und nach gouvernementalisiert hat." Ebd., S. 163.

102 Ebd., S. 141.

103 Ebd., S. 161.

Thema der Gouvernementalitätsforschung ist die Verflechtung der Konstitution eines wissenschaftlichen, administrativen Gegenstands namens ‚Bevölkerung' mit einem Typus sozialer Beziehung, die sich von der Beziehung zwischen Pastor und Gemeinde her entwickelt. Foucault unternimmt mit der Gouvernementalitätsproblematik den Versuch, die Frage nach dem gesellschaftlichen Ort, von dem Herrschaft ausgeht, und nach den Möglichkeiten des Umgangs mit den Herrschaftsstrategien seitens der Beteiligten und der subalternen Individuen zu beantworten. Unterschiedliche Gruppen werden als Träger der Diskurse identifiziert: Expertengruppen (bspw. die Verfasser von Regierungsratgebern), Administratoren, Bürger sind unterschiedliche Gruppen, die unterschiedliche Anstrengungen unternehmen, um ihre eigenen Leben und die anderer zu bestimmen. Die Besonderheit des Ansatzes besteht darin, dass Formen der Selbstführung im Rahmen sozialer Beziehungstypen mit Formen von Expertenwissen verglichen werden, um den „Kreuzungspunkt zweier Bewegungen, zweier Prozesse"[104] herauszuarbeiten: Wie einerseits die beteiligten Akteure mit diesen Selbstführungspraktiken und Herrschaftspraktiken sinnhaft aufeinander verweisen, und wie andererseits diese Verweisungsstrukturen Effekte erzeugen, die sich nur funktional oder machtanalytisch beschreiben lassen – es gibt Konsequenzen dieser rationalitätsgeleiteten Praktiken, die von den Beteiligten *so* nicht vorausgesehen oder intendiert waren.

Gouvernementalität und Wissenssoziologie

Das Konzept der Gouvernementalität ist ein Ansatz, der klare Parallelen mit wissenssoziologischen Problematisierungen des Verhältnisses von Sinn, Handeln und Struktur aufweist. Foucault unternimmt hier gewissermaßen den Versuch, eine *korrelationistische* Sichtweise[105] auszuarbeiten, in der Wissen und Sozialstruktur gegenübergestellt werden. In der Studie soll die Vorgehensweise der „integrative[n] Wissenssoziologie"[106] mit der gouvernementalitätstheoretischen Strategie verknüpft werden, indem die Ebene der vermittelnden Experten in den Mittelpunkt der Untersuchung gestellt wird.

Das Gouvernementalitätskonzept bietet eine an die Spezifik der modernen Wissenzirkulation angepasste Heuristik der Sozialtechniken, indem es sowohl die Perspektive der Teilnehmenden mit ihren taktisch-

104 Foucault, Michel: Geschichte der Gouvernementalität I, S. 135.

105 Vgl. zum Verhältnis von korrelationistischer und integrativer Wissenssoziologie Knoblauch, Hubert: Wissenssoziologie, S. 169.

106 Ebd., S. 142.

strategischen Einsätzen als auch die übergreifende diskursive Ordnung des Expertenwissens berücksichtigt. Zwei Defizite erschweren allerdings die Aneignung des Konzepts für die Analyse gegenwärtiger Formen von Sozialität: Erstens die mangelnde Konzeptualisierung der Techniken.[107] Dieser Schwierigkeit wurde bereits durch die Beleihung des Konzepts der Medien im Anschluss an Walter Seitter und der Aufschreibesysteme im Anschluss an Kittler begegnet. Das zweite Defizit liegt im statischen Verhältnis zwischen Expertenwissen und Laienwissen. Auch Reiner Keller bemerkt dieses Problem in *seiner* Grundlegung einer wissenssoziologischen Diskursanalyse[108]:

> Foucault selbst hatte mit seiner Hinwendung zur genealogischen Untersuchung von Macht-Wissen-Regimen, von Gouvernementalität und Herrschaft durchaus sozialen Akteuren und ihren Strategien oder Taktiken in seinen materialen Analysen Rechnung getragen, ohne jedoch ein eigenes handlungstheoretisches Konzept für solche Handlungsträgerschaften zu entwickeln.

Dieser Sichtweise ist zuzustimmen, was den Mangel eines handlungstheoretischen Konzepts betrifft; allerdings wäre es unsinnig, die diagnostische Pointe mit einer handlungstheoretischen *Auflösung* der Gouvernementalität preiszugeben. In den Sozialwissenschaften mit ihren relativ handlungsentlasteten Praktiken ist es eben möglich, die Führung von Subjekten mit der Selbstführung so in ein Verhältnis zu setzen, wie es die Akteure in ihrer Alltagsblindheit eben *nicht* tun (können). Ein striktes ‚follow the actors' würde solche Analysen, die selbstverständlich erst in der Rezeption durch die Akteure selbst ihre Wirksamkeit bzw. ihren wirklichkeitsbeschreibenden Kern zeigen, nicht erlauben. Die Notwendigkeit einer Handlungstheorie sei jedenfalls, folgen wir Keller, dann der Punkt,

> auf dem die Wissenssoziologische Diskursanalyse im Rahmen der hermeneutischen Wissenssoziologie insistiert: Während Foucault die Konstituiertheit

107 Dies ist erstaunlicher Weise der Fall, obwohl der Begriff der Techniken ja gerade von Foucaults Werk ausstrahlend eine große Popularität erreicht hat.

108 Seine Arbeiten sind für die Verknüpfung der wissenssoziologischen mit der diskursanalytischen Perspektive bahnbrechend. Die Rolle der Medien und der Artefakte, d. h. also die Öffnung der Frage der Handlungsträgerschaft (vgl. für eine aktuelle Diskussion Savage 2010) hat Keller allerdings nicht adressiert. Auch das ‚Primat der sozialkonstruktivistischen Wissensanalyse' (ebd., S. 186) ist zwar gut begründet, birgt aber die Gefahr, die tendenziell ‚kulturkritische' und damit mangelhafte Behandlung der Verdinglichungsdynamik moderner Gesellschaften in der hermeneutischen Wissenssoziologie zu reproduzieren.

der Subjekte und Praktiken durch die emergenten Diskursformationen und Wissensregime betont, verweist die hermeneutische Wissenssoziologie auf die Unverzichtbarkeit der Annahme von nach Maßgabe des kontingenten soziohistorischen Kontextes, d. h. der existierenden Wissensvorräte, Motivvokabularien und Handlungsweise, also alles in allem: relativ individuierten (sozialen) Akteuren, die sich in der aktiven Auseinandersetzung mit solchen Strukturvorgaben befinden.[109]

Die Nützlichkeit eines Konzepts „relativ individuierter Akteure" ist schwer zu bestreiten; die Frage nach dem Verhältnis zwischen selbstreproduktiver Struktur und situativ-kontingentem Handeln wird damit verschoben: Es kommt aus wissenssoziologischer Perspektive eben darauf an, den soziohistorischen Kontext so genau zu bestimmen, dass weder Freiheits- oder Kontingenzfiktionen etabliert werden, wo stark strukturierte Prozesse sich fortschreiben, noch die Performativität der Interventionen ausgeblendet wird.

Von der Gouvernementalität zur Gouvernemedialität

Denkt man die Medialität der Selbsttechniken konsequent im Lichte der gegenwärtigen medientheoretischen und sozialtheoretischen Debatten weiter, kann Gouvernementalität als Gouverne*medialität* gefasst werden.[110] Die Remedialisierung des Staates, der Ökonomie und der Kommunikationsweisen transformiert sowohl die Biopolitik, d. h. die Regierung der Vitalität der Bevölkerungen als auch die Gouvernementalität, also die Regierung der Selbstverhältnisse und moralischen Verhältnisse zwischen Staat und Ökonomie. Die essentielle Moralität der pastoralen gouvernementalen Regierungsformen, d. h. ein Ethos der Gehorsamkeit, der Normalität, der Anpassung, also einer Anpassung an die hegemonialen ideologischen *Inhalte* wird dabei durch ein *Primat der Form* ersetzt:

Die Inhalte (also Wissensformen) und Identitätsformen werden weitgehend, nach langwierigen sozialen Kämpfen, freigegeben. Die Einhaltung der Formen der Selbstführung, d. h. dass sie überhaupt und systematisch gepflegt werden und bei Bedarf gegenüber relevanten Gatekeepern „kompetent" demonstriert werden können, ist dafür umso wichtiger (Traue 2009a). Die Formen der Selbstführung unterliegen dabei einer zunehmenden Grammatisierung (d. h. hier: Verschriftlichung), an der das Internet als Schriftraum entscheidenden Anteil hat (Engemann 2003, Traue 2009b). Die konstitutiv hermeneutisch verfasste Lebensführung

109 Ebd., S. 214.

110 Vgl. zum Begriff der ‚Gouvernemedialität' Engemann 2010a und Traue 2009b. Siehe auch www.gouvernmediality.net.

der Einzelnen und die digitalen Aufschreibesysteme der Personalführung und des Lebenslaufs gehen eine wechselseitige Transformation ein: Körper, Territorien, Identitäten und Präferenzen werden dadurch mit immer höherer räumlicher, zeitlicher und kategorialer Auflösung erfasst. Den Einzelnen wird dadurch die Gelegenheit geboten, sich selbst in ihrer Individualität zu präsentieren und ihre Gesundheit, ‚employability', Kreativität oder Attraktivität zu steigern.

Der Begriff der Gouvernemedialität, in einer Übertragung der Figur der ‚Führung der Führung' auf Medienverhältnisse, verweist nun darauf, dass die Organisation des Sozialen immer auch mediale Züge trägt, und dass das Soziale gegenwärtig einer Remedialisierung unterliegt. Während sich die medialen Regierungsstrategien des prädigitalen Fordismus stärker auf rationale Bürokratie – im Gegensatz zur vor allem rituellen Bürokratie etwa der heutigen Arbeitsagentur – und auf Formen des ideologisch durchgesetzten Glaubens stützen, wohnen dem medialen Konvergenzraum Internet, in den zunehmend auch Bereiche staatlicher Daseinsfürsorge eingebunden werden („e-government"), Momente der Organisation von Selbstführung inne, die aus der Struktur der Protokolle resultieren. Die Individuen werden im Rahmen der aktivierenden Strategien, die für viele Aufschreibesysteme programmatisch sind, aufgefordert, sich selbst zu schreiben. Die Techniken des Selbst unterwerfen das Selbst, indem vermittels der Techniken Selbstführungen mit hegemonialen Regierungsformen kurzgeschlossen werden; zugleich befähigen sie Individuen, das eigene Leben und die Beziehungen zu anderen zu gestalten.

Pharmakologie: Technizität des Weltbezugs

Bernard Stiegler sieht in dieser Paradoxie ein ‚pharmakologisches' Problem. Er bezieht sich dabei auf Derridas Analysen des Phaidos-Dialogs. Platon kritisiert darin die Privilegierung der lebendigen Erinnerung gegenüber der künstlichen und letztendlich schädlichen Erinnerungs-‚hilfe' Schrift. Die Schrift bzw. allgemeiner: die Technik (einschließlich der Selbsttechnik) ist hier das *pharmakon*, d. h. das Heilmittel und das Gift.[111] Die Berücksichtigung der „essentiellen Doppeldeutigkeit des

111 Die Schrift wird als Heilmittel und als Gift in Bezug auf die Frage der Erinnerung diskutiert. Das pharmakon Schrift (und alle damit verbundenen Kulturtechniken wie die sophistischen topoi) stellt *hypomnemata* – Erinnerungstechniken – bereit, physische Surrogate des Psychischen. Platon stellt die *hypomnesis*, also die Erinnerungshilfen der Sophisten, der *anamnesis* gegenüber, jener Form der Erinnerung, die Grundlage und Ziel der Praxis der Philosophen sein soll. „Als *anamnesis* setzt die

pharmakon"[112] bezeichnet Stiegler als ‚Pharmakologie'. Die pharmakologische Analyse zielt darauf ab, die Wirkungen der Grammatisierung in ihrer Ermöglichung von Handlungsfähigkeiten *und* in der Erschließung dieser Fähigkeiten für Indienstnahmen und Verwertungsprozesse zu erkennen:

Das Archiv wird durch den Prozeß der Grammatisierung als Einprägung (*engrammage*) von Aussagen sowie als Materialisierung des Diskurses sowie nicht-diskursiver Praktiken und sonstigen Formen von Strömen ermöglicht. Dabei entfaltet es jedoch zugleich Techniken, die dann zu Technologien werden. Daraus entstehen die Apparate, die all jene Prozesse der Delegation ermöglichen, mit denen man psychische Apparate und Institutionen – etwa zugunsten der Programm- und Dienstleistungsindustrien – kurzschließen kann. [...] Die Grammatisierung ist der Ursprung der abendländischen Rationalität und ihrer Archäologie, verstanden als Prozeß der Formierung von *hypomnemata*, das heißt aufeinanderfolgender Epochen des psychotechnischen *pharmakon*. Das bedeutet jedoch, daß es die Grammatisierung ist, die das Feld der kritischen Rationalität konstituiert – *wobei die Rationalität hier die höchste Form der Sorge darstellt* – und zugleich vergiftet." [Hervorh. B. S.] (Stiegler 2009, S. 109).

Es kommt also darauf an, in welchen sozialen Zusammenhängen, mit welcher strategischen Zielsetzung und unter wessen Kontrolle soziale Technologien und Selbsttechniken entstehen und angewandt werden.

Philosophie die *hypomnesis* voraus, die (als Stadium der Grammatisierung) überhaupt erst ermöglicht. Doch diesen Zustand leugnet die Philosophie. Und als *epimeleia* [Selbstsorge, B. T.] setzt sie Selbsttechniken voraus, die sie ebenfalls zurückweist, indem sie diese der *anamnesis* unterwirft, die ihre *hypomnetische* Beschaffenheit leugnet." (Stiegler 2009, S. 19)

112 Ebd., S. 46

Feld und Expertise der Beratung

> sehen sie, man verdoppelt sich ja mal schnell in einer pose, man hat ja auch selbstironie zur verfügung", ja, die sei bei jedem ihrer kollegen intakt. die könnten schon ganz gut über sich lachen, die könnten sich durchaus auch mal von außen sehen, und das müßten sie auch, die müßten sich ja auch alles anziehen können, das sei ja ihr job, positionen einzunehmen und wieder zu relativieren. aber andererseits müßten sie auf den positionen auch wirklich vorhanden sein, kurz, man müsse daran glauben, „wo man gerade ist".
>
> *Kathrin Röggla*

Expertise als relationales Phänomen: Zur Wissenssoziologie des Experten

Theorien professionellen Handelns sind für die Konzeptualisierung von Handlungsträgerschaften in gouvernementalen Konstellationen hilfreich. Professionen, so eine grundlegende Annahme in der Soziologie der Professionen, zeichnen sich durch einen spezifischen Modus der Selbstverwaltung aus: „Professionalism represents occupational rather than consumer or managerial control."[1] Diese berufliche Kontrolle ist darüber hi-

1 Freidson, Eliot: Professionalism, S. 180. Gängige Definitionen von Professionalität umfassen einen Kriterienkatalog, der diesen Grundgedanken ausfüllt. Eine Profession wird etwa durch folgende Merkmale bestimmt:
- a full-time, liberal (non-manual) occupation;
- establishes a monopoly in the labor market for expert services;

naus von besonderer Art: Professionsangehörige genießen Anerkennung und Autonomie, weil sie beanspruchen können, zum Gemeinwohl beizutragen[2] und erfolgreich versichern, dass sie diese Gemeinwohlverpflichtung durch ‚intern' organisierte Selbstkontrolle sicherstellen.

Die neuen Dienstleistungs- und Wissensberufe weisen Berufsstrukturen und Arbeitsverhältnisse auf, die mit professioneller Arbeit Gemeinsamkeiten haben, aber zugleich an Dienstleistungsmärkten ausgerichtet sind. Sie arbeiten für und mit Personen, d. h. ihre Arbeit beinhaltet eine Kooperation mit Individuen, deren persönliches Leben, deren Interessen oder deren Bildung direkt berührt sind. Das trifft auf Experten zu, die im Bereich Beratung, Pflege, Eventorganisation oder Bildung arbeiten, aber auch auf jene, die in der Werbung[3] oder in der Eventorganisation arbeiten. Die nicht-traditionellen (Semi-)Professionellen (nicht: Juristen, Lehrer, Ärzte, oder Geistliche) beanspruchen wie Professionelle die Förderung des Gemeinwohls bzw. die Erbringung von direkt oder indirekt gemeinnützigen Leistungen, müssen diese Verbindung ihrer Arbeit mit dem Gemeinwohl allerdings selbst gegenüber einer interessierten Öffentlichkeit begründen. In diesem Zusammenhang spricht Michaela Pfadenhauer von postmodernen, verunsicherten Experten, die ihre Zuständigkeit erst begründen und legitimieren müssen. Diese Legitimation findet zunächst im direkten Kunden- und Klientenkontakt statt. Ich werde im Weiteren argumentieren, dass die „neue Klasse"[4] diesen Anspruch vor allem diskursiv herstellen muss, d. h. in diskursiven Arenen, in denen die Fundiertheit und Nützlichkeit professioneller Praktiken plausibilisiert werden muss. Die Professionalisierungsstrategien, die innerhalb eines Diskurses im Sinne eines Raums von Aussagen entwickelt werden – und bisweilen darüber hinausweisen – finden für die Neo-

- attains self-governance or autonomy, that is, freedom from control by outsiders, whether the state, clients, laymen or others;
- Training is specialized and yet also systematic and scholarly;
- Examinations, diplomas and titles control entry to occupational practice and also sanction the monopoly;
- Member rewards, both material and symbolic, are tied not only to occupational competence and workplace ethics but also to contemporaries' belief that their expert services are „of special importance for society and the commonwealth".

(Burrage, Michael et al.: „An Actor-Based Framework for the Study of the Professions", S. 145.)

2 Die These des Beitrags zum Gemeinwohl ist die Quintessenz von Parsons Überlegungen zur Rolle der Professionen. Vgl. Talcott Parsons: „Professions".

3 Koppetsch, Cornelia: „Zwischen Disziplin und Expressivität".

4 Kellner, Hansfried und Frank W. Heuberger (Hg.): Hidden Technocrats.

Professionellen weniger in der Interaktion mit staatlichen Organen statt als in einer doppelten Orientierung an Kunden und Management.

Die Experten- und Berufskultur von Beratern ist der soziale Kontext, in dem das ‚Wissen um sich' der Beratungsprogramme entsteht. Die Aussagekomplexe von Psychotherapie, Beratung und Personalführung werden in diesem beruflichen, ökonomischen und historischen Kontext reartikuliert. Die Sozialstruktur hat mehr als nur ‚Schleusenfunktion'[5] für geistige Gehalte. Insbesondere Betrieb und Arbeitsmarkt können dabei als Kontexte gelten, in die Beratungen integriert sind und die an der Konstruktion der beraterischen Wissensbestände großen Anteil haben. Die betrieblichen Sozialtechnologien und jene des Arbeitsmarkts bieten dabei diskursive und nicht-diskursive Anschlussstellen zu den Techniken des Selbst, die in den Programmatiken und Praktiken der Beratung propagiert werden.

Professionssoziologische Ansätze geben vielfache Hinweise darauf, in welche Strukturen realer und imaginärer Macht Diskursproduzenten eingebunden sind. Michaela Pfadenhauer beschreibt das Verhältnis von Beruf, Expertise und Sozialstruktur folgendermaßen:

> Berufe werden zu Eigenschaften der Person, erst mit der Herausbildung der beruflichen Form gesellschaftlicher Arbeitsteilung werden gleichzeitig mit der Aufgaben- und Fähigkeitsverteilung tendenziell lebenslang Personen in soziale Verhältnisse festgeschrieben. Es entstehen berufliche Kompetenz- und Inkompetenzstrukturen, d. h. bestimmte Personen und Gruppen monopolisieren bestimmte Aufgaben, Kenntnisse, Fähigkeiten mit dem Ziel der Tauschwertmaximierung und der Sicherung sozialer Ansprüche und Privilegien und verbieten indirekt diese Fähigkeiten dadurch allen anderen.[6]

Mit dieser gesellschaftlich lizensierten[7] Zuerkennung von Kompetenzen an bestimmte Personen[8] ist also komplementär tendenziell eine Inkompetenzdefinition aller übrigen in einem Gebiet Tätigen verbunden. Diese Konstruktion von Spezialkompetenzen ist Voraussetzung dafür, dass

5 Scheler, Max: Die Wissensformen und die Gesellschaft.

6 Pfadenhauer, Michaela: Professionalität. S. 58

7 „An occupation consists, in part, of a successful claim of some people to licence to carry out certain activities which others may not, and to do so in exchange for money, goods, or services. Those who have such license will, if they have any sense of self-consciousness and solidarity, also claim a mandate to define what is proper conduct of others toward the matters concerned with their work. […] In the extreme case it may, as in the priesthood in strongly Catholic countries, include the right to control the thoughts and beliefs of whole populations with respect to nearly all the major concerns of life." Hughes, Everett C.: Men and their work, S. 78.

8 Vgl. ebd., S. 78ff.

Arbeitsleistungen individuell zurechenbar, am Markt bewertbar und Instrument der Durchsetzung von Reproduktionsansprüchen und Privilegien sein können. Expertise wird in der sozialkonstruktivistischen Wissenssoziologie also als *relationales* Phänomen aufgefasst. Das Sonderwissen der Experten besteht nur in der Differenz zwischen diesem und dem Alltagswissen der Laien. Diese Differenz besteht allerdings nicht einfach, sondern muss belegt werden; d. h. der kognitive Überlegenheitsanspruch des Expertenwissens muss begründet, inszeniert oder in anderer Weise dargestellt werden. Erst mit der erfolgreichen Durchsetzung dieses Anspruchs ist die berechtigte Zuständigkeit für einen Problembereich gesellschaftlichen Handelns verbunden, der spezifische ‚claim' der Experten:

> An occupation consists, in part, of a successful claim of some people to licence to carry out certain activities which others may not, and to do so in exchange for money, goods, or services. [...] Professions also, perhaps more than other kinds of occupations, claim a legal, moral, and intellectual mandate. Not merely do the practitioners, by virtue of gaining admission to the charmed circle of colleagues, individually exercise the license to do things others do not do, but collectively they presume to tell society what is good and right for the individual and for society at large in some aspect of life. Indeed, they set the very terms in which people may think about this aspect of life.[9]

Diese Relationalität betrifft aber nicht nur das Verhältnis zwischen Experten und Nicht-Experten, sondern auch jenes zwischen Positionen in der gesellschaftlichen Arbeitsteilung.

Aus der Tatsache gesellschaftlicher Arbeitsteilung ergibt sich eine Angleichung von Mentalitäten und Identitäten zwischen Individuen, die dieselbe Stellung im Produktionsprozess einnehmen. Im Prozess der Etablierung von Berufen und Berufsgruppen bilden sich „berufliche Sozialisationskulturen" heraus, die jeweils neue Mitglieder (‚Novizen') einer Berufsgruppe in die Praxis dieser Berufsgruppe einfädeln.[10] Dies ist teilweise ein gezielter und rationaler Prozess der Qualifizierung und Prüfung, teilweise ein impliziter Vorgang, durch den sich neue Mitglieder in das stillschweigende Wissen (‚tacit knowledge') ihrer Berufsgruppe mehr oder weniger ‚einleben'.

So genügt es nicht, wissenschaftliche Bücher zu studieren, um Wissenschaftler zu ‚werden', es genügt nicht, anatomische Atlanten und pharmazeutische Fachwerke zu lesen, um ärztliche Tätigkeiten ausüben zu können; genauso wenig genügt es, Selbsthilferatgeber zu lesen, um

9 Hughes, Everett C.: Men and their work, S. 78.

10 Corsten, Michael: Die Kultivierung beruflicher Handlungsstile.

als Beraterin oder Berater tätig zu sein. Das praktische Wissen der Berufe besteht aus einem Bündel von explizitem (Fach-)Wissen, Habitusformen und praktischen Fertigkeiten, die am ‚Fall' erworben werden. Der Umgang mit fachlichen Wissensformen und die gelingende – meist unbewusste bzw. routinierte – Inszenierung des beruflichen Habitus ist notwendig, um als Berufsmitglied akzeptiert zu werden, um ‚im Wahren' dieser Berufes sprechen zu können. Das Wissen des Experten hat also performativen Charakter. Durch diese Performanz gelingt es Berufsangehörigen schließlich routinemäßig, ernst genommen zu werden und angemessene Berufshandlungen zu vollziehen. Diese Wahrheitsproduktion lässt sich nun analytisch einerseits als situative Inszenierung beschreiben, andererseits als diskursive Inszenierung. Als situative Inszenierung, insofern das Ensemble von Ausdruckshandlungen in den Blick genommen wird, mit denen Experten ihre Autorität gegenüber Kollegen und Laien zum Ausdruck bringen. Dazu gehören Ausdruckspraktiken, die im kodifizierten Wissensbestand einer Expertengruppe keinen Niederschlag finden. Michaela Pfadenhauer hat das Markieren von Ungeduld als eine dieser Inszenierungspraktiken beschrieben, die für Experten mit Klientenkontakt von großer Nützlichkeit sind und zugleich von den Experten mit großer Routine ausgeführt werden können. Eine Berufs- bzw. Expertengruppe verfügt aber über unterschiedliche Inszenierungspraktiken, die zudem gegenüber verschiedenen Publika zum Einsatz gebracht werden.

Doppelte Inszenierungen: Das Publikum der professionellen Selbstdarstellung

Experten müssen sich allerdings nicht nur gegenüber ihrem Publikum darstellen. Da sie Angehörige einer sozial relativ geschlossenen Gruppe sind, deren Mitglieder von der Aufrechterhaltung von kognitiven oder technischen Standards abhängig sind, um die Definitionsmacht über Aspekte privaten und öffentlichen Lebens zu behalten, inszenieren sie sich untereinander und sanktionieren die Qualität dieser Darstellungen. Diese *Binnendarstellung* unterscheidet sich deutlich von der Außendarstellung, wobei nicht ganz einfach zwischen dem Innen und dem Außen zu unterscheiden ist. Meist stellen sich die Selbstdarstellungsprobleme von Experten im Rahmen *verschachtelter oder gestufter* Publika: Die Spezialistengruppe ist relativ zur allgemeinen Fachöffentlichkeit ‚innen', die Disziplin- oder Professionsmitglieder präsentieren sich nolens volens ‚zusammen' gegenüber einer ‚allgemeinen' oder eben einer fachlich kompetenten Öffentlichkeit von Ko-Experten oder gebildeten Laien. Außen- und Innendarstellung stehen unter einem Kohärenzzwang und zugleich in einem Spannungsverhältnis: Die Außendarstellung darf sich nicht völlig von der Binnendarstellung unterscheiden – dies untergräbt früher oder später den Ruf der Expertengruppe, sofern es sich nicht um eine ohnehin klandestine Gruppe handelt, wie etwa einen Geheimdienst. In einem Spannungsverhältnis stehen beide Darstellungsformen, insofern die Außendarstellung immer ein günstigeres, neutraleres Bild der Expertengruppe darstellen muss, als dies tatsächlich der Fall sein kann.

Analog zur doppelten Inszenierung ist es in der diskursanalytischen Perspektive auf die Erforschung des legitimen Diskurses der Berufsgruppe der Berater nötig, methodologisch zwischen unterschiedlichen Ebenen oder Modalitäten des Diskurses zu unterscheiden: Der *‚Alltagsdiskurs von Experten‘* kann vom *‚Spezialdiskurs von Experten‘* unterschieden werden. Der Spezialdiskurs zeichnet sich durch Verwendung einer kodifizierten Begrifflichkeit aus, während der Alltagsdiskurs die informellen Redekonventionen und das ‚talking shop‘, Klatsch und Tratsch, umfasst. Diese beiden Diskursmodalitäten unterscheiden sich durch Anlass und Publikum. Während der Alltagsdiskurs der alltäglichen, informellen (Selbst-)Darstellung gegenüber Kollegen dient, wird der Spezialdiskurs verwendet, wenn Fachprobleme Dritten gegenüber kommuniziert werden sollen. Es handelt sich um eine Redeweise, die zur Außendarstellung dient. Dritte können Kollegen sein – dann dient der Spezialdiskurs dazu, den Genauigkeitsgrad der Rede zu erhöhen oder einen Diskursteilnehmer zu disziplinieren, indem seine Rede an der ‚Hochsprache‘ der Profession gemessen wird. Die Position des Dritten kann aber auch die interessierte Öffentlichkeit einnehmen. Dann richtet sich der Spezialdiskurs an diese Öffentlichkeit, meist mit einem geringeren Grad an fachspezifischer Präzision und stärker mit dem Anspruch, an relevante, allgemein bekannte Diskurse anzuschließen. Dieser an die Öffentlichkeit gerichtete Spezialdiskurs besorgt das *impression management* einer ganzen Berufsgruppe.

Anhand dieser Unterscheidung zwischen Diskurstypen kann der Unterschied zwischen Spezialisten und Experten klar markiert werden. Spezialisten unterscheiden sich nicht nur durch die Spezialisiertheit von Experten, die den Überblick über ein Wissensfeld haben[11], also nicht nur durch eine kognitive Typik, sondern vor allem durch eine soziale Typik: Reine Spezialisten brauchen keine Außendarstellung; sie werden von Administratoren vertreten, die auch die öffentliche Verantwortung für ihre Tätigkeit tragen. Warum müssen Experten einen nach außen gerichteten Spezialdiskurs führen? Experten erschließen und besetzen kollek-

11 Vgl. Hitzler, Ronald: „Wissen und Wesen des Experten“; Pfadenhauer, Michaela: Professionalität.

tiv und individuell soziale Positionen, indem sie die Zuständigkeit für einen Gegenstandsbereich plausibel legitimieren, indem sie ihren Problematisierungen Geltung verschaffen. Diese Legitimation nimmt in der Etablierung der Expertenposition die Form einer Inszenierung an. Das Wissen des Experten bedarf einer effektvollen Darstellung, um eine Autorität zu gewinnen, die in ihrem Träger verkörpert ist. Diese Autorität ermöglicht es den einen Experten, sich gegen andere Experten und deren Wissensformen durchsetzen – oder zumindest neben ihnen zu bestehen. Es ist ein Wissen, das durch öffentliche Performanz Geltung herstellt, die auf Zuständigkeit des Experten und Überlegenheit seines Sonderwissens beruht.

Die mittlere Ebene der Gouvernementalität: Regierung durch Experten und Selbstbesitz

Erving Goffman, der zur konstruktivistischen und dramatologischen Perspektive in der Professionssoziologie so viel beigetragen hat, geht indes einen in der Professionssoziologie wenig beachteten Schritt über den Interaktionismus hinaus, indem er die Kategorie des Eigentums und die Vermittlung des Problems der individuellen Souveränität der Klienten im Verhältnis zur professionellen Souveränität aufwirft. Nach dem von Goffman formulierten Verständnis der „*personal service occupation*" zeichnet sich diese durch eine dreistellige Relation aus:

> I suggest that the ideals underlying expert service in our society are rooted in the case where the server has a complex physical system to repair, reconstruct, or tinker with – the system here being the client's personal object or possession. [...] We deal with a triangle – practitioner, object, owner – and one that has played an important historical role in Western society. [...] Once a server is found, the client brings him the total possession, or the total of what remains, plus, when possible, the broken parts. The central point here is that the whole complex of the possession, all that the server will need for his work, is voluntarily put at the disposal of the server by his client. [...] Now begins the famous process: observation, diagnosis, prescription, treatment. Through the client's report, the server vicariously relieves the client's experience of trouble; the server then engages in a brief run-through of what remains of the possessions's functioning, but now, of course, the malfunctioning occurs under skilled eyes, ears and nose. (It is remarkable how at this juncture a lab coat of some kind often appears, symbolizing not merely the scientific character of the server's work but also the spiritual poise of a disinterested intent).[12]

12 Goffman; Erving: The Medical Model, S. 324ff und S. 331.

Der Selbstbesitz des Menschen, in der Rechtstradition des Habeas Corpus verankert, ist im professionellen Vertretungshandeln *für* den Klienten teilweise suspendiert, und zwar rechtlich gesehen *freiwillig*. Diese Suspension wird durch den ‚ärztlichen Blick' und die Insignien der professionellen Neutralität (hier: der sprichwörtliche ‚Kittel') entdramatisiert. Eine neutrale Autorität nimmt sich dieser temporären Krise der Souveränität des Klienten über sich selbst an.

In der Beratung stellt sich das Problem der Souveränität also folgendermaßen dar: Das ‚Objekt' der Beratung, Körper und Seele gehören ihrem Besitzer, wiederum verfügen Unternehmen bzw. der Arbeitsmarkt rechtlich und, soweit es ihnen gelingt, faktisch während der Arbeitszeit über das Arbeitsvermögen des Klienten – wenn es gelingt, entsprechende Motivationslagen zu erzeugen, indem ein lebendiges Verhältnis zwischen Berater und Klient geschaffen wird, in dem auch Techniken der Selbstdeutung und Selbstmodellierung angeregt werden. In Marx' Kritik der politischen Ökonomie entspricht diese Krise der Souveränität dem Übergang von der formalen zur reellen Subsumption der Arbeitskraft.[13] Einerseits verfügt also der Klient, andererseits die finanzierende oder

13 „Bei der reellen Subsumtion der Arbeit unter das Kapital treten alle früher von uns entwickelten changes im Arbeitsprozess selbst ein. Es werden die sozialen Produktivkräfte der Arbeit entwickelt und es wird mit der Arbeit auf großer Stufenleiter die Anwendung von Wissenschaft und Maschinerie auf die unmittelbare Produktion [sic]" (Marx 1970: S. 479). Entscheidend für die Differenz zwischen formeller und reeller Subsumption der Arbeit unter das Kapital ist die Organisation der sozialen Beziehungen nach Maßgabe des Verwertungsprozesses. In der reellen Subsumption treten Arbeitsbeziehungen auf, die sich im vorkapitalistischen Arbeitsprozess, der also nicht auf die Enteignung von Mehrwert angelegt ist, nicht oder nicht auf diese Weise entwickelt hätten. Ein ‚sozial kombiniertes Arbeitsvermögen' tritt an die Stelle der freien Assoziation: „Da mit der Entwicklung der reellen Subsumtion der Arbeit unter das Kapital oder der spezifisch kapitalistischen Produktionsweise nicht der einzelne Arbeiter, sondern mehr und mehr ein sozial kombiniertes Arbeitsvermögen der wirkliche Funktionär des Gesamtarbeitsprozesses wird, und die verschiedenen Arbeitsvermögen, die konkurrieren, und die gesamte produktive Maschine bilden, in sehr verschiedener Weise an dem unmittelbaren Prozess der Waren- oder besser hier Produktbildung teilnehmen, der eine mehr mit der Hand, der andre mehr mit dem Kopf arbeitet, der eine als manager, engineer, Technologe etc., der andre als overlooker, der dritte als direkter Handarbeiter, oder gar bloss Handlanger, so werden mehr und mehr Funktionen von Arbeitsvermögen unter den unmittelbaren Begriff der produktiven Arbeit und ihre Träger unter den Begriff der produktiven Arbeiter, direkt vom Kapital ausgebeuteter und seinem Verwertungs- und Produktionsprozess überhaupt untergeordneter Arbeiter einrangiert." (Ebd.: S. 481)

beauftragende Organisation über das Arbeitsvermögen, wobei diese Differenz durch die Stiftung einer Beziehung zwischen Dienstleister und Klient invisibilisiert wird. Einerseits muss sich der Dienstleister dabei auf die subjektive Perspektive, auf die Erwartungen des Klienten ‚einlassen', andererseits ist er auf die Aufgabe verpflichtet, etwas am Beratungsnehmer zu ‚ändern'. Außerdem gilt es, institutionelle Vorgaben zu beachten, die ebenfalls die Formung des Beratungsnehmers durch die Führung, Anleitung, eben die Beratung des Beratungsnehmers betreffen. Mit den Problematisierungen des Individuums und der Subjektivität, die in den Beratungsdiskursen die Differenz zwischen Privatheit und Öffentlichkeit, Berufsrolle und anderen Rollen bearbeiten, wird zugleich verhandelt, wem und welchen gesellschaftlichen Sphären Geist und Körper des Klienten ‚gehören'. Beraterinnen und Berater sind in diesem Sinne, teils als sozial frei schwebende, teils als durchgehend von der Wirtschaft alimentierte, ‚professionals' an der reellen Subsumption der Arbeitskraft beteiligt. Die Frage der Regierung – dies sollte hier gezeigt werden – ist mit der Kategorie des Professionellen, d. h. des Experten, der ohne Weisungsbefugnis Dritter zugleich für und mit Klienten ‚arbeitet', untrennbar verbunden. Die Kategorien des professionellen ‚people processing' gehen nicht ungebrochen, aber nach Maßgabe der pragmatischen Anforderungen der Lebensführung in die Selbstbeschreibungen von Patientinnen und Patienten, Klientinnen und Klienten ein.[14]

Vor dem Hintergrund der dargestellten professionssoziologischen Annahmen soll im Folgenden die Besonderheit der ‚freien' Beratungsberuflichkeit im Umfeld von Personalberatung und Lebensberatung dargestellt werden. Dabei werden die strukturellen Bedingungen und praktischen Wissensbestände der Berater herausgearbeitet und gezeigt, dass sich eine spezifische Form von ‚Marktprofessionalität' entwickelt hat. Die Berater werden als Diskursproduzenten und Diskursvermittler betrachtet; die Beratungsdiskurse werden in ihrer Abhängigkeit von den Kooperations- und Konkurrenzstrukturen der Branche untersucht.

Im Kapitel sollen folgende zentrale Frage beantwortet werden: In welchen Strukturen gesellschaftlicher Arbeitsteilung und in welchen Produktions- und Medienverhältnissen institutionalisiert sich die Wissensordnung der Beratung?

14 Die methodischen Implikationen dieser Transmission von Expertenwissen an Laien sind ausführlich erörtert in Pfahl, Lisa und Boris Traue: Die Erfahrung der Sonderpädagogik. Zur Verknüpfung von Diskurs- und Biographieanalyse.

In wissenssoziologischer Absicht soll die Vermittlung von Sozialstruktur und Wissen über die Bedingungen des Handelns der Beraterinnen und Berater und ihre Handlungsstrategien rekonstruiert werden. Dabei soll gezeigt werden, inwiefern die Wissenseinsätze der Akteure der Beratung durch die Arbeitsteiligkeit und die Produktionsverhältnisse ihres beruflichen Feldes gestützt und reproduziert werden.

Im ersten Teil des Kapitels werden die strukturellen Bedingungen für die (Personal-)Beratung untersucht. Neben der Arbeitsteilung, den Berufswegen und dem Arbeitsmarkt für Beratung werden die berufsständische Organisation, die Klientenakquise und die Vertragsformen dargestellt. Im zweiten Teil rücken die Interpretationen und Strategien der Akteure in den Mittelpunkt. Dabei soll gezeigt werden, wie Berater sich als Professionelle darstellen, welche ‚informellen' Theorien des Subjekts sie anhängen und welches berufliches Ethos sie artikulieren.[15] In diesem Teil der die Diskursanalyse ergänzenden empirischen Untersuchung wird das Handeln der Berater als praktische Legitimation ihrer Praktiken nach ‚innen', d. h. gegenüber ihren Kollegen und Fachpublikum und als stärker theoretische Legitimation nach ‚außen', d. h. gegenüber den Klienten, den Auftraggebern und der allgemeinen Öffentlichkeit rekonstruiert.

In welchem Verhältnis steht die Sozialstruktur der Beratung zum Selbstverständnis der Berater? Durch die Einbeziehung der Deutungspraktiken der Berater soll eine ‚integrative' wissenssoziologisch-diskursanalytische Erklärung[16] erreicht werden: Über eine bloße Korrespondenz zwischen Wissensbeständen und Sozialstrukturen werden die Interpretationspraktiken aufgezeigt, deren symbolische Objektivierungen als Konkretisierungen von Handeln in einer spezifischen Sozialstruktur begriffen werden können.

Strukturen der Beratung als rechtliche, wirtschaftliche und berufliche Institution

Betriebliche und gesellschaftliche Personalverwaltung

In diesem Abschnitt wird erläutert, welche Veränderungen in der Wirtschaftsweise zur Entstehung eines Marktes für Beratungsdienstleistun-

---

15 Bei dieser Ordnung der Darstellung orientiere ich mich an professionssoziologischen Annahmen über Dienstleistungsberufe mit starkem Klientenbezug.

16 Vgl. Knoblauch, Hubert: Wissenssoziologie, S. 142; Keller, Reiner: Wissenssoziologische Diskursanalyse, S. 167ff.

gen geführt haben. Bedingung für die Entstehung der privaten Beratungsbranche ist die (teilweise) Auslagerung der „Personalfunktion" aus den Betrieben selbst. Der betriebswirtschaftliche Begriff „Personalfunktion" beschreibt die Verwaltung der Lohnbuchhaltung, die Anleitung und Führung von Angestellten, ihre Weiterbildung und teilweise auch die Leistungskontrolle – also alle Probleme und Aufgaben, die einer Unternehmensleitung aus der Beschäftigung von Personal erwachsen. Bedingung für die Entstehung der privaten Beratungsbranche ist die Auslagerung insofern, als die Aufgaben von Beratung nicht mehr vom Unternehmen selbst oder von staatlichen Wohlfahrts- oder Gesundheitseinrichtungen erbracht werden: „Radikalste Form strategischer Dezentralisierung ist schließlich das Outsourcing von Personalfunktionen oder die Externalisierung der Personalabteilung als ganzer."[17]

Coaching-Berater beraten Personen, allerdings oft im Auftrag von Unternehmen. Ihre Wissensbestände und Beratungsinterventionen sind einerseits an der humanistischen und kybernetischen Tradition geschult, andererseits von den Anforderungen und Zwängen der Beratungsmärkte geprägt.

Die Soziologen Karl Bohler und Hannsfried Kellner[18] unterscheiden zwischen dem „Konzept- oder Rationalisierungsberater" und „Entwicklungsberater und Motivator". Sie unterscheiden weiterhin für den zweiten Typ zwischen einem „Kommunikativen Untertyp", etwa ‚coachs'[19] und einem „instrumentellen Untertyp", etwa Motivationstrainern. Doch ist diese Unterscheidung zu halten? Arbeitet die weiche, ‚systemische',

17 Vgl. Bahnmüller, Reinhard und Christiane Fisecker: Dezentralisierung, Vermarktlichung und Shareholderorientierung im Personalwesen, S. 42.

18 Bohler, Karl und Hansfried Kellner: Auf der Suche nach Effizienz.

19 Bohler und Kellner zum Coaching: „Mit ihrer Hilfe lässt sich abschließend die strukturlogische Differenz von Konzept- und Entwicklungsberatung, die sich der soziologischen Betrachtung trotz eines fließenden Übergangs in konkreten Beratungsprozessen als ein grundsätzlicher Wesensunterschied darstellt, näher fassen. An dieser Stelle sei nur noch auf ein besonderes Konzept der Personalentwicklung hingewiesen, das Konzept des Coaching. In seinem Herkunftkontext ist der Begriff vor allem auf die Leiterposition bzw. den einzelnen Verantwortungsträger bezogen. Das bedeutet, dass an dieser Stelle die Unternehmerfunktion auch im modernen, rationalen Betrieb wieder nach vorn drängt. Es geht vor allem darum, die Spannungen, denen ein Entscheidungsträger ausgesetzt ist, durch Kommunikation und interaktive Beratung abzubauen. Zum anderen hat Coaching aber auch die Funktion, die formale Begründung des Entscheidungshandelns in der informellen Beratung einer Prüfung zu unterziehen, ehe seine Ergebnisse einer betrieblichen oder öffentlichen Kritik ausgesetzt sind. Eine Situation, für die es im Allgemeinen günstig ist, vorbereitet zu sein." Ebd., S. 27.

den ‚Menschen' einbeziehende Personalberatung und Organisationsberatung tatsächlich der ‚harten', technokratischen Beratung entgegen oder unabhängig von ihr, wie es dem Selbstverständnis vieler ‚weicher' Berater entspricht? Erst eine Darstellung der Arbeitsteilung zwischen beiden Gruppen erlaubt es, diese Frage zu beantworten.

Die Arbeitsteilung zwischen Strategie-, Konzept- und Prozessberatung

Strategie- und Prozessberatung machen unterschiedliche Beratungsangebote. Strategieberatungen bieten Interventionen, die die Rechenhaftigkeit der betrieblichen Abläufe betreffen, die ‚Eroberung' von ‚Märkten' anregen und raten daher meist zu finanziellen Rationalisierungsmaßnahmen. Organisationsberatungen betonen die innerbetrieblichen Interaktionsbeziehungen und die „kulturellen" Traditionen in den Unternehmen (corporate culture). Prozessberater wie Coachs und Organisationsentwickler werden oft in Folge von Rationalisierungs- oder Umstrukturierungsmaßnahmen bestellt. Sie haben in diesem Fall die Aufgabe, der Belegschaft des Unternehmens die Anpassung an die auf der Managementebene beschlossenen oder durch Eigentümer erzwungenen Veränderungen zu erleichtern und stehen damit in einem Ergänzungsverhältnis zur Strategieberatung. Indem sie ‚Nachsorge' anbieten, tragen sie zur Umsetzung der Vorschläge der Strategieberatungen bei. Dieses ‚Change Management' wird in der Regel von Organisationsberatungen geleistet. Während Unternehmensberatungen vor allem Vorgaben entwickeln, ‚begleiten' und ‚moderieren' Prozessberatungen die Umstrukturierungen. Teilweise versuchen die Strategieberatungen allerdings, selbst die Zuständigkeit für das Change Management zu erlangen.

Coaching

Therapeutisch orientierte Berater, die human- oder sozialwissenschaftliche Studien absolviert haben etablieren sich zunehmend außerhalb des Gesundheitssystems; sie benötigten eine eigene Legitimationsgrundlage. Diese Legitimierung musste außerhalb des medikalischen Diskurses der etablierten therapeutischen Verfahren (Psychoanalyse, Verhaltenstherapie) liegen, da diese zu sehr der Deutungshoheit und professionellen Kontrolle der medizinischen Profession unterlagen. Die humanistische Psychologie, die sich an den Universitäten kaum etablieren konnte, wies personelle und inhaltliche Überschneidungen mit sozialen Bewegungen der 1950er, 1960er und 1970er Jahren auf und bot für viele freie Berater in der Nachkriegszeit eine brauchbare Wissensbasis. Zudem hatte sich die sozialwissenschaftlich geprägte humanistische Beratung bereits seit den Erfolgen der human-relations-Bewegung in den 1920 Jahren bewährt. Die 1947 durch eine Initiative Kurt Lewins in den Vereinigten Staaten eingerichteten ‚National Training Laboratories' hatten die Kollaboration von Industrie und psychologischer Disziplin und Profession gefestigt. 1946 wurde in London das Tavistock Institute gegründet, das ebenfalls einen Transfer psychologischen Wissens in verschiedene Anwendungsgebiete propagierte, insbesondere in die Beratung von Unternehmen[20]. Die humanistische Therapeutik, die in den Programmen zur ‚Humanisierung der Arbeitswelt'[21] eine gewisse Rolle spielte,[22] hatte in den 1970er Jahren mit dem teilweisen Scheitern der Gewerkschaftsbewegung und der neuen sozialen Bewegungen einen Teil ihrer sozialen Basis verloren. Ihre Behauptung der Natürlichkeit mit der charakteristischen Feier ‚natürlicher', ‚menschlicher' Authentizität, die als Radikalopposition zur technisierten Welt begriffen wurde (vgl. z. B. Jacob Morenos ‚kreativistisches' Manifest) büßte seit den 1970er Jahren im Zuge der Einführung neuer digitaler Informationstechnologien Glaubwürdigkeit und Einfluss ein.

Seit den späten 1980er Jahren entsteht in der angelsächsischen und deutschsprachigen Beratungsbranche das Format des ‚Coaching'. Das neue Element besteht gegenüber der traditionellen Personalarbeit in der starken Einbeziehung therapeutischer Elemente bzw. von Elementen des therapeutischen Settings. Der Begriff wird zuerst in der Personalberatung in den USA eingeführt und benennt dort zunächst vor allem die Beratung von Angestellten durch ihre Vorgesetzten[23]. Im europäischen Kontext wird als Coaching meist die Beratung von Führungskräften eines Unternehmens verstanden. In Deutschland entwickelt sich seit den frühen 1990er Jahren ein eigenständiges Verständnis von Coaching, das sich stärker auf die professionalisierte Beraterrolle stützt. Die deutschsprachigen Berater stehen einer persönlich-therapeutischen Beratung von Untergebenen durch Vorgesetzte in der großen Mehrheit skeptisch bis kritisch gegenüber, bzw. reservieren den Begriff des Coaching für die Beratung durch unabhängige, ‚professionelle' Berater. In Europa wird insgesamt stärker an humanistisch-therapeutische Traditionen angeschlossen als in den USA, wo der Diskurs der ‚leadership' größere Bedeutung hat. Die Anknüpfung an kybernetische Diskurse ist in beiden

20 Vgl. Rose, Nikolas: Governing the Soul.

21 Vgl. Breisig, Thomas: Betriebliche Sozialtechniken.

22 Z. B. in Gestalt der humanistischen Organisationsentwicklung, vgl. Becker, Horst und Ingo Langosch: Produktivität und Menschlichkeit.

23 Vgl. Orth, Charles et al.: The manager's role as coach and mentor.

Kontexten gleich stark, im angelsächsischen Kontext ist dieser aber stärker mit dem Ethos der ‚Human-Potential'-Bewegung verknüpft, während in Europa Anknüpfungspunkte mit den psychoanalytischen und humanistischen Strömungen der Therapie bestehen.

Die Berufswelt der Beratung

Berufswege therapeutischer Berater

Psychologinnen und Psychologen, Pädagoginnen und Pädagogen, Betriebswirtschaftlerinnen und Betriebswirtschaftler, in etwas geringerem Umfang Sozialwissenschaftlerinnen und Sozialwissenschaftler sowie Absolventinnen und Absolventen anderer Studiengänge, die in sogenannte freie Berufe führen, stellen den größten Anteil der (Prozeß-) Berater. Für eine Mitgliedschaft in den unterschiedlichen beruflichen Assoziationen, in denen Berater organisiert sind, ist meist ein einschlägiger Hochschulabschluss erforderlich. Allein der Habitus, der entsprechende ‚Auftritt' einer Beraterin und eines Beraters kann wohl nur an einer Hochschule erworben werden. Das ist insofern plausibel, als für eine Beratungsbeziehung de facto eine Bildungsgleichheit seitens des Klienten erwartet wird[24].

Absolventen sozialberuflicher Ausbildungsgänge, die als Beraterinnen und Berater tätig werden, begeben sich auf Arbeits- und Dienstleistungsmärkte, die nicht unter dem Schutz und dem Einflussbereich des Staates stehen (Bildungseinrichtungen, Gesundheitssystem, Sozialarbeit). Die Angehörigen dieser vormals stärker an staatlich und kameralistisch regulierten Arbeitsverhältnissen orientierten Berufsgruppen (insofern sie im institutionellen Rahmen staatlicher und staatlich organisierter Bildungs- und Gesundheitsdienstleistungen gearbeitet haben) sich dadurch in ein in wesentlichen Punkten neues Verhältnis zueinander, zu ihren Klienten, und zu den sie finanzierenden Organisationen gesetzt: Sie stehen untereinander in mehr oder weniger direkter Konkurrenz; sie müssen ihre Leistungen individuell nachweisen, da sie keiner innerprofessionellen Kontrolle unterliegen und keine professionelle Interessenvertretung genießen; sie müssen attraktive, marktgängige Angebote formulieren; sie müssen den Nachweis erbringen, dass sie indirekt mehrwertrelevante Leistungen erbringen.

24 Das wäre in einem Prozessberatungsverständnis zwar nicht notwendig, ist aber meistens trotzdem der Fall.

Es gibt eine Vielzahl von Ausbildungs- und Berufswegen für Berater[25]: Über die Hälfte der von mir Befragten hat eine humanwissenschaftliche Ausbildung, meist ein Studium der Psychologie oder Pädagogik absolviert und sich dann im Bereich der Organisationsentwicklung weitergebildet, entweder in einer betrieblichen Weiterbildung oder in Form von Weiterbildungsgängen in bspw. systemischer Beratung, Coaching oder Organisationsberatung. Einige haben auch keine langjährige Weiterbildung im Beratungsbereich abgeschlossen, sondern sich über Jahre durch mehrtägige bis mehrwöchige Workshops fortgebildet. Viele Angehörige sozialer Dienstleistungsberufe (v. a. Psychologen und Pädagogen) lassen sich in betriebswirtschaftlichen Kompetenzen (und dem entsprechenden Habitus) weiterbilden, teils durch ein Angestelltenverhältnis in Industrie und Dienstleistung, oder durch entsprechende Weiterbildungen (Fernstudium, MbA etc.). Ein Teil der Absolventen humanwissenschaftlicher Fächer versucht, direkt nach der Ausbildung im Beratungsbereich Fuß zu fassen, andere arbeiten zunächst therapeutisch und orientieren sich dann auf die Organisationsberatung (oder auch nur auf persönliches Coaching) um, wiederum andere arbeiten nach ihrem Studium eine Zeitlang als Angestellte in Unternehmen, meist als Betriebspsychologen oder Personalmanager, und bieten im Unternehmen Coaching an (sog. ‚interne Coachs‘). Ein Teil dieser internen Berater und Personalmanager macht sich nach einigen Jahren Berufspraxis im Beratungsbereich selbständig.

Ein anderer typischer Ausbildungsweg verläuft über eine Erstausbildung in einem *ökonomischen* oder einem mathematisch-naturwissenschaftlichen Fach, das für industrielle Produktion berufsbildend ist (z. B. Verfahrenstechnik, Controlling, Logistik etc.). Nach einigen Jahren Berufserfahrung im erlernten Beruf, teilweise nach beruflichen Krisen und Umorientierungsphasen entschließen sich einige diese Angestellten, in die Beratungsbranche und damit meist in die Selbständigkeit zu wechseln.

Beraterinnen und Berater haben oft atypische Berufsbiographien, d.h. solche mit vielen Tätigkeitswechseln und Berufswechseln. Das ist möglich, weil die Beratungsbranche relativ durchlässig ist, d. h. viel horizontale berufliche Mobilität zulässt, und der Beruf des Beraters nicht geschützt ist. So kann z. B. eine Lehrerin, die eine pädagogische Grundausbildung bzw. Berufspraxis vorweisen kann, in den Beratungsbereich einsteigen. Oder ein Architekt bemerkt, dass es in seiner eigenen Be-

25 Die Beschreibung der Berufswege stützt sich auf die Berufsbiographien der 23 befragten Beraterinnen und Berater und kann daher nur grobe Anhaltspunkte liefern.

rufsgruppe Beratungsbedarf gibt. Oder ein pensionierter Wissenschaftler berät Hochschulen bei ihrem institutionellen Umbau. Es gibt viele Beispiele dafür, wie Einzelne Beratungsbedarf entdecken und es ihnen mehr oder auch weniger erfolgreich gelingt, sich dafür anzubieten, diesen zu stillen.

Viele Berater, die in Unternehmen oder Netzwerken organisiert sind, streben danach, Ausbildungen für Coaching oder Organisationsberatung anzubieten. Ausbildung anzubieten ist eine attraktive Tätigkeit für praktizierende Berater. Die Ausbildungstätigkeit ist verlässlich planbar, für die Berater ohne große Überraschungen, Störungen oder Probleme durchzuführen, was bei der Beratungstätigkeit in größeren Organisationen keinesfalls immer der Fall ist. Bei erfolgreicher Etablierung eines Ausbildungscurriculums ist es bisweilen auch möglich, Teile dieser Ausbildung wiederum an die Hochschulen anzukoppeln.

Arbeitsverhältnisse

Berater, die als Coachs arbeiten, stehen in unterschiedlichem Verhältnis zu ihren Klienten, Auftraggebern und ggf. Ihrem eigenen Arbeitgeber. Folgende Formen lassen sich unterscheiden:

- Interne Personalberater beraten im Auftrag ihres Arbeitgebers ihre Kollegen. Sie arbeiten weisungsgebunden und sind von ihrem Arbeitgeber finanziell unmittelbar auf den Lebensunterhalt angewiesen.
- Externe Personalberater, die als (freie oder festangestellte) Mitarbeiter von Beratungsfirmen arbeiten, beraten Angestellte von Unternehmen, die die Beratungsfirma beauftragt haben. Sie sind oft weisungsgebunden durch ihren Arbeitgeber und an den Beratungsvertrag der auftraggebenden Firma mit ihrem Arbeitgeber gebunden.
- Externe freie Personalberater (Alleinselbständige oder Partner einer Beratungssozietät) werden im Auftrag von Firmen tätig und beraten deren Arbeitnehmer. Sie sind indirekt von der Finanzierung des Lebensunterhalts durch die auftraggebenden Firmen abhängig und an den Beratungsvertrag mit dem finanzierenden Auftraggeber gebunden.
- Freie Berater werden entweder von Klienten beauftragt und bezahlt, oder ihre Leistungen werden von Klienten in Anspruch genommen, deren Arbeitgeber die Beratung zwar finanziert, aber keinen Beratungsauftrag festlegt. Sie sind nicht weisungsgebunden und nur allgemein von der Akquise von Beratungsleistungen im Hinblick auf die Sicherung ihres Lebensunterhalts abhängig.

Die Mehrheit der Beraterinnen und Berater arbeitet in verschiedenen Konstellationen und bestreitet ihren Lebensunterhalt durch eine Mischfinanzierung, die sich (in unterschiedlichen) durch Organisationsberatung, Training, Beratungsausbildung, Supervision und anderen Beratungs- und Therapieformen zusammensetzt[26]. Die Akquise von Beratungsaufträgen wird durch informell erworbene Reputation sehr erleichtert. Formale Reputation spielt eine gewisse Rolle, etwa in Form von Referenzlisten auf Berater-Webseiten (Listen früherer Auftraggeber) oder in Form von Veröffentlichungen. Die größte Bedeutung hat den Beratern zufolge allerdings die direkte Empfehlung oder der ,gute Ruf'. Diese Reputation ist einerseits kollegiale Reputation, andererseits Reputation bei Unternehmen. Teilweise ist diese Reputation in Form von ,Beraterpools' formalisiert, die die Personalmanager von Unternehmen erstellen. Personalmanager tauschen sich über die Berater in ihren Pools aus. Durch Klatsch und kollegiale Information verbreiten sich Skandale, Gerüchte und ,Erfahrungen'. Diese Ungeschütztheit, viele Berater meinen: Freiheit von bürokratischer Verwaltung versetzt die Berater in die soziale Lage von Kleinunternehmern mit begrenzten Märkten. Der Berater als Quasi-Professioneller, dessen Einkommen sich auf vermarktlichte Kundenbeziehungen stützt, hat gute Chancen auf ein stetiges und hohes Einkommen[27]. Eine Beraterin meint: „Als Coach ist man Geschäftsmann, Geschäftsfrau [...] das ist viel dynamischer alles." Sie stehen allerdings auch unter erheblichen Zwängen. Die Konsequenzen der Marktlichkeit der Beratung reichen bis in die Praxis der Beratung hinein. Coachs befinden sich in Abhängigkeit der Unternehmen, insofern viele Berater einen Großteil ihres Einkommens über Unternehmen beziehen. Ärzte und Psychologen bewegen sich sicherlich in Abhängigkeit der Entscheidungen in der Gesundheitspolitik. Freiberufliche Berater haben allerdings keinen Adressaten mehr, an den sie sich richten könnten, um professionelle Autonomieansprüche anzumelden und umzusetzen, da sie jeweils mit einzelnen Unternehmen verhandeln.

Für die Berater ist es deshalb nötig, ihre Autonomie im Beratungsprozess individuell und kollektiv (zum Beispiel über die Etablierung von Mindeststandards der Unabhängigkeit der Berater im Rahmen betrieblich finanzierter Beratungsprozesse) zu verteidigen. Den Unternehmen

26 Vgl. Böning, Uwe und Brigitte Fritschle: Coaching fürs Business.

27 Die Einkommen von Coachs reichen von ca. € 20.000 p. a. bis ca. € 200.000-300.000 p. a. für Coachs, die für das obere Management tätig sind. Die Berater sind demnach eine Gruppe mit großen Einkommensdifferenzen. Dies erschwert die Organisation gemeinsamer Interessenvertretung.

muss beispielsweise teilweise abgerungen werden, dass Berater nur eingeschränkte Berichtspflicht über den Beratungsprozess haben, oder dass es eine Mindestdauer für Beratungsprozesse gibt. Unternehmen entwickeln zunehmend Problembewusstsein dafür, dass sich Beratungsansätze unterscheiden und Mitarbeiter daher mit unterschiedlichen Strategien ausgerüstet werden. Sie greifen daher zunehmend auf das Beratungsangebot mittelständischer Beratungsunternehmen zurück, deren angestellte und freiberufliche Mitarbeiter einen einheitlichen Beratungsansatz praktizieren. Diese Beratungsunternehmen agieren teilweise global und bieten den Kundenunternehmen beispielsweise Betreuung für ihre ‚Expatriates' an.

Insgesamt zeigt sich, dass die Personalberater keine einheitliche Gruppe bilden, sondern unter sehr unterschiedlichen Bedingungen arbeiten. Während manche als Festangestelle ‚internes Coaching' betreiben, sind andere selbstständig. Manche Berater arbeiten als Alleinselbständige, viele haben sich allerdings zu Sozietäten oder Netzwerken zusammengeschlossen. Wiederum andere sind in größeren Beratungsunternehmen angestellt. Auch die Vertragsverhältnisse und Finanzierungsweisen weisen eine große Bandbreite auf. Gemeinsam ist den Arbeits- und Vertragsverhältnissen, dass Berater sich mit den Anforderungen von Unternehmen abstimmen müssen, um die Nachfrage nach Beratung aufrechtzuerhalten, und dass sie sich dabei organisatorischer Formen bedienen, die als wirtschaftsaffin wahrgenommen werden (Qualitätsmanagement).

Berufliche Assoziation und Interessensvertretung

Der Organisationsgrad und die Art der Interessenvertretung eines Berufs sind aufschlussreich für die Form von Expertise und Professionalität, die die Berufsgruppe ausformt oder zumindest anstrebt. Die berufliche Assoziation muss dabei als *Ausdruck* intentionalen bzw. strategischen Handelns wie als Resultat einer komplexen Konstellation von Arbeitsteilung, Branchenstruktur, der Produktionsformen von Dienstleistung sowie staatlicher und wissenschaftlicher Absicherung begriffen werden. Die traditionellen Professionen (Ärzte, Therapeuten, Apotheker, Rechtspfleger, Architekten) haben jeweils eine sehr vereinheitlichte Verbandsstruktur ausgebildet, in Verbindung mit einer kameralistischen Selbstkontrolle der Profession. Die Kammer als berufsständische Körperschaft ist die zentrale Selbstverwaltungsform der Professionen, mit denen sie Staat und Öffentlichkeit signalisieren, dass sie ihre Belange selbst regeln können. Formaljuristisch nehmen die Angehörigen der Kammern Aufgaben wahr, die der Staat ihnen zugewiesen hat. Für die Kammern besteht Staatsaufsicht, d. h. der Staat hat die Selbstverwaltung auf die Kammern übertragen, behält sich aber die ultimative Kontrolle vor. Kammern vergeben Berufszulassungen und können diese auch wieder entziehen und Strafen erteilen. Sie nehmen Einfluss auf Ausbildung und Prüfungsrichtlinien. Außerdem legen sie Zugangsvoraussetzungen für den Beruf fest.

Die Organisationsberater und Coachs sind in unterschiedlichen Verbänden und Interessengemeinschaften organisiert[28]. Teilweise sind dies die Berufsverbände von therapeutischen Berufen, Ingenieurberufen, Betriebswirtschaftlern und Unternehmensberatern, wie der ‚Berufsverband Deutscher Psychologinnen und Psychologen', der ‚Berufsverband der Verkaufsförderer und Trainer', der ‚Bundesverband Deutscher Unternehmensberater', der ‚Verband deutscher Ingenieure'. Seit Anfang der 1990er Jahre wurden eine Reihe von coachingspezifischen Interessengemeinschaften und Berufsorganisationen gegründet, wie der ‚Deutsche Verband für Coaching und Training', der ‚Deutsche Bundesverband Coaching', die ‚Interessengemeinschaft Coaching', die ‚Deutsche Gesellschaft für Coaching', die ‚European Coaching Association' und die ‚International Coach Federation Deutschland'.

Daneben sind manche Coachs Mitglied in schulenspezifischen Organisationen und Netzwerken, wie etwa den Gesellschaften für Systemische Therapie, Verhaltenstherapie, Supervision etc.

Diese plurale, man könnte auch sagen: fragmentierte Verbandsstruktur hat seine Ursachen teilweise darin, dass die Berater an unterschiedlichen akademischen Ausbildungsgängen teilgenommen und Erfahrungen in unterschiedlichen Branchen gesammelt haben und daher disziplinäre und branchenspezifische Loyalitäten pflegen. Ein anderer Grund liegt im Mangel eines einheitlichen Adressaten für eine Professionspolitik der Beraterinnen und Berater. Berater versuchen, ihre Dienstleistungen an eine Vielzahl von Organisationen und Einzelpersonen zu verkaufen – sie konkurrieren daher, anstatt eine Bündelung ihrer Interessen anzustreben. Manche Berater-Verbände verfolgen die Strategie, eigene Zertifizierungen anzubieten, nicht so sehr um eine Schließung des Beratungsmarktes gegen Unqualifizierte zu erreichen, sondern um einen privilegierten Marktzugang zu erschließen.[29] Viele

28 Vgl. Böning, Uwe und Brigitte Fritschle: Coaching fürs Business.

29 So berichtet eine Beraterin:

> Der DBVC [...] ist der elitärste Club davon, da kostet die Eintrittsgebühr fünfzehnhundert Euro, und als Jahresgebühr tausend Euro und so weiter. [...] Man versucht da möglichst viele Firmenvertreter zu überzeugen, wir sind die Besten, und dass sie in Zukunft nur noch DBVC-zertifizierte Coachs engagieren sollen.

Berater pflegen einen anti-institutionalistischen Habitus, der eine Affinität zur „Künstlerkritik des Kapitalismus“[30] aufweist. Folgende Äußerung eines Beraters ist für diese Haltung charakteristisch:

> Die Kammern, also die andern Freiberufler, die Psychologen, Ärzte, Rechtanwälte, die haben ihre Kammern. Und haben sich damit geschlossen. Und haben das institutionell gelöst, wem gebe ich das Recht, meine Arbeit zu bewerten. Nämlich das Recht hat dann institutionell die Kammer. Der Kammer trete ich bei und damit hab ich nicht mehr die Wahl, wem ich das Recht gebe, über meine Arbeit zu befinden.

Die größeren Berufsorganisationen von Coachs verfolgen – nicht zuletzt auf dem Hintergrund solcher anti-bürokratischer Haltungen – nicht das Ziel, Berufsverbände mit ‚harten‘ Zugangskriterien zu etablieren. Ein Grund für diese Anpassung an das wirtschaftstypische Modell der Selbstkontrolle ist sicherlich die mangelnde Erfolgsaussicht des typischen Berufsverband-Modells, das sich ja in Abstimmung mit staatlichen Organen herausgebildet hatte.

Klienten und Klientenakquise

Klientel des Coaching

Die Gruppe der Personen, an die sich Coaching richtet, wurde durch Berater in den letzten Jahren erheblich ausgeweitet. In den wissenschaftlichen Zeitschriften, in denen zu Coaching regelmäßig publiziert wird, werden regelmäßig neue Gruppen vorgestellt, die nun auch gecoacht werden (können). Jede dieser Gruppen weist besondere Problemlagen auf, die Gegenstand einer Spezialisierung von Beratern sein kann. Auch Alleinselbständige, die nur sich selbst ‚führen‘, können Coaching in Anspruch nehmen, und ein erheblicher Teil des Coaching-Angebots zielt auf diese Personengruppe. Auch die bundesdeutsche Arbeitsagentur finanziert Coaching für Existenzgründer. Für Jugendliche mit problematischen Bildungskarrieren wird „Job-Coaching“ angeboten, wird für Arbeitslose ein Bewerbungs-Coaching angeboten. Über diese ‚Inflation‘ bzw. ‚Verwässerung‘ des Begriffs echauffieren sich die wirtschaftsnahen ‚Coachs‘ wiederum. Die Tätigkeits- und Berufsbezeichnung ‚Coaching‘ erweist sich also als umkämpftes Terrain – die Berater ringen um Marktanteile und um eine Definition des Begriffs, der für ihre jeweiligen Zielgruppen als attraktiv erscheint. Management-Coachs und ihre Branchenverbände plädieren beispielsweise dafür, den Begriff des Coaching

30 Boltanski, Luc und Ève Chiapello: Der neue Geist des Kapitalismus.

für die Beratung von „Top-Führungskräften" zu reservieren, da sie dieser Zielgruppe unterstellen, eine exklusive Beratungsform zu verlangen, die genau auf ihre Bedürfnisse zugeschnitten ist. So formuliert der ‚Deutsche Bundesverband Coaching' auf seiner Website:

> Coaching ist die professionelle Beratung, Begleitung und Unterstützung von Personen mit Führungs-/Steuerungsfunktionen und von Experten in Unternehmen/Organisationen. Zielsetzung von Coaching ist die Weiterentwicklung von individuellen oder kollektiven Lern- und Leistungsprozessen bzgl. primär beruflicher Anliegen.[31]

Coaching wird einer Erhebung unter Personalmanagern[32] zufolge am häufigsten für das mittlere Management (in 31 % der befragten Unternehmen häufig, in 46 % gelegentlich, 21 %: nie), aber auch im Topmanagement (19 %: häufig, 44 % gelegentlich, 30 % selten/nie)[33] und im unteren Management (17 % häufig, 44 %: gelegentlich, 37 %: selten/nie) seitens der Personalbteilungen eingesetzt. Auch für Teams und Abteilungen (17 %: häufig, 39 %: gelegentlich, 41 %: selten/nie) und Projektgruppen (14: häufig, 30 %: gelegentlich, 54 %: selten/nie) wird Coaching angefragt. Die Befragung von Coachs bestätigt die Angaben durch das Personalmanagement. 74 % der befragten Coachs geben Böning/Fritschle zufolge[34] an, häufig das mittlere Management zu beraten (20 % gelegentlich), ebenso das Topmanagement (häufig: 38 %, gelegentlich: 34 %, 28: selten/nie) und die anderen Klientengruppen.

Klientenakquise

Erving Goffman spricht vom ‚referral system'[35] einer Profession, also von der Art und Weise, wie Klienten an Professionelle ‚verwiesen' werden. Während Goffmans Begriff des „Überweisungssystems" vor allem auf medizinisch-disziplinarische und staatlich-pädagogische Verfahren des Erreichens und Weiterreichens von Patienten abzielt, muss für marktgängige Dienstleistungen ein breiterer Bereich von Aktivitäten als Teil des Überweisungssystems einbezogen werden.

---

31 Quelle: [http://www.dbvc.de/ cms/index.php?id=361] [Datum des Zugriffs: 10.2.2008].

32 Böning, Uwe und Brigitte Fritschle: Coaching fürs Business, S. 62.

33 Bei dieser Zahl ist zu bedenken, dass viele Angestellte in den höchsten Führungspositionen aus der Befürchtung, als defizitär zu gelten, eigenständig Berater suchen und diese selbst bezahlen. Vgl. ebd., S. 63.

34 Böning, Uwe und Brigitte Fritschle: Coaching fürs Business.

35 Goffman, Erving: „The Medical Model and Mental Hospitalization".

Die Angehörigen jedes professionsähnlichen Berufes bewegen sich in einem komplexen Feld von Interessen, Erwartungen und Hoffnungen (auf Heilung, Rechtshilfe, ‚Lebensqualität' etc.). Freiberufliche Experten unternehmen oft erhebliche Anstrengungen dafür, das Interesse potentieller Kunden und Klienten auf sie als Experten bzw. Spezialisten zu lenken. Freie Berufe dürfen für ihre Dienstleistungen nicht werben, da sie juristisch gesehen kein Produkt anbieten, sondern ihre Dienste ‚ehrenhalber' anbieten, wofür sie ein ‚Honorar' bekommen, also ein „Ehrengeschenk". Auch die ungeregelten Dienstleistungsberufe (hochqualifizierte persönliche Dienstleistungen) wie Organisationsberater, Coachs etc. halten sich in der Regel an diesen Kodex, obwohl sie rechtlich nicht daran gebunden sind. Die Einhaltung dieser Regel signalisiert die Zugehörigkeit zu dieser Gruppe von Berufen. Es gibt aber dennoch Möglichkeiten, die Aufmerksamkeit der Öffentlichkeit und möglicher Klienten zu lenken:

Aufwändig gestaltete Websites und Einträge in Branchenbüchern sind die einfachsten Formen der Werbung, die allerdings ein Problembewusstsein, m.a.W. suchende Klienten bereits voraussetzen. Oft muss allerdings – aus Sicht der Experten – überhaupt erst ein Problembewusstsein in der Bevölkerung geschaffen werden. Insbesondere ‚neue' Leistungen, die etwa durch technische Entwicklungen ermöglicht sind oder auf neue Problemfelder ‚reagieren' müssen der potentiell interessierten Öffentlichkeit vorgestellt werden, damit die potentiellen Kunden, Patienten und Klienten auf die Leistung und ihre Attraktivität aufmerksam werden.

Für Personalberater, Lebensberater, Coachs und Organisationsberater sind Veröffentlichungstätigkeiten verschiedener Art besonders wichtig. Vor allem die Spezialöffentlichkeit brancheninterner Zeitschriften, die oft zwischen Wissenschaft und Praxis angesiedelt sind, d. h. von Praktikern (wie Personalentwicklern) und Angehörigen angegliederter Disziplinen rezipiert werden, sind für Berater von Bedeutung und werden dementsprechend intensiv genutzt. Dazu zählen für die Beratung Zeitschriften wie „Personal", „Personalentwicklung", „Personal-Jahrbuch", „Personalplanung", „Personal und Arbeit", „Arbeit", „Berufliche Erwachsenenbildung", „Arbeit und Leistung". In diesen Publikationen stellen Berater ihre Konzepte, Ansätze, Interventionsformen und Erfahrungen mit der Implementierung von Beratungsansätzen in unterschiedlichen Kontexten vor. Diese Beiträge sind nicht als wissenschaftliche Beiträge angelegt, sondern stellen die Arbeitsweise oder die konzeptuellen Überlegungen einzelner Berater, Beraterteams oder Beratungsunternehmen vor[36]. Der Übergang von der Darstellung zur Werbung für einzelne Ansätze, Konzepte und ‚Interventionsformen' ist teilweise fließend. Beiträge dieser Art erfüllen die Aufgabe von Werbung bzw. ‚Information' von Praktikern in den Unternehmen.

Professions- bzw. brancheninterne Veröffentlichungen erfüllen teilweise eine ähnliche Aufgabe, dienen darüber hinaus aber auch der Aufgabe, eine Expertenöffentlichkeit herzustellen, in der über Professionspolitiken und -probleme diskutiert werden kann. Die meisten Experten-Untergruppen und Beratungs-„schulen" unterhalten eigene Journale; darunter Zeitschriften für Organisationsberatung, Organisationsentwicklung, Systemische Beratung, Supervision, Coaching, Psychodrama, humanistische Beratungsansätze etc.

Neben den spezialisierten Zeitschriften existieren darüber hinaus Fachzeitschriften, die schulen- und branchenübergreifende Öffentlichkeiten bedienen. Diese Zeitschriften erfüllen im Wesentlichen die Aufgabe der Selbstverständigung von Professions- und Expertengruppen und der Aushandlung von konzeptuellen und ethischen Grundlagen. In diesen Zeitschriften wird unter anderem thematisiert: die Anwendbarkeit von Beratungsansätzen auf verschiedene bestehende und potentielle Klientengruppen, die Relevanz von Beratung für die Lösung gesellschaftlicher und spezieller Problemlagen, konzeptionelle Weiterentwicklungen, Streitigkeiten zwischen Spezialistengruppen, berufsethische Standards, Professionalisierungsstrategien.

Eine weitere, kleine Gruppe von Zeitschriften zielt auf eine breite Leserschaft ab, die über den engen Kreis der Praktiker und akademischen Spezialisten hinaus eine beruflich interessierte Öffentlichkeit anspricht. Der Adressatenkreis dieser Zeitschriften ist so groß, dass Publikationen wie „Brand Eins", „Psychologie Heute", „Manager Magazin" im allgemeinen Zeitschriftenhandel verfügbar sind. Teilweise stellen überregionale Tages- und Wochenzeitungen Rubriken (wie ‚Beruf & Karriere') bereit, die regelmäßig von Beratern genutzt werden. Die Nutzung dieser Öffentlichkeiten ist für Berater ein wichtiger Kommunikationskanal, der es erlaubt, ihre Zuständigkeit für bestimmte Problem- und Optimierungsbereiche organisationellen und individuellen Handelns zu inszenieren und Personen zu überzeugen, die ihnen Klienten zuführen können bzw. Personen direkt als Klienten zu gewinnen.

Bedarf für Beratungen, die für Organisationen angeboten werden (Coaching, Organisationsentwicklung, Teamentwicklung, ‚Trainings') wird oft über Evaluationsmaßnahmen wie ‚Assessments' und Eignungs-

36 Beiträge dieser Art umfassen meist drei bis ca. sechs Seiten.

diagnostik hergestellt. Teilweise werden Evaluationsmaßnahmen und Beratungsmaßnahmen vom selben Unternehmen ausgerichtet. So berichtet ein Berater, der für ein großes Beratungsunternehmen arbeitet:

Also wir machen [...] OE-Geschichten, Teamentwicklung, Preisentwicklung, Organisationsentwicklung, und die Veränderungsbegleitung, Change-Management relativ viel, plus Manager-Integration, das übliche Zeug, wo Organisationen so durch müssen.

Coaching wird also im Rahmen von Evaluations- und manchmal auch Weiterbildungsprogrammen verpflichtend oder freiwillig angeboten. Die Teilnahme an Coaching ist formal immer freiwillig; Unternehmen können Mitarbeiter allerdings dazu bewegen, an Coaching-Programmen teilzunehmen. Eines dieser Mittel zur Ermittlung – und damit Erzeugung – von Coaching-Bedarf ist die *Eignungsdiagnostik.*

Neben der Vermittlung im Rahmen von Management-Entwicklungsprogrammen, der Überweisung in Folge von Eignungs- und Performance-Diagnostik und der ‚Selbstmeldung' durch Klienten, die an sich Bedarf feststellen, gibt es noch einige andere Möglichkeiten der Akquise von Klienten. Viele Berater führen Trainings und Workshops durch, deren Teilnehmer merken (sollen), welche Defizite und ‚Entwicklungsmöglichkeiten' sie haben, die dann in der Einzelberatung bearbeitet werden können. Einige Berater bieten die Workshops an, um Klienten zu gewinnen, andere sehen Workshops und Trainings als eigenständiges gruppentherapeutisches Beratungsformat an[37]. Es scheint aber Anfang bis Mitte der 1990er Jahre einen beträchtlichen Bedarf an persönlicher Beratung auch im Arbeitskontext gegeben zu haben, der von den potentiellen Klienten selbst formuliert wurde. Ein Berater, der in einem kleinen Beratungsunternehmen tätig ist, erzählt:

Und wir hatten keinen Ort, wo wir jetzt irgendwie die Themen weiter (...) es gab nix, wo wir mit denen [Führungskräften] weitermachen konnten. Und äh na ja, dann haben wir gesagt, okay, wir können das hier irgendwie fortsetzen oder so, aber dann, da wir eben freiberuflich unterwegs waren, musste man die Leistung konfigurieren dafür. So ist das aufgetaucht. [...] und dann ging das (.) einfach auf Nachfrage, da war auch Nachfrage.

37 Eine Umfrage, die vom „Büro für Coaching und Organisationsberatung" (www.bco-koeln.de) unter Mithilfe von Coaching-Berufsverbänden durchgeführt wurde, zeigt, dass beinahe drei Viertel aller als Coach tätigen Personen außerdem Trainings durchführen, ein Viertel ist als Ausbilder/in tätig, über die Hälfte arbeiten als Organisations- und Personalentwickler, während weniger als ein Zehntel der Befragten auch therapeutisch tätig sind.

Die Wahrnehmung von persönlichen und beruflichen Defiziten durch die Klienten selbst spielt bei der Entstehung und Verstetigung der nichttherapeutischen persönlichen Beratungsformen – im Gegensatz zu den stärker diagnostikgestützten Überweisungssystemen der klinischen Psychotherapie eine große Rolle. Es gibt allerdings nur wenig gesichertes Wissen über die soziale Organisation der Vermittlung von Klienten an Berater.[38] In der bereits zitierten Studie von Böning und Fritschle[39] geben Personalmanager in Bezug auf die top-down-Vermittlung zur Auskunft, wie die Feststellung von Beratungsbedarfen vonstatten geht. Danach werden als Hauptanlass für die Inanspruchnahme von Coachs Ergebnisse von Beurteilungen der Mitarbeiter genannt. Weitere Anlässe sind Personalentwicklungsprogramme, aktuelle Problemlagen, Unterstützung neuer Führungskräfte sowie betriebliche Umstrukturierungen. Die befragten Coachs geben an, dass 36 % ihrer Klienten bei „Problemen, Defiziten, Leidensdruck“ Coaching in Anspruch nehmen, 22 % als Folge von Beurteilungen, 22 % im Rahmen von Personalentwicklungsprogrammen, 10 % als Unterstützung neuer Führungskräfte und von „High Potentials“, den Mitarbeitern, in die die Unternehmen große Hoffnungen setzen.[40]

Vertragsformen in der Beratung: Ökonomie und Ethik der Dreiecks- und Viereckskontrakte

Die Beratung ist durch unterschiedliche Kontraktformen institutionell und rechtlich abgesichert. Die jeweiligen Kontraktformen strukturieren das Verhältnis zwischen Klienten, Auftraggebern und Beratern.

- Einfachkontrakt: Ein Klient oder eine Klientin beauftragt einen Beraterin oder einen Berater, ihn bzw. sie zu beraten.
- Dreieckskontrakt: Eine Organisation beauftragt einen Berater damit, einen Mitarbeiter zu beraten. Dabei kann entweder die Organisation den Berater aus einem ‚Beraterpool‘, d. h. einer organisationsinternen Liste von Beratern auswählen bzw. dem Mitarbeiter verschiedene Berater zur Auswahl geben, oder aber die Organisation erlaubt dem Mitarbeiter, einen Berater eigener Wahl zu suchen und bezahlt diesen.

38 Vgl. z. B. Iding, Hermann: „Hinter den Kulissen der Organisationsberatung“; Mabey, Christopher et al. (Hg.): Experiencing Human Resource Management.

39 Böning, Uwe und Brigitte Fritschle: Coaching fürs Business.

40 Ebd., S. 83.

- Viereckkontrakt: Eine Beratungsfirma wird von einer (Profit- oder Non-profit-)Organisation beauftragt, Mitarbeiter zu beraten. Mitarbeiter (Berater) der Beratungsfirma beraten dann die Mitarbeiter der auftraggebenden Firma. Die Beraterin oder der Berater ist sowohl seinem Arbeitgeber als auch dem Auftraggeber verantwortlich.

Berater arbeiten also in unterschiedlichen rechtlichen Abhängigkeits- und Finanzierungskonstellationen. Je nach Vertrags- und Finanzierungskonstellation ergeben sich dabei unterschiedliche Rollenkonflikte.

Externe Berater, die im Rahmen eines Viereckvertrages für ihren Arbeitgeber und für einen Auftraggeber arbeiten, sind nicht unmittelbar vom Arbeitgeber des Klienten abhängig, dafür aber von den strategischen Interessen ihres eigenen Arbeitgebers, der Beratungsfirma. Sind die Ziele des Auftraggebers und ihres Arbeitgebers meist vertraglich vereinbart und kohärent, so divergieren sie doch oft mit den Zielen des Klienten und gegebenenfalls ihrem eigenen professionellen Anspruch. Für den Berater ergeben sich Loyalitätsansprüche gegenüber seinem Arbeitgeber, dem Arbeitgeber des Klienten und den Klienten selbst, die nicht gleichzeitig und auch nicht im gleichen Maße befriedigt werden können.

Im Fall der internen Berater sind die Rollenkonflikte am gravierendsten: Sie beraten ihre Kollegen im Hinblick auf persönliche Fragen der Arbeits- und Lebensgestaltung und sind oft zugleich vom Unternehmen dazu beauftragt, zur Leistungssteigerung der beratenen Mitarbeiter beizutragen. Sie müssen einerseits die Ziele ihres Arbeitgebers verfolgen und in der Interaktion mit den Klienten-Kollegen Loyalität und Respekt für dessen Arbeits- und Lebenssituation entwickeln. Die Rollenkonflikte dieser Berater sind dann am größten, wenn sie zugleich Kontrollaufgaben wahrnehmen und die vom Arbeitgeber formulierten Erwartungen von den Wünschen und Interessen ihrer Klienten divergieren. In unterschiedlichem Ausmaß ist dies immer der Fall. Zugleich stehen sie in Konkurrenz mit anderen Formen der betrieblichen Interessenvertretung – den Betriebsräten. Diese firmeninternen Personalberater oder Personalentwickler, die im Rahmen dieser Studie nicht befragten wurden, berichten laut Auskunft von interviewten Beratungsausbildern häufig von Interessenskonflikten:

Also schon per se, weil das einfach schwierig ist. Ich kann nicht bei dieser Organisation angestellt sein, für diese Organisation die Leute coachen, dann bin ich in 'nem Konflikt. Also es gibt, kann Leute geben, die damit umgehen können, die sagen, okay, ich bin hier zwar angestellt, und trotzdem ist meine Hauptaufgabe, herauszuarbeiten was für diese Leute gut ist. Das ist ein bisschen dann eine Persönlichkeitsfrage, aber ich würde denken, das ist ein Konflikt.

Externe Berater, die in Dreiecksverträgen arbeiten, sind von ihren Auftraggebern indirekt finanziell (hinsichtlich des Lebensunterhalts) abhängig und vertraglich und informell an die Erwartungen des Auftraggebers gebunden. Eine Beraterin berichtet von den Schwierigkeiten, die sich aus Dreiecksverträgen ergeben:

Wenn ich jetzt Mitarbeiter-Coaching mache, also wenn ich von der Firma (...)[41] wenn ich als Coach von der Firma bezahlt werde, Mitarbeiter zu coachen, dann geht aus dem Vertrag schon hervor, dass ich den Mitarbeiter coache und ich keinerlei Inhalte irgendwo weitergegeben werden. Also das ist ein hundert Prozent vertrauliches Ding. Entweder macht der Arbeitgeber das für seinen Mitarbeiter oder nicht. Aber hat nix mit dem Prozess als solches zu tun, der Auftraggeber. [...] Also für uns ist es die Frage, welchen Arbeitsethos gibt sich der Coach selber.

In solchen Konstellationen können sich allerdings auch Interessenskonflikte ergeben, die dieselbe Beraterin folgendermaßen schildert:

Da geht es dann in so einen Graubereich rein, ja, weil da wurde ein Mitarbeiter, da gab's nämlich ein Appraisal [eine Mitarbeiterbewertung, B.T.], es kamen dann bestimmte Schwächen wurden da deutlich, dann der Coach, wie soll man sagen, dann wird diesem Mitarbeiter ein Coaching angeboten, er nimmt es wahr und natürlich steht dann gewissermaßen schon also dieses (...) stehen die Schwächen, die im Appraisal deutlich geworden sind, auf der Agenda, ja? [...] Das Problem entsteht, wenn er merkt, er will eigentlich was anderes als die Organisation, dann ist es ein Problem. Aber es muss nicht immer ein Problem sein. Also ich denke, da muss man ganz (.) individuell gucken. Man muss als Coach rausfinden, will der (...) geht es ihm darum wirklich oder ist es nur wegen dem Druck?

Die Ergebnisse von Leistungsbewertungen setzen demnach den thematischen Rahmen der Beratung. In Viereckverträgen ist die Situation sehr ähnlich, wie eine andere Beraterin zu berichten weiß:

Da gibt's natürlich Riesenprobleme. [...] Das heißt, Loyalitätsprobleme hat man hier bereits, ja, dass man den Klient dauernd aufklärt dann über seine

41 Anmerkung zur Transkription: Runde Klammern mit drei Punkten (...) markieren eine lange Sprechpause – länger als eine Sekunde. Runde Klammern mit einem Punkt (.) markieren eine kurze Sprechpause von bis zu einer Sekund. Eckige Klammer mit drei Punkten [...] markieren eine durch den Autor vorgenommene Auslassung.

Firma, dann ist das schon für einen Coach schwierig, selbst wenn der nichts davon weiß, aber das ist natürlich (...) die Frage ist, was ist hier vertretbar? [...] Das heißt die Firma hier wird immer erwarten, dass er Personalentwicklung macht. [...] Die erwarten einfach, die Firma erwartet vom Coach einfach, dass er eine ordentliche Personalentwicklung da macht, verstehen Sie? Und beim Viereckskontrakt ist sowieso so, hier kommen in aller Regel **selten** persönliche Themen.

Im Fall der Beratung von Klienten ohne externe Finanzierung, die auf Grundlage sogenannter ‚Einfachkontrakte' arbeiten sind die Konflikte weniger ausgeprägt, verschieben sich aber auf die Spannung zwischen den Glücks- und Erfolgsansprüchen des Klienten und den (imaginären und realen) Anforderungen des Arbeitsmarkts.

Wer darf Humankapital nutzen?

Einer 2004 durchgeführten Umfrage unter Personalmanagern (Personalleiter, Personalentwickler, Personalentwicklungsleiter) und Coachs zufolge[42] begreifen die Personalmanager persönliche Beratung vor allem als ‚Maßnahme' für Mitarbeiter, durch die diese ihre Leistungen verbessern können. Dagegen stehen für die Berater der „Entwicklungs- und Entfaltungsprozess" und die „Hilfestellung bei persönlichen Problemen" im Vordergrund.

Aber auch die Berater selbst stellen ihren Nutzen für Unternehmen heraus, wenn sie Personalleiter adressieren. Im ‚Handbuch Personalentwicklung" heißt es etwa:

Der Coaching-Ansatz dient der Entwicklung von Fähigkeiten, des Verhaltens und der Persönlichkeit von Führungskräften – meist vor dem Hintergrund aktueller Entwicklungsziele des Unternehmens. Der Coach fungiert hierbei nicht nur als sozialer Spiegel für das Vorgehen und die Kommunikationswirkung des Kunden, öffnet ihn nicht nur für verschiedene Sichtweisen und neue Vorgehensweisen. Vielmehr kann es auch sein, dass der Coach als Sparringspartner für Organisations-, Strategie- und Change-Management fungiert – je nach Gesprächspartner, Ziel des Coachings und der eigenen Professionalität und Qualifikation."[43]

42 Die Angaben sind Antworten auf eine offene Frage, „was sie unter Coaching verstünden". (Vgl. Böning, Uwe und Brigitte Fritschle: Coaching fürs Business.)

43 Geißler, Karlheinz et al.: Handbuch Personalentwicklung, S. 87.

Gegenüber dem Personalmangement wird betont, der Coach „öffne" den Klienten für neue Sichtweisen und könne mit dem ‚Management' von organisationellen Wandlungsprozessen kooperieren.

Ein „Vertrag zur Veränderung dritter"[44] wird in der Praktikerliteratur als „problematisch" thematisiert. Es gibt allerdings mangels eines verbindlichen, d. h. sanktionsbewehrten professionellen Kodex *und* mangels einer Selbstverpflichtung von Unternehmen und anderen Betrieben keine institutionalisierten Mechanismen, diese Formen des Gebrauchs von Beratung zu beschränken. Die befragten Beraterinnen und Berater sind sich über die Trennung der Beratung von Personen und Organisationen nicht einig. Einige sehen die Kombination der Tätigkeiten als unproblematisch an und verstehen sich selbst als Organisationsberater *und* als Coachs. Eine Teilgruppe derer, die sich als Organisations- *und* Personenberater verstehen, betonen die Notwendigkeit, zwischen diesen beiden ‚Beraterrollen' zu trennen, andere halten eine Vermischung für unproblematisch. Der Umgang mit dieser Problematik wird im Feld der Beratung individualisiert, d. h. der Berufsethik des einzelnen Beraters überlassen.

Institutionalisierungsprobleme der ‚Marktprofessionalität'

Professionelle Expertise oder marktorientierte Expertise?

Marktgängige Beratung unterscheidet sich, wie oben dargestellt, strukturell von solchen Beratungsdienstleistungen, die traditionell professionsförmig organisiert sind (d. h. dem Modell von Ärzten, Ingenieuren und Rechtspflegern vergleichbar ist) oder die im Rahmen staatlich oder kirchlich organisierter und finanzierter Sozialarbeit oder Gesundheitsversorgung erbracht werden. Quasi-professionelle Berater (also solche, die persönliche Dienstleistungen erbringen), die ihre Dienstleistungen auf Beratungsmärkten anbieten, müssen die Akquise von Klienten selbst organisieren und den Anforderungen doppelter Auftraggeberschaft gerecht werden und diese ausgestalten. Aus diesen teils widersprüchlichen Anforderungen ergeben sich unterschiedliche Spannungen, die die Berater zu bewältigen haben:[45]

44 Vogelauer, Werner: Methoden-ABC im Coaching, S. 71.

45 Manche Berater thematisieren diese Belastungen recht drastisch. Einer meiner Gesprächspartner meinte: „Ich finde das manchmal auch, also Mülleimer des Kapitalismus das iss so mein Wort dafür ne."

Erstens steht die Notwendigkeit der Erarbeitung eines professionsinternen ‚esoterischen' Vokabulars der Notwendigkeit der Entwicklung einer ‚kundennahen' Sprache gegenüber: Einer der interviewten Berater schildert diesen Imperativ der Anpassung der Berater-Experten an die Sprache des wirtschaftlichen Feldes folgendermaßen:

> Ihr müsst jetzt so sprechen können wie der Bereichsleiter, den ihr im Geschäftsfeld Automotive betreut. Und im Zweifel solltest du auch verstehen, was seine Sorgen im Markt sind Kostendruck oder Innovationsprozesse und so weiter. Und meine Beobachtung ist, da sträuben sich auch einige noch davor weil da wohl der Berufsethos ein anderer is.

Eine Fachsprache ist für die Entwicklung berufsinterner Qualitätsstandards und ethischer Standards nützlich und erlaubt außerdem eine Abgrenzung von konkurrierenden Berufsgruppen, wie z. B. Supervisoren.

Zweitens müssen die Interessen der Klienten mit den Interessen der Finanziers austariert werden, die (außer bei den ‚Einfachkontrakten') auch die Zuweisung von Klienten beeinflussen. Während Unternehmen ein Interesse daran haben, die Kreativität und Belastbarkeit ihrer Mitarbeiter zu ‚valorisieren', geht es Mitarbeitern nicht ausschließlich und oft gar nicht um die Inwertsetzung ihres Arbeitsvermögens. Diese unterschiedlichen Interessen, die sich aus dem Antagonismus der Arbeitsverhältnisse ergeben, können sich teilweise ‚objektiv' decken, insofern Mitarbeiter von einer effektiven Inwertsetzung ihres Arbeitsvermögens persönlich profitieren können. Aber auch im Fall einer weitgehenden Übereinstimmung zwischen Betrieb und Mitarbeitern in Bezug auf das Ziel der Valorisierung des Arbeitsvermögens können die Interessenslagen von Unternehmen und ihren Mitarbeitern divergieren: Während Mitarbeiter die Akkumulation portabler Qualifikationen[46], anstreben, versuchen Unternehmen die Qualifikation ihrer Mitarbeiter vor allem auf den betrieblichen Qualifikations- und Produktivitätsbedarf abzustimmen[47]. Im Folgenden ist nicht nur relevant, wie Berater in ihrer Diskursproduktion mit den Interessenskonflikten umgehen, sondern auch, wie sie diese Interessenslagen neu interpretieren und inwiefern ihnen dabei eine Umdeutung des Konfliktcharakters dieser divergenten Interessenlage ge-

46 Als portabel gelten solche Qualifikationen, die in möglichst vielen Arbeitskontexten verwendet werden können, die ein Mitarbeiter als ‚mitnehmen' kann; im Gegensatz zu solchen Qualifikationen, die nur oder hauptsächlich in einem Unternehmen nützlich sind.

47 Vgl. industriesoziologische Ansätze und Befunde; z. B. Boes, Andreas: „Formierung und Emanzipation"; Schmiede, Rudi (Hg.): Virtuelle Arbeitswelten; Voß, G. Günter und Hans J. Pongratz: „Fremdorganisierte Selbstorganisation"; Konrad, Wilfried: Wissen und Arbeit.

lingt. Im Umgang mit diesen latenten und manifesten Interessenskonflikten zwischen Betrieb und Mitarbeitern unterscheiden sich die Berater graduell, und zwar hauptsächlich entlang der unterschiedlichen Kontraktformen und den Unterschieden zwischen Beratungs-,schulen'. Die meisten Berater stimmen darin überein, diese Spannungen durch ,Transparentmachung' der Interessen aller Beteiligten sichtbar zu machen. Die Verantwortung für die Herstellung und Kommunikation von Transparenz wird dabei meist an den einzelnen Berater delegiert.[48] Organisationsentwickler und Coachs[49], insbesondere jene, die sich zur humanistischen Schule zählen, bewältigen die Spannungen, indem sie problematische Arbeitsverhältnisse kritisieren und sich damit gewissermaßen als Anwälte der Arbeitnehmer inszenieren. Viele Berater demonstrieren diese Sensibilität für die Psychopathologie ungelöster Konflikte und steigernder Arbeitsbelastungen.[50] An dieser Stelle kommt eine individualisierte Entfremdungsthese zur Anschrift, die eine individuelle Heilung von ,innerer' Selbstentfremdung durch Arbeitsverdichtung in Aussicht stellt.

In der amerikanischen Coaching-Literatur findet sich eine andere Variante, in der diese Spannungen ignoriert werden und eine ,culture of growth' beschwört wird, in der alle Beteiligten kooperieren, um persönlich zu wachsen, dadurch das Unternehmen wachsen zu lassen, wodurch wiederum die Personen Gelegenheit haben zu wachsen.[51] Diese

48 Eine Beraterin thematisiert die Frage der Selbstverpflichtung folgendermaßen:
„Ich fühle mich aber einem Beratungsideal verpflichtet, das würde mich überflüssig machen. [...] Ich hab auch nix dagegen [gegen Coaching von Top-Managern und anderen „Mächtigen"], das ist ein sehr ehrenwertes Geschäft, völlig in Ordnung, kann man wunderbar verdienen, man verdient sehr viel mehr als in dem Geschäft, das ich mache, weil das systemerhaltend ist und systemerhaltende Dienstleistungen werden immer besser bezahlt als systemgefährdende Dienstleistungen, das ist durch die Geschichte so gewesen. Ähm ich sage nur, die Frage ist, ich muss wissen, was ich tue, wenn ich Mächtige coache."

49 Vgl. z. B. Becker, Horst und Ingo Langosch: Produktivität und Menschlichkeit.

50 Das Problembewusstsein des rheinischen Kapitalismus gegenüber seinen eigenen Widersprüchen, durch das tripartistische System institutionell verankert, verhindert offenbar die Übernahme dieser liberalistischen Positionen.

51 In diesem Strang der Literatur wird dann auch oft das Konzept des „Vorgesetzten als Coach" propagiert. Der Vorgesetzte zeigt dann Kraft seiner „Leadership" seinen Untergebenen, wie auch sie erfolgreich werden können und ihren Beitrag zum Unternehmen so leisten können – so wie er selbst. Deutschsprachiger Berater lehnen das Konzept des ,Vorgesetzten als Coach' beinahe durchwegs ab.

naiv ,holistische', durch eine Überhöhung und Idealisierung der leitenden Angestellten charakterisierte Variante ist in der deutschen Literatur so nicht vorzufinden.[52] Vorherrschend ist in allen Beratungsansätzen allerdings ein Gestus, der die Relevanz dieser (latenten) Konflikte und Widersprüchlichkeiten in Zweifel zieht oder bestreitet. Gleichzeitig wird eine Berufsorganisation die die einzelnen Berufsvertreter von Ansprüchen des Staats und der Betriebe abschirmt, wie dies im Fall der Professionen der Fall ist – entweder nicht angestrebt oder nur mühsam realisiert.

Welche Formen der Selbstdarstellung nach außen und Selbstverständigung – nach innen – artikulieren die Beraterinnen und Berater in dieser sehr speziellen Konstellation, die darin besteht, persönliche Beratungsdienste, teils von Unternehmen beauftragt, unter vermarktlichten Bedingungen zu verkaufen?

Zur Expertise der Beratung

,Prozessbegleitung' als Ethos (Expertise der Beratung I)

Der Topos, der am regelmäßigsten aufgerufen wird, um die Aufgabe der Berater zu umreißen ist (im deutschsprachigen und angelsächsischen Raum) der des ,Prozesses' bzw. der ,Prozessbegleitung'. Berater begleiten Prozesse, wobei offen bleibt, ob die Prozesse gleichsam naturwüchsig ablaufen oder forciert oder gar ,verursacht' werden. Eine Beraterin meint: „Die Erfahrung iss aber, dass die Leute- die Geschwindigkeit in den Organisationen so hoch iss dass wenn ich nach vier Wochen, wieder mal da bin, dass sich sehr viel verändert hat."

Die *Schilderungen* der Situation in den Betrieben beinhaltet durchweg eine „hohe Geschwindigkeit in den Organisationen" als Tatsachenbeschreibung. Die Ursachen dieser Beschleunigung – Arbeitsverdichtung, Konkurrenzhaftigkeit von Arbeit und die kapitalmarktinduzierte auf Dauer gestellte Umstrukturierung von Unternehmen – liegen für die Beraterinnen und Berater außerhalb ihres Einflussbereichs und gelten daher als unvermeidlich.

Organisationsberater und Coachs schaffen durch die Wahl ihrer Begriffe einen diskursiven Raum der Unbestimmtheit, der sich durch die

52 Das Problembewusstsein des rheinischen Kapitalismus gegenüber seinen eigenen Widersprüchen, durch das tripartistische System institutionell verankert, verhindert offenbar die Übernahme dieser liberalistischen Positionen.

Doppeldeutigkeit des Begriffs des ‚Prozesses' und der ‚Prozessbegleitung' eröffnet. In dieser Unbestimmtheit operieren Berater: Auch, wenn sie de facto an der Auslösung und Durchsetzung der dann zu begleitenden Veränderungen mitwirken, können sie ihre Tätigkeit als Bewältigung einer entweder unbeeinflussbar-*naturhaften* condition humaine (z. B. Effizienzstreben) oder eines *unvermeidlich-menschengemachten* Geschehens (z. B. Globalisierung) beschreiben.

Es drängen immer mehr Leute in den Markt [der Beratung, B.T.]. Aber es ist so: Die Nachfrage wird auch immer mehr steigen. Meine Argumentation ist dazu folgende: [...] Wir haben in allen Organisationstypen derzeit ganz hohe Change-Anforderungen. Und diese Change-Anforderungen sind müssen mit den Führungskräften exekutiert werden und die brauchen Unterstützung.

Der Wandel des Wirtschaftslebens und die daraus erwachsenden ‚Change-Anforderungen'[53] werden von den meisten Beratern für unvermeidlich und letztlich unbeeinflussbar gehalten. Die Folgen der quasi-natürlichen Wirtschafts- und Gesellschaftsentwicklungen werden von den Beratern (in den Interviews) als Grund für den wachsenden Beratungsbedarf thematisiert.

Erschließung von Leistungsvermögen (Expertise der Beratung II)

Dieser Aspekt von Expertise wurde bereits ausführlich diskutiert. Die Leistung der Beratungsexperten liegt nicht darin, selbst etwas herzustellen, oder eine unmittelbare Veränderung von Situationen oder Zuständen bewirken; sie liegt darin, andere zu befähigen, zu handeln. Die Schwierigkeit liegt für Berater darin, diese Leistung nachzuweisen, da bei der Beeinflussung von Personen viele andere Faktoren als die Einflussnahme durch den Berater oder die Beraterin wirksam sind.

Kulturstiftung und Volkspädagogik (Expertise der Beratung III)

Die Analyse des Humankapitaldiskurses wird zeigen, dass die Humankapitaltheorie zwar als ökonomische ‚Grundlagen'theorie akademisch etabliert werden konnte, ihren institutionellen Ausgangspunkt aber in

53 Bemerkenswert ist hier auch die Aneignung der in den sozialen Bewegungen der 1950er, 1960er und 1970er Jahre zentralen Metapher des ‚Change'. Change steht als Chiffre von 1968 für Reform, Sozialrevolution, Emanzipation.

der technischen und psychischen Missionierung Vormoderner oder zumindest nicht ausreichend modernisierter Produktionsweisen und Mentalitäten hat. Die Verhaltensweisen und Haltungen der Landbevölkerung werden dabei als veraltet problematisiert. Ähnlich im Diskurs der Berater:

Wenn die Leute auch noch die Möglichkeiten die man hat im Leben verneinen, dann werden sie sarkastisch. So, und das kann man in Deutschland schon relativ deutlich gerade sehen. Während wenn man die Möglichkeiten akzeptiert, dann kriegt man so ne Art Friede, und dann kann man nicht die Möglichkeit, wenn man sozusagen die Realität akzeptiert gibt's einen Frieden und die Möglichkeiten. [...] Deutschland mach ich gerne aber eben nicht nur weil das mir jetzt manchmal zu quengelig ist also mach ich auch Aufträge im Ausland. Und das ist dann meine Konsequenz, gehe aus dem System auch ein bisschen raus.

Das ‚Verneinen' von Möglichkeiten wird hier als Ursache verschiedener Haltungsdefizite identifiziert, die hier einerseits vor spirituellen, andererseits politischen Hintergrundannahmen sichtbar werden sollen. Die Anderen, die Klienten, die Nicht-Beratenen weisen Defizite auf, die sich demnach aus der Subjektposition der Aufgeklärten diagnostizieren lassen. Andere Berater artikulieren einen ähnlichen Anspruch – sie thematisieren in unterschiedlichen thematischen Zusammenhängen ‚Deutschland' als zurückgebliebenes Land, dass es zu verändern gilt. Dabei wird oft ein ‚wir' abgerufen, das ein charakteristisches sprachliches Merkmal von sozialmoralischen ‚Kampagnen' ist[54]:

Ich meine, wir sitzen immer noch sehr stark im Vater Staat. Mach mal! Biet mir mal an! Das ist natürlich eine Haltung, die ist, die wird auch auf Dauer nicht funktionieren, das wissen wir alle schon. Also damit kommen wir sowieso nicht weiter. Insofern, manchmal geht's ja nicht mal darum, was groß zu verändern, manchmal geht's ja darum, dein, nur mein Erleben von etwas zu verändern. Es ist ja noch nicht mal so, dass ich immer, dass es immer darum geht, das außen ganz und gar neu zu gestalten. Manchmal geht es darum, zu verstehen, dass, wie ich etwas erlebe, das hab ich ja auch in der Hand, und manchmal muss ich außen gar nichts ändern, sondern ich muss nur innen irgendwas auflösen und dann kann ich mit der gleichen Situation anders umgehen.

Die Anrufung, die an dieses Kollektivsubjekt ergeht, fordert auf, dass „wir" uns verändern müssen, bevor „wir" Ansprüche an Autoritäten formulieren, ja dass wir uns erst einmal an den an uns gestellten Anforde-

54 Vgl. Knoblauch, Hubert: Kommunikationskultur, S. 253fff.

rungen gerecht werden müssen. Das festgestellte Mentalitätsdefizit ruft eine Volkspädagogik auf den Plan, deren Protagonisten neben Publizisten und Wissenschaftlern die Berater sind. Berater inszenieren sich als *Kulturstifter*, die eine spirituelle, ökonomische und politische Mission betreiben. Diese Mission geht über die ‚Reparatur' scheiternsbedrohter individueller und organisationeller Umstrukturierungsprojekte hinaus.

„Wie schaffen wir es, wie kann ein Prozess aussehen, dass überhaupt ein Coaching-Bedarf zu einem Coach kommt und so weiter. Aber es geht dann natürlich wie sie sagen um eine Kulturprägung die auch heißt coaching ist nicht Reparaturinstanz sondern etwas Sinnvolles.

Die Autonomisierung von Individuen wird als gesellschaftliches Projekt dargestellt, das Berater vorantreiben. Ein anderer Berater spricht hier von einem „Wandel im Bewusstsein":

Na ja, es ist, erst mal ist es ein Wandel im Bewusstsein, der sich vollziehen muss, weg von Entweder-Oder-Lösungen, aber das ist prinzipiell eine Art, in der wir gewohnt sind zu denken, ja, wir sind gewohnt in entweder/oder zu denken. Und müssen lernen, in sowohl als auch zu denken. Und das ist ein Prozess, der manchmal schneller geht und manchmal langsamer geht [...] Also dass man eben nicht von einem Extrem ins andere springen muss, sondern dass man lernt, diese Übergänge zu gestalten, aber bewusst und aktiv zu gestalten. Also das ist ja schon ein Schritt in die Selbstständigkeit, diese Übergänge aufzubauen.

Sie schreiben sich selbst die Aufgabe zu, der Bevölkerung als Ganzer die Angst vor Veränderung zu nehmen, einen „Wandel im Bewusstsein" zu ermöglichen und im Sinne des Empowerments[55] dazu beizutragen, den Einzelnen zu befähigen, die biographischen Übergänge, „bewusst und aktiv" zu gestalten. Die Protagonisten der Organisationsberatung und Personalberatung stellen sich als Avantgardegruppe dar, die Lebensstile und Identitäten verbreitet. Diesen missionarischen Zug teilen sie mit den Finanz- und Strategieberatungen, die allerdings eine aggressivere Missionierungshaltung zeigen und sich als Experten für die ‚Gesundung' von Unternehmen und die ‚Bereinigung' von Märkten zeigen, nicht als feinsinnige Kulturkritiker. Die befragten Prozessberaterinnen und –berater sprechen dagegen auch negative Folgen von Beschleunigung und Mentalitätswandel an:

Und die Verantwortung heißt das das die Frage zu stellen ist was machen wir denn mit den vermeintlich Schwächeren die da rausgekommen sind. Weil (.)

55 Vgl. Bröckling, Ulrich: Das unternehmerische Selbst.

es ist ja nicht nur so, dass es um eine hoffentlich methodisch gut gemessene Leistung geht, sondern es geht auch um die Frage was gibts für Folgeeffekte. Sowohl kulturell als auf ner Wissensebene auch als auch auf ner nennen sie sie soziale Verantwortungsebene eines Unternehmens.

Charismatische Virtuosität (Expertise der Beratung IV)

Coaching weist als kommunikative Gattung (und personell) Überschneidungen mit dem „motivational speech" auf. Motivational Speaker ähneln in ihrer Vortragsweise jenen säkularen (oder religiösen) Wanderpredigern, deren Vorträge ‚inspirational speeches' genannt werden. Viele der öffentlich auftretenden Coachs beherrschen dieses Genre, einige haben sich darauf spezialisiert. Im Mittelpunkt der Ansprachen der motivational speaker stehen persönliche Leidens- und Erfolgsgeschichten, ein Beispiel, das zur Nachahmung aufruft. Diese exemplarischen Narrative werden oft von Imaginationsübungen oder Selbstsuggestionsübungen in der Tradition Coués gefolgt. Das sprichwörtliche „Tschaka!" des ‚Motivationstrainers' Jürgen Höller gehört zum Anekdoten- und Sprichwortschatz (nicht nur) der Businesswelt. Höller hat in den 1990er Jahren Großveranstaltungen durchgeführt, deren Hauptinhalt Höllers Vortrags-Performances und die seiner eingeladenen Kollegen waren. In Folge dieser Veranstaltungen erlangte Höller große Bekanntheit. 1999 wurde Höller zum ‚Mentaltrainer' der deutschen Fußball-Nationalmannschaft ernannt. Höller wirkt in dieser Funktion nach innen (in der Fußballmannschaft) und publicitywirksam nach außen, wenn er etwa die Sportler über glühende Kohlen laufen lässt.[56]

‚Motivational speakers', die ihre beraterische Autorität aus der eigenen Leidens- und Erfolgsgeschichte ziehen, gehören auch zu den ‚Keynote Speakers' von Coaching- und Beraterkongressen. Sich als Träger außeralltägliche Kräfte zu beziehen und daraus einen Anspruch auf Nachfolge oder zumindest regelmäßiges Einkommen abzuleiten kennzeichnet diese Inszenierungsstrategie als Form von Charisma[57] – genauer: charismatischer Virtuosität.

56 Das Kohlenlaufen ist eine der effektvollsten Techniken der erlebnisorientierten Motivationsexperten, weil es eine Art Beweis für die Kraft der Selbstsuggestion liefert: scheinbar unüberwindlich erscheinende Hindernisse (wie die eigene Angst angesichts der Glut) können doch bewältigt werden. Das eigentlich Interessante an dieser Technik ist allerdings, wie die Klienten dazu gebracht werden, dies zu wollen oder zumindest mitzumachen.

57 In Webers bekannter Begriffsbestimmung heißt es: „Charisma soll eine als außeralltäglich (ursprünglich sowohl bei Propheten wie bei therapeutischen wie bei Rechts-Weisen wie bei Jagdführern wie bei Kriegshelden:

Auch Berater flechten ihre eigene Bildungsgeschichte in Beratungsgespräche ein; insofern sie damit zum Objekt von Faszination und Nachahmung werden, liegt es nahe, dass auch im Fall der persönlichen Beratung (im Unterschied zum klaren Fall des motivational speaking eine Form charismatischer Expertise vorliegt. Eine charismatische Expertise dieser Art ist zwar nicht mit Ansprüchen auf politische Herrschaft, aber doch auf Herrschaft über einen gesellschaftlichen und persönlichen Problembereich verbunden.

Während bei „Motivationstrainern", die ihre beraterische Autorität ausschließlich auf die eigene Erfolgsgeschichte und dem Versprechen, andere zu ähnlichen Erfolgskarrieren zu befähigen, stützen, charismatische Expertise geradezu idealtypisch vorliegt, muss die Expertise des Organisationsberaters und Coachs als ein Mischtyp angesehen werden. Zertifizierte oder erwiesene Fähigkeit und Charisma wirken bei diesem Beratertyp zusammen. Der Unterschied zwischen der charismatischen Begründung von Expertise und der Expertise des medizinischen Therapeuten liegt auf der Hand: Die Frage des persönlichen Erfolgs unterliegt im letzteren Fall einem Thematisierungsverbot. Die Professionsethik der medizinischen Therapeuten verbietet es, Inszenierungen des Erfolgs oder des Wunderbaren im Klienten- bzw. Patientenverhältnis auszuspielen. Diese Differenz ist eng mit der Unterscheidung zwischen Spezialistentum, Professionalität und Virtuosentum verbunden. Die Verortung der Beraterinnen und Berater in diesem Feld von Differenzen wird abschließend noch vorgenommen.

Beim Legitimitätsanspruch der hier untersuchten Expertengruppe handelt es sich um eine Mischform aus Professionalität, Spezialistentum und Virtuosität. Sie sind Spezialisten, insofern sie sich in betriebswirt-

als magisch bedingt) geltende Qualität einer Persönlichkeit heißen, um derentwillen sie als mit übernatürlichen oder übermenschlichen oder mindestens spezifisch außeralltäglichen, nicht jedem andern zugänglichen Kräften oder Eigenschaften [begabt] oder als gottgesandt oder als vorbildlich und deshalb als „Führer" gewertet wird. Wie die betreffende Qualität von irgendeinem ethischen, ästhetischen oder sonstigen Standpunkt aus „objektiv" richtig zu bewerten sein würde, ist natürlich dabei begrifflich völlig gleichgültig: darauf allein, wie sie tatsächlich von den charismatisch beherrschten, den „Anhängern", bewertet wird, kommt es an. [...] Über die Geltung des Charisma entscheidet die durch Bewährung – ursprünglich: durch Wunder – gesicherte freie, aus Hingabe an Offenbarung, Heldenverehrung, Vertrauen zum Führer geborene Anerkennung durch die Beherrschten. Aber diese ist (bei genuinem Charisma) nicht der Legitimitätsgrund, sondern sie ist Pflicht der kraft Berufung und Bewährung zur Anerkennung dieser Qualität Aufgerufenen. Diese „Anerkennung" ist psychologisch eine aus Begeisterung oder Not und Hoffnung geborene gläubige, ganz persönliche Hingabe." Weber, Max: 1980, S. 140.

schaftlichen Sachfragen auskennen, sie sind Professionelle, insofern sie sich über einen starken Klientenbezug ihrer Tätigkeit definieren, sie sind Virtuosen, insofern ihre eigene gelingende Selbst- und Lebensführung die Wirksamkeit ihrer Methoden zum Ausdruck bringen. Diese drei Typiken stehen in einem gewissen Spannungsverhältnis. Der Professionelle darf sich nicht auf die persönlichen Erfahrungen des Virtuosen berufen, denn sonst gerät die Neutralität des Klientenbezugs in Gefahr. Der Virtuose zeichnet sich durch innere Fähigkeiten und motorische oder psychische Artistik aus, während der Spezialist den äußeren, objektiven Überblick über ein oder mehrere Wissensfelder besitzen muss. Diese Konstellation verlangt dem Coaching-Experten ausgefeilte, entwickelte Formen des impression managements ab. Unterschiedliche Publika verlangen, dass unterschiedliche Aspekte der öffentlichen Identität des Experten hervorgekehrt werden. In den Experteninterviews variieren diese Strategien auch deshalb, weil der wissenschaftliche Interviewer in dieser Hinsicht nicht eindeutig einzuschätzen und zu verorten ist.

Wie nicht anders zu erwarten setzt schließlich eine Veralltäglichung des Charisma ein; dies vor allem in der Form der Verbetrieblichung der Beratung. Die zunehmende Organisation der Beratungsbranche[58] in global agierende Beraternetzwerke und Beratungs-Unternehmen ist eine Strategie, mit dieser Veralltäglichung umzugehen, vor allem unter der Bedingung ‚oligopsonistischer' Beratungsmärkte (viele Anbieter, wenige Nachfrager), die den einzelnen Berater der großen Gefahr aussetzt, im Rahmen patronageartiger Beziehungen in Ungnade oder in Diskredit zu geraten.

Diskursprojekte (Expertise der Beratung V)

Eine andere, anders gelagerte kollektive Strategie der Etablierung von Zuständigkeit für einen gesellschaftlichen Problembereich ist die *Beteiligung an Diskursprojekten.* Seit den 1950er Jahren zeichnen sich professionelle Erneuerungsprojekte (im Bereich der Medizin) und Professionalisierungsprojekte (im Fall der Psychotherapie) ab, die sich weder auf eine soziale Schließungsstrategie noch durch einen engen Anschluss an wissenschaftliche Einzeldisziplinen stützen, etwa die Medizin oder die empirische Psychologie.

Seit Ende der 1950er Jahre (1959 wurde das Mental Research Institute in Palo Alto gegründet) lässt sich diese Strategie in den Vereinigten Staaten beobachten, seit Anfang der 1970er Jahre setzte eine breite Re-

58 Dies ist für die Strategieberatung schon seit den 1970er Jahren der Fall, für die Personalberatung erst eine jüngere Entwicklung.

zeption der familientherapeutischen Ansätze in Deutschland ein. Die Familientherapie als prototypische systemische Therapie nimmt ihren Anfang, in einer Rezeption (und schließlich eigenständigen Weiterentwicklung) der Kybernetik, die sich von Anfang an als transdisziplinärer Verbund von Einzeldisziplinen ausgebildet hatte[59]. Informationstheoretische Modelle der Kommunikation und kybernetische Regulierungsmodelle wurden auf Einzelprobleme von Fachwissenschaften übertragen. Die Laborsituationen und Befunde der Einzelwissenschaften stärkten wiederum die Legitimität der Kybernetiken (erster und zweiter Ordnung) als Theorie (und Weltanschauung) – in einer Figuration der wechselseitigen Legitimationsübertragung.

Zudem war die kybernetische Hypothese der selbständigen Regulierung von lebenden Systemen mit den in den 1970er Jahren erstarkenden neoliberalen Kampagnen sehr kompatibel, da in Grundannahmen übereinstimmend, ohne dass sich die Kybernetiker allzu sehr für gesellschaftspolitische und Fragen der politischen Philosophie interessiert hätten. Durch die Etablierung ‚offener' Diskursprojekte, damals die Kybernetik, heute etwa die Fortsetzung der Kybernetik in den Neurowissenschaften und den Lebenswissenschaften, konnten Praktiker an diese Projekte anschließend Legitimität für ihre Ansätze mobilisieren, ohne dass dazu die Ausbildung eines eigenen Professionsprojekts notwendig gewesen wäre. Seit der Ausweitung der Neurowissenschaften und Lebenswissenschaften schließen viele Berater in ihren Publikationen an Befunde aus diesen neuen experimentalwissenschaftlichen Diskursprojekten an, zitieren sie als Begründung für die Wirksamkeit ihrer Interventionen und versuchen, ihr eigenes therapeutisches Vokabular als Ableitung und problembezogene Weiterentwicklung der transdisziplinären Diskursprojekte zu artikulieren. Wenn dies gelingt, kann etwa ‚systemische Beratung' als eigenständige Therapieschule als Qualitätsmerkmal von Beratungsausbildungen und Beratungsleistungen die Marktposition der beteiligten Berater wesentlich verbessern; im Rahmen von Diskursprojekten entwickeln sich dezentrale Strukturen der Kommunikation zwischen Professionellen, die um größere und kleinere Knotenpunkte herum organisiert sind, ohne durch übergreifende Körperschaften reguliert zu werden.

59 Vgl. Pias, Claus: Die Epoche der Kybernetik; Rieger, Stefan: Kybernetische Anthropologie.

Bricolage zwischen Markt und Profession: ‚Marktprofessionalität'

Im ersten Teil des Kapitels wurden zunächst strukturelle Bedingungen der Berufsausübung von Beratern herausgearbeitet: Die Expansion der Personalführung seit den 1960er Jahren, unter dem Einfluss der Humankapitaltheorie und neuer Anforderungen an Beschäftigte im Zuge der Tertiarisierung von Arbeit und der zunehmenden Bedeutung von Wissensarbeit hat zu einem Bedarf nach Bildungs- und Sozialisationsinstanzen für Mitarbeiter geführt, der nicht mehr in vollem Ausmaß innerhalb der Betriebe gestillt werden konnte. Dies hat zu einer Auslagerung und Dezentralisierung der Personalfunktion und zugleich zu einem Machtzuwachs von Personalmanagern geführt, die nun über die Allokation von Mitteln an freie Berater und über die Einstellung von Personalentwicklern und ‚Trainern' entscheiden konnten. Diese Entwicklung kann als Wandel von einer disziplinarischen zu einer biopolitischen Personalverwaltung beschrieben werden. Die Subjektivität der Angestellten gilt im Zuge dieses Übergangs zunehmend als Ressource, als Produktionsmittel, und weniger als Störfaktor der Produktion.

Unternehmen wandten sich an Absolventen humanwissenschaftlicher Studiengänge und an universitäre Vertreter psychotherapeutischer Schulen, die für Wirtschaftsfragen aufgeschlossen waren. Nachdem dieser Bedarf in den 1980er Jahren allgemein bekannt wird, beginnen akademisch gebildete Humanwissenschaftler und Sozialwissenschaftler, sich betriebswirtschaftliche Zusatzqualifikationen anzueignen. In geringerem Ausmaß bilden sich Betriebswirte und andere ‚Führungskräfte' im psychosozialer Qualifikationsangebote weiter, um als Organisationsentwickler und Coachs freiberuflich tätig zu sein. Der Arbeitsmarkt für Berater ist einerseits kredentialistisch, insofern eine akademische Qualifikation und Weiterbildung im betriebswirtschaftlichen und psychosozialen für eine Tätigkeit als Berater (informell) nötig ist, andererseits handelt es sich um einen offenen Jedermannsarbeitsmarkt, der allerdings seit einigen Jahren Tendenzen zu einer Schließung zeigt, insofern eine Verbetrieblichung von Beratungsdienstleistungen auch die freien Berater erreicht hat. Berater arbeiten oft in kleinen Sozietäten, die zwischen zwei und fünf Mitarbeiter und meist eine Reihe von Kooperationspartnern umfassen, die bei Bedarf oder für die Ausbildung von Coachs mitarbeiten. Viele Beratungsfirmen bieten zugleich Ausbildungen an, in denen Interessierte sich in Weiterbildungsgängen, die etwa eine Laufzeit zwischen ein und zwei Jahren haben, zum Trainer oder Coach ausbilden lassen können. Oft beteiligen sich Berater an den Ausbildungsgängen eines oder mehrerer anderer Institute; sie sind als Berufsgruppe netzwerkförmig organisiert.

In den Vereinigten Staaten und in Großbritannien gibt es seit spätestens Mitte des 20. Jahrhunderts enge Verflechtungen zwischen akademischen Institutionen, Wirtschaftsorganisationen und den freiberuflichen Beratern; dies ist in Deutschland etwas weniger der Fall. Die Organisationsberatung und die Personalberatung (Coaching) weist nur einen schwachen Organisationsgrad auf, dazu ist die verbandliche Organisation der Berater zersplittert. Diese Vielfalt kleiner Interessensvertretungen ist teils der Tatsache geschuldet, dass viele Berater in den Berufsverbänden ihrer akademischen Disziplin organisiert sind, die oft Arbeitsgruppen zur Interessenvertreter beraterischer Berufe im Rahmen ihrer Dachorganisationen einrichten. Es gibt Ansätze zur Schaffung europäischer und internationaler Interessenvertretungen, die allerdings aufgrund der verbandlichen Zersplitterung bislang noch nicht sehr erfolgreich sind. Dies scheint sich der Tendenz nach allerdings zu ändern. Die Berater lehnen eine Professionalisierungsstrategie qua Schließung der Arbeitsmärkte, etwa durch die Einrichtung von Kammern oder Berufsverbänden mehrheitlich ab. Teilweise ist dies der Tatsache geschuldet, dass die Leistungen der Berater nicht zum Bereich der öffentlichen Daseinsvorsorge oder der Versorgung mit notwendigen Dienstleistungen (z. B. Rechtspflege) gehören, sondern als zusätzliche Leistungen gelten, die von den ‚worried well' oder von Unternehmen nachgefragt werden – die Aussichten auf eine gelingende Professionalisierung qua Schließung des Berufs wären relativ gering. Andererseits nehmen die Berater aber auch eine anti-institutionelle Haltung ein, die sich teilweise aus einer Künstlerkritik des Kapitalismus speist.

Bevor eine allgemeinere These zur Form beraterischer Expertise formuliert wird, soll daran erinnert werden, dass für professionelle Beruflichkeit, d. h. solchen Berufsgruppen, die sich selbst Professionalität zuschreiben und dies erfolgreich durchgesetzt haben bzw. dies versuchen, eine Reihe von strukturellen Bedingungen gegeben sein müssen und eine andere Reihe von Strukturproblemen wiederum gelöst werden müssen – so zumindest der Konsens in der professionssoziologischen Literatur.

Pfadenhauers inszenierungstheoretische Perspektive, in der betont wird, dass es sich bei Professionalität vor allem um eine „soziale Etikettierung [handelt], die – von wem auch immer – aufgrund spezieller Kompetenzansprüche und/oder Kompetenzunterstellungen vorgenommen wird," ist auch diskurstheoretisch äußerst überzeugend:

Denn Professionalität, was immer ‚wirklich' damit gemeint sein mag, ist eben keine unmittelbar sichtbare Qualität eines Akteurs bzw. einer Akteursgruppe (z. B. einer bestimmten Berufsgruppe), sondern ein über ‚Darstellungen' rekonstruierbarer ‚Anspruch'. Aus inszenierungstheoretischer Perspektive erscheint Professionalität folglich als ein spezifisches Darstellungsproblem. Professionalität lässt sich – im Anschluss an Odo Marquard (1981), Ronald Hitzler (1994) – wesentlich als ‚Kompetenzdarstellungskompetenz' kennzeichnen.[60]

Experten, die Anerkennung als Professionelle – mit den damit verbundenen Vorteilen – suchen, müssen also:

- als Berufsgruppe plausibilisieren, dass sie ihre Dienste an den Klienteninteressen orientieren;
- einen Glauben daran etablieren, dass ihre Leistungen für das Gemeinwohl von besonderer Bedeutung sind.

Im Anschluss an Sciulli[61] argumentiere ich weiter, dass Experten, die einen professionsähnlichen Status beanspruchen, Projekte kultureller Bildung[62] initiieren, die über eine situative Kompetenzdarstellung hinausgehen. Die gelingende Durchsetzung dieser Professionsprojekte sind sogar Voraussetzung für das stabile Gelingen situativer Selbstdarstellungen.

Sciulli demonstriert am Beispiel des Professionsprojekts – avant la lettre – der Französischen Académie, dass die Etablierung von ‚intellection' in der Malerei, d. h. die sichtbare und damit überprüfbare Anwendung invariabler Regeln, Voraussetzung für die Durchsetzung des Autonomieanspruchs dieser Professionsgruppe in nascendi war. Jede dienstleistende Berufsgruppe, die sich nicht mit dem Angebot von Diensten auf ‚Jedermannsmärkten' zufrieden geben will, muss also Kriterien etablieren, oder auf existierende zurückgreifen, die den exklusiven Erfolg ihrer Methode anzeigen. Diese Kriterien müssen für ein Publikum lesbar sein, und auf eine konsistente und damit überlegene Rationalität zurückgeführt werden können. Experten mit Professionalitätsanspruch können sich auf diese Weise als Treuhänder gesellschaftlicher Werte inszenie-

60 Pfadenhauer, Michaela: Professionalität, S. 116.

61 Sciulli, David: „Professions before Professionalism".

62 „Projects of broader cultural upgrading", ebd., S. 143.

ren.[63] In diesem Sinne können Professionen eine wichtige Funktion als zivilgesellschaftliche Institution annehmen.[64]

Mit dem skizzierten Zugang soll die These entwickelt werden, dass nicht (nur) die Professionen einem Vermarktlichungsdruck unterworfen sind, sondern dass Logiken marktvermittelten Handelns in professionelles Handeln eingebaut werden, so dass die Professionalität selbst ihren Charakter verändert. Eine Schwierigkeit dieser These liegt sicher darin, dass solche vermarktlichten beruflichen Handlungsformen, die ich mit dem Begriff der *Marktprofessionalität* bezeichnen möchte, schließlich nicht mehr als professionelles Handeln wahrgenommen werden bzw. dass diesen Berufsgruppen der Professionscharakter abgesprochen wird.

Ich habe zeigen können, dass die Ausbildung der rekonstruierten spezifischen Form von Marktprofessionalität, die zwischen den von Evett[65] beschriebenen beruflichen und organisationellen Professionalismen liegt, mit einer Akzentuierung verschiedener vorprofessioneller als auch spezifisch professioneller Legitimationsstrategien verbunden ist: charismatische Virtuosität, Mission, Leistung für beratungsexterne Kontexte. Die schwache Ausbildung einer disziplinären Institutionalisierung und einer beruflichen Schließung der Berufsgruppe, die eine Lizensierung von Berufsausübenden durch die Verleihung von Zertifikaten ermöglicht, bürdet den Beratern erstens auf, die *persönliche* Eignung zur Ausübung der Beratung gegenüber den Klienten und der allgemeinen Öffentlichkeit zu belegen, und zwar im Verweis auf den eigenen Erfolg, ihre eigene Virtuosität der Lebensführung, und durch belegte Erfolge ihrer Klienten und Auftraggeber.

Zweitens müssen Marktprofessionelle besonders bemüht sein, ihren Beitrag zum Gemeinwohl herauszustellen. Da ihre Dienste meist nicht zu den unverzichtbaren Formen öffentlicher Daseinsvorsorge und Konfliktlösung (Gesundheit, Rechtspflege, technische Infrastruktur) gehören, ist es für sie erfolgversprechend, sich als Kulturstifter zu begreifen und Öffentlichkeiten zu nutzen, die ihnen ein Forum für diese Form der Selbstdarstellung bietet. Therapeutische Berater sind im 20. Jahrhundert Akteure in der weitverzweigten sozialen Bewegung, die sich auf Subjektivität beruft und in ihrem Namen Politiken entwirft.[66] Typisch ist für die ‚Marktprofessionellen' und ‚Bewegungsexperten' die Erzeugung von

63 Parsons, Talcott: „The Professions and Social Structure"; ders.: „Professions"; Koppetsch, Cornelia: „Zwischen Disziplin und Expressivität".

64 Vgl. bspw. Freidson, Eliot: Professionalism; Evetts, Julia: „Short Note: The Sociology of Professional Groups"; Sciulli, David: „Professions before Professionalism".

65 Evetts, Julia: „Short Note: The Sociology of Professional Groups".

66 Touraine, Alain: Critique de la Modernité.

Faszination für bisher nicht realisierte Möglichkeiten der Steigerung menschlicher Leistungsfähigkeit und Kreativität – als Alternative und Ergänzung technokratischer Expertenhaltungen, auf die sich nur Experten zurückziehen können, die in betriebliche und bürokratische Abläufe fest eingebunden sind. Der entscheidende Unterschied der beratenden Experten zu den Professionellen besteht darin, dass die hier untersuchte Beratung keine gesellschaftlich notwendige Leistung erbringt – anders als die Professionellen des Rechts, der Medizin, der Ausbildung und der Seelsorge. Sie bewegen sich in jenem prekären Feld optionaler, *vielleicht* relevanter Leistungen. Die Ökonomisierung staatlichen Handelns und aller Lebensbereiche hat allerdings auch schon die Professionen ergriffen. Deshalb lassen sich an den die Marktprofessionellen Entwicklungen und Strategien beobachten, die im Feld der Professionellen auch einsetzen und zum Einsatz kommen.

Der Markt als Orientierungsrahmen und stiftendes Prinzip beruflichen Handelns unterscheidet sich von den beruflichen Milieus der Rechtspfleger, der Ärzte, der Lehrer und der Geistlichen, die diese jeweils selbst geschaffen hatten. Der Markt als Logik sozialen Handelns steht in komplexem strukturellem Gegensatz zu den professionsspezifischen kulturellen Milieus: Marktorientiertes Handeln zeichnet sich gegenüber institutionell befestigten professionsspezifischen Handlungsregulierungen durch zwei zentrale Merkmale aus.

Soziale Schließung vs. Marktstellung

Berufsgruppen haben die Etablierung ihrer Beruflichkeit traditionellerweise durch Strategien sozialer Schließung vorangetrieben. Im Fall der Professionen wird diese Strategie insofern verschärft, als die Erlangung einer exklusiven Zuständigkeit qua Lizenz und Mandat. angestrebt wird. Dies gelingt zunächst durch die Etablierung von speziellen Ausbildungsgängen, deren Absolventen den Arbeitsmarkt für Dienstleistungen dominieren und die schließlich ein Kollegium bilden, wie David Sciulli (Sciulli 2007) zeigen konnte. Im Fall der anerkannten traditionellen Professionen ist es schließlich auch gelungen, eine Lizensierung durchzusetzen, also den effektiven Ausschluss anderer, von Personen und Berufsgruppen aus der Ausübung der als professionell gerahmten Tätigkeit.[67] Die Anbieter von Dienstleistungen, denen eine Monopolisierung

67 Hierzu Everett Hughes: „An occupation consists, in part, of a successful claim of some people to licence to carry out certain activities which others may not, and to do so in exchange for money, goods, or services. (…) Professions also, perhaps more than other kinds of occupations, claim a legal,

durch Mandatierung oder Lizensierung nicht gelingt, können nur durch die Erringung von Marktmacht bzw. von persönlichen Klientelbeziehungen eine Sicherung des Lebensunterhalts bzw. monetäre Gewinne erzielen.

Hierarchie vs. Tausch

Während die Beziehungen zwischen den Anbietern von Dienstleistungen und jenen, die sie in Anspruch nehmen, in den traditionellen Professionen in gewissem Grade und in einer entscheidenden Beziehung hierarchisch gestaltet sind, nämlich in der Frage der Autonomie des Handelns in Bezug auf etwas, über das der Inanspruchnehmende eigentlich, d. h. im Normalfall, verfügt, zeichnen sich die Experten-LaieOn-Beziehungen der neuen Professionellen durch den Primat der Vertraglichkeit aus. Das Prinzip des freien bürgerlichen Vertrags stellt beide Vertragspartner formal auf eine Stufe.[68] Wie in allen Tauschbeziehungen sind die Machtpotentiale teils in den Verträgen thematisiert, teils bleiben sie ausgeblendet. Die vertragsrechtliche Fassung nivelliert – im Vergleich zur Hierarchie zwischen Professionellem und Klienten – die vertikale Distanz zwischen Experten und Laien.

Marktprofessionalität zeichnet sich demnach – um den Kriterienkatalog der Professionssoziologie zu modifizieren – durch folgende Merkmale aus:

- Orientierung an bestehenden und zu erschließenden Beratungsmärkten,
- eine hohe berufsbiografische Mobilität zwischen Tätigkeiten im Management und im Beratungssektor,
- keine oder nur geringfügige Schließung des Zugangs zur Expertengruppe,
- die Herstellung bzw. Legitimation neutraler, d. h. desinteressierter Klientenbeziehungen,
- Plausibilisierung des Allgemeinwohlbezugs ihrer Tätigkeit durch Beteiligung an interdisziplinären ‚Diskursprojekten',

moral, and intellectual mandate. Not merely do the practitioners, by virtue of gaining admission to the charmed circle of colleagues, individually exercise the license to do things others do not do, but collectively they presume to tell society what is good and right for the individual and for society at large in some aspect of life. Indeed, they set the very terms in which people may think about this aspect of life". Hughes, Everett: Men and their Work.

68 Dass Vertragsbeziehungen de facto nicht unhierarchisch sind, ist offensichtlich. Hier interessieren allerdings die Verschiebungen innerhalb des Experten-Klienten-Verhältnisses.

- dezentrale, netzwerkförmige Organisationsformen, die Ausbildung eines ‚missionarischen' und/oder ‚charismatischen' Berufshabitus; Verbreitung von präskriptiven Lebensstil- bzw. Reflexionsnormen.

Organisationsberater und Coachs betreiben als Berufsgruppen eine ‚wissensbasierte' und marktbasierte Expertisierung, indem Sie sich einerseits an Diskursprojekten (wie etwa der Humanisierung der Arbeitswelt, der Steigerung des Humankapitals oder der Reform des Wohlfahrtsstaats) beteiligen und ihr Praktikerwissen (und disziplinäres Wissen als Human- und Sozialwissenschaftler) an die Wissensbestände der sekundären Disziplinbildungen anderer Professionen und Expertengruppen anschließen (z. B. Personalmanagement, Psychologie), ihre Leistungen andererseits auf weitgehend unregulierten Märkten und zugleich für Einzelpersonen und Kollektivpersonen anbieten. Die Orientierung an Kriterien der Produktivität und Innovativität bewirkt, dass Marktprofessionelle ihre Aufgaben und ihren Berufsethos letztlich innerhalb enger symbolischer und berufspolitischer Grenzen definieren und daher gezwungen sind, dies durch eine Rhetorik der Zuständigkeit für eine großangelegte Mentalitätsveränderung in Richtung einer mobileren, kreativeren und kompetenteren Bevölkerung wett zu machen. Sie ähneln damit zugleich Technokraten und Moralunternehmern. Für den speziellen Fall quasi-therapeutischer Beratung gilt: Indem sie einerseits in Kommunikationen (und Vertragsbeziehungen) mit ‚Kunden' eintreten, die als therapeutisch oder quasi-therapeutisch gerahmt sind, andererseits aber auf den Erfolg ihrer Klienten in institutionellen Kontexten wie dem Betrieb hinarbeiten müssen (entweder in Unternehmen oder außerhalb, auf Aufmerksamkeitsmärkten), respektieren Berater als Marktprofessionelle zum einen die Souveränität ihrer Kunden, fordern sie zum anderen aber dazu auf, sich den Ansprüchen bestehender institutioneller Felder zu stellen. Auf diese Weise organisieren Berater, die im arbeitsweltlichen Kontext tätig sind, die ‚reelle Subsumption' der Arbeitskraft: Sie machen Lebensvorgänge ‚reflexiv' und erlauben eine verbesserte Gestaltung der Humanvermögen im Arbeitsprozess und der Lebensgestaltung. Zugleich sind sie Teil des ‚sozial kombinierten Arbeitsvermögens' und damit derart in den Wandel der Arbeitsverhältnisse eingebunden, dass die durchschnittliche Wirkung ihrer Intervention für sie selbst nicht thematisch werden kann. Im Einzelfall können sie auch Formen der selbstbestimmten Entfaltung von Arbeitsvermögen auslösen, wobei diese aufscheinenden Autonomiefiguren aber entweder vereinzelt bleiben oder von den Beratern als Avantgarde der Arbeitsorganisation, als Quelle von Innovations- und Kreativitätspotenzialen identifiziert und nutzbar gemacht werden. Die beiden Pole der Erweiterung und alternativen Nutzung einerseits sowie der Zurichtung von Arbeitsvermögen andererseits schließen sich dabei nicht aus: In dem Maße, in dem Wissensarbeiter für ihre Arbeitsleistung und den Unternehmenserfolg verantwortlich gemacht werden und Selbständige ein Interesse an einer effizienten Verwertung ihres Arbeitsvermögens gewinnen, wird eine Intensivierung der Entfaltung und Nutzung der eigenen Kräfte nicht mehr als Widerspruch zur Entfaltung der Person wahrgenommen. Die Neoprofessionellen oder Marktprofessionellen sind Experten des ‚Life-Style engineering' (Kellner/Berger 1992), deren Künstlerkritik des Kapitalismus, d. h. deren Ablehnung von ständischen und damit bürokratischen Professionsstrukturen mit einer Abhängigkeit von einem Käufermarkt bezahlt wird.

Zur Genealogie der Beratung: Konvergenzen von Therapeutik und Personalverwaltung

> Interestingly enough, the gradual establishment of the body as a serviceable possession – a kind of physicochemical machine – is often cited as a triumph of the secular scientific spirit, when in fact this triumph seems in part to have been both cause and effect of the rising regard to all kinds of expert servicing.
>
> *Erving Goffman*

Welche Kontinuitäten und Transformationen haben zur Herausbildung gegenwärtiger Subjektivierungsprogrammatiken geführt? Wie ist eine Genealogie der Beratung möglich, d. h. wodurch wird die Auswahl der Wissensbestände und Praktiken, die berücksichtigt werden müssen, gelenkt?

In der gegenwärtigen Praktikerliteratur der Beratung wird, wie bereits gezeigt wurde, an andere Traditionen als die Psychoanalytische und Verhaltenstherapeutische angeknüpft, und zwar, wie im Folgender gezeigt werden soll, in der Absicht einer Neubegründung der Therapeutik.[1] Um die Reartikulation der Therapeutik seit den späten 1970er Jahren zu begreifen, ist es notwendig, die Formierung der Therapeutik im 18. Jahr-

1 Eine ‚modernistische' Einordnung der neueren Beratungsformen ohne Berücksichtigung ihrer historischen Quellen könnte ein Erkenntnishindernis darstellen, insofern die religiösen Quellen der Beratung in der Modernität des 20. Jahrhunderts nicht mehr zum Vorschein kommen. Sie erschließen sich nur in der historischen Analyse.

hundert nachzuvollziehen. Es wird sich zeigen, dass die im 18. Jahrhundert entwickelte Vorstellung einer Hemmung der ‚Flüsse' unter dem Einfluss des Diskurs der Kybernetik in der zweiten Hälfte des 20. Jahrhunderts in veränderter Terminologie wieder auflebt während die Definition von Subjektivität als konflikthaftem Geschehen (für das die Psychoanalyse steht) an Überzeugungskraft verliert.

Im zweiten Teil des Kapitels wird die Entwicklung der Personalführung dargestellt.[2] Dabei zeigt sich, dass in der ökonomischen Theorie und der betrieblichen Praxis seit Formulierung der Humankapitaltheorie und im Zuge der Tertiarisierung der Ökonomie ein verschärfter Bedarf nach psychologischer Expertise festgestellt wird. In einem abschließenden dritten Abschnitt wird vorgestellt, wie beide Wissensbestände, therapeutische und ökonomische, in neuen Beratungsformen zusammengefügt werden.

Die Krisenhervorbringungstechnik: Alternativtherapien des 18. Jahrhunderts

Johann Anton Mesmer (1734-1815) beschreibt die Behandlung der ersten Vorzeigepatientin seiner ‚magnetischen Praxis' in Wien, die er ab 1773 zusammen mit dem Jesuitenpater Maximilian Hell unterhält[3]:

> Vorzüglich übernahm ich in den Jahren 1773 und 1774 die Besorgung der 29-jährigen Jungfer Oesterlin, welche schon viele Jahre von den Gichtern geplagt wurde. Die schlimmsten Zufälle bey ihr waren, daß das Blut ungestümm in den Kopf drang, und die fürchterlichste Zahn = und Ohren = Schmerzen verursachte, welche mit Wahnwitz, Wuth, Erbrechen und Ohnmächten verbunden

---

2 Die Entwicklung der Personalführung ist im 20. Jahrhundert nicht so eng mit der Entwicklung von Therapie verknüpft, dass eine Untersuchung anhand der Institutionen, die zwischen Therapie und Industrie vermitteln, die Verflechtung der Diskurse erfassen würde. Dieses Vorgehen wählt z. B. Nikolas Rose über weite Strecken seiner Arbeiten zur Geschichte der psychologischen Dispositive. Vgl. Rose, Nikolas: Governing the Soul; ders.: Inventing our selves.
So viel diese Arbeit den bahnbrechenden Studien von Rose zu verdanken hat – seine organisationenzentrierte Vorgehensweise berücksichtigt nicht, dass gerade die institutionelle und wissensmäßige Unterschiedlichkeit und scheinbare Autonomie von Expertisen, Disziplinen und Praktiken eine Quelle ihrer Wirksamkeit darstellt. Dass Berater etwa als außerhalb der Unternehmen stehend wahrgenommen werden, ist für ihre Legitimität von äußerster Bedeutung.

3 Vgl. Darnton, Robert: Mesmerism and the End of Enlightenment in France.

waren. Diß war für mich die beste Gelegenheit, mit der größten Genauigkeit die Art von Ebbe und Fluth, welche der thierische Magnetismus im menschlichen Körper verursachet, zu beobachten. Oft zeigten sich bey der Kranken sehr heilsame Crisen, worauf beträchtliche Erleichterung folgte, aber sie dauerten nur einige Augenblicke, und blieben immer unvollkommen. Die Begierde den Grund dieser Unvollkommenheit zu entdecken, und meine ununterbrochene Beobachtungen führten mich nach und nach so weit, daß ich die Wirkungen der Natur einsah, genug entdeckte, um voraus mit voller Gewißheit, die abwechselnde Gänge dieser Krankheit bestimmen zu können. Aufgemuntert durch diesen ersten glücklichen Erfolg, zweiffelte ich nicht an der Möglichkeit, es biß zur Vollkommenheit zu treiben, wenn ich so glücklich wäre, die Entdeckung zu machen: Daß in denen auf unserer Erde befindlichen Körpern, auch eine wechselsweise, dem Einfluß der Himmels = Körper ähnliche Einwirkung statt finde, die mich in Stand setzen könnte, durch die Kunst, die periodische Ebbe und Fluth, wovon ich bereits gesprochen, nachzuahmen.[4]

Mesmers Entdeckung ist die künstlich herbeigeführte „Krise", anfallsartige Erscheinungen, die einen Heilungsschub auslösen (sollen). Unter der Anleitung des Exorzisten Johann Joseph Gassner lernt Mesmer, dass er das Fluidum auch ganz ohne die zuerst verwendeten Magneten, d. h. nur durch „den Blick" manipulieren konnte.[5] Gassners Exorzismus bestand in der Herbeiführung eines ‚geistlichen Streits', den der Besessene unter Anleitung des Paters mit dem Teufel austragen musste.[6] Im Fall

4 Mesmer, Anton: Abhandlung über die Entdeckung des tierischen Magnetismus.

5 Ausführliche Schilderungen der Aktivitäten Mesmers finden sich in Midelfort, Erik H. C.: Exorcism and Enlightenment: Johann Joseph Gassner and the demons of eighteenth century Germany, in Gabay, Alfred J.: The covert enlightenment. Eighteenth Century counterculture and its aftermath und in Ernst Benz' Broschüre „Franz Anton Mesmer (1734-1815) und seine Ausstrahlung in Europa und Amerika". Semi-dokumentarische Verarbeitungen von Mesmers Leben haben u. a. Stefan Zweig und Peter Sloterdijk verfasst.

6 In einem Traktat führt Gaßner an: „Das zweite Mittel ist, daß ein solcher Patient meide den Schrecken, Furcht, Zorn, Traugsalen, Schwermuth, Angst, und Melancholie: so lange diese dem Patienten sich einfinden, ist ihm nicht zu helfen." Gaßner, Johann Joseph: Des Hochwürdigen Und Hochgelehrten Hernn Joseph Johann Gaßner, S. 38
Wenn dies und anderes nicht hilft, muss der Besessene einen „geistlichen Streit" führen. Dieser Streit soll mit diesen Worten ausgetragen werden: „Ich befehle im Namen Jesu einem jeden Teufel insonderheit, und allen insgesammt, daß ihr von meinem Leibe und der Seele sollet fortweichen mit allen Anfechtungen, und inskünstige keine Gewalt mehr haben, mich weder an der Seele noch am Leibe zu belästigen; denn ich will stehen in dem Schutze Gottes, und des heiligsten Namens Jesu. Wer ist wie Gott? Heilig, heilig, heilig ist er, den ich über alles liebe, weil er das höchste

einer Verschlimmerung des Krankheitsgeschehens während der Austreibung rechnete er dies dem Einfluss von Dämonen zu. Trat keine Veränderung ein, schloss er, die Ursachen seien körperlich und er können nicht intervenieren.[7] Mesmer übertrug die Technik der Krise auf seine eigenen Behandlungen. Er unterhielt die Vorstellung, dass Kräfte, die auf die Seele wirken, durch eine superfeines universelles ‚Fluidum', das alles umgibt und durchdringt, kommuniziert werden. Alle Dinge seien in dieser Flüssigkeit wie in einer kosmischen See eingetaucht. Der animalische Magnetismus stellt für ihn einen Aspekt des Fluidums dar. Wenn dieser in großen Mengen in der Körperstruktur eines Heilers gespeichert werde und mit einer Krise des Patienten kombiniert wird, können dadurch wunderhaft erscheinende Heilungen erreicht werden[8], die ihre Wirkung vor allem darin haben, das in Stocken geratene Fluidum des Patienten wieder ins Fließen zu bringen. Mesmers Lehren wurden im 18. Jahrhundert von den im ausgehenden Absolutismus weit verbreiteten Geheimgesellschaften oft in engem Zusammenhang mit Swedenborgs theologischen Lehren gebracht.

Swedenborg, der als Universalgelehrter großes Ansehen als Wissenschaftler errungen hatte, erlebte ab 1743 eine Reihe von Erleuchtungen, die im April 1745 in eine große Vision mündeten. Diese beschreibt er folgendermaßen:

From that day I gave up the study of all wordly science and labored in spiritual things, according as the Lord had commanded me to write. Afterwards the Lord opened, daily often, my bodily eyes, so that in the middle of the day I could see into the other world, and in a state of perfect wakefulness converse with angels and spirits.[9]

Swedenborg war der Überzeugung, dass die „Regeneration" der Menschen, der letztliche Zweck spirituellen Lebens, dadurch möglich werde, dass sie ihr Inneres zum Empfang von „Einfluss" (influxus) öffnen, dessen Kraft von der moralischen Qualität des inneren Lebens des Individuums abhänge. Weiterhin fließen „Exhalation+en" böser und guter

Gut: an den ich glaube, daß er mir helfen kann, weil er allmächtig: auf den ich hoffe, daß er mir helfen wolle, weil er unendlich gütig und barmherzig: mir helfen wird: weilen er es versprochen, und in seinem Versprechen unendlich getreu und wahrhaft ist. Ich will streiten im Leben und Tode im Namen Gott des Vaters und des Sohns und des heiligen Geistes Amen." Ebd., S. 51.

7 Vgl. Gabay, Alfred J.: The covert enlightenment. Eighteenth Century counterculture and its aftermath.

8 Vg. ebd., S. 18f.

9 Zitiert nach ebd., S. 6.

Geister durch das Innere der Menschen und beeinflussen ihre Handlungen. Welche Geister das eigene Handeln beeinflussen sei prinzipiell der freien Wahl des Menschen unterworfen, die allerdings nur durch einen Kampf gegen Versuchungen aufrechterhalten werden. Nach dem Tod bevölkern die Seelen die Welt der Geister, die der Erde sehr ähnelt. Es gibt dort Blumen, Tempel, Gärten, den fortgesetzten Genuss von Nahrungsmitteln und körperlichen Vergnügungen, einschließlich der erotischen. Swedenborg berichtet davon, mehrmals durch Geister an andere Orte getragen worden zu sein, Erlebnisse, die später von „Sonnambulen" (Schlafwandlern) bzw. ‚hypnotisierten', wie man später sagen würde (der Begriff Hypnose wurde erst 1842 vom Neurochirurgen James Braid erfunden) berichtet wurden.

Diese Parallele zwischen der Idee und Erfahrung einer ‚alternativen Wirklichkeit' bei Swedenborg und der Erfahrung alternativer Bewusstseinszuständen bei Mesmer führte dazu, dass Swedenborgs und Mesmers Lehren oft gemeinsam rezipiert und diskutiert wurden – in einem europaweiten Netzwerk wissenschaftlicher, spiritistischer, und millenaristischer Gesellschaften und Freimaurerlogen, die der Historiker Alfred Gabay (im Anschluss an Clarke Garrett) als Ausdruck einer „verborgenen Aufklärung"[10] bezeichnet. Um eine aufklärerische Strömung handelt es sich Gabay zufolge, insofern die spiritualistischen und magnetischen Gesellschaften und ihre Experten sich dem Projekt einer empirischen Erforschung von zunächst mysteriösen, unerklärlichen Phänomenen verschrieben hatten – ohne freilich diese Phänomene einer naturwissenschaftlich-experimentellen Überprüfung unterziehen zu wollen. Insbesondere Swedenborgs Lehre des Nachlebens und Mesmers Theorie der Krise flossen in eine Form des Wissens um unsichtbare und zukünftige Welten zusammen; Mesmers Krisentheorie und die daran anschließenden ‚magnetischen', und später, durch Puységur vorangetriebenen sonnambulistischen und schließlich ‚suggestiven' und ‚hypnotischen' Praktiken therapeutischer Begleitung und Heilung erschlossen einen praktisch wirksamen, d. h. erfahrbaren Zugang zu inneren und äußeren Realitäten. Der Mesmer-Schüler Puységur wandte sich von der physikalischen Fluidums-These ab und betonte stattdessen den ‚psychologischen' Aspekt der Suggestion als Ergebnis eines Rapports zwischen ‚Mesmerisierer' und ‚Mesmerisiertem'. Bemerkenswert im Hinblick auf die gegenwärtigen Beratungspraktiken ist dabei die heute als hybrid erscheinende Gleichzeitigkeit von kontinuierlichen Übergängen zwischen therapeutischen, d. h. Krankheiten heilenden Praktiken und solchen, die den Zu-

10 Ebd., S. 57.

gang zu alternativen Formen des Bewusstseins und der Wirklichkeit ermöglichen sollten.[11]

In der Zeit der 1780er und 1790er Jahre, nachdem Mesmer sich aus Paris zurückgezogen hatte und die halböffentlichen Arenen der Logen und Geheimgesellschaften seinen Schülern überließ, ereignete sich eine Konjunktion von therapeutischem Wissen und religiösem Wissen, das Alfred Gabay folgendermaßen beschreibt:

> The three trends of the covert enlightenment were the recovery of ancient knowledge, the millenarian imperative, and the alleged contact with a higher reality. To each of these ends, the insights and teachings of Swedenborg and Mesmer contributed significantly. Swedenborg's works contain an elaborate exposition of the history of churches seen in relation to the revelation Swedenborg claimed to have brought to humanity. As was discussed previously, he taught that an „internal" millenium had arrived in 1757, that it was a second coming taking the form of a deeper penetration of the Word through the science of correspondances, with a new theology based on the ineluctable moral and spiritual influence of the spririt and angelic realms upon human beings.[12]

Die Verbindung der Diskurse um „alternative Wirklichkeiten" und „alternative Bewusstseinzustände" muss als wechselseitige Stützung von theoretischen und praktischen Legitimationen verstanden werden: Während Swedenborg und andere Mystiker an der Theorie alternativer Wirklichkeiten und möglicher Zukünfte arbeiteten, erfanden Mesmer und Puységur, um nur die berühmtesten zu nennen, die Praktiken, mit deren Hilfe jeder in die Bewusstseinsformen geführt werden konnte, die Zugang zu alternativen Wirklichkeiten ermöglichten.

Im 18. Jahrhundert kommt demnach eine Form des Wissens zur Entfaltung, dass sich als ‚rationale Mystik' bezeichnen lässt: Der Zugang zu alternativen Wirklichkeiten, diesseitig oder jenseitig, lässt sich wissen-

---

11 Diese gleitenden Übergänge sind in den gegenwärtigen Beratungspraktiken ebenfalls zu beobachten. Die Personalberatung und Coaching-Beratung im allgemeinen stellt zwar nicht den therapeutischen Aspekt in den Vordergrund und grenzt sich sogar offiziell von Therapie ab; die Berater räumen allerdings in manchen Praktikertexten und in den Experteninterviews ein, das die Übergänge eher fließend seien und je nach Problemstellung selbst situativ zwischen beraterischen und therapeutischen Interventionsformen wechseln würden. Ob dies möglich ist und von Beraterinnen und Beratern praktiziert wird, hängt auch davon ab, ob sie für therapeutische Interventionen lizensiert sind – wenn nicht, wären therapeutische Interventionen ihrerseits illegitim; dies schreckt von der Annäherung an therapeutische Praktiken ab.

12 Gabay, Alfred J.: The covert enlightenment. Eighteenth Century counterculture and its aftermath, S. 53f.

schaftlich erklären und durch einfache Techniken auch von Laien – unter Anleitung erfahrener Experten – erschließen. Solche Suggestionstechniken wurden im Europa des 18. Jahrhunderts in Form ‚vagabundierender Expertise verbreitet und schließlich in verschiedenen europäischen, vor allem französischen Großstädten angesiedelten Ausbildungsinstituten (insbesondere die Schulen von Strasbourg, die Suggestionsschule von Nancy, und die von Charcot begründete Pariser Schule) institutionalisiert.

Die Vertreter der ‚orthodoxen' Aufklärung in Medizin und Philosophie griffen die Mesmeristen und Spiritualisten im Verlauf der zweiten Hälfte des 18. Jahrhunderts und im 19. Jahrhundert immer wieder scharf an und verhinderten so, dass die hypnotherapeutischen Praktiken in den medizinischen und wissenschaftlichen Mainstream eindringen konnten. So verfasste Immanuel Kant 1766 beispielsweise sein polemisches Traktat „Träume eines Geistersehers", mit dem er Swedenborg, in dem er einen Widersacher der Aufklärung sieht, lächerlich macht. Die hypnotherapeutischen Praktiken wurden allerdings in einer kontinuierlichen Linie in Zirkeln interessierter Laien und heterodoxen Schulen bis in das 20. Jahrhundert weitergeführt.

Die hypnotherapeutische Krisenhervorbringungstechnik: Diagramm eines Kräfteverhältnisses

Die Hervorbringung einer Krise, ihre Beaufsichtigung durch einen Experten und ihre Bewältigung ist eine grundlegende Kulturtechnik. Das griechische und später lateinische krisis kann mit *Scheidung* und *Entscheidung* übersetzt werden, ausgehend vom griechischen Verb „*krinein*" ‚scheiden trennen'. In der medizinischen Verwendung des Begriffs, und dies ist die früheste, bezeichnet Krise den Höhepunkt, den Wendepunkt einer Krankheit, im Kern: die Entscheidung zwischen Krankheit und Heilung, Leben und Tod. Die Krise des Körpers ist einerseits ein natürliches Geschehen, unabhängig vom Willen, andererseits kann sie beeinflusst und auch ausgelöst werden. Dies macht die Doppelbedeutung der Scheidung und Entscheidung durch die Krise aus: Zwei Wege, zwei Möglichkeiten, die der Heilung und des Zerfalls, die als Möglichkeiten parallel verliefen, trennen sich, *es* entscheidet sich. Zugleich wird auch mit entschieden, insofern die ärztliche Kunst interveniert. Was kann der Arzt Mesmer, und der Name Mesmer steht hier für eine Generation von Naturforschern, vom Exorzismus lernen, welche Verschiebung der heilerischen Praxis wird durch die Öffnung zu religiösen und in gewisser Weise okkulten Praktiken möglich? In Bezug auf die okkulte Praxis ist ihre ärztliche Anwendung eine Entgrenzung, eine Säkularisierung. Der Ritus des Exorzismus ist schließlich eine kommunikative und berufliche Institution der katholischen Kirche, die dabei aber erhebliche Spielräume für individuelle Variation lässt. Die ‚freie' Anwendung der Techniken des Handauflegens, der ‚Luftstriche' (franz. ‚passes'), die auch für den Exorzismus typisch sind, eröffnen ein neues Feld von Anwendungsbereichen der Krisentechnik. In Bezug auf die medizinische Praxis wiederum wird die Bedeutung der Krise für die Behandlung verschoben. Im Prinzip galt (und gilt) die Regel der Linderung, d. h. der ärztlichen Abflachung der Krise, die dem Patienten eben die Überschreitung der Schwelle ermöglicht. Eine Linderung der Krise bedeutet eine Absenkung einer Schwelle, deren Überschreiten (durch die Höhe des Fiebers, die Herzfrequenz, die Intensität der Krämpfe) den Tod bedeuten kann. Die gezielte Hervorbringung der Krise steht in einem prekären Verhältnis zum hippokratischen Eid. Dieser experimentelle Geist erlaubt die Charakterisierung des Magnetismus als *aufklärerische* Praxis, wie sie Alfred Gabay behauptet. Die Krisenhervorbringungstechnik löst also im 18. Jahrhundert ein diskursives Ereignis aus, eine Reartikulation des religiösen und medizinischen Wissens, dessen Relevanz immerhin bis nach Königsberg durchdringt und dort auf widerwillige Ohren trifft. Dies um so mehr, also hier eine alternative Aufklärungstradition anschickt, sich zu begründen, die sich offen zur *Mystagogie* bekannte, während die Kantsche Aufklärung sich um eine Reinigung ihrer Metaphysik von mystagogischen Elementen bemühte.

Die Krisenhervorbringungstechnik muss als *techne*[13], als rationale Technik begriffen werden, nicht als isolierter Handgriff oder manipulativer Trick. Aus diesem Missverständnis ergibt sich der Scharlatanerievorwurf gegen die Hypnose, der einerseits argumentiert, der ‚Hypnotiseur' sei auf die Bereitschaft des angewiesen, sich einzulassen, und in logischem Widerspruch dazu andererseits behauptet, die Hypnose sei manipulativ und bringe ihre ‚Opfer' dazu, Dinge zu tun, die sie ‚eigentlich' nicht tun wollen. Die Krisentechniken der Hypnose realisieren sich als Möglichkeit einer sozialen Situation, sie sind Ausdruck eines Kräfteverhältnisses, eines *Diagramms.* Im Gegensatz zum Wissen ist die Macht, so Deleuze, „diagrammatisch"[14].

---

13 Zum Begriff therapeutischer techne vgl. Rose, Nikolas: Governing the Soul.

14 Vgl. Deleuze, Gilles: Foucault, S. 103: „Sie [die Macht] mobilisiert nicht-geschichtete Materien und Funktionen und arbeitet mit einer sehr geschmeidigen Segmentierung. Sie geht in der Tat nicht durch Formen, sondern durch Punkte hindurch, einzelne Punkte, die jedesmal die Anwendung einer Kraft, der Aktion oder Reaktion einer Kraft im Verhältnis zu

Die hypnotischen Praktiken, Rezeptivitäten und Spontaneitäten realisieren sich als Diagramm der Macht: Sie eröffneen eine Situation, in der Gewohnheiten und Sicherheiten brüchig werden, in der sich eine Unbestimmtheit herstell. Diese Unbestimmtheit hat einen allgemeinen Zug zur Schließung, sie muss, um das passive Erleiden des Patienten zu beenden, geschlossen werden – durch Anlehnung an die ärztliche Autorität, oder durch Deutung der Erfahrungen von Ex-stasis, der Überschreitung des Gewohnten, eingelebten. Krisen, die, einmal hervorgerufen, selbst bewältigt werden müssen, oder durch Anleitung des Krisenhervorbringungstechnikers, durch seine ‚geschulte Spontaneität'. Das Sprechen über die Hypnosetechniken findet auf Seiten der Praktiker statt, in ihren behandlungstechnischen Schriften, in denen von Mesmer, Puységur und später denen Milton Ericksons, während die Rezeptivität hergestellt und vorausgesetzt wird. Beides findet seine inneren Bedingungen im Kräfteverhältnis der Krisentechnik, ganz gemäß der von Foucault und Deleuze vermuteten Beziehung: „In jeder Formation gibt es eine Form der Rezeptivität, die das Sichtbare konstituiert, und eine Form der Spontaneität, die das Sagbare konstituiert."[15] Diese Diagrammatik der Krisenhervorbringungstechnik hat nun eine lange Reise vor sich, die in Grundzügen und in den Formen ihrer Infragestellung dargestellt werden soll. Ich werde im Folgenden zeigen, dass in den gegenwärtigen Beratungsformen selten explizit ‚hypnotherapeutische' Interventionen zum Einsatz kommen. Aus dem hypnotherapeutischen Formenkreis therapeutischer Krisentechniken entwickeln sich eine ganze Reihe von Techniken, die nicht im engeren Sinn als hypnotherapeutisch zu bezeichnen sind, aber in ihrer Verwendung von Suggestionen, ihrem Einsatz von visuellen Techniken und in ihrem Verständnis der therapeutischen Beziehung weder als psychoanalytisch noch verhaltenstherapeutisch gelten können und vielmehr eigenständige Techniken und Wirkungsweisen ausbilden.

---

anderen Darstellen, das heißt eine Affektion als „stets lokalen und instabilen Machzustand". Von da aus ergibt sich eine vierte Definition des Diagramms: es handelt sich um eine Ausstrahlung, eine Verteilung von Singularitäten. Lokal, instabil und diffus zugleich, gehen die Machtverhältnisse nicht aus einem Mittelpunkt oder einem einzigen Brennpunkt der Souveränität hervor, sondern verlaufen innerhalb eines Kräftefeldes in jedem Augenblick „von einem Punkt zum anderen" und zeigen Brechungen, Kehrtwendungen, Drehungen, Richtungswechsel und Widerstände."

15 Ebd., S. 108.

Selbstsuggestion als Rationalisierung der Hypnotherapeutik

Als ein Vertreter der heterodoxen Schulen entwickelt der französische Apotheker Émile Coué zu Beginn des 20. Jahrhunderts eine an Mesmers Verfahren angelehnte Methode der Selbsterziehung. Coué zählt zu den vielen Nachfolgern und Popularisierern des Sonnambulismus des 18. Jahrhundert. Er war Schüler von Ambroise-Auguste Liébeault (1823-1904), der als Gründer der Nancy-Schule der Hypnotherapie gilt.[16] Die Vertreter der Nancy-Schule grenzten sich von den Theorien des Magnetismus ab, übernahmen aber deren Praktiken der Hypnose.

Er suchte seit 1910 die ‚Coué-Methode' vermittels ausgedehnter Vortragsreisen und der Gründung von Coué-Instituten im Ausland zu verbreiten. Die von ihm verfasste Literatur ähnelt überraschender Weise noch dem Genre der am Rande der Klinik verfassten medizinischen Literatur Mesmers: Verschriftlichte Vorträge dokumentieren mittels teils anekdotischer, teils systematischer Krankheitsgeschichten die Forschungsbiographie des Autors. Briefe von zufriedenen, enthusiastischen oder gerührten Patienten werden in die Vorträge eingeflochten. Öffentliche Briefe von prominenten und weniger prominenten Nichtärzten, die die Wirksamkeit der Methode aus eigener Anschauung bestätigen, ergänzen die Beweisstrategie der Suggestionstherapeuten.

Coué beschreibt das Verhältnis von organischer Krankheit und psychischer Krankheit als eines der Multiplikation von Symptomgraden. Damit lässt sich die Theorie der Suggestion als eine Vorläuferin der modernen Psychosomatik begreifen. Die Suggestionstheorie ist einfacher als jene, da die Psychosomatik das Zusammenwirken von Leib und Psyche eine Ebene tiefer legt, d. h. auf die Ebene von Endokrinologie und Neuroendokrinologie. Hier wirken Psyche und Körper nicht faktoriell zusammen, sondern sind Teil ein und desselben Funktionssystems. Auf eine andere Weise aber erheben die Suggestionstherapien einen weiteren Wirksamkeitsanspruch als die Psychosomatik. Sie kehren die psychosomatische These um: Die Aufhebung von Beschränkungen, die dem Menschen entweder Tradition oder die moderne Kultur der Skepsis auferlegen, können ungeahnte Möglichkeiten – in den 1960er Jahren diese Jahrhunderts wird es heißen: „Potentiale" – freisetzen. Coué erläutert seiner Methode mit folgender Anweisung:

Jeden Morgen nach dem Aufwachen und jeden Abend nach dem Zubettgehen schließe man die Augen und spreche mit den Lippen, ohne daß man sich auf

16 Vgl. Bjerre, Paul: Wetterstrand and the Nancy School.

das, was man sagt, zu konzentrieren versucht, laut genug, um sich selbst zu hören, und indem man eine mit zwanzig Knoten versehene Schur abzählt, zwanzigmal den folgenden Satz: „Es geht mir mit jedem Tag in jeder Hinsicht immer besser und besser!" Da sich die Worte „in jeder Hinsicht" auf alles beziehen, ist es nicht nötig, auf besondere Autosuggestionen zurückzugreifen.

Diese Autosuggestion ist auf eine möglichst einfache, kindliche und mechanische Art und ohne die geringste Anstrengung auszuführen. Mit einem Wort, die Formel soll in einem Tonfall wie beim Beten von Litaneien hergesagt werden. Auf diese Weise erreicht man, daß die Formel automatisch über die Ohren in das Unbewußte eindringt, wo sie alsbald ihre Wirkung entfaltet. Man wende diese ebenso vorbeugende wie heilende Methode sein ganzes Leben lang an. [...] Befolgt man [diese Ratschläge] richtig, also unter Vermeidung jeglicher Anstrengung, wird man alles erreichen, was zu erreichen menschenmöglich ist. Ich muß hinzufügen, daß ich oft selbst nicht weiß, wo die Grenzen des möglichen liegen.[17]

Der Schlusssatz der Anleitung zur Selbsttechnik der Autosuggestion erscheint bemerkenswert: Gerade die Vermeidung von Anstrengung soll die Realisierung der im Menschen angelegten Möglichkeiten ermöglichen. Coués Figur des Selber-Nichtwissens stellt ihn selbst – nur scheinbar bescheiden – als Experten für die Zugänglichkeit alternativer Wirklichkeiten dar. Gerade das kindliche, anstrengungslose Sprechen hat allerdings den Therapeut als Autorität des in diese Praxis eingelassenen Wissens zur Bedingung seiner Möglichkeit. Autosuggestion funktioniert gewissermaßen als Medienverbund aus Therapeutenkörper und rückgekoppelter Stimmlichkeit. Coué wendet sich gegen Selbstbezwingungsprogramme, die eine Heilung durch Stählungen und Qualen des Leibes bewirken sollen:

Denken Sie daran, daß die besten Arbeiter diejenigen sind, die sich nicht anstrengen. Die Arbeit scheint ihnen wie von selbst von der Hand zu gehen. Diese Arbeiter arbeiten viel, ihre Arbeit ist gut, und am Ende des Tages sind sie nicht müde.

Der mittelmäßige Arbeiter dagegen leistet weniger als die vorigen, obwohl er durchaus guten Willens ist und sich bemüht. Seine Arbeit ist weniger gut, und nach Feierabend ist er vor Müdigkeit ganz erschöpft.

17 Coué, Émile: Mentaltraining und Autosuggestion, S. 93ff.

Verrichten Sie ihre Arbeit deshalb immer ruhig und ohne Kraftanstrengung. Tun Sie es dem Ochsen gleich, der nichts zu tun scheint und dennoch am Ende des Tages mühelos ein beträchtliches Stück Arbeit geleistet hat.[18]

Auch hier ergeht wie schon bei Mesmer und Puységur die Aufforderung an den Veränderungswilligen, man könne sich – mit oder ohne Hilfe eines Therapeuten, in einen Zustand der Wachhypnose (im 18. Jahrhundert: des ‚magnetischen Schlafs') versetzen, die die Widerstände ausschaltet und das Subjekt befähigt, seine ‚Träume zu leben', wie es später im Coaching lauten wird.

Die reisenden Vertreter der Suggestion, die sich nur punktuell Interesse und Respekt an den Rändern des medizinischen Betriebs verschaffen konnten, hatten dennoch zu Anfang des 20. Jahrhunderts ein Netz von Praktikern und Unterstützern etabliert.

Swedenborgs Vorstellung eines ‚inneren neuen Zeitalters'[19] wird viel später – Mitte des 20. Jahrhunderts – in der millenaristischen New Age Bewegung wieder aufgegriffen. Wie andere lebensreformerische Programmatiken zielen die Suggestionstherapeuten auf eine ‚Verbesserung' des Menschen ab. Wie andere Verbesserungsprogramme verspricht auch Coués Suggestionsmethode, jeder könne „Meister über sich selbst"[20] werden. Sie stehen allerdings inhaltlich in scharfem Kontrast zur Idee einer Rationalisierung der Lebensführung im Sinne einer umfassenden Vernunftlenkung oder Beherrschung des Willens. Denn die Rationalisierungsprogramme bezwecken einen Triumph des Willens über den schwachen Leib und sind jener soldatischen Körperlichkeit zuzurechnen, wie sie Klaus Theweleit beschrieben hat.[21] Der Übergang zur Psychoanalyse im ausgehenden 19. Jahrhundert ist mit einer grundlegenden Verabschiedung des ‚vollen Subjekts' des 18. Jahrhunderts verbunden. Während dieses ‚volle Subjekt'[22] nur noch freigesetzt werden muss, ist das Subjekt bei Freud konstitutiv in sich gespalten, mit sich selbst in Konflikt. Diese Vorstellung des konflikthaften Subjekts geht einher mit dem Wandel gesellschaftlicher Institutionen: Gesellschaftlichkeit wird nicht länger durch den Souveränitätsgedanken repräsentiert. Stattdessen nimmt der Konflikt als elementarer Modus von Subjektivität und kultivierter Gesellschaftlichkeit zentralen Stellenwert an. In welchem Verhältnis steht das psychoanalytische Verständnis des Subjekts zur Thera-

18 Ebd., S. 66f.

19 Gabay benutzt den Ausdruck „internal millenium". Ebd., S. 69.

20 Ebd., S. 73.

21 Theweleit, Klaus: Männerphantasien.

22 Alain Ehrenberg benutzt diesen Ausdruck in seinem Werk ‚Das erschöpfte Selbst'.

peutik des 18. Jahrhunderts, und welcher Wandel der Behandlungstechniken und der Rolle des Therapeuten geht damit einher? Wir verlassen damit die genealogische Linie der Therapeutik, die zu zeitgenössischen therapeutischen Formen wie dem Coaching geführt hat. Die Diskussion der Psychoanalyse und der humanistischen Therapien ist trotzdem notwendig, da ersten nur in der Differenz zum psychoanalytischen Wissensfeld die Besonderheit der neuen Therapeutiken kontrastiv verständlich werden kann. Zum zweiten sind die neueren Therapeutiken in Auseinandersetzung mit der Psychoanalyse und den humanistischen Therapien entstanden, so dass diese ihre Spuren ex negativo in den neueren Formen hinterlassen haben.

Hermeneutik des inneren Texts: zur Verwerfung der Suggestion in der Psychoanalyse

Die Psychoanalyse wird in der Fachliteratur oft als wissenschaftliche Nachfolgerin der Hypnose, bzw. des ‚animalischen Magnetismus', als ihre ‚Modernisierung' beschrieben. Die Psychoanalyse als wissenschaftliche Disziplin und therapeutische Praxis nimmt ihren Ausgangspunkt aber gerade in einem Bruch mit den hypnotherapeutischen Praktiken – unter Fortführung der Hypothese einer ‚Seele', deren Regungen dem Wachbewusstsein verschlossen bleiben.[23] Die Psychoanalyse kann nicht in ihrer Kulturbedeutung erschlossen werden, ordnet man sie als modernisierte Fortsetzung der magnetischen, somnambulen und suggestiven Techniken ein. Die Kontinuitätslesart ermöglicht eine Erzählung der Disziplin der Psychologie als kontinuierliche Modernisierungsgeschichte. Es ist allerdings der Bruch mit den suggestiven Praktiken, der die Psychoanalyse konstituiert. Und um hinzuzufügen: Erst dieser Bruch ermöglichte den hypnotherapeutischen und kybernetischen Ansätzen der gegenwärtigen Beratung die Wiederentdeckung dieser als veraltet und vorwissenschaftlich ausgeschlossenen Traditionen. Die Renaissance der hypnotherapeutischen Hypothese im 20. Jahrhundert ist so gesehen eine Art ‚Wiederkehr des Ausgeschlossenen'. Dies soll im Folgenden näher beleuchtet werden:

23 Außerdem unter Fortführung der parrhesiastischen Hypothese (vgl. Foucault, Michel: Diskurs und Wahrheit): wonach erst eine Befragung des Verhältnisses zu sich selbst freimütige Rede und erfolgreiches politisches Handeln ermöglicht. Die monastischen Bekenntnispraktiken, die magnetischen Rituale, das psychoanalytische Gespräch können jeweils als historische Varianten einer Befragungsrichtung verstanden werden, die mit der parrhesiastischen Frage eröffnet wurden.

Sigmund Freud, der sich bei Charcot mit der Suggestionstherapie vertraut gemacht hatte und mit Josef Breuer gemeinsame Studien unternimmt[24], bricht Ende der 1890er Jahre mit der Hypnotherapie. Dieser Bruch, und eine Bekämpfung gesellschaftskritischer Lesarten der Psychoanalyse[25], ermöglicht schließlich eine Medikalisierung[26] der frühen psychoanalytischen ‚Bewegung'[27]. Dabei nimmt die Psychoanalyse ihren Platz in jenen Diskursen ein, die durch Professionen organisiert sind. Freud und seine Kollegen, später auch Kolleginnen etablierten die Psychoanalyse im Rahmen der ärztlichen Profession und der medizinischen Disziplin. Wichtige Elemente dieser Professionalisierung waren beispielsweise die Gründung der „psychologischen Mittwochsvereinigung" 1902, und anschließend der ‚Wiener Psychoanalytischen Vereinigung' im Jahr 1908. In den nächsten Jahren folgte die Gründung weiterer psychoanalytischer Gesellschaften: die ‚internationale psychoanalytische Vereinigung' (1910), die ‚amerikanische psychoanalytische Vereinigung' (1911), die ‚britische psychoanalytische Vereinigung' (1919). Mit der Veröffentlichung der Traumdeutung, die den Bruch mit der Hypnose auch öffentlich dokumentiert, etabliert Freud ein ‚textuelles Paradigma' der Erforschung der Psyche, das mit den neurobiologischen Kenntnissen von Freud kompatibel ist. In der Traumdeutung legt er eine Interpretationsanweisung für Träume vor. Der Traum soll als Rebus, als Bilderrätsel gelten:

Traumgedanke und Trauminhalt liegen vor uns wie zwei Darstellungen desselben Inhaltes in zwei *verschiedenen Sprachen,* oder besser gesagt, der Trauminhalt erscheint uns als eine Übertragung der Traumgedanken in eine andere

---

24 Die Ergebnisse dieser Untersuchungen sind in Freuds 1896 erschienen „Studien über Hysterie" erschienen.

25 1908 wird Otto Gross, der aus der Psychoanalyse gesellschaftspolitische Schlussfolgerungen (u. a. Kritik an Ehe und Monogamie) gezogen hatte, auf Betreiben Freuds aus der psychoanalytischen Vereinigung ausgeschlossen. Gross findet sich in den 1910er Jahren in der Kolonie von Anarchisten, ‚Vegetaristen', Künstlern und Theosophen auf dem Monte Vérita über dem Dorf Ascona ein. Am Beispiel von Gross zeigt sich, wie die heterodoxen Strömungen aus der Psychoanalyse in die europäischen esoterischen Netzwerke zurückgezwungen werden.

26 Im Sinn einer Reduzierung der möglichen Nutzungsbereiche auf die Therapie von Krankheiten.

27 Diese Medikalisierung und damit Eingliederung in die diagnostischen Systeme der Klinik riefen wiederum Protest und Gegenbewegungen hervor, wie die lange Geschichte der psychoanalytischen Dissidenz von Otto Gross bis Wilhelm Reich und die Geschichte der Abspaltungen, beispielsweise die der sich später als ‚humanistisch' verstehenden Therapeuten wie Jacob Moreno und Fritz Perls.

Ausdrucksweise, deren Zeichen und Fügungsgesetze wir durch die *Vergleichung von Original und Übersetzung* kennenlernen sollen. Die Traumgedanken sind uns ohne weiteres verständlich, sobald wir sie erfahren haben. Der Trauminhalt ist gleichsam in einer Bilderschrift gegeben, deren Zeichen einzeln in die Sprache der Traumgedanken zu übertragen sind. Man würde offenbar in die Irre geführt, wenn man diese Zeichen nach ihrem Bilderwert *anstatt nach ihrer Zeichenbeziehung* lesen wollte. Ich habe etwa ein Bilderrätsel (Rebus) vor mir: ein Haus, auf dessen Dach ein Boot zu sehen ist, dann ein einzelner Buchstabe, dann eine laufende Figur, deren Kopf wegapostrophiert ist, u. dgl. Ich könnte nun in die Kritik verfallen, diese Zusammenstellung und deren Bestandteile für unsinnig zu erklären. Ein Boot gehört nicht auf das Dach eines Hauses, und eine Person ohne Kopf kann nicht laufen; auch ist die Person größer als das Haus, und wenn das Ganze eine Landschaft darstellen soll, so fügen sich die einzelnen Buchstaben nicht ein, die ja in freier Natur nicht vorkommen. Die richtige Beurteilung des Rebus ergibt sich offenbar erst dann, wenn ich gegen das Ganze und die Einzelheiten desselben keine solchen Einsprüche erhebe, sondern mich bemühe, jedes Bild durch eine Silbe oder ein Wort zu ersetzen, das nach irgendwelcher Beziehung durch das Bild darstellbar ist. Die Worte, die sich so zusammenfinden, sind nicht mehr sinnlos, sondern können den *schönsten und sinnreichsten Dichterspruch* ergeben. Ein solches Bilderrätsel ist nun der Traum, und unsere Vorgänger auf dem Gebiet der Traumdeutung haben den Fehler begangen, den Rebus als zeichnerische Komposition zu beurteilen. Als solche erscheint er ihnen unsinnig und wertlos.[28]

Die Erforschung psychischer Vorgänge und ihrer Beeinflussbarkeit soll demnach im Wesentlichen in einer „Übertragung" von Bilder (und damit Affekten) in textuelle Zeichen bestehen. Dabei werden die wilden und unbotmäßigen Bilderwelten der Träume nicht mehr ästhetisch, vitalistisch oder millenaristisch interpretiert, d. h. als Hinweis auf Kommendes, sondern als bebilderte Zeichenbeziehung. Die Bilderträume können so den „schönsten und sinnreichsten Dichterspruch ergeben". Eben diese Umwandlung des Bildes in „Dichterspruch" kennzeichnet die textuelle Technik der Psychoanalyse. Dabei werden die „Zeichenbeziehungen", die Anzeichen der inneren Konflikte des Patienten sind, durch den Arzt entschlüsselbar. Letztlich sind diese Zeichenbeziehungen dem Subjekt schon innerlich; die analytische Traumdeutung internalisiert die Schrift. Im Traum treten, in Opposition zu den Theorien und Praktiken des magnetischen Schlafs, keinesfalls bedeutungsvolle alternative Bewusstseinszustände ein, noch wird auf alternative Wirklichkeiten verwiesen. Im Traum sind lediglich die vergangenen traumatischen Erfahrungen des Subjekts eingeschrieben.

28 Freud, Sigmund: Die Traumdeutung, S. 280.

Sigmund Freud formulierte mit seiner ‚Wunderblock'-Text eine Analogie des seelischen Apparats – und zugleich der Verfahrensweise der Psychoanalyse – die noch stärker vom Wortsinn betrachtet werden sollte: Der Wunderblock ist ein Spielzeug, das aus einer Wachsschicht und einem Deckblatt besteht. Schreibt man mit einem Griffel auf dem Deckblatt, haftet dieses am Wachs. Hebt man das Deckblatt wieder ab, wird die Schrift „gelöscht". Freud zielte darauf ab, den Mechanismus der Erinnerung zu erläutern.

> Der innige Kontakt zwischen Wachspapier und Wachstafel an den geritzten Stellen, auf dem das Sichtbarwerden der *Schrift* beruht, wird damit gelöst und stellt sich auch nicht wieder her, wenn die beiden einander wieder berühren. Der Wunderblock ist nun schriftfrei und bereit, neue Aufzeichnungen aufzunehmen.[29]

Aufgabe der Psychoanalyse ist es somit, die Erinnerungsspuren durchzuarbeiten, und die qua Verdrängung unsichtbare *Schrift* wieder herzustellen – was zugleich die Empfindungs- und Handlungsfähigkeit des Patienten wieder herstellt. Das Aufschreibesystem Analytiker-Patient mit der Dynamik von Übertragung und Gegenübertragung schreibt die ungeordnete, neurotische Erfahrung in eine narrative Ordnung ein und gibt zugleich eine erste Ahnung von den Selbstpraktiken und der notwendigen Expertenschaft zur Entschlüsselung dieser Ordnung an.

Die öffentliche Resonanz auf die Psychoanalyse in den Jahren nach 1910 war immens. Sie ist auf offensichtliche wie auch auf versteckte Gründe zurückzuführen. Ähnlich wie Therapeuten und Berater Ende des 20. Jahrhunderts verstand es Freud, seine ‚Entdeckung' des psychischen Apparats anhand exemplarischer Analysen auch öffentlich bekannter Personen unter Beweis zu stellen. So veröffentlichte er 1910 die psychoanalytische Fallgeschichte des Berliner Senatspräsidenten Schreiber, dessen zeitweiliger Wahnsinn der Zeitung lesenden Bevölkerung bekannt war. Die Psychoanalyse verdankte die ihr dauerhaft zugewandte Aufmerksamkeit außerhalb der medizinischen Disziplin der Möglichkeit der ‚psychoanalytischen Erfahrung'. Eine Erfahrung, die nicht allein auf die Erfahrung der psychoanalytischen ‚Redekur' selbst beschränkt blieb: Interessierte Zeitgenossen können dieser Erfahrung nun durch Aneignung psychoanalytischer Texte oder durch psychoanalytisch inspirierte Gespräche über die eigene Lebensgeschichte teilhaftig werden. Dass viele der psychoanalytischen Fachbegriffe zum festen Bestandteil der nicht einmal gebildeten Alltagssprache gehören, bestätigt diese These ganz of-

29 Freud, Sigmund: Notiz über den „Wunderblock", S. 367.

fenkundig: Jeder weiß, dass man etwas ‚verdrängen' kann, dass etwas ‚hochkommen' kann, dass jemand etwas im ‚Unterbewusstsein' haben kann (als popularisierte Version des ‚Unbewussten' bzw. ‚Vorbewussten').

Die psychoanalytische Behandlungstechnik

Die psychoanalytische Therapiesituation zeichnet sich durch eine Konstellation von Sprechen und Hören aus: Die Patienten sind aufgefordert,

> sich in ihren Mitteilungen gehenzulassen, „wie man es etwa in einem Gespräche tut, bei welchem man aus dem Hundertsten in das Tausendste gerät. Er schärft ihnen, ehe er sie zur detaillierten Erzählung ihrer Krankengeschichte auffordert, ein, alles mit zu sagen, was ihnen dabei durch den Kopf geht, auch wenn sie meinen, es sei unwichtig oder es gehöre nicht dazu, oder es sei unsinnig. Mit besonderem Nachdruck wird aber von Ihnen verlangt, daß sie keinen Gedanken oder Einfall darum von der Mitteilung ausschließen, weil ihnen diese Mitteilung beschämend oder peinlich ist.[30]

Der Therapeut verpflichtet sich im Gegenzug, eine vorurteilslose „gleichschwebende Aufmerksamkeit"[31] für die Rede des Patienten aufzubringen. Erklärtes Ziel dieser Konstellation in der Behandlung ist das Aufspüren von verdrängten Triebregungen, die in der Rede des Patienten am ‚Widerstand' abgelesen werden, welchen er ihnen entgegenbringt. Dabei zeigt sich der Widerstand anhand der Redeorganisation, die sich zwischen Arzt und Patient entfaltet. Die Umschreibungen und tastenden Versuche des Patienten, seine Erfahrungen zu beschreiben, werden dabei als Ergebnis jener Zensur gewertet, die Freud als Widerstand bezeichnet. Die Stegreifreden des Patienten begreift Freud als „Abkömmlinge der verdrängten psychischen Gebilde"[32].

Diese Arbeit der Interpretation der noch wirren, ungeordneten Rede durch Fragen, Aufforderungen und Ermunterungen des Therapeuten hat Freud mit dem Dreischritt „Erinnern, Wiederholen und Durcharbeiten" bezeichnet. Ziel der Analyse ist dabei allerdings nicht allein die Domestizierung der Triebe, wie eines der gängigen kritischen Argumentationsmuster gegen Freud behauptet – und von Freud durch seine Metapher der ‚Trockenlegung der Zuidersee' selbst nahegelegt wurde. „Durcharbeiten" als letzter Schritt in der Thematisierung seelischer Ereignisse

30 Freud, Sigmund: Ratschläge für den Arzt bei der psychoanalytischen Behandlung, S. 169.

31 Ebd., S. 171.

32 Ebd., S. 103.

verweist vielmehr auf eine zielgerichtete Umschreibung von Erfahrungen:

> Er richtet sich auf einen beständigen Kampf mit dem Patienten ein, um alle Impulse auf psychischem Gebiete zurückzuhalten, welche dieser aufs Motorische lenken möchte und feiert es als einen Triumph der Kur, wenn es gelingt, etwas durch die Erinnerungsarbeit zu erledigen, was der Patient durch eine Aktion abführen möchte.[33]

Ricœur unterscheidet zwei Spielarten der Interpretation: Interpretation als „Sammlung des Sinns" und Interpretation als „Übung des Zweifels" Die Sammlung des Sinns folgt der kerygmatischen Tradition. Die Verkündigung als Auffinden und Verbreitung der rechten Bedeutung dient als Modell dieser Hermeneutik. Auch in der wissenschaftlichen Philologie und Phänomenologie findet sich eine Orientierung an der „Wahrheit der Symbole". Die Übung des Zweifels dagegen zielt auf einen „Abbau von Illusionen und Lügen des Bewusstseins".[34]

> Alle drei legen den Horizont frei für eine authentischere Sprache, für ein neues Reich der Wahrheit, nicht allein mittels einer „destruktiven Kritik", sondern durch die Erfindung einer Kunst des Interpretierens. Descartes triumphiert über den Zweifel am Ding durch die Evidenz des Bewußtseins; sie hingegen triumphieren über den Zweifel am Bewußtsein durch eine Exegese des Sinns.[35]

Ricœur stellt Freud hier in eine Reihe mit Marx und Nietzsche, den beiden anderen ‚Meistern des Verdachts'. Ricœurs Freud-Interpretation soll weder auf ihre philologische, noch auf ihre philosophische Gültigkeit geprüft werden. An dieser Stelle ist lediglich zu registrieren, dass Freuds Text und die psychoanalytische Erfahrung (als Korrelat einer Praxis der Seelenführung) von Ricoeur als interpretatorische Strategie gedeutet werden, die eine Umschreibung von konflikthafter Erfahrung in Texte ermöglicht, die der Patient unter dem Einfluss von Abwehr-Neurosen nicht selbständig entziffern kann. Die Strategie des Psychoanalytikers besteht darin, den ungeordneten Redefluss des Patienten, begriffen als Gemengelage von entstellten Triebabkömmlingen, im Medium der eigenen Aufmerksamkeit aufzuzeichnen, um sie dramatisieren zu können. Diese Dramatisierung bezieht sich allerdings nicht auf die Gattung des Dramas, sondern auf die des Romans. Nachdem Dramatisierung oder Romanisierung gelungen ist, indem die Gestalten der Kindheit in Form der Übertragungen und Erinnerungen wieder präsent sind, besteht das

33 Ders.: Erinnern, Wiederholen und Durcharbeiten, S. 213.

34 Ricœur, Paul: Die Interpretation. Ein Versuch über Freud, S. 45.

35 Ebd., S. 47.

Ziel in der *Umarbeitung* dieser traumatisierenden Dynamik in eine Art anonymen Bildungsroman, d. h. um ein Narrativ des Ausgangs aus der unverschuldeten Verstrickung in den ‚Familienroman des Neurotikers'. Bei dieser Umschrift werden allerdings keine bürgerlichen Heroen erfunden, sondern eigentümlich abstrakte psychoanalytische Homunculi, Konkretisierungen des modernen Subjekts als Gespaltenem. Die Zurückhaltung des Analytikers, also das Verbot, dem Patienten fertige Deutungen zurückzugeben, und die Forderung, *nur zu erzählen*, entspricht dem Ziel, dem Patienten Autorschaft über das eigene Leben zu *verleihen*. Dem Analysand soll gewissermaßen eine Lebensgeschichte verliehen werden; der Therapeut fungiert als Sekretär und zugleich Literaturkritiker dieses mündlich vollzogenen Schreibprozesses. Im therapeutischen Setting wird die ungeordnete Rede der Hysterikerin vom Therapeut durch Nachfragen, die den aus Gegenübertragungen und dem fachlichen Vorverständnis gewonnenen Arbeitshypothesen folgen, in eine narrative Ordnung gefügt. Die Herstellung von Übertragungsliebe, die nicht ausagiert werden darf, stellt im Verständnis der Analytiker den entscheidenden Kunstgriff dar, mit dem die intrapsychischen Konflikte in der Behandlung behandelt werden sollen. Wie wird nun mit den freizusetzenden Gefühlen umgegangen?

Der Arzt soll, folgt er Freuds Behandlungstechnik, „die Indifferenz, die man sich durch die Niederhaltung der Gegenübertragung erworben hat, nicht verleugnen".[36] Das Abstinenzgebot erlaubt weder die Unterdrückung noch die Realisierung des Wunsches nach einer authentischen, nicht-technischen Beziehung: „Die Gewährung des Liebesverlangens der Patientin ist also ebenso verhängnisvoll für die Analyse wie die Unterdrückung desselben".[37] Die Grenze zwischen der ‚Subsinnwelt' der Analyse, durch das Sonderwissen des Therapeuten markiert und gesichert, und der Alltagswelt muss stets erkennbar bleiben. Die Wünsche, die sich an der Differenz beider Sinnwelten entzünden, müssen ungestillt bleiben, ohne sie zu verleugnen. Dieser melancholische Zug der Psychoanalyse entzieht sich jeder Steigerungs- oder Fortschrittsrhetorik.[38]

Der Analytiker nimmt in der Analyse die Rolle eines ‚Ghostwriters' des Familienromans des Patienten ein. Während der Patient die Aufgabe hat, seinem Redefluss freien Lauf zu lassen und ohne Hemmungen, d. h. ohne Rücksicht auf situative Angemessenheit seiner Äußerungen in der

36 Freud, Sigmund: Das Unbewusste, S. 224.

37 Ebd.

38 Dies dürfte erklären, weshalb die Psychoanalyse in den realsozialistischen Staaten verboten wurde; die Hypnose dagegen einen legitimen Platz in der klinischen Praxis einnahm.

Experten-Laien-Rolle zu ‚assoziieren' und dabei Übertragungen von Affekten und Gefühlen auf die Person des Analytikers zuzulassen, hat der Analytiker im therapeutischen Setting die Aufgabe, die ‚Gegenübertragungen' in sich wahrzunehmen, am Leitfaden dieser Wahrnehmungen Fragen zu generieren, die die therapeutische Kommunikation weiterbringt. Dabei hat er oder sie immer im Blick zu behalten, dass die ungeordneten Äußerungen des Patienten sich letztlich zu einer kohärenten Bildungs- bzw. Krankengeschichte des Patienten fügen sollen. Der Analytiker wird zum Ko-Autor dieser Geschichten. Die zentrale Rolle, die die Patientengeschichten im kanonischen Fachdiskurs der Analyse spielen, verdeutlicht diese Aufgabe des Analytikers. Die Diskursgeschichte der Psychoanalyse kann anhand des Archivs der psychoanalytischen Fallstudien vergegenwärtigt werden: der kleine Hans, der Wolfsmann, der Rattenmann, Anna O., Schreber. Der Therapeut ist dabei als diejenige Autorität markiert, die für Verzerrungen der Wirklichkeit nicht anfällig ist, gewissermaßen der stabile Pol, an dem die Lebensgeschichte des Patienten auskristallisieren kann. Dazu Freud selbst:

> Es stellt sich dann eine neue Art von Arbeitsteilung her: Der Arzt deckt die dem Kranken unbekannten Widerstände auf; sind diese erst bewältigt, so erzählt der Kranke oft ohne alle Mühe die vergessenen Situationen und Zusammenhänge. Das Ziel dieser Techniken ist natürlich unverändert geblieben. Deskriptiv: die Ausfüllung der Lücken der Erinnerung, dynamisch: die Überwindung der Verdrängungswiderstände.[39]

Die Übertragung von Erfahrung in Text, von ‚Realem' in Symbolisches bot als Technologie die Möglichkeit, die Innerlichkeit des bürgerlichen Individuums arbeitsfähig zu halten bzw. erst zu machen, ohne das Ideal einer gebildeten Persönlichkeit aufzugeben. Der Therapeut als Sekretär des Familienromans sichert dabei die Trennung zwischen einem ganz privaten (in der „unendlichen Analyse" befindlichen) und einem öffentlichem Selbst, indem die ärztliche Autorität an der Grenze zwischen Übertragung und Realitätssinn patrouilliert.

Subjektivität als Text und Konflikt

Der ‚nüchterne' Analytiker betreut den Patienten dabei in seiner Krise, die *nicht* forciert wird. Dies geschieht unter Bedingung der Einrichtung eines *therapeutischen Ausnahmezustands:*[40]

---

39 Freud, Sigmund: Erinnern, Wiederholen, Durcharbeiten, S. 207.

40 Diese Schreibtechnik des Umschreibens hat eine ausgeprägte Geschlechterdimension: Freuds und Breuers frühe Patienten waren bekannt-

Vor der Schädigung durch die Ausführung seiner Impulse behütet man den Kranken am Besten, wenn man ihn dazu verpflichtet, während der Dauer der Kur keine lebenswichtigen Entscheidungen zu treffen, etwa keinen Beruf, kein definitives Liebesobjekt zu wählen, sondern für alle diese Absichten den Zeitpunkt der Genesung abzuwarten.[41]

In diesem Ausnahmezustand kann das Spiel der Projektionen (relativ) gefahrlos entfesselt werden, ohne allerdings die durch die Auflösung von Widerständen freiwerdende Energie unmittelbar zum Verfolg von Lebenszielen einsetzen zu dürfen.[42] Eine unmittelbare Umsetzung der durch die Redekur entstehenden Energien ist für Freud kontraindiziert:

Er [der Analytiker] richtet sich auf einen beständigen Kampf mit dem Patienten ein, um alle Impulse auf psychischem Gebiet zurückzuhalten, welche dieser auf Motorische lenken möchten, und feiert es als einen Triumph der Kur, wenn es gelingt, etwas durch die Erinnerungsarbeit zu erledigen, was der Patient durch eine Aktion abführen möchte.[43]

Das verschriftlichende Durcharbeiten ist von einer Hemmung der Motorik ab hängig. Erst sie ermöglicht die Bewusstwerdung des Konflikts, die die Heilung einleitet. Die Auseinandersetzung mit der symbolischen Ordnung wird zum Garant der Identitätsbildung.[44]
Es wird sich zeigen, dass die neueren Beratungsformen dieses Verständnis von Selbstkonstitution völlig umkehren – im späten 20. Jahrhundert ereignet sich eine Aufwertung der (Psycho-) Motorik.

Die Aufdeckung von ,Versperrungen' bei gleichzeitiger Einsicht in die notwendigen Kompromisse mit der symbolischen Ordnung und die gebotene Zurückhaltung in der Projektion von Gefühlen auf Mit-

lich bürgerliche Frauen, deren ,hysterische' Rede in verständliche Familienromane umgeschrieben wurden.

41 Freud, Sigmund: Erinnern, Wiederholen, Durcharbeiten, S. 213.

42 Freud hierzu weiter: „Die Übertragung schafft so ein Zwischenreich zwischen der Krankheit und dem Leben, durch welches sich der Übergang von der ersteren zum letzteren vollzieht. Der neue Zustand hat alle Charaktere der Krankheit übernommen, aber er stellt eine artifizielle Krankheit dar, die überall unseren eingriffen zugänglich ist. Erist gleichzeitig ein Stück des realen Erlebens aber durch besonders günstige Bedingungen ermöglicht und von der Natur eines Provisoriums. Von den Wiederholungsreaktionen, die sich in der Übertragung zeigen, führen dann die bekannten Wege zur Erweckung der Erinnerungen, die sich nach Überwindung der Widerstände wie mühelos einstellen." Ebd., S. 214.

43 Ebd., S. 213.

44 Freud schlägt vor, die Krankheit als ,würdige[n] Gegner' (Freud, Sigmund: Erinnern, Wiederholen und Durcharbeiten, S. 212) ernst zu nehmen.

menschen impliziert eine moralische Teleologie, die auf ein Erwachsenwerden im Sinne einer Konflikt- und Kompromissfähigkeit und einer Bereitschaft zur Trauer (um den Verlust früher und gegenwärtiger Bindungen) abzielt.[45] Das Entwicklungsideal der Psychoanalyse zielt auf eine Auseinandersetzung mit den zugleich geliebten und disziplinierenden Figuren der biographischen – und gesellschaftlichen – Vergangenheit ab. Dadurch soll die Bindung an die symbolische Ordnung zugleich bestätigt *und* abgeschwächt werden: Relativierung der Ordnung, aber nicht Ablösung von der Ordnung. Das Subjekt der Psychoanalyse ist angehalten, in der Therapie ein neues Verhältnis zu seinen Konflikten zu gewinnen.

Die Transparenz des harmonischen Selbst: Therapeutischer Humanismus

In den 1940er Jahren des letzten Jahrhunderts wird die Polarität von behavioristischer Psychologie und Psychoanalyse durch eine neue psychologische Schule ergänzt, die den kulturkritischen Tendenzen der 1950er bis 1970er Jahre sowie den Produktionserfordernissen der fordistischen Gesellschaft besser entspricht. Die Protagonisten dieser Psychologie verstehen ihren Entwurf als ‚Dritte Kraft' (Maslow: „third force"[46]) der Psychologie. In den späten 1950er Jahren werden zwei Treffen in Detroit veranstaltet, mit der existenzialistische Strömungen in der akademischen Psychologie institutionalisiert werden sollten. Ein Humanismus, der mit Konzepten wie Selbstverwirklichung, Gesundheit, Kreativität, Natur, Sein, Werden, und vitalistischen Modellen spielte, dient als gemeinsamer Nenner der dritten Kraft. Eine Wiederbelebung der Kategorie der Erfahrung und verschiedener Techniken, sie zum Thema zu machen, ihre Grenzen zu ‚erweitern', sie zu ‚befreien', und sie zur Grundlage ei-

45 Philip Rieff fasst die Maxime dieser Konfliktkultur in seiner Studie „Triumph of the Therapeutic. Uses of faith after Freud" bewundernswert zusammen: "Freud maintained a sober vision of man in the middle, a go-between aware of the fact that he had little strength of his own, forever mediating between culture and instinct in an effort to gain some room for maneuver between these hostile powers. Maturity, according to Freud, lay in the trained capacity to keep the negotiations from breaking down." Rieff, Philip: Triumph of the Therapeutic, S. 31.

46 „In den vergangenen Jahren sahen sich immer mehr Psychologen gezwungen, eine Tendenz zum Wachstum oder zur Selbstvervollkommnung anzunehmen, um die Begriffe des Gleichgewichts, der Homöostase, der Spannungsreduktion, der Abwehr, und anderer konservierender Motivationen zu ergänzen." Maslow, Abraham A.: Psychologie des Seins, S. 38.

ner legitimationsfähigen therapeutischen Praxis zu machen, verschafft der humanistischen Psychologie in den Neuen Sozialen Bewegungen in den USA sowie in interessierten Industriekreisen öffentliches Gehör. 1971 erlangte die humanistische Psychologie berufsständische Weihen im Rahmen der American Psychological Association: Eine ‚Division' für Humanistische Psychologie mit einem eigenen Journal wird gegründet.[47] Heute ist es Vertretern der humanistischen Therapeutik, die mit kybernetischen Topoi und Techniken verknüpft wurde, gelungen, Studiengänge und eigene Forschungszweige zu etablieren, die teilweise unter dem Schirm der ‚positive psychology' firmieren.

Zu den therapeutischen Techniken und Paradigmen, die zur humanistischen Psychologie gezählt werden, gehören unter anderem existentielle Psychotherapie, Gestalttherapie, körperorientierte Therapien, Psychodrama, Urschreitherapie und Psychosynthese. Die Therapie wurde durch die humanistische Bewegung teilweise, d. h. für bestimmte Anwendungsfelder wie etwa die Ehe- und Berufsberatung zur Beratung umgebaut. Beratung als Berufs- und Lebensberatung etablierte sich bereits zwischen 1919 und 1932, wurde aber in der Nachkriegszeit in den Vereinigten Staaten, etwas später in Deutschland, massiv ausgebaut.[48]

Carl Rogers, Abraham Maslow und die Gestalttherapie verdienen im Folgenden eingehendere Betrachtung: Rogers als Protagonist der institutionellen Verankerung von Therapie als Beratung, Maslow als akademischem Vertreter der humanistischen Psychologie und der Gestalttherapie als paradigmatische therapeutische Methode.

Die Geschichte der humanistischen Psychologie ist eng mit der Geschichte der Emigration Europäischer Intelligenz im Zuge des ersten und zweiten Weltkrieges verknüpft. Die humanistische Psychologie und ihre labyrinthische Vervielfältigung therapeutischer Ansätze ist weniger dem Geist einer sonnigen ‚kalifornischen Kultur' geschuldet. Vielmehr boten das intellektuelle Klima der amerikanischen Westküste und der größeren liberalen akademischen Institutionen für zahlreiche emigrierte europäische Intellektuelle und Ärzte, in Union mit Teilen des liberalen Bürgertums, die Gelegenheit, ihre Lösungsvorschläge für kulturelle Probleme großen Maßstabes vor einem interessierten Publikum – und einer interessierten Klientel – auszubreiten. Zu den Immigranten gehören Frederick „Fritz" und Laura Perls, zwei deutsche Psychoanalytiker, die zusammen mit dem amerikanischen Anarchisten und Publizisten Paul Goodman die Gestalttherapie entwickelten, weiterhin der Wiener Psy-

47 Vgl. Aanstoos et al.: History of Division 32 (Humanistic Psychology).

48 Vgl. zur Schilderung dieser Entwicklung auch Duttweiler, Stefanie: Beratung und Hale, Mathew Jr.: Human Science and Social Order.

chiater Jacob Moreno, der 1957 verstorbene Wilhelm Reich sowie der Frankfurter Psychoanalytiker Erich Fromm. Transkontinentale Verbindungen existierten zwischen den amerikanischen Exilanten, der englischen Tavistock-Schule (z. B. R. D. Laing) und anderen Europäischen Kontexten, die die Ideen der Exilanten reimportierten und damit an die durch den Faschismus ausgelöschten Europäischen Konfliktlinien und Lösungsversuche Anschluss suchten.

Die humanistische Schule ist durch einen Verzicht auf eine experimentalpsychologische Erprobung bzw. Bestätigung ihrer Ansätze gekennzeichnet. Die Humanisten begriffen sich vor allem als Therapeuten, oft aber auch als Sozialreformer, die sich in den 1960er Jahren einen gewissen Ruf in den Neuen Sozialen Bewegungen sichern konnten und eine Reihe von Schulungszentren aufgebaut hatten, die zum Teil bis heute existieren. Das berühmteste ist das Esalen Institute in Big Sur, Kalifornien, das als institutionelles Zentrum der Human Potential-Bewegung gilt. Anthropologische Annahmen wurden seit den 1950er Jahren mit einer gegenüber der Freudschen Orthodoxie reformierten Behandlungstechnik verknüpft bzw. legitimiert. Diese Modifikation der Behandlungstechnik bricht mit dem autoritativen Beratungstyp und etabliert ein Beratungsverständnis, dem alle gegenwärtigen Beratungsformen aufruhen.

Institutionalisierungsformen der Beratung

In den 1930er und 1940er Jahren wurde in den USA ein Ausbau staatlicher Beratungsangebote angestrengt: medizinisch indizierte Psychotherapie, Berufsberatung, psychologische Beratung von Soldaten und die Beratung von Arbeitern. Insbesondere auch Kurt Lewin war sehr aktiv in der Etablierung von Anwendungsmöglichkeiten der Psychologie in der Industrie. Lewin gehört nicht im engeren Sinn zu den humanistischen Therapeuten; er nimmt als Emigrant, der durch die Berliner Schule der Gestaltpsychologie geprägt war und sich im Laufe seiner Karriere kybernetischen Ansätzen annäherte, aber vor allem für die Etablierung der Theorie der Gruppendynamik bekannt wurde (er leitete das Center for Group Dynamics am MIT in Massachusetts). Die Theorie der Gruppendynamik entsprach der Nachkriegsauffassung vom Betrieb als einem Ort sozialer Gruppenbeziehungen. Am ‚Research Centre for Group Dynamics‘ des Institute for Social Research an der University of Michigan wurde unter Lewins Leitung die ‚training group‘, oder ‚t-group‘ entwickelt. Sie galt als Methode, die es erlaubte, die Dynamik von kleinen Gruppen für Teilnehmer erfahrbar zu machen. Diese Gruppen wurden unter der Leitung von Experten in speziellen Sitzungen oder ‚Laboratorien‘ durchgeführt. Die ‚Connecticut State Inter-Racial Commission‘ beauftragte Lewin, eine Methode zu entwickeln, Führungskräfte darin zu schulen, rassische und religiöse Vorurteile zu bekämpfen. Nikolas Rose schildert die durch die T-Group angeregte ‚Sensibilisierung‘ und Reflexivierung des Selbstverständnisses, die zugleich als nützliche Erweiterung von Führungskompetenzen erkannt wurde:

> The T-group method, which was formalized out of this insight, provided a technology and a vocabulary through which participants could render intersubjectivity into thought and make it manageable, learning to examine „assumptions, expectations, attitudes and goals, and to project themselves into the roles of others in order to gain a measure of objectivity and detachment in considering their own ways of relating to others. The assumption ist that increased insight will lead to increased competence in leadership and in obtaining cooperation from others“ (C. Sofer 1972: Organizations in Theory and Practice). T-groups were thus more than merely instrumentally advantageous to their participants; they effected a fundamental transformation in their ways of speaking about and relating to others, the made them more insightful people at the same time as they made them better managers. Hence the enthusiasm arose not only from firms wishing better leaders and managers, but from individuals wishing to master these new techniques of the personal and interpersonal self.[49]

Lewin gründete 1947 (in seinem Todesjahr) die National Training Laboratories in Bethel, Maine, die zusammen mit dem Tavistock Institut von den 1950er Jahren bis in die 1970er Jahre die institutionellen Knotenpunkte der betriebspsychologischen Diskurse der Nachkriegszeit darstellten. Carl Rogers griff das Konzept der T-group auf und entwikkelte es weiter zu sogenannten ‚Encounter Groups‘, bzw. zum ‚sensivitity training‘. Zielgruppe des sensitivity training waren Teilnehmer von Workshops, Gefängnisinsassen, Psychiatriepatienten, Schüler, Studenten, Lehrer, letztlich Mitglieder aller Gruppen, die gemeinsame institutionelle Karrieren aufzuweisen hatten. Festzuhalten ist, dass in den 1940er und 1950er Jahren eine Therapeutisierung sozialer Beziehungen einsetzte, die sowohl von akademisch-kulturkritischen Strömungen als auch von Industrieinteressen getragen war. Welche Problematisierung des Subjekts setzt mit der humanistischen Psychologie ein?

49 Rose, Nikolas: Governing the Soul, S. 100.

Ausdruck und Einsicht: Die Behandlungstechnik der humanistischen Therapie

Rogers entwickelte eine therapeutische Praxeologie, die auf zwei Maximen beruht: Der therapeutische Prozess soll durch freien Ausdruck ‚Gefühle freisetzen' („release of feeling"), und Klient wie Therapeut sollen sich auf die ‚Erreichung von Einsicht' konzentrieren. Rogers schreibt dazu in seinem 1942 veröffentlichten ‚Counseling and Psychotherapy':

> We come now to a consideration of of what many would regard as one of the central features of any type of therapy – the release of feeling. Certainly one of the significant goals of any counseling experience is to bring into the open those thoughts and attitudes, those feelings and emotionally charged impulses, which center around the problems and conflicts of the individual. This aim is complicated by the fact that the superficial attitudes, and those easily expressed, are not always the siginificant motivating attitudes. [...] The counseling relationship itself, as has been pointed out, aids in this process.[50]

Wie Rogers anmerkt, ist diese Gesprächsform am Freud'schen Leitbild des ‚freien Assoziierens' orientiert. Seine Beschreibung der idealen Beratungsbeziehung weicht davon allerdings ab: Es solle sich nicht um Übertragungsbeziehung mit „deep affectional ties, its characteristic dependance, on the other hand and the acceptance of an authoritative and responsible role on the other"[51] handeln: „The counseling relationship represents a quality of social bond which differs from any the client has heretofore experienced".[52]

Rogers schwebt somit die Schaffung eines neuen Typs therapeutischer Beziehung vor, in der die Verantwortung des Klienten für sich selbst hergestellt wird. Der Berater soll eine Empfänglichkeit und professionelle „Wärme" bereitstellen, die zwar kontrolliert ist, den Selbstausdruck des Patienten oder Klienten aber gewissermaßen entgrenzt:

> First is a warmth and responsiveness on the part of the counselor which makes rapport possible, and which gradually develops into a deeper emotional relationship. From the counsellor's point of view, this is a definitely controlled relationship, an affectional bond with defined limits. It expresses itself in in a genuine interest in the client and an acceptance of him as a person. The counselor frankly recognizes that he becomes to some extent emotionally involved in this relationship. He does not pretend to be superhuman and above the possibility of such involvement. [...] The second qualtiy of the counselung rela-

50 Rogers, Carl R.: Counseling and Psychotherapy, S. 131.
51 Ebd., S. 85.
52 Ebd., S. 86.

tionship is its permissiveness in regard to expression of feeling. By the counselor's acceptance of his statements, by the complete lack of any moralistic or judgemental attitude, by the understanding attitude which pervades the counseling interview, the client comes to recognize that all feelings and attitudes may be expressed. [...] While there is this complete freedom to express feelings, there are definite limits to action in the therapeutic interview, helping to give it a structure which the client can use in gaining insight into himself. These therapeutic limits are a third and an important aspect of the counseling situation. [...] We make a great mistake in if we suppose that the limits are a hindrance to therapy. They are, with both adult and child, one of the vital elements which make the therapeutic situation a microcosm in which the client can meet all the basic aspects which characterize life as a whole, face them openly, and adapt himself to them.[53]

Zugleich hat der Klient aber auch die Verantwortung, sich in der Beratungsbeziehung zu öffnen und seine eigenen Entwicklungsmöglichkeiten wahrzunehmen. Diese Umkehrung der Verantwortung ist der entscheidende Bruch mit der psychoanalytischen Behandlungstechnik. Der Patient muss bei Rogers, in einer „Atmosphere of Freedom" selbst erkennen, welche Möglichkeiten ihm oder ihr offenstehen:

As we shall see in our further discussion of the therapeutic process, this is not a mere negative restraint, a wooden refusal to influence the client. It is the positive ground for personality growth and development, for conscious choice, and for self-directed integration. It is in this type of soil that that growth can take place. No doubt it is this fourth characteristic that the therapeutic relationship differs most from the usual relationships of everyday life in the family, the school, and the working world. We have spoken of this relationship as the counselor sees it, and as he tries to foster it in counseling situations. From the client's point of view, while he may not be conscious of all these elements at the outset, he does respond to the atmosphere of freedom from all moral approval or disapproval. He finds that he does not need his customary psychological defenses to justify his behaviour. He finds neither blame nor oversympathetic indulgence and praise. He finds that the counselor gives him neither undue support nor unwelcome antagonisms. Consequently the client can, often for the first time in his life, be genuinely himself, dropping those defensive mechansims and overcompensations which enable him to face the world in general. In the therapeutic relationship he can evaluate his impulses and his actions, his conflicts and his choices, his past patterns and present problems, much more truly because, on the one hand, he is freed from the necessity of

53 Ebd., S. 87f.

defending himself from attack, and, on the other hand, is protected from a too complacent dependence.[54]

Während in der Psychoanalyse und in früheren Beratungsformen die ‚Autorität' des überlegenen Wissens des Therapeuten die ungeordnete Rede des Patienten ‚rechtfertigt', ist es bei Rogers die Intelligibilität der Subjektivität des Beratenen für den Beratenen, die die Rede des Klienten ermöglicht. Selbstverständlich ist auch in der psychoanalytischen Theorie die Selbstaufklärung des Patienten Ziel der Therapie; in der Behandlungssituation selbst vertraut sich allerdings der Patient den durch Fragetätigkeit realisierten interpretativen Fähigkeiten des Analytikers an. Der Analytiker ist der Resonanzraum der Rede des Patienten, insofern die Gegenübertragungen des Analytikers diesem selbst anzeigen, welcher Gefühlswert und welche Symbolik in der Rede des Patienten enthalten ist. Rogers dagegen vertritt die Position, dass unmittelbare Selbsttransparenz und damit Selbsthabe des Klienten möglich sei. Im Unterschied zur Psychoanalyse figurieren in den humanistischen Ansätzen vitalistische Topoi als Begründungen der therapeutischen Technik: ‚Wachstum' und Realisierung der Potentiale wird durch die Freiheit ermöglicht, die der Therapeut dem Klienten gewährt.

Das sich selbst transparente Subjekt und soziale Platzanweisung

Der Selbsterkenntnis sind für Rogers andere Hindernisse in den Weg gelegt: „Complacent dependence" (s. o.): also ‚faul machende Abhängigkeit' gilt als eines der Haupthindernisse für eine Selbstaufklärung des Klienten. Anders als im Therapieverständnis der Psychoanalyse ist für Rogers eine völlige Selbstaufklärung des Patienten möglich. Die Beratung ist nicht unendlich, anders als die ‚unendliche Analyse' (Freud). Diese Transparenz des Psychischen wird in den humanistischen Therapien mit einer Lehre der Authentizität von Erfahrung, vor allem Gruppenerfahrung begründet[55].

54 Ebd., S. 90.

55 „Experience is, for me, the highest authority. The touchstone of validity is my own experience. No other person's ideas, and none of my own ideas, are as authoritative as my experience. It is to experience that I must return again and again, to discover a closer approximation to truth as it is in the process of becoming in me. Neither the bible nor the prophets – neither Freud nor research – neither the revelations of god nor man – can take precedence over my own direct experience. My experience is not authoritative because its frequent error or fallibility is always open to correction.

Rogers verbindet wie die meisten ‚humanistischen' Psychologen mit diesem ‚Existentialismus der eigenen Erfahrung' einen anti-konventionalistischen Pathos[56]. An die Stelle einer Ergründung des Rätsels der je eigenen Lebensgeschichte tritt die Unmittelbarkeit des Selbstverständnisses, die durch die Einfühlung in den Anderen erreicht werden kann. Diese Einfühlung ist entweder mit dem Therapeuten oder mit anderen Teilnehmern von Gruppentherapien[57] möglich.

Rogers nimmt wie viele humanistische Therapeuten an, die Symbol- und Gefühlswelt der Patienten unmittelbar teilen zu können, sie zu ‚verstehen'. Die Bedeutungen der in der therapeutischen Interaktion gewechselten Worte werden als intersubjektiv geteilte angesetzt. Dem ‚hier und jetzt' (Fritz Perls) der Gruppensituation wird in den humanistischen Therapien besondere Aufschlusskraft zugetraut, weil sich der Patient bzw. allgemeiner: der Mensch, der sein Potential realisieren will, sich in einer Gemeinschaft geteilter Werte und Worte wiederfindet. Die Problematisierung der Fähigkeiten bzw. Beschränktheiten der Person findet im Rekurs auf deren Erleben in der Situation statt, bzw. im Rekurs auf die Wahrnehmung des Klienten durch die Anwesenden anderen[58].

It is the basis of authority because it can always be checked in new primary ways." Rogers, Carl R.: On Becoming a Person, S. 80.

56 „Wir alle behaupten, uns liege das das Wohlergehen der Kinder und die Verbesserung der kindlichen Lebensbedingungen am Herzen. Doch ein Projekt, das beides fördert, ist für die meisten Leute völlig unannehmbar, weil es konventionelle Denkweisen, konventionelle Machtverhältnisse und konventionelle Institutionen bedroht." Ders.: Der neue Mensch, S. 133.

57 „Aber als Ann über ihre eigenen Gefühle sprach und damit auf eine andere Möglichkeit hinwies, erkannte Nancy sofort und mit völliger Sicherheit, dass es das war, was sie erlebte. Es deckte sich mit dem, was in ihr vorging. Wie es so oft geschieht, wenn ein Mensch akzeptierend verstanden wird, erlebte sie dieses Gefühl in ihrem Schluchzen zum ersten Mal voll und deutlich." Ebd., S. 123.

58 Rogers begriff die therapeutische Situation als „milieu", als „climate" und als „a microcosm in which the client can meet all the basic aspects which characterize life as a whole, face them openly, and adapt himself to them", Rogers, Carl R.: A way of being, S. 88.
Dieser metaphorische Raum weicht von Freuds Konzeption der Behandlungstechnik ab, insofern das „therapeutische Fruchtwasser" vgl. ebd.) nicht ein Ort ist, an dem die Traumen der Vergangenheit um ihrer selbst oder einer Heilung willen durchgespielt werden, sondern der dazu dient, die Möglichkeiten körperlicher Erfahrung auszuloten und Pläne für die Zukunft zu machen.

Diese ‚transparente Subjektivität und Intersubjektivität'[59] verschafft dem Individuum „unerhörte Möglichkeiten", durch ‚Einsicht'[60] sich selbst und das eigene Verhalten zu verändern. Mit dem Topos der Transparenz, der diesen therapeutischen ‚Situationismus' symbolisch verdichtet, wird die Möglichkeit einer direkten Selbststeuerung verbunden. Die

59 Die Veränderung des Selbst wird dadurch möglich, dass das Gegenüber sich transparent macht, um die Transparenz des eigenen Selbst zu ermöglichen:
„Das Individuum verfügt potentiell über unerhörte Möglichkeiten, um sich selbst zu begreifen und seine Selbstkonzepte, seine Grundeinstellungen und sein selbstgesteuertes Verhalten zu ändern; dieses Potential kann erschlossen werden, wenn es gelingt, ein Klima förderlicher psychologischer Einstellungen herzustellen. Drei Bedingungen müssen erfüllt sein, damit ein wachstumsförderndes Klima entsteht [...] Das erste Element könnte man als Echtheit, Unverfälschtheit, oder Kongruenz bezeichnen. Je mehr der Therapeut in der Beziehung er selbst ist, d. h. kein professionelles Gehabe und keine persönliche Fassade zur Schau trägt, desto größer ist die Wahrscheinlichkeit, dass sich der Klient äußern und auf konstruktive Weise wachsen wird. Das bedeutet, daß der Therapeut offen die Gefühle und Einstellungen darbietet, die ihn im Augenblick bewegen. Der Begriff der „Transparenz" wird diesem Sachverhalt gerecht: Der Therapeut macht sich gegenüber dem Klienten transparent; der Klient kann ohne weiteres sehen, was der Therapeut in der Beziehung ist; der Klient erlebt kein Zurückhalten seitens des Therapeuten. Was den Therapeuten betrifft, so ist das, was er oder sie erlebt, dem Bewusstsein zugänglich, kann in der Beziehung gelebt und, falls angebracht, kommuniziert werden. Es besteht also eine genaue Übereinstimmung oder Kongruenz zwischen dem körperlichen Empfinden, dem Gewahrsein und den Äußerungen gegenüber dem Klienten." Ders.: Der neue Mensch, S. 66f.
Die zweite Voraussetzung für ein Klima, das Veränderung fördert, ist das Akzeptieren, die Anteilnahme oder Wertschätzung – das, was ich als „bedingungslose positive Zuwendung" bezeichnet habe. [...] Der dritte förderliche Aspekt einer solchen Beziehung ist das einfühlsame Verstehen. Das bedeutet, dass der Therapeut genau die Gefühle und persönlichen Bedeutungen spürt, die der Klient erlebt, und dass er dieses Verstehen dem Klienten mitteilt. Unter optimalen Bedingungen ist der Therapeut so sehr in der privaten Welt des anderen drinnen, dass er oder sie nicht nur die Bedeutungen klären kann, deren sich der Patient bewusst ist, sondern auch jene knapp unterhalb der Bewusstseinsschwelle. Wir glauben zuzuhören, aber es geschieht sehr selten mit wirklichem Verständnis und echter Einfühlung. Dennoch ist diese ganz besondere Art des Zuhörens eine der mächtigsten Kräfte der Veränderung, die ich kenne." Ebd., S. 68.

60 „Insight: for the present it may be adequate to say that the term implies the perception of new meaning in the individual's own experience. To see new relationships of cause and effect, to gain new understanding of the meaning which behavior symptoms have had, to understand the patterning of one's behavior – such learnings constitute insight." Ders.: Counseling and Psychotherapy, S. 175.

Authentizität des Moments, der unbedingte Wert des Hier und Jetzt ist der Maßstab des Gelingens dieser Therapeutik.

Einsicht ist damit nicht etwas, das am Ende des therapeutischen Prozesses, nach Durcharbeitung einer Lebensgeschichte als Reinterpretation der Erfahrungen möglich wird, kein neuer Lebensroman, kein Text, sondern eben eine Ein-sicht im wörtlichen Sinn, eine Appräsentation des gegenwärtigen Zustand des Körpers, seine früheren Prägungen und heutigen Beschränkungen. Das Ziel ist sicherlich bei Freud und bei Rogers beidermaßen die Überwindung der neurotischen Einschränkungen von Arbeits- und Liebesfähigkeit. Für Rogers und die Humanisten kann dieser Prozess allerdings abgeschlossen werden, indem der therapierte und beratene Klient die Prägungen der Vergangenheit hinter sich lässt und letztlich eine prägungsfreie und damit zumindest fiktiv unbeschränkte Existenzweise annimmt, die auch deshalb konfliktfrei bzw. -arm ist, weil der Klient seinen Platz in der Gesellschaft gefunden hat.

Rogers beschreibt den „full cycle of therapy" als Folge von: „Expression, insight, positive decision, reoriented action in line with the newly chosen goals"[61]. Er formuliert damit ein Versprechen auf Handlungsfähigkeit, das noch dem protestantischen Insistieren auf der moralischen Handlungs- und Entscheidungsfähigkeit verpflichtet ist, andererseits aber eine Befreiung von gesellschaftlichen Normen verspricht, die in der Zeit der entfalteten Massenkonsumgesellschaft als Einschränkungen empfunden wurden.

Diese neue Bedeutung des therapeutischen Raums weist dem Körper einen neue Medialität zu: Der Körper des Klienten ist nicht mehr der Träger von Bedeutungen, die auf vergangene Traumata verweisen, der Körper ist ein Organismus, der, durch ein ermutigendes Kommunikationsmilieu zu Wachstum angeregt, sich selbst neue Sinnhaftigkeiten und Handlungsentwürfe einschreibt. Rogers Figur der „Adaptation" ist so gesehen zweiseitig: Anpassung an gesellschaftliche Anforderungen, die in der therapeutischen Situation auch erfahrbar werden sollen, und Anpassung an die innere Natur des Klienten, besonders an „repressed impulses within the self"[62]. Der Therapeut nimmt damit die Rolle eines *sozialen Platzanweisers* an, der den Klienten Klarheit über ihre *eigentlichen* Wünsche und damit über den ihnen angemessenen Ort in der Gesellschaft verschafft.

61 Ebd., S. 435.
62 Ebd., S. 179.

Humanistische Utopien

Der Bezug auf die Biologie als Modell der Psychologie wird von Maslow mit einem optimistischen Gesellschaftsprojekt verknüpft. Rogers, Maslow, Perls, Moreno, Satir und andere exponieren sich als ‚Moralunternehmer', die sich als Proponenten von neuen humanistischen Wertesystemen begreifen. Auf der ökonomischen Grundlage wohlfahrtsstaatlich abgesicherter Massenkonsumgesellschaften konnte ihrer Meinung nach eine Aktivierung von Fähigkeiten einsetzen, die einer Logik der Expansion von Lebensmöglichkeiten folgte. Maslow unterscheidet beispielsweise zwischen Defizit-Motivation und Wachstums-Motivation.[63] Letztere ist mit ihren integrativen Kräften Kennzeichen der ‚neuen Gesellschaft':

> Auf den höheren Ebenen menschlicher Reife werden viele Dichotomien, Polarisierungen und Konflikte verschmolzen, transzendiert oder aufgelöst. Selbstverwirklichende Menschen sind gleichzeitig egoistisch und selbstlos, dionysisch und apollinisch, individuell und sozial, rational und irrational, mit anderen eins und von anderen distanziert. Was ich als geradliniges Kontinuum angenommen habe, dessen Extreme polar zueinander und soweit wie möglich entfernt von einander waren, erweist sich eher als Kreis der Spiralen, in denen die polaren Extreme in einer Einheit zusammenkommen.[64]

Die humanistische Bewegung in der Therapie zeigt sich hier als quasimillenaristische Strömung, deren Mitglieder mit der Realisierung des ‚menschlichen Potentials' eine Zeit angebrochen sehen, in der Materialismus und Idealismus überwunden werden zugunsten einer neuen Gesellschaft. Die Humanisten formulieren eine universalistische Philosophie, die von einem Dualismus zwischen dem technischen und dem Natürlichen in Bewegung gehalten wird.[65] Jacob Moreno bringt diese Haltung mit theatralen Sinn zum Ausdruck:

---

63 „Soweit es den Motivationsstatus betrifft, haben gesunde Menschen ihre Grundbedürfnisse nach Sicherheit, Geborgenheit, Liebe, Achtung, und Selbstbewußtsein ausreichend befriedigt, so daß sie primär von Tendenzen zur Selbstverwirklichung motiviert werden (definiert als fortschreitende Verwirklichung der Möglichkeiten, Fähigkeiten und Talente, als Erfüllung einer Mission oder einer Berufung, eines Geschicks, eines Schicksals, eines Auftrags, als bessere Kenntnis und Aufnahme der eigenen inneren Natur, als eine ständige Tendenz zur Einheit, Integration oder Synergie innerhalb der Persönlichkeit." Maslow, Abraham A.: Psychologie des Seins, S. 41.

64 Ebd., S. 102.

65 In dem Alterswerk „A Way of Being" schreibt Rogers in einem Kapitel „The World and the Person of Tommorow: "Taken together, these trends

The greatest, longest, most difficult, most unique of all wars man has ever waged during his career, sounds its call to you. It has no precedent, no parallel, in the history in the universe. It is not a war against nature, it is not a war against other animals, it is not a war of one human race, nation, or state against the other. It is not a war of one social class against the other. It is a war of man against ghosts, ghosts that have been called, and not without reason, the greatest makers of comfort and civilization. They are the machine, the cultural conserve, the robot. The critically weakest point in our present-day universe is the incapacity of man to compete with machine-like devices otherwise than through external forces–submission, actual destruction, social revolution. [...] One angle of the problem, however, has been completely overlooked. There is a way, simple and clear, in which man, not through destructiveness nor as a part of social machinery, but as an individual and a creator, or as an association of creators can fight back [...] The Moment [sic] is the loophole through which man will fare on his way. And thought it may seem like a paradox, the intellectual, the artist, beings who since the advent of socialism and psychoanalysis have become doubtful entities and were doomed to death, are and will be the first carriers of a revolution which in the end will also satisfy also the biological pride of man. Races of man adhering to conserved production will die out. Thus Darwin's „survival of the fittest" will be found too narrow. It will be replaced by the survival of the creator. This war against ghosts calls for action not only on the part of single individuals and small groups, but on the

---

increasing interest in meditation, intuition, telepathy, spirituality, cybernetic theories, women's movement, psychotherapy, group experiences, freedom, a growing dislike for authority, institutions, bureaucracies, corporations, reductionism in science profoundly transform our concept of the person and the world that he or she perceives. This person has hitherto undreamed-of potential. This person's nonconscious intelligence is vastly capable. It can control many bodily functions, can heal diseases, can create new realities. It can penetrate the future, see things at a distance, communicate thoughts directly. This person has a new awareness of his or her strength, abilities, and power, an awareness of self as a process of change. This person lives in a new universe, where all the familiar objects have disappeared – time, space, object, matter, cause, effect – nothing remains but vibrating energy.

In my judgement, these developments constitute a „critical mass" that will produce drastic social change." Rogers, Carl R.: A Way of Being, S. 347.

Zwei der Eigenschaften der „person of tomorrow", neben „openness to experience", „desire for authenticity", „desire for wholeness", „the wish for intimacy", „orientedness toward „process", „caring", „anti-institutional attitude", „seeking authority within", „post-materialism", und „spiritualism", sind: „closeness to nature" and „scepticism regarding science and technology." Vgl. ebd., S. 350.

part of the broad masses of men. This war – within ourselves – is the creative revolution.[66]

Morenos apokalyptische Prophezeiung (im Apokalypsejahr 1946), nur der schöpferische Mensch werde überleben, bezieht ihre Emphase aus der Vorstellung eines Konflikts zwischen Kreativität und der routinehaften Vollzüge der Maschinen. Der Vitalismus der humanistischen Therapien mit ihrem Dualismus zwischen Leben und Maschine, Kreativität und Zwang gerät im Zuge des politischen Scheitern der neuen sozialen Bewegungen in den 1970er Jahren, der Technisierung des Alltags und vor dem Hintergrund einer durch digitale Technologien angeregten Erfahrungsmatrix unter Druck, er verliert an Plausibilität.

Kybernetische Therapeutik: die Wiederentdeckung der Suggestion

Seit Anfang der 1960er Jahre wurde der Diskurs der humanistischen Psychologie mit der in den 1940er und 1950er Jahren entstandenen Kybernetik verknüpft und damit grundlegend abgewandelt, so weit, dass in gewisser Hinsicht von einem diskursiven Bruch gesprochen werden muss.

1959, im Anschluss an die Macy-Konferenzen, die als Gründungsphase der Kybernetik gelten[67], wurde das Palo Alto Mental Research Institute (MRI) gegründet. Der Entwurf zu einem Förderungsantrag zur Gründung des MRI sieht folgendes vor:

The Palo Alto Medical Research Foundation has organized the Institute for Behavioral Pathology in the belief that the multi-disciplinary study of all aspects of abnormal behavior is one of the most pressing scientific problems. Although the study of formal mental illness is vital to the nation's health needs and will be the chief focus of the Institute, there are other areas such as education, communication, and the behavior of groups (of interest to industry) that must be included as relevant for the student of man's behavior. The Foundation holds that in the urgent need for understanding aberrant behavior, the multidisciplinary approach offers greatest promise. Psychiatrists, psychologists, anthropologists, sociologists and others all have unique contributions to make. A Macy sponsored project on schizophrenia which is currently operating un-

66 Moreno, Jacob: Psychodrama, S. 45f.

67 Pias, Claus: Die Epoche der Kybernetik.

der the auspices of the Palo Alto Medical Research Foundation has established that a multidisciplinary team can work together.[68]

Das angesprochene Forschungsprojekt wird von Gregory Bateson durchgeführt, der regelmäßiger Teilnehmer der Macy-Konferenzen ist. Die Palo-Alto-Schule ist vor allem durch ihre kommunikationstheoretischen Studien bekannt geworden, die auf einem informationstheoretischen Modell beruhen, aber vor allem durch eine ‚gewitzte', den Selbsthilfegeist der 1970er Jahre ansprechende Darstellungsweise Verbreitung fanden. Mit dem Kommunikationsbegriff der Palo-Alto-Schule wird das Versprechen artikuliert, die Funktionalität des Sprechens zu steigern, indem der analoge „Beziehungsaspekt" und der digitale „Inhaltsaspekt" von Kommunikation als unterschiedliche Kommunikationskanäle getrennt werden können.[69] Die analoge Kommunikationsweise, die durch Anzeichen und Gesten vermittelt sei, „definiert also, wie der Sender die Beziehung zwischen sich und dem Empfänger sieht, und ist in diesem Sinne seine persönliche Stellungnahme zum anderen"[70]. Gleichzeitig sei der „Inhalt" der Kommunikation Information, die vor allem sprachlich, bzw. „digital" vermittelt werde. Die Beziehungsebene dominiere die Inhaltsebene, insofern die Information erst auf Grundlage eines Verständnisses der Beziehungsebene interpretiert werden könne. Die Beziehungsebene wird dabei durch „Metakommunikation" zugänglich – vor allem mit den Mitteln der Ironie und Selbstbefragung. Watzlawicks „Anleitung zum Unglücklichsein", ein Buch das in keinem aufgeklärten Haushalt der 1970er und 1980er Jahre fehlt, verbindet ironischen Witz mit informationstheoretischer Kühle. Die Formulierung einer Metasprache wird dabei zwar durchaus für problematisch gehalten, da auch die Metasprache auf eine Verwendung der natürlichen Sprache (Metasprache) angewiesen ist (diese einfache Tatsache erweist die Idee einer Metasprache allerdings tatsächlich als aporetisch). Sie wird aber doch prinzipiell für möglich gehalten, indem nicht nur die Sprache beschrieben werde, sondern die „Abläufe einer menschlichen Wechselbeziehung, die einer strengen, komplexen Gesetzmäßigkeit folgt"[71]. Martin Heidegger kritisiert diese Möglichkeit der Kybernetik als Eliminierung von Differenz: „Die Kybernetik bildet die Sprache um zu einem Austausch von von Nachrichten. Die Künste werden zu gesteuert-steuernden Instrumen-

68 Quelle: http://www.mri.org/

69 Watzlawik, Paul et al.: Menschliche Kommunikation.

70 Ebd., S. 53.

71 Ebd., S. 43.

ten der Information."[72] Inwiefern diese Diagnose für die Therapeutik zutrifft, wird sich erst anhand einer näheren Untersuchung der kybernetisch umgebildeten therapeutischen Praktiken zeigen.

Der Glaube an die Möglichkeit der praktischen Umsetzung der Ebenentrennung in der Kommunikation wird (und damit die Möglichkeit der ,technischen' Lösung des Verständigungsproblems) ist mit einer kybernetischen Sozialtheorie verbunden, die die Ergründung von ,Steuerungsvorgängen' im Inneren von Menschen und im Zwischen menschlichen des Sozialen für möglich hält.

In der ,kybernetischen' Beratung wird ausbuchstabiert, was die Theoretiker der Human- und Sozialkybernetik nur andeuten: Die Beherrschung einer Metasprache erlaubt es dem Benutzer dieser Sprache nicht nur, die Bedeutung der eigenen sprachlichen Entäußerungen zu kontrollieren, gewissermaßen im Griff zu haben, sondern auch noch die ,Inhalte' der anderen Kommunikationsteilnehmer zu bestimmen. In Deutschland wird der kybernetische Diskurs in den 1970er Jahren vom Psychoanalytiker Helm Stierlin, der seit den späten 1950er Jahren in den Vereinigten Staaten tätig war, in der deutschen Psychotherapie eingeführt. Stierlin war Gründungsdirektor der Abteilung für Psychoanalytische Grundlagenforschung und Familientherapie an der Universität Heidelberg und wird als Begründer der ,Heidelberger Schule' der systemischen Therapie angesehen. Weitere Zentren der systemischen Therapie sind das familientherapeutische Institut der Mailänder Schule unter der Leitung von Mara Selvini Palazolli und das Norddeutsche Institut für Kurzzeittherapie in Bremen.

Als ,System' wurde in der systemischen Therapie zunächst die Familie betrachtet. Einer der Schüler von Helm Stierlin schreibt im Rückblick:

> Nicht geradlinige Ursache-Wirkungs-Beziehungen wurden erklärt, sondern zirkuläre Rückkopplungsprozesse, Interaktionsregeln und Spiele. [...] Die Faszination eines solchen Theorieansatzes lag darin, daß sich völlig neue Behandlungsstategien daraus ableiten ließen. Wo das Symptomverhalten eines Individuums seine Erklärung in den Interaktionsregeln einer Familie fand, mußte es sich durch die Veränderung dieser Interaktionsregeln beeinflussen lassen. [...] All diese Therapieverfahren gingen von einem Modell diskontinuierlicher Veränderung aus, das der Biologe W. Ross Ashby als Veränderung 2. Ordnung bezeichnet hatte. Er hatte Mechanismen des Wandels beschrieben, bei denen dynamische Systeme ihre Struktur sprunghaft, von einem Moment zum Andern, veränderten. Die Kybernetik bot also eine Theorie der Ver-

72 Heidegger, Martin: Das Ende der Philosophie und die Aufgabe des Denkens, S. 64.

änderung, die von den bislang im Rahmen der Psychotherapie meist zugrunde gelegten, in der Tradition der Psychoanalyse stehenden Entwicklungskonzepten abwich. Die Vertreter der systemischen Therapie wandten sich bald komplexeren ‚Systemen' wie Betrieben und anderen Organisationen zu.

Der ‚systemische Ansatz', auf die sich heute die Mehrzahl der Organisationsberater und Coachs berufen, ist aus den sozialphilosophischen, psychologischen und sozialtechnologischen Anwendungsmöglichkeiten entstanden, die die Kybernetik angeregt hat. Andererseits hat die Inanspruchnahme der Kybernetik durch Psychotherapeuten und Psychiater jener eine äußerst wirkungsvolle Verbreitung und Popularisierung verschafft.

Die Vertreter des systemischen Ansatzes, die sich auf die Systemtheorie[73], aber auch auf die theoretische Physik[74] und teils auf die Neurobiologie stützen sind anders als die humanistischen Therapeuten der Auffassung, dass sich Organismen als autopoetisch geschlossene Systeme nicht beeinflussen lassen und demnach auch nicht von Ökonomie oder staatlichen Institutionen vereinnahmt werden können. Der Biologie Humberto Maturana fasst dies in einer griffigen Formel zusammen:

If an interaction triggers in a structure-specified system a structural change that does not change its organization, the interacting agent operates only as a *perturbing* agent and the Interaction only as a *perturbation*. However, if the interaction triggers a structural change that changes the organization of the system so that its class identity changes, then the interaction is a destructive interaction and the interacting agent a destructive (or disintegrating) agent. A structure-specified system, therefore, has a structure-specified domain of perturbations as well as a structure-specified domain of disintegrations. Furthermore, the structure of a structure-specified system also specifies which configurations of the medium may perturb it and which may disintegrate it. In other words, structure-specified systems do not undergo „instructive" interaction.[75]

„Systems do not undergo instructive interaction": Systeme lassen sich also keiner instruktiven Interaktion unterziehen. Dies bedeutet zunächst, dass soziale und menschliche Systeme robust und träge sind, gewissermaßen Pfad- bzw. Habitusabhängig. Sie können nicht in eine bestimmte Richtung gedrängt werden, nur gestört werden. Sie können allerdings

73 Maturana, Humberto R. und Francisco J. Varela: The Tree of Knowledge.

74 Haken, Hermann: Erfolgsgeheimnisse der Natur.

75 Maturana, Humberto R.: „Cognition", S. 32.

zerstört werden. Es gibt nur eine Stärke der Störung, keine Richtung. Störung und Zerstörung sind die einzigen Möglichkeiten der Interaktion.

Die ‚Systemiker' ziehen aus dieser These einige Schlussfolgerungen: Jedes Individuum muss sich um seine eigene optimale Selbststeuerung kümmern, und ein optimales Maß an ‚Fluktuationen' zuzulassen, die den Organismus ausreichend destablisieren und in neue Stabilitätszustände gleiten lässt, ohne in einen desorganisierten Zustand zu verfallen. Andererseits sollte jeder Einzelne sich in die Rolle des Gesamtsystems hineinversetzen, denn von der ‚Gleichgewichtslage' des Gesamtsystems hängt sowohl die eigene als auch die Stabilität und optimale Entfaltung des sozialen Systems ab. Entscheidend ist für die systemischen Therapeuten daher die Einrichtung von ‚Feedbackschleifen', die Koordination der Einzelsysteme mit den sie umgebenden Umweltsystemen erst ermöglicht.

Die systemischen Ansätze legitimieren sich durch eine Institutionenkritik, eine allgemeine Ablehnung kulturkritischer und technikkritischen Identitätsfiguren und Expertiseformen sowie eine holistische Spiritualität, begründet durch die Integration von Systemebenen.[76]

Die therapeutischen *Praktiken* der Systemiker speisen sich weitgehend aus der im 18. Jahrhundert entstandenen hypnotherapeutischen Tradition.[77] Paradigmatisch für diese Tradition ist die *Herbeiführung* von therapeutischen Krisen, die die Gewohnheiten der Klienten durchkreuzen und produktive Neuorientierungen hervorbringen sollen. Die kreative Provokation ist dabei nicht nur eine therapeutische Technik, sondern auch ein Prinzip der institutionellen Intervention.[78]

---

76 „Indeed the whole universe seems to be organized, with pronounced structures starting from spiral galaxies, down to living cells. Furthermore, very many of the most interesting phenomena occur in systems which are far from thermal equilibrium. Synergetics in its present form focusses its attention on those phenomena where dramatic changes occur on a macroscopic scale. Here indeed Synergetics was able to reveal profound analogies between systems in different disciplines ranging from physics to sociology." Haken, Hermann: Erfolgsgeheimnisse der Natur. Synergetik. Vorwort.

77 Vgl. z. B. Schmidt, Gunther: Einführung in die hypnosystemische Therapie und Beratung.

78 Im Umfeld der Heidelberger ‚Systemiker' um Helm Stierlin, der als erster systemisch orientierter Psychotherapeut eine Professur innehatte, entstand etwa eine innovative und teilweise programmatisch anarchische Publikationskultur, die gerade im deutschsprachigen, relativ stark bürokratisierten Umfeld institutionalisierter Psychotherapie eine sehr wirkungsvolle Intervention darstellte. Der im Jahr gegründete Carl-Auer-Verlag ist beispielhaft für die ironisch-aggressive Haltung der deutschen Systemiker gegenüber der institutionell wohlbefestigten psychoanalytischen Tradition, in

Kybernetische Anthropologie und die Kybernetisierung der Therapeutik

Was macht das Aussagesystem und Aufschreibesystem Kybernetik so geeignet, den therapeutischen Diskurs des 20. Jahrhunderts zu reartikulieren? Die Kybernetik ist das erste explizit betriebene interdisziplinäre ‚Diskursprojekt': Jeder Diskurs speist sich bekanntlich de facto aus verschiedenen Quellen; die Teilnehmer der Macy-Konferenzen waren sich der ‚Interdisziplinarität' (der Begriff wird anlässlich der Macy-Konferenzen erfunden) ihres Unterfangens bewusst.

Norbert Wiener veröffentlichte 1948 in den USA das Buch „Cybernetics, or Control and Communication in the Animal and Machine". Im Zentrum der kybernetischen Hypothese steht also eine Aufhebung der Opposition von Mensch und Maschine. Die Aufhebung dieser Opposition ist in der kybernetischen Informationstheorie selbst angelegt. Diese ist ein Resultat der ‚Operationalisierung' bzw. Prozessualisierung der Mathematik als Informatik, die von Beweisen auf Regeln umsteigt, die, wenn sie in rekursiven Schleifen angeordnet sind, digitale, d. h. angenährte Lösungen für mathematische Probleme erbringen. Diese Regeln heißen Algorithmen[79].

Stefan Rieger macht als ‚Urszene' der Kybernetik die Erfindung des ‚Governor' aus, eines bzw. *des* Regelgeräts der Dampfmaschine. Dieses mechanisch äußerst einfache Gerät beschreibt und theoretisiert der Physiker James Maxwell Clerk 1867/78 in seinem Artikel „On governors". Es hat nichts von einer anthropomorphen Maschine, obwohl es im Prinzip dieselben Funktionen erfüllt: Es regelt die Kraftmaschine („Effektor"), indem es die Umdrehungszahl mechanisch misst („Sensor"). Die Ähnlichkeit der Maschinensteuerung mit gewissen Aspekten organismischer Steuerung weckte das Interesse der Sozialwissenschaftler und Biologen: Ließen sich nicht umgekehrt Eigenschaften der Maschine auf den Menschen übertragen? An Präzision, Geduld und Ausdauer, und vor allem: unfehlbarer (und zugleich stupider) Rationalität ist sie dem Men-

die sie sich einschreiben und von der sie sich zugleich abgrenzen – mit Verweis auf die kybernetische Bewegung. Die Biographie von „Carl Auer", dem Namensgeber des gleichnamigen Verlags zeigt, dass er (wie Mesmer) in der Bodenseegegend geboren wurde, anschließend in Wien „über die Freundschaft zu Annabella, einer Nichte Sigmund Freuds" Kontakte zum „Hause Freud" hatte und später mit einer Reihe von zentralen Figuren der Kybernetik in Kontakt kommt. Die Heidelberger Gruppe steht dabei auch in enger Beziehung zu systemischen Ausbildungsinstituten in Bremen, in Berlin, München und Weinheim.

79 Vgl. zu dieser Argumentation Heintz, Bettina: Die Herrschaft der Regel: Zur Grundlagengeschichte des Computers.

schen überlegen. Gerade diese Aussicht auf Rationalität war es, die in der Kulturkrise der Nachkriegszeit die ,kybernetische Hypothese' so attraktiv für Programmatiker der Führung und Selbstführung des Menschen werden ließ. Vor allem die Aussicht auf eine rationale Gestaltung des Politischen – nach den mörderischen Exzessen der Weltkriege – übte beträchtliche Faszination und Heilserwartungen bei den zukünftigen Protagonisten der Kybernetik aus. Eine kalte Rationalität, die ins menschliche Handeln Einzug halten sollte – das schien nach der Erfahrung den Katastrophen des frühen 20. Jahrhunderts ein geringer Preis zu sein.[80] Der kybernetische Aussagetypus mit seiner Figuration von Subjekten ohne ,innerer Wahrheit', dafür aber Selbststeuerungspotentialen konstitutiert eine von Stefan Rieger beschriebene „kybernetische Anthropologie“[81]. Rieger zeigt, dass die Kybernetik der 1970er Jahre als interdisziplinäres Projekt so unterschiedliche Disziplinen wie die Biologie, Physik, Ingenieurwissenschaften, Psychologie, Soziologie, Ethnologie zusammenführte. Rieger identifiziert drei Formationsregeln des kybernetischen Diskurses:

Erstens: Das Prinzip der Virtualität. Bilder, insbesondere Bewegungsbilder, gelten der Kybernetik als ein Medium der Steuerung von Verhalten und Handeln. Menschen sind wie andere höhere Tiere Wesen, die sich durch „Bildsteuerung“[82] zur Welt und zu sich selbst orientieren. Die Sachverständigen der kybernetischen Physiologie und Anthropologie rehabilitieren das (Bewegungs-)Bild als Organisationsweise menschlicher Erfahrung und menschlichen Verhaltens: Der Physiologe Melchior Palágyi konzeptualisiert den Menschen als Wesen, das seine Umweltbezüge „nach Maßgabe einer vitalen Phantasie“ organisiert, der Arzt Max Mikorey bestimmt den Menschen als ,phantombildendes Wesen', während Plessner im Anschluss an Gehlens These ,synekdochaler Abkürzungszusammenhänge' den Mensch als Schauspieler zur Anschrift bringt. Diese ,Überwindung' von Behaviorismus und Geisteswissenschaft qua Rehabilitierung des Bildes veranlasst den Medientheoretiker Stefan Rieger, die „Bewegungsbildsteuerung“[83] des Handelns als zentralen Topos der Kybernetik zu identifizieren.

80 Die Bezugnahme auf kybernetische Diskurse, mit ihrem Anschluss an die Physiologie und Gestaltpsychologie suchten auch Sozialphilosophen wie Plessner. Der Literaturwissenschaftler Helmut Lethen beschreibt diese Diskurse im Umfeld von Realistischer Literatur und Kybernetik als „Verhaltenslehren der Kälte“. Lethen, Helmut: Verhaltenslehren der Kälte.

81 Rieger, Stefan: Kybernetische Anthropologie.

82 Ebd., S. 186.

83 Ebd., S. 186ff.

Zweitens: Der Diskurs der kybernetischen Anthropologie wird von einer utopischen Vision der Machbarkeit von Steuerung angetrieben. Er weist der Technologie einen zentralen Platz im historischen Fortschritt zu: Technologie und Gesellschaft sollten als Ko-Evolution begriffen werden. Der kybernetische Diskurs ist so von einer Problematisierung geprägt, in die eine *intensive Sorge um die Zukunft* eingeschrieben ist. Diese Sorge muss allerdings genauer bestimmt werden: Die kybernetische Sorge ist nicht im Sinne einer Kulturkritik zu verstehen, die sich als Anderes der technischen Fortschrittsdiskurse versteht und so eine apokalyptische Figur artikuliert. Sorge wäre in diesem Sinne eine Kritik an den Zuständen der Gegenwart, die so in die Zukunft nicht verlängerbar seien bzw. in ihrer Verlängerung in einem katastrophischen Bruch enden würden. Die Sorge der Kybernetik zielt auf den erfolgreichen Fortgang der Koordination zwischen Systemen bzw. Organismen, der – etwa im Rahmen der allgemeinen Systemtheorie und der Synergetik Herrmann Hakens – bekanntlich zu einer Integration von Einzelprozessen auf einer höheren Strukturebene führen kann.

Drittens: Feedback als technischer Mechanismus wird als Metapher zurück in das Feld der Humanwissenschaften übertragen. Der „governor" der Dampfmaschine, ein einfaches Steuergerät, kann ist-Zustände mit soll-Zuständen vergleichen. Steuerung, die Zentralmetapher der Kybernetik, wurde in den Bereich der humanwissenschaftlich thematisierten Subjektivität übertragen. Diese Metapher entfaltet ihre Wirksamkeit auf drei unterschiedliche Weisen: Zum einen, indem sie an Diskurse des atomistischen, intentionalen Subjekts anschließt. Ein Akteur, der sich selbst steuern könnte und über die Gestaltung der Expressivität soziale Situationen (mit-)steuert, entspricht dem Ideal des selbstreflexiven Subjekts der Aufklärung. Zum anderen ist der Topos der Steuerung durch Feedback mit dem Diskurs der neoklassischen Ökonomie und der Humankapitaltheorie kompatibel. Die Gleichgewichtstheorie der Neoklassik baut bekanntlich auf ein Handlungskalkül, dass durch Anpassungsleistungen und Rückkopplungen mit Märkten charakterisiert ist. Außerdem erlaubt der Topos des Feedbacks die Ausbildung einer Subjektivierungsprogrammatik. Das „Feedback", dessen Etymologie auf das „Füttern" von technischen Aufnahmegeräten mit natürlichen Klängen verweist, ist die Rückwirkung einer Einspeisung, also die Bezeichnung für einen inneren Prozess, der durchsichtig gemacht wurde. Die Schalt- und Flußdiagramme der Kybernetik dienen der Sichtbarmachtung verborgener Kanäle und Leitungen. Durch diese Sichtbarmachtung der Flüsse und der Punkte, an denen diese reguliert werden können, eröffnet die visuelle Metapher des Feedbacks den Topos der Intervention in den inneren Fluss der Intensitäten an strategischen Zeit- und Ortpunkten. Diese visuelle Metapher findet damit ihren Eingang in die Form der Subjektivität, sie kann als Bestandteil der „Physik der Sprache in ihrer soziopsychischen Installiertheit“[84] bzw. als ausgefaltete Figur einer dann psychischen ‚Einfaltung‘[85] verstanden werden.

Viertens: Die kybernetische Anthropologie hat die Tendenz, auf sich selbst eine kybernetische Terminologie anzuwenden: Norbert Wiener nannte diese Schreibweise „Autologie“ (ausführen). Dies führt zu einer gewissen Hermetik der Literatur ‚systemischer‘ Beratung.

Die Kybernetik entlässt starke Topoi in unterschiedliche Wissensbereiche, die dadurch miteinander verknüpft werden. Das ist unter anderem daran zu erkennen, dass zentrale Begriffe der Kybernetik in vulgarisierter Form ebenso zu Bestandteilen des Allgemeinwissens geworden sind, wie Teile des psychoanalytischen Vokabulars: Selbstorganisation, Selbstmanagement, Feedback, Prozess, Synergie etc. Im impliziten Bezug dieser Topoi auf Erfahrungen von Zerstörung und ideologischer Eskalation wird die kollektive Dimension ihrer Relevanz deutlich, die weit über die Verwendung in wissenschaftlichen und technischen Spezialdiskursen hinausgeht. Zugleich mobilisierte diese Rethorik mit ihrer Berücksichtigung des Subjektiven und der eigensinnigen Akzeptanz für den ökonomischen Prozess der Nachkriegszeit. Das Autorenkollektiv Tiqqun beschreibt diesen Vorgang folgendermaßen:

> Fest steht, dass die Kybernetik nicht einfach nur einer der Aspekte des heutigen Lebens oder sein neo-technologischer Flügel ist, sondern Ausgangs- und Endpunkt des neuen Kapitalismus. *Kybernetischer Kapitalismus* [Hervorh. i. O.] – was bedeutet das? Das heißt, daß wir seit den siebziger Jahren mit einem neu auftauchenden gesellschaftlichen Gebilde konfontiert sind, das den fordistischen Kapitalismus ablöst und das aus der Anwendung der kybernetischen Hypothese auf die politische Ökonomie hervorgeht. Der kybernetische Kapitalismus entwickelt sich, um es dem vom Kapital verwüsteten Gesellschaftskörper zu ermöglichen, sich zu reformieren und sich für einen weiteren Zyklus dem Akkumulationsprozeß zur Verfügung zu stellen. Einerseits muß der Kapitalismus wachsen, was eine Destruktion beinhaltet. Andererseits muß er die „menschliche Gemeinschaft“ rekonstruieren, was eine Zirkulation beinhaltet.[86]

Die Kybernetik nimmt demnach Legitimationsfunktion für kapitalistische Prinzipien (selbstregulierende Subjekte auf freien Märkten) wahr, zugleich stellen die kybernetischen Technologien reale Regulierungs-

84 Seitter, Walter: Physik der Medien, S. 305.
85 Deleuze, Gilles: Foucault.
86 Tiqqun: Kybernetik und Revolte, S. 43f.

weisen bereit: Messprozeduren, Kartierungen des Sozialen, die Etablierung von Anpassungs- und Darstellungszwängen.

Die kybernetische Reartikulation des Therapeutischen durch humanistisch inspirierte Gegner der psychoanalytischen Textkultur Bateson, Watzlawik, Dilts, Satir, Bandler und Grinder u.v.m.) hat die therapeutische Informations- und Steuerungstheorie hervorgebracht, noch ohne auf eine Implementierung dieser neuen therapeutischen *Techne* in den kapitalistischen Zirkulation und Akkumulationsprozess abzuzielen. Trotzdem hat sich die systemische Beratung zu einem Legitimationsapparat für neoliberale Wirtschafts- und Gesellschaftsverständnisse entwickelt. Die Erzielung ‚synergetischer' Optima in der Koordination zwischen Menschen und Maschinen, Menschen untereinander und komplexer Mensch-Maschine-Netzwerken legitimiert die weitgehende Deregulierung aller Lebensbereiche; zur Begleitung der resultierenden ‚Komplexität' bieten sich die kybernetischen Experten an. Von ‚Synergieeffekten' kann allerdings allerdings auch der Einzelne profitieren: Die Möglichkeit der kreativen, ästhetischen Selbstorganisation transportiert ein Glücksversprechen, das die Wissensarbeiter des neuen Kapitalismus anspricht – die Erschließung virtueller Beweglichkeits- und Kreativitätsreserven, die zugleich eine ästhetische Intensivierung des Weltbezugs wie auch eine Innovativitätssteigerung bewirken soll.

Neurolinguistisches Programmieren: die Kybernetisierung der hypnotherapeutischen Beratung

1974 verfassten der Psychologiestudent Richard Bandler, der zu dieser Zeit Vorträge und Therapie-Workshops von Frederick Perls, dem Vertreter der humanistischen Gestalttherapie, für das Buch „Eyewitness to therapy" transkribierte und editierte, sowie der junge Linguist John Grinder, ein Anhänger der generativen Grammatik, in Santa Cruz ein Buch mit dem Titel „The Structure of Magic". Der unbescheidene und unakademische Titel verspricht bereits eine technische Erschließung des Unerklärlichen. Dieser Anspruch und der Versuch seiner therapeutischen Einlösung sollte Bandler und Grinder später den Vorwurf der Scharlatanerie und der Sektenhaftigkeit einhandeln[87]. Der Streit um den wissenschaftlichen Charakter und die mögliche Gefährlichkeit einer therapeutischen Praxis[88] zeigt immer an, dass möglicherweise ein Bruch mit eingeübten

87 Vgl. Druckman, Daniel und John A. Swets (Hg.): Enhancing Human Performance.

88 NLP wird beispielsweise teilweise von Sektenbeauftragten der beobachtet.

Diskursformen vorliegt. Dieser Vermutung soll hier nachgegangen werden.

Das erwähnte Buch von Bandler, Grinder und ihren Mitarbeiterinnen und Mitarbeitern beschäftigt sich mit den therapeutischen Techniken der Familientherapeutin Virginia Satir, dem Hypnotherapeuten Milton Erickson sowie dem Gestalttherapeuten Frederick Perls. Die Autoren beanspruchen weniger die Entwicklung einer neuartigen therapeutischen Philosophie, sondern die Schaffung eines neuartigen Zugriffs auf therapeutische Techniken etablierter erfolgreicher Therapeuten. Ihre Therapie bezeichnen sie als „neurolinguistisches Programmieren". Die Bezeichung annonciert die Verbindung des Autorenpaares mit dem Feld der Kybernetik. Beide, Bandler und Grinder, waren mit dem ebenfalls an der University of California at Santa Cruz lehrenden Gregory Bateson bekannt, der 1959 an der Gründung des Mental Research Institute beteiligt war.[89]

Die theoretischen Grundzüge von Bandler und Grinders Ansatz sind schnell erläutert: Die Autoren formulieren auf der Grundlage eine Spielart der in den frühen 1970er Jahren formulierten radikalkonstruktivistischen Philosophie[90]. Sie beziehen sich dabei auf den lebensphilosophisch interessierten deutschen Neokantianer Hans Vaihinger, der 1911 folgende Sätze verfasste:

> Where the logical function actively intervenes, it alters what is given and causes it to depart from reality. We cannot even describe the elementary processes of the psyche without at every step meeting this disturbing – or shall we say helpful? – factor. As soon as sensation has entered the sphere of the psyche it is drawn into the whirlpool of the logical processes. The psyche quite of its own accord alters both what is given and presented. Two things are to be distinguished in this process: first, the actual forms in which this change takes place; and secondly, the products obtained from the original material by this change.
>
> The organized activity of the logical function draws into itself all the sensations and constructs an inner world of its own, which progressively departs from reality but yet at certain points still retains so intimate a connection with it that transitions from one to the other continually take place and we hardly notice that we are acting on a double stage – our inner world (which, of

89 Bateson verfolgte Bandlers und Grinders Unternehmen mit Interesse und schrieb ein Vorwort zur „Structure of Magic", in dem er deren Vorhaben als Fortsetzung des Anliegens seiner eigenen klinischen Arbeiten darstellt.

90 Maturana, Humberto R.: „Cognition"; Foerster, Heinz von: KybernEthik.

course, we objectify as the world of sense-perception) and also an entirely different and external world.[91]

Die Kantische Aufklärung – Verlagerung der (Erkenntnis-)Kategorien in die Perzeption – wird von Vaihinger in einer lebensphilosophischen Wendung zum a priori wirkungsvollen Handelns umgearbeitet. Dieses konstitutionstheoretische Argument wenden Bandler und Grinder interventionistisch – um nicht zu sagen: instrumentalistisch. Die innere Wahrheit, als ‚mental models' bezeichnet, lassen sich intentional, freilich unter Mithilfe eines kompetenten Konstrukteurs verändern bzw. „modellieren".

Sie beanspruchen, durch textuelle Beschreibung die therapeutischen Handlungsweisen von Satir, Perls und Erickson so zur Imitiation freigeben zu können, dass prinzipiell jeder Therapeut mit Hilfe einer therapeutischen Technik ähnliche Ergebnisse erzielen könnte:

The therapeutic „wizards" we described earlier come from various appproaches to psychotherapy and use techniques that appear to be dramatically different. They describe the wonders they perform with terminologies so distinctive that their perceptions of what they do seem to have nothing in common. Many times we have watched these people working with someone and heard comments form onlookers which implied that these wizards of therapy make fantastic intuitive leaps which make their work incomprehensible. Yet, while the techniques of these wizards are different, they share one thing: They introduce changes in their clients models which allow their clients more options in their behavior. What we see ist that each of these wizards has a map or model for changing their clients' modes of the world – i.e., a Meta model – which allows them to effectively expand and enrich their clients' models in some way that makes the clients' lives richer and more worth living. Our purpose in this book is to present to you an explicit Meta-model, that is, a Meta-model which is learnable. We want to make this Meta-model available to anyone who whishes to expand and enrich the skills they have as people-helpers.[92]

Die Verwandtschaftsverhältnisse des Verfahrens des Neuro-linguistischen Programmierens mit der Kybernetik geben über den Bruch mit dem Humanismus der 1970er Jahre Aufschluss. Die ‚systemische Beratung' und ‚lösungsorientierte Beratung' stellt neben den humanistischen Ansätzen die im Bereich der Organisationsberatung seit etwa zwanzig Jahren weitverbreiteste Beratungs-‚schule' dar.

91 Vaihinger, Hans, 1911, zitiert nach: Bandler, Richard und John Grinder: The Structure of Magic, S. 7.

92 Bandler, Richard und John Grinder: The Structure of Magic, S. 18.

Die Kybernetisierung der Beratung

Die Attraktivität der Kybernetik und der Systemtheorie für die Beratung (und Therapie) liegt in der konzeptuellen und praktischen Verknüpfung von Lebensprozessen und Steuerungstechnik. Der Steuerungsoptimismus der Systemtheorie bezieht sich dabei sowohl auf den einzelnen Organismus als auch auf die Umwelt bzw. die den Organismus umgebenden sozialen Systeme. Mit der kybernetischen ‚Glaubensarbeit' ist eine Steigerung der Problemverarbeitungskapazität angestrebt, der die äußeren Handlungsmöglichkeiten erweitern soll. Eine derartige Kapazitätssteigerung wird in der Kybernetik ethisiert. Heinz von Förster bringt diese Ethisierung auf folgende Formel: „Nur die Fragen, die im Prinzip unentscheidbar sind, können wir entscheiden."[93] Nur eine ausreichende Komplexität der Probleme, denen Menschen sich stellen, ermöglicht nach dieser Sicht individuelle Komplexität. Kybernetische Ethik besagt dann: „Sag ihnen, sie sollen immer so handeln, die Anzahl der Möglichkeiten zu vermehren."[94]

Bandler und Grinder bedienen sich in ihrer neo-Therapeutik einer Schreibtechnik, die von Begründungen im Sinne anthropologischer Grundlegungen absieht und die Anthropologie der Therapie durch die schlanken Theoreme der Kognitionswissenschaften ersetzt. Die Strategie, Beschreibungskategorien auf sich selbst anzuwenden, nennt Heinz von Förster „Autologie"[95]. Von Förster, als der große Popularisierer der Kybernetik, schlägt vor, aus dem Geist dieser Autologie, im Sinne einer Kybernetik der Beobachtung zweiter Ordnung eine ‚Therapie zweiter Ordnung' vor: „Vorhin habe ich vorgeschlagen, eine Therapie zweiter Ordnung zu erfinden, um sich mit Dysfunktionen zweiter Ordnung befassen zu können. Ich schlage vor, die Kybernetik von beobachteten Systeme als Kybernetik erster Ordnung zu betrachten; die Kybernetik zweiter Ordnung ist dagegen die Kybernetik von beobachtenden Systemen."[96]

Die kybernetischen, sich später ‚systemisch' nennenden Therapeuten, schieben somit jene Dichotomien zur Seite, die die humanistischen Theorien mit Leidenschaft versah und ihre Anwendung in der Leistungsgesellschaft zugleich blockierte: Natur/Technik, Identität/Alterität. Mit diesen veränderten Kompositionsregeln des Diskurses, gelingt es den kybernetischen Therapeuten auf frappierende Weise, jenen Problemen

93 Foerster, Heinz von: KybernEthik, S. 73.
94 Ebd., S. 78.
95 Ebd., S. 94.
96 Ebd., S. 89.

auszuweichen, die alle bisherigen Therapietheorien und -formen an die Probleme der Naturphilosophie gebunden hatte. Frappierend auch deshalb, weil sich die kybernetische Therapie damit der hermeneutischen Rahmung der textuellen und daher hermeneutischen *Begründung* des therapeutischen Prozesses entzieht. Die Aufgabe der Findung eines substanziellen Selbst, wie sie in den humanistischen Therapien postuliert wurde, ist im autologischen Rahmen der kybernetischen Theorie letztlich unsinnig, da die Autologie mit dem Verlust eines situierten Beobachterstandpunktes bzw. Verschriftlichungsstandpunktes verbunden ist, welcher Konzepte der Authentizität überhaupt erst intelligibel macht. Auch in der therapeutischen Praxis wird der Schwerpunkt vom hermeneutischen Diskurs intersubjektiver Sinndeutung verschoben. Diese Verschiebung setzt das *erwünschte* Selbst an die Stelle des authentischen Selbst. In den therapeutischen Praktiken hat diese Verschiebung praktische Konsequenzen. Die Einfühlung des Therapeuten in die Psyche des Klienten („jetzt habe ich sie ganz authentisch erlebt") wird durch die ‚Abtastung' der Wahrnehmungsweise des Klienten ersetzt. Zur Abtastung (und ihrem Gegenstück, der „Modellierung") bedienen sich Bandler und Grinder des Mediums der Sprache, der Räumlichkeit und der Visualität.[97]

Bandler und Grinder argumentieren auf einer quasi-anthropologischen Ebene, Individuen unterscheiden sich im Aufbau ihrer „representational systems"[98], und therapeutische Interventionen können sich der Spezifität der Modalitäten der Repräsentationssysteme (visuell, auditorisch, olfaktorisch/kinesthetisch) bedienen, um interne Repräsentationen oder „belief systems"[99] zu verändern. Die Wahl der Therapeuten, die Bandler und Grinder ‚modellieren', ist für das Selbstführungsdispositiv, das sie etablieren, aufschlussreich. Frederick Perls, mit seiner Frau Laura Perls der Urheber der Gestalttherapie, zählt ebenso dazu wie Virginia Satir, die mit ihren „Familienskulpturen" räumliche und damit visuelle Medialität der Therapie stärkte. Milton Erickson war nicht Teil der humanistischen Therapieschule, vertrat er doch ein Verständnis des Unbewussten als unbeherrschbarer kreativer Energie. Die Humanisten stehen dieser Konzeption weitgehend feindselig gegenüber. Perls betont zwar ebenso die aufsprengende Wirkung unbewusster Energien, war allerdings stark dem Ideal der Selbstaufklärung verpflichtet. Wie konnte

97 Eine anderes Medium der ‚Modellierung' wären etwa Psychopharmaka.

98 Bandler, Richard und John Grinder: The Structure of Magic.

99 Dilts, Robert B.: Changing Belief Systems.

Erickson zum Gewährsmann für die Erfinder des NLP und der späteren respektableren lösungsorientierten Therapien[100] werden?

Rückgriff auf die Hypnotherapeutik

Mit Milton Erickson gehen Bandler/Grinder hinter Freud zurück und schließen an eine mindestens bis zum „Scharlatan" Anton Mesmer zurückgehende Tradition an. Dabei schlägt Erickson eine vitalistische Alternative zu Freuds Unbewusstem vor. Die strukturelle Form von Freuds Begriff des Unbewussten ist ja im Laufe des 20. Jahrhunderts von Lacan und Deleuze/Guattari als sprachliche bzw. maschinelle Struktur zugespitzt worden. Erickson verficht eine vitalistische Alternative zu Freuds Unbewusstem: Für ihn ist das Unbewusste eine autonome Quelle von Kreativität und Erfindung (und keine Bedingung für die Spaltung des Selbst).

Bandler und Grinder schlagen nun vor, in der Therapie sogenannte ‚Incantations for growth and potential' zu entwickeln.[101] Dabei handelt es sich um solche ‚Anrufungen', mit denen Klienten aufgefordert werden, ihre sprachlichen Tiefenstrukturen zu explizieren, indem drei Mechanismen berücksichigt werden, mit denen Äußerungen verkürzt werden: Generalisierung, Tilgung, Verzerrung. Die Kritik der Repräsentationen sollen bei Grinder und Dilts allerdings ‚digital' vollzogen werden, d. h. in einer dekontextualisierten Thematisierung von Aussagen, also wie beim Computer. ‚analoge' Gefühle der Klienten in der therapeutischen Situation werden ausgeklammert, um den Informationsgehalt der Aussagen vervollständigen zu können. Die Aufgabe des Therapeuten besteht somit darin die Wohlgeformheit und Explizitheit von Klientensätzen abzuprüfen und auf Erweiterungen hin durchzudenken. Ausdrücklich vermieden werden soll dabei, den eigenen Gegenübertragungen nachzugehen[102]. Bandler und Grinder stellen die Aufmerksamkeit des Therapeuten damit von einer analogen auf eine digitale Wahrnehmungstechnik um.

Die Erfinder des NLP kooperieren im Laufe der 1970er Jahre mit einem jungen Ingenieur-Psychologen, der die Konsequenzen der autolo-

100 Shazer, Steve de: „Worte waren ursprünglich Zauber"; O'Hanlon, Bill: „Solution-oriented Therapy: A Megatrend in Psychotherapy".

101 Bandler, Richard und John Grinder: The Structure of Magic, S. 57ff.

102 „That is, after training yourself using these explicit methods, you will be able to operate in a rule-governed way, applying the well-formed-in-therapy conditions, without any need to be aware of the step-by-step procedures." Dilts, Robert B.: Roots of neuro-linguistic programming, S. 108.

gischen Behandlungstechnikbeschreibung auf ihre medialen Voraussetzungen hin radikalisiert: Robert Dilts. Dilts erhält 1975 von der University of California at Santa Cruz einen Abschluss in ‚behavioral technology. Damit ist ein Kreis von Sachbearbeitern mit einer Meta-Technik, der typisch für die weitere Entwicklung von Beratungstechniken sein soll und Ähnlichkeiten mit dem Personal der Kybernetik aufweist. Als Abschlussarbeit reicht Dilts eine Studie mit dem Titel „EEG and representational Systems“ ein. In dieser Studie versucht er den Zusammenhang zwischen Repräsentationsystemen, die mittels der Vorliebe für optische, akustische, oder olfaktorische/haptische Metaphern erhoben werden sollten, und Augenbewegungen nachzuweisen. Dilts versucht, eine Verknüpfung zwischen Augenbewegung und psycho-neurologischen Zuständen des Gehirns nachzuweisen. Ob die Körper-Medientheorie von Dilts und seinen Kollegen einer Überprüfung standhalten oder nicht, entscheidend ist an diesem Punkt die Etablierung einer neuen Metaphorik, die für Beratungstechniken und für das Selbstverständnis des westlichen Individuums weitreichende Folgen haben wird.[103]

Die Verknüpfung der alten vitalistisch-hypnotherapeutischen Linie mit der kybernetischen Steuerungstheorie, mit der die animalischen Energien einer Bearbeitung und Verwertung zugänglich werden, ist als eine Art Ei des Kolumbus im Bereich der therapeutischen Dispositive anzusehen. Magnetischer Animalismus auf der Plattform digitaler Abtastung und Programmierung. Umgesetzt in Gattungen der Phantasiereise, des Rollenspiels, der Arbeit an Zielen und Visionen sowie der Einrichtung von Feedback-Instanzen sind Formen gefunden, die das technische Medium, welches als Vorbild für das NLP fungierte, als kommunikative Wirklichkeit rekonstruiert.

Robert Dilts’ ingeneurialer Ansatz radikalisierte die ‚interventionistische‘ Einbildungskraft der kybernetischen Therapie. Er verfasste in den 1980er und 1990er Jahren Lehrbücher, die die ‚Strategien‘ und Metamodelle einer überaus beeindruckenden Reihe von Weisen, Gelehr-

103 Die neuro-linguistischen „Programmierer“ sind sicherlich etwas kühn in ihrem Anspruch, Zugang zum Sampling von Perzeptionen zu besitzen oder als reverse-engineering die Verarbeitung von Perzeption im Gehirn zu steuern. Die Mittel, Konzepte des Neuro-Managements zu implementieren sind erst in den letzten Jahren durch pharmakologische und neurophysiologische Forschung entstanden. Sogenannte ‚Informationsdrogen‘ wie Prozac oder Ritalin haben den fein einstellbaren Einfluss auf das Gehirn, den Dilts in den späten 1970er Jahren gerne technisch umgesetzt hätte. Die „neurochemical selves“ der durch die pharmakologische Industrie angestoßenen chemischen Selbstprogrammierung (vgl. Rose, Nikolas: Becoming Neurochemical Selves) versprechen eine Umsetzung der Wunschvorstellungen der Kybernetiker der 1970er Jahre.

ten und Künstlern der Antike, real und fiktiv, des 18., 19. und des 20. Jahrhunderts zum Gegenstand haben. Aristoteles, Jesus von Nazareth [sic], Leonardo da Vinci, Wolfgang Amadeus Mozart, Sherlock Holmes, Walt Disney, Sigmund Freud, Albert Einstein, Nikolai Tesla.[104] Sein erklärtes Ziel ist dabei, diese Personen, denen gemeinhin Charisma, Intelligenz, oder Kreativität zugeschrieben wird, zu „modellieren", d. h. ihre Denk- und Handlungsstrategien nachvollziehbar zu machen, damit sie *imitiert* werden können. Eine solche Modellierung soll vonstatten gehen, indem die inneren Zustände und inneren Bilder der charismatischen nachgeahmt werden.[105] Eine radikalere Diskretisierung und Algorithmisierung des Geistes war nie.

Es geht hier natürlich nicht um die Frage, ob dies ‚möglich' ist, vielmehr darum, welches Imaginäre hier am Werk ist. Die therapeutische Technik, die Grinder, Bandler, und Dilts entwickeln, dies soll hier deutlich werden, markiert einen bemerkenswerten Bruch in den Technologien des Selbstführung. Die kybernetische Therapeutik subjektiviert individuen, indem die symbolische Ordnung umgangen wird, und die Individuen zur Verantwortung für ihre Vitalität gezogen werden. Der Coach fungiert dabei als temporäres Vorbild, gleichsam als temporärer Spiegel. Provokation, Aufforderung, spielerische Herausforderung und Humor sind einige der Gesprächstechniken, die die vitalistischen Steigerungsformeln der systemischen Therapeutik als Subjektivierungsprogramme realisieren. Die ‚proteische' Rethorik der gegenseitigen Abtastung und ‚Programmierung' ermöglicht eine Bezugnahme auf ein Gegenüber, welches sich nicht mehr von einer Berücksichtigung der bisherigen Lebenserfahrungen speist, sondern auf der Absicht, eine virtuelle Identität herzustellen.

Das therapeutische Dispositiv, das Grinder, Bandler und Dilts entwickeln, markiert insofern einen Schritt zur Reorganisierung neoliberaler Gouvernementalität, ermöglicht ihre Verallgemeinerung auf eine gewisse Weise erst. Sie subjektiviert Individuen durch ein ‚Kurzschließen' der symbolischen Ordnung.. Counselor-Ingenieur-Therapeuten bieten ihr Nervensystem als ‚Monitor' für die ‚mentale Landkarte'[106] des Klienten an, um diesem die Veränderung der Landkarte zu ermöglichen.

NLP und andere Techniken sind zweifellos „manipulativ", aber wer diesen Begriff prinzipiell auf alle nicht-schriftbasierten Therapien anwendet, übersieht das kybernetische Dispositiv der neuen Beratungsfor-

104 Dilts, Robert B.: Strategies of Genius.

105 Das kybernetische Prinzip der „Bildsteuerung" (vgl. Rieger, Stefan: Kybernetische Anthropologie) ist hier leicht wiederzuerkennen.

106 Vgl. Bandler, Richard und John Grinder: The Structure of Magic.

men. Diese können selbstverständlich kritisiert werden, jedoch kaum auf dem Hintergrund eines Verständnisses von authentischer Kommunikation, das sich auf essentialistische oder kommunitaristische Hintergrundannahmen beruft oder diese voraussetzt.

Die kybernetisch-hypnotherapeutischen Schulen wie NLP, Hypnotherapie (bzw. klinische Hypnose) und die verschiedenen Spielarten der Verhaltenstherapie (‚rational-emotive therapy', cognitive behavorial therapy etc.) sowie verschiedene randständigere Ansätze wie die Psychosynthese oder Provokationstherapie zielen darauf ab, auf den Patienten mit ‚heilenden' Suggestionen einzuwirken. Damit ist die Vorstellung verbunden, dass die intra-psychische Koordination von Gedanken, Gefühlen, Wahrnehmungen und Handlungsentwürfen verbessert werden könne, indem die erfolgreichen Strategien von ‚wirksamen' Menschen nachgeahmt werden. Die hypnotherapeutischen Techniken lassen sich deshalb als intentionalistisch bezeichnen: Sie implizieren, es sei möglich, Menschen, bzw. sich selbst intentional zu verändern, und dass diese Veränderung möglich ist, indem man Charismatikern nachfolgt, bzw. sie nachahmt. Die dargestellte Transformation des therapeutischen Denkens und ihrer Praktiken im Zeichen der Erkenntnispolitik der Kybernetik erlaubt es, allgemein von einer *kybernetischen Therapeutik* zu sprechen. Der Ausdruck ‚kybernetische Therapeutik' ist dabei nicht auf explizite Anknüpfungen an die Kybernetik als Theorie der Informationsverarbeitung und Steuerung (wie in der ‚systemischen' Therapie und Beratung) beschränkt, sondern erstreckt sich auf alle Formulierungen von pädagogischen oder andragogischen Interventionen, deren Prämissen, Theoreme und Interventionen sich als Ausdruck oder Konsequenz der Kybernetik zurückführen lassen. In diesem Sinne sind selbstverständlich beinahe alle neurowissenschaftliche Ansätze kybernetisch geprägt, ebenso Therapeutiken, die sich selbst noch als irgendwie humanistisch oder sogar als psychoanalytisch begreifen, aber ihre Aussagen längst ‚kybernetisiert' haben, ohne allerdings das in manchen berufskulturellen Milieus abschreckende technizistische Vokabular der Kybernetik zu übernehmen. So verstanden, umfasst der Bereich kybernetischer Therapeutik mittlerweile einen großen Anteil aller Therapeutiken. Die Subversion von älteren Paradigmen durch die Kybernetik macht einen Teil ihres Erfolgs aus.

Diskurse und Medien der Personalverwaltung

In welchem diskursiven und institutionellen Nexus stehen die Entwicklungen im Bereich der Therapie mit jenen im Bereich der Personalführung? Vier Verhältnisse lassen sich in den Blick nehmen: Erstens existieren unmittelbare institutionelle Kooperationen. Etwa in Form von Organisationen, die von Wirtschaft und professionellen Vereinigungen gemeinsam genutzt und finanziert werden. Diese Überschneidungspunkte in Form kollaborativer Projekte sind immer wieder vorhanden, beispielsweise in Form der bereits erwähnten National Training Laboratories in den Vereinigten Staaten, des britischen Tavistock Institute oder dem Heidelberger Institut für Familientherapie.[107] Zweitens finden ‚konvergente Diskursentwicklungen' statt, die Therapeutik und Managerialismus, *zwei Diskurse welche zuvor relativ unverbunden waren, füreinander anschlussfähig machen*. Dies kann allmählich geschen; im Fall der Beratung ist diese durch eine ‚Entsperrung' vermittels eines dritten, ‚interdisziplinären' Diskurses geschehen. Drittens bildet sich ein Professionalisierungsprojekt heraus, das sich durch einen strategischen Anschluss an einen diesen hegemonial gewordenen ‚interdisziplinären' Diskurs legitimiert. Solche Entwicklungen sind nicht unbedingt mit der Bildung einflussreicher Berufsorganisationen oder markanter, diskursbestimmender ‚Institute' verbunden, die diesen Transfer von Wissen institutionalisieren, sondern kann auch dezentraler stattfinden. Eine solche dezentrale Entwicklung ist für die Beratungsbranche in Deutschland charakteristisch. Viertens können verschiedene Spezialdiskurse aufgrund unabhängiger technischer oder kultureller Wandlungsprozesse eine ähnliche Ausrichtung annehmen. Dies geschieht insbesondere in historischen Situationen, in denen ein „Medienbruch" (Kittler) eintritt, also eine Ablösung bzw. Ergänzung eines dominanten Kommunikationsmedium durch ein anderes. Im folgenden Abschnitt soll zunächst die Geschichte der Personalentwicklungs-Dispositive nachvollzogen werden, um abschließend zu demonstrieren, wie das Vokabular des Managements und das Vokabular der Therapeutik in systemischen Beratungsformen wie dem Coaching zusammenfließen, vermittelt durch den gemeinsamen Bezug auf die Kybernetik, gestützt durch den Einsatz digitaler Medien sowie die Entstehung einer durch digitale Medien ermöglichten Erfahrungsmatrix.

107 Es sind vor allem diese Kollaborationen, die Rose in seiner Geschichte der Psychologie in den Blick nimmt. Vgl. Rose, Nikolas: Governing the Soul.

Entwicklung der Personalwirtschaft in den USA und Deutschland

In der Phase der ursprünglichen Akkumulation[108], bzw. der ‚Akkumulation durch Enteignung'[109] mussten die ihres Lebenserwerbs beraubten Landbewohner zunächst an die Fabrikarbeit gewöhnt werden. Die Fabriken waren als Arbeitshäuser organisiert, die vor allem den räumlichen Verbleib der Arbeiter auf dem Fabrikgelände und die Ableistung der Arbeit sicherstellen sollten. Ein großer Teil der Arbeitskräfte musste von der Heimarbeit und den engen Familienbezügen in der Tagesgestaltung entwöhnt werden, teils nutzten die Kapitalisten die traditionellen Strukturen, indem sie diese in den Fabrikalltag integrierten. Dem Arbeitsvermögen als solchem wird in der ökonomischen Theorie wie auch in der frühen Fabrikkultur wenig Aufmerksamkeit geschenkt. In der Nachkriegszeit avanciert die Steigerung des Arbeitsvermögens hingegen zu einem der wichtigsten Themen der Ökonomie. Wodurch wird das Problem der Arbeitskraft zu einem bestimmenden Thema der Ökonomie und zum Geburtsproblem einer neuen humanwissenschaftlich-ökonomischen Disziplin? Welche Praktiken der Personalführung werden entwickelt um dieser Sorge in der betrieblichen Praxis zu begegnen? Diese beiden Fragen sollen im folgenden Abschnitt beantwortet werden.

Die betriebliche Menschenführung im fordistischen Produktionsmodell ist weitgehend durch Praktiken der Einschließung und der Disziplinierung charakterisiert. Die Überwachung und Beeinflussung der Lebensführung von Arbeitern, etwa in den Fabriken Henry Fords, folgte in etwa den polizeilichen Ansätzen, die im Bereich kommunaler Polizeiarbeit entwickelt worden waren.[110] Erst allmählich bildete sich ein eigener Wissens-Macht-Komplex und damit auch Fachwissen über Personalführung heraus. Die ersten firmenübergreifenden, branchenbezogenen Versionen des „Foreman's Handbook"[111] bilden die Anfänge der Professionalisierung der Personalarbeit[112]. Vorarbeiter übernahmen allmählich Bildungsaufgaben und allgemeine sozialisatorische Aufgaben, die darin bestanden, die Arbeiter auf die technischen, bürokratischen Prozeduren sowie auf die sozialen Umgangsweisen vorzubereiten.

Beratungsfirmen, die formal unabhängig von Unternehmen agieren, existieren seit über 80 Jahren, allerdings zunächst im Bereich der Fi-

108 Vgl. Marx, Karl: Das Kapital.
109 Vgl. Harvey, David: Der neue Imperialismus.
110 Vgl. Foucault, Michel: Surveiller et punir.
111 Vgl. Patten, Thomas H. Jr.: The Foreman: Forgotten man of management.
112 Vgl. Leiter, Robert D.: The Foreman in industrial relations.

nanzverwaltung und Buchprüfung. Viele der damals gegründeten Firmen dominieren heute den Finanzberatungsmarkt: McKinsey, PriceWaterhouseCooper, Boston Consulting etc. Die großen Unternehmensberatungen in den Vereinigten Staaten wurden mit dem Ziel der staatlich beaufsichtigten Selbstkontrolle der Finanzwelt gegründet.[113] Diese Finanzberatungsfirmen sind seitdem Bestandteil der Selbstverwaltung kapitalistischer Wirtschaft. Die *prozessorientierte* Organisations- und Personalberatung dagegen hat sich erst im Laufe der 1970er Jahre allmählich entwickelt, indem unterschiedliche, stärker sozial- und humanwissenschaftlich orientierte Beratungsansätze zusammengeführt wurden. Dies ist eine Entwicklung, die von der Psychotechnik und der Human Relations-Bewegung seit der Jahrhundertwende vorbereitet wurde, als Humanwissenschaftler Modellprojekte in Unternehmen durchführten und die Industrie für den therapeutischen Zweig der Humanwissenschaften öffneten.[114]

Die Herausbildung eigener Abteilungen für das Personalwesen vollzieht sich in den USA und in Europa vor allem im Zuge eines Imports von Sozialtechniken aus der Psychologie in die Personalführung.[115] Die Psychotechnik Münsterbergs und anderer Psychologen wurde in der Personalarbeit implementiert: Insbesondere die Eignungsdiagnostik, die Auswahl von Fachkräften sowie die systematische Schulung von Arbeitskräften an Maschinen wurde im Zuge dieses Verwissenschaftlichungsschubes eingeführt oder perfektioniert. Die heute in der Betriebswirtschaftslehre als ‚Personalfunktion' bezeichnete Management‚funktion' war im frühen zwanzigsten Jahrhundert zwischen den Vorarbeitern und dem Lohnbüro aufgeteilt. Das Lohnbüro war im wesentlichen für die Verwaltung der Daten der Arbeiter, die Buchhaltung sowie die Aus-

113 Vgl. Rügemer, Werner: Unternehmensberatung für eine ausführlichere Darstellung:
„Die Wirtschaftsprüfer wurden gesellschaftlich bedeutend, als sie öffentliche Aufgaben erhielten. Durch eine gesetzlich verpflichtende Buch- und Bilanzprüfung sollten in Unternehmen und Banken solchen Manipulationen verhindert werden, die zu den Ursachen des Börsencrashs und der Weltwirtschaftskrise 1928/29 gehörten. Die deshalb im Zuge des New Deal eingerichtete staatliche Börsenaufsicht Security Exchange Commission (SEC) vergibt seitdem die Lizenz für die Wirtschaftsprüfungsunternehmen, die im staatlichen Auftrag die Buch- und Bilanzprüfung in den an der Börse zugelassenen Unternehmen durchführen." (S. 73.)

114 Vgl. Breisig, Thomas: Betriebliche Sozialtechniken.

115 Vgl. Rose, Nikolas: Governing the Soul.

zahlung der Löhne zuständig. Die Human Relations-Bewegung[116] führte in der Industrie zu einer Abmilderung der fordistischen Fabriksdisziplin und der Monotonie industrieller Arbeit durch die Einführung von job-enrichment, job-enlargement und anderer Umgestaltungen der innerbetrieblichen Arbeitsteilung.

In Deutschland fand die Entwicklung eines eigenständigen Personalwesens erst in der Nachkriegszeit statt.[117] In großen, später auch mittleren Betrieben bildeten sich meist nach 1945 eigenständige Personalabteilungen, die in der Regel auf der dritten Führungsebene der Buchhaltung bzw. des kaufmännischen Ressorts angesiedelt waren.[118]

---

116 Roethlisberger, Fritz: Man-in-Organization; Roethlisberger, Fritz und Mayo: Management and the worker, Elton: Hawthorne; vgl. zur Übersicht Rose, M.: Industrial Behavior.

117 Bahnmüller, Reinhard und Christiane Fisecker: Dezentralisierung; Femppel, Kurt: Das Personalwesen in der deutschen Wirtschaft.
In den Vorkriegsjahren wurden meist lediglich Lohnbüros mit administrativer Personalfunktionen im Sinne einer kaufmännischen Bestandspflege von Personalkonten geführt (vgl. Femppel, Kurt: 2000). Über die Entwicklung des Personalwesens im dritten Reich ist wenig bekannt. Es ist anzunehmen, dass die Koordinierung des massiven Arbeitskräfteeinsatzes (v. a. auch von Zwangsarbeitern) im Nationalsozialismus zur Weiterentwicklung und Professionalisierung der Personalarbeit in Deutschland beigetragen hat. Eine Broschüre der Mercedes Büromaschinen-Werke AG beispielsweise beschreibt eine „Gefolgschafts- und Lohnabteilung". Der Aspekt der ‚Gefolgschaftsleitung' findet seinen Ausdruck v. a. in einer avancierten Erfassung und Verwaltung von Daten über die Angehörigen der „Gefolgschaft", die auch der Kontrolle ihrer Lebensumstände diente. Fest steht zumindest, dass die Verknüpfung von staatlicher Administration und betrieblicher Personaladministration zwischen 1935 und 1945 vorangetrieben wurde: „On 1 June 1935 the regime reintroduced a type of internal passport known as the „work book". The immediate purpose of the work-book was to permit the more effective allocation of labour by the regime. Initially, possession of this document applied only to the practitioners of skilled occupations in which labour shortages existed, but quickly spread to other areas as well. Together with the registry based upon all work-books issued, the little booklet documented the working life of the bearer, changes of job, periods of unemployment, and any alleged breaches if work contracts. through the work-book system, not just the unemployed, but all Germans could theoretically be put under surveillance in the interest of the well-planned insertion of labour power where the regime wanted it most, The government later extended this system, refined to keep track of changes of address, to the entire population immediately before the Second world War in the form of the „people's registry" („Volkskartei"). Torpey, John: The Invention of the Passport, S. 133f.

118 Staehle, W. H.: Management; Oechsler, W. A.: „Historische Entwicklung zum Human Resource Management".

Nachdem die administrativen Strukturen des Personalwesens in den 1950er bis Anfang der 1960er Jahre geschaffen waren, d. h. eigenständige Personalabteilungen, die mit hochqualifizierten Mitarbeitern besetzt waren[119], folgte eine Phase der „Humanisierung", die im Zeitraum zwischen den 1960er bis Ende der 1970er Jahre etabliert wurde[120]. In dieser Phase etablierte sich die Personalarbeit als eigenständiger Bereich des Managements; in Groß- und teilweise in mittelgroßen Betrieben wurden die Personalleiter in der zweiten Führungsebene angesiedelt[121].

Diese spezifische Ausprägung des fordistisch-tripartistischen Modells der Personalführung ist in Deutschland durch die Wirtschaftspädagogik begleitet und geprägt worden[122].

Das Mitbestimmungsgesetz von 1976 verankerte schließlich das Personalwesen in der ersten Führungsebene, also im Vorstand. Die Personalwirtschaft nimmt in dieser Zeit ihre Rolle im Rahmen der tripartistischen Gestaltung industrieller Beziehungen an:

Neben den Kernfunktionen der Personalverwaltung kamen neue Aufgaben hinzu. In den 1960er Jahren bestanden sie angesichts eines Unterangebots von Arbeitskräften vor allem in der Erhaltung und Beschaffung von Personal und der Entwicklung motivations- und bindungsfördernder Instrumente sowie in Verfahren materieller und immaterieller Natur. Neue Aufgabengebiete entwickelten sich im Bereich der

---

In der deutschen Personalführungsliteratur der Nachkriegszeit werden angelsächsische Modelle der Personalführung zunächst nur zögerlich aufgenommen. Teilweise ist noch die Rhetorik der „Gefolgschaftsverwaltung" und „Gefolgschaftsbetreuung" (vgl. Mercedes AG: Die Organisation der Gefolgschafts- und Lohnabteilung eines industriellen Großbetriebes) – wie Personalführung im Nationalsozialismus oft genannt wurde – zu spüren. Publikationen zur Personalführung aus der unmittelbaren Nachkriegszeit tragen Titel wie „Betriebsknigge" und „Betriebsfibel", oder „Menschenführung–Menschenkunde": in dieser Praktikerliteratur werden laienpsychologische Versatzstücke mit Führungsmaximen verknüpft. Erst in der neugegründeten Arbeitspädagogik werden nach und nach stabile Diskurslagen etabliert. Die deutsche Arbeitspädagogik greift die human relations-Diskussion auf und führt die Vorstellung einer Bildungsrelevanz von Arbeitsprozessen im deutschen Kontext (wieder) ein.

119 Spie, Ulrich: „Entwicklungsphasen und derzeitiger Stand des betrieblichen Personalwesens".

120 Wunderer, Rolf: „Von der Personaladministration zum Wertschöpfung-Center"; Oechsler, Walter: „Historische Entwicklung zum Human Resource Management".

121 Mayrhofer, W.: „Personalpolitiken und -strategien im internationalen Vergleich".

122 In Deutschland ist dieses Feld neben der Betriebswirtschaftslehre vor allem die Betriebspädagogik. Vgl. ebd.

Sozialpolitik, der Aus- und Weiterbildung, der Konzipierung finanzieller Anreizsysteme, der Entwicklung und Einführung kooperativer Formen der Mitarbeiterführung sowie von Führungs- und Aufstiegsmodellen. Im Verlauf der 1970er Jahre kam angesichts eines schwieriger werden wirtschaftlichen Umfeldes die Aufgabe hinzu, Instrumente für einen „sozialverträglichen" Personalabbau zu entwickeln[123]. Der Aufstieg des Personalwesens wurde demnach wesentlich durch unternehmensexterne Entwicklungen (Arbeitsmarkt, Tarifpolitik, Gesetzgebung) befördert. Vor diesem Hintergrund begann sich allmählich eine systematische Personalarbeit zu etablieren, deren Ziel es war, „unter Mitwirkung des Betriebsrats die Grundlagen für eine Gleichbehandlung der Mitarbeiter zu schaffen"[124]. Ihren Niederschlag fand die Systematisierung z. B. in der Ausarbeitung von Richtlinien für die Personalauswahl oder der Entwicklung von einheitlichen Systemen der Arbeits- und Leistungsbewertung, an denen die Betriebsräte in starkem Maße mitwirkten. Sie stützten in der Regel die innerbetriebliche Aufwertung des Personalwesens, da es auch in ihrem Interesse lag, einen durchsetzungsstarken Ansprechpartner für die Arbeitnehmerbelange auf zentraler Ebene im Unternehmen zu haben, mit dem Koalitionen gebildet und Konflikte geregelt werden konnten. Das entsprach auch ihrem eigenen Politikstil, zentral entwickelte und einheitliche Konzepte konzern- und unternehmensweit auszuarbeiten und nach unten „durchzustellen". Das Personalmanagement und der Betriebsrat hatten somit kongruente Interessen und Strategien, von denen beide Seiten profitierten. Nicht von ungefähr bildeten sich zu jener Zeit die für nicht wenige deutsche Großbetriebe typische Konstellation heraus, wonach der Personalvorstand und der Vorsitzende des Gesamtbetriebsrates zusammen mit dem Vorstandsvorsitzenden und dem Produktionsvorstand die mächtigsten Personen im Konzern verkörperten[125]. In dieser Zeit der ‚großen Systeme' stand die Konzipierung und Durchsetzung zentralistischer Einheitskonzepte im Vordergrund, in der sich das Personalwesen als „Ordnungshüter etablierten"[126]. Das Personalwesen wurde zunächst streng zentralistisch organisiert, im Laufe der 1970er Jahre schließlich nach einem gruppenbezogenen ‚divisionalen' Modell, das den zentralistischen Charakter letztlich verstärkte.[127]

123 Femppel, Kurt: Das Personalwesen in der deutschen Wirtschaft, S. 33.

124 Ebd., S. 30.

125 Kotthoff, Helga und I. Matthäi: „Die Stellung des Personalwesens im dezentralisierten Unternehmen".

126 Bahnmüller, Reinhard und Christiane Fisecker: Dezentralisierung, S. 9ff.

127 „Als Alternative zum Verrichtungs- bzw. Funktionsmodell wurde deshalb eine divisionale, am Objektprinzip ausgerichtete Organisationsform empfohlen, von denen das Personalreferentensystem am prominentesten

Erst ein dritter Rationalisierungsschub, der auch als Konsequenz der ‚biopolitischen Wende' in der Ökonomie angesehen werden muss, war mit der Entwicklung einer eigenen Personalentwicklungsbranche verbunden, die sich eben auch formal unabhängig und außerhalb der Betriebe etablieren konnte.

Eine Grundtendenz zur Dezentralisierung von Steuerungsstrukturen ist als betrieblicher Restrukturierungsprozess seit den 1980er Jahren beobachtbar. Vier Prozesse werden in der betriebswirtschaftlichen und industriesoziologischen Literatur als Aspekte dieser Dezentralisierung angeführt: „Vermarktlichung" der inner- und zwischenbetrieblichen Koordinations- und Steuerungsmechanismen; Orientierung am Leitbild der Dienstleistung (auch innerhalb der Unternehmen); am shareholder value[128] orientierte Unternehmensführung; Mobilisierung und Verwertung des Humankapitals[129].

Dabei handelt es sich nicht nur um einen konzeptgesteuerten Abbau hierarchischer Organisationsstrukturen, der sich an den ‚Vorgaben' des Marktes, bzw. an Umgestaltungen der Rechenhaftigkeit orientieren. Die Entlassung von Unternehmens- und Arbeitsbereichen aus der zentralen Verwaltung und ihre radikalisierte Unterwerfung unter Rechenhaftigkeitskriterien lässt sich zugleich als ‚marktgesteuerte Dezentralisierung'[130] bezeichnen. Dezentralisierung ist dabei üblicherweise als ‚strategische' Dezentralisierung gefordert und durchgesetzt worden, d. h. als Dezentralisierung, die sich eng am Erfolg auf Märkten orientiert. Kosteneinsparung, Effizienzsteigerung, Erschließung von Produktivitätsreserven und Innovationspotentialen soll dabei durch die Bildung von autonomen Unternehmenseinheiten, durch Selbstorganisation in Form von Profit-Centern als rechtlich selbständige Tochterkonzerne oder ‚Business Units' erreicht werden. Auf diese Weise kann das „Personalmanagement als Wertschöpfungs-Center" begriffen werden[131].

---

wurde. Es sieht die Zuständigkeit eines Personalreferates für eine bestimmte Arbeitnehmergruppe (z. B. Angestellte, Arbeiter) oder für eine regional abgegrenzte Einheit (z. B. Werk, Geschäftsbereich) vor. Sämtliche Vor-Ort-Personalaufgaben liegen dabei in der Hand des Referates, das ggf. von einer zentralen Personalabteilung unterstützt wird." Ebd., S. 11.

128 Shareholder Value fungiert ja letztlich als Chiffre und Legitimationsfigur: als Chiffre steht es für die Interessen und Bewegungsfreiheit der Unternehmensleitungen, als Legitimationsfigur wird dieses Handeln als abstraktes Kalkül dargestellt, als ein soziales Naturgesetz.

129 Vgl. Femppel, Kurt: Das Personalwesen in der deutschen Wirtschaft.

130 Vgl. Bahnmüller, Reinhard und Christiane Fisecker: Dezentralisierung

131 Wunderer, Richard et al.: „Beitrag des Personalmanagements zur Wertschöpfung im Unternehmen".

Medien des Managements

Diese Formen der Restrukturierung lassen sich als Veränderung der Aufschreibesysteme des Wirtschaftens beschreiben. Ein Profit-Center einzurichten bedeutet, die Einnahmen und Ausgaben für diese Unternehmenseinheit separat von den Gesamteinnahmen und Ausgaben zu halten. Dadurch soll der Wertbeitrag und Kostenbeitrag jedes Unternehmensteils berechenbar werden – zugleich werden Entscheidungen über Ausbau oder Abstoßung (Schließung, Auslagerung, oder – wenn möglich – Verkauf) erlaubt. Das alte nationalökonomische Problem, welche Faktoren der Arbeit denn wertschöpfend seien, wird informationstechnisch gelöst: Die Buchhaltungsverfahren des strategischen Managements versprechen eine Berechenbarkeit von Wertschöpfungsbeiträgen einzelner Produktionseinheiten. Dazu wird die Unternehmen nicht mehr als jährlich oder vierteljährlich zu überprüfende Input-Output-Maschine behandelt, sondern mit einer engmaschigen Matrix von Erhebungspunkten verbunden. An diesen Erhebungspunkten werden in Echtzeit Parameter erhoben und vermittels Tabellierungen und Aggregationen zueinander in Relation gesetzt. Die betriebswirtschaftliche Gesamtrechnung wird somit durch ein Netz von Relationen ersetzt, dessen Quotienten als Ausdruck der realen Wertschöpfung gelten. Dezentralisierung bedeutet also im Kontext der betrieblichen Restrukturierung: Zentralisierung der Informationstechnologie bei gleichzeitiger Dezentralisierung der Steuerungsebenen. Dieser Prozess betrifft auch das Personalwesen.

Kritik am zentralistischen Personalwesen wurde seitens avancierter Personalmanager und Akteuren in der Wissenschaft seit seiner Einrichtung laut (es sei unflexibel und ineffizient), aber erst im Zuge der Dezentralisierungswelle der späten 1980er und der 1990er Jahre setzte sich die Kritik durch, insbesondere Aufgrund der neuen Aufgabenstellung des Personalmanagements, dessen Aufgabe als ‚Manpower planning'-Institution beinahe obsolet geworden war. Personalmanager beanspruchten in dieser Konstellation eine Zuständigkeit und Verantwortung für zunehmend wichtiger werdenden Erfolgsvariablen: die Qualifikation, Motivation und Flexibilität der Beschäftigten.

Doch wie kommt es zu dieser Entstehung einer ‚Theorie' des Arbeitsvermögens, die die Entstehung der Personalwirtschaft legitimiert und anleitet?

Die Entstehung der Humankapitaltheorie aus dem Geist der Agrarberatung

Die Theorie der Humanressourcen entwickelte sich zunächst nicht im Zusammenhang mit dem betriebswirtschaftlich-psychologischen Wissenskomplex, der auf ein allgemeines „Management of People", bzw. „Personnel Management"[132] abzielte, sondern v. a. im Rahmen der Makroökonomie.

Der Harvard-Ökonom Walsh veröffentlicht 1935 einen Aufsatz namens „Capital Concept of Man"[133]. Er wendet erstmals die Äquilibriumstheorie auf Bildungsinvestitionen an, indem der die individuellen Kosten für unterschiedliche Studiengänge und die empirischen Lebenseinkommen vergleicht. Er kommt zu dem Schluss, dass die Anwendung des Kapitalkonzepts auf „Menschen" sinnvoll sei, sieht allerdings Adam Smith' Sichtweise, dass Bildung zum fixen Kapital gehört, bestätigt. Er äußert allerdings Zweifel, dass diese als „doctrine" erkannte Einordnung auf alle Formen von Bildung anzuwenden sei, da er das Problem erkennt, dass Allgemeinbildung sich nicht auf kalkulierbare Einkommen beziehen lässt. Das Problem ist damit benannt, aber nicht gelöst. Zudem findet sein Ansatz kein breites Echo.

Zur gleichen Zeit schreibt ein junger Mann im amerikanischen Westen eine Dissertation über Agrarökonomie. Theodore Schultz wurde 1902 in einer Kleinstadt in South Dakota geboren und wächst als ältestes von acht Kindern auf einer Farm auf. Er besucht keine High School, schreibt sich aber 1921 gegen den Willen seiner Eltern am South Dakota State College, dem ehemaligen „Dakota agricultural college" im Fach Landwirtschaft ein. Er wechselt zur University of Wisconsin, absolviert dort 1930 seinen PhD, wird dann Dozent am Iowa State College, in einem anderen agrarisch geprägten Bundesstaat. Dort ist er chairman des „joint department of economics and sociology". Er wird von Reformdenkern wie John R. Commons, einem institutionellen Ökonomen, Vertreter eines korporatistischen, sozialdemokratischen Reformmodells, beeinflusst. 1929 unternimmt Schultz Reisen nach Europa und Russland, um bäuerliche Landwirtschaft zu studieren, und 1936 bereist er landwirtschaftliche Betriebe in Skandinavien und Schottland. 1943 wechselt er nach einem Streit, aber vermutlich aus Karriereerwägungen an die University of Chicago. Er formulierte die These, dass Landwirte in Entwicklungsländern nur deshalb arm blieben, weil sie durch die Zentralregierungen gegenüber den Städtern benachteiligt würden und weil es kei-

132 Vgl. z. B. Yoder, Dale: Personnel Management and Industrial Relations.

133 Walsh, J. R.: „Capital Concept applied to Man".

ne „agricultural extension services“, d. h. keine Agrarberatung gäbe, die die Landwirte in neuen Methoden unterweisen. Später prüfte Schultz seine Thesen an den Fällen Deutschland und Japan: Weshalb erholten sich Nachkriegsdeutschland und -Japan so schnell von der ökonomischen Krise? Er schloss, die schnelle Erholung, das deutsche Wirtschaftswunder, beruhe auf einer gesunden und hoch gebildeten Bevölkerung. Der Schritt zur Humankapitaltheorie ereignet sich beinahe 30 Jahre später mit zwei Publikationen, die einen Bruch in der Wissensformation der Ökonomie markieren. Die ‚Urszene‘ der Humankapitaltheorie, so viel soll hier festgehalten werden, ist die desolate Situation der amerikanischen Landwirtschaft nach der Great Depression, und Schultzes Intuitition, dass in der Erneuerung der Mentalität der landwirtschaftlichen Gemeinschaften die Lösung des Problems liegt. Diese historische Ausgangssituation wird in den theoretischeren Varianten der Humankapitaltheorie getilgt.

Humankapital

Zwei Publikationen markieren diesen Übergang auf je unterschiedliche Weise: 1961 wird Theodore Schultz' „Investment in Human Capital“ veröffentlicht, 1964 Gary Beckers „Human Capital“.[134] Schultz erörtert in einer Rede als Präsident der American Economic Association auf dem 37. Jahrestreffen dieser Institution:

> The quality of human effort can be greatly improved and its productivity enhanced. I shall contend that such investment in human capital accounts for most of the impressive rise in the real earning per worker. [...] What economists have not stressed is the simple truth that people invest in themselves and that these investments are very large. [...] What are human investments? Can they be distinguished from consumption? Is it at all feasible to identify and measure them? What do they contribute to income? Granted that they seem amorphous compared to brick an mortar, and hard to get at compared to the investment accounts of corporations, they assuredly are not a fragment; they are rather like the contents of Pandora's box, full of difficulties and hope. [...]

134 In einem von Präsident Eisenhower eingesetzten Untersuchungsprogramm, dem „Conservation of Human Resources Project“ an der Columbia University, wurde der Begriff der human resources erstmals exponiert. An 1der Verwendung des Ressourcenbegriffs in diesem Projekt lässt sich der Bedeutungswandel ablesen, den dieser Begriff durchläuft: Während 1948 noch eine Ressource gemeint ist, die geschützt werden muss, also zerstört werden kann wie andere Ressourcen, spricht Correa von der ‚Produktion‘ von Humanressourcen (vgl. Correa, Hector: The Economics of Human Resources)

In principle there is an alternative method for estimating human investment, namely by its yield rather than by its cost. While any capability produced by human investment becomes a part of the human agent and hence cannot be sold; it is nevertheless „in touch with the marketplace“ by affecting the wages and salaries the human agent can earn. The resulting increase in earning is the yield on the investment.[135]

Schultz diskutiert hier die ‚amorphe‘ Qualität von Selbstinvestitionen; diese lassen sich zwar schwer definieren, dafür aber anhand ihrer Wirkung messen. ‚Human investments‘, als Drittes neben Konsumption und Produktion, sichert eine Erweiterung des marktrelevanten individuellen Humankapitals und zugleich die Einbringung diese Kapitals in Wertschöpfungsprozesse, also in Arbeit. Mit dieser Definition wird gleichzeitig ein normatives Raster und eine Vorlage für Subjektivierungsprozesse entworfen: Der Imperativ zur Investition in sich selbst unter Aufrechterhaltung der eigenen Gesundheit und Konsumptionsfähigkeit ist in dieser Definition in Nuce enthalten. Sie stellt zugleich eine selbstwidersprüchliche Figur auf, die ihre eigenen Unabschließbarkeit enthält: Investition in Humanressourcen, von der Allgemeinheit ermöglicht, vom Individuum vollzogen, darf nicht in Askese umschlagen, die die Einsetzbarkeit, Flexibilität und Belastbarkeit der Arbeitskraft gefährdet, aber auch nicht zur marktunabhängigen Befriedigung verfallen. Die verbesserte Genußfähigkeit wird von den Humankapitalökonomen explizit als positiver und in Rechnung zu stellender Effekt von Bildungsinvestitionen angeführt. Schultz dazu:

But surely a part of these costs [von Bildungsinvestitionen, B. T.] are consumption in the sense that education creates a form of consumer capital which has the attribute of improving the taste and the quality of consumption of students throughout the rest of their lives. If one were to allocate a substantial fraction of the total costs of this education to consumption, say one-half, this would, of course, double the observed rate of return to what would then become the investment component in education that enhances the productivity of man.[136]

Die Erziehung zum Genuß hochwertiger Konsumgüter soll den unvermeidbaren konsumptiven Überschuss der Bildungsinvestitionen in produktive Bahnen lenken. Was an reiner Selbstgenußfähigkeit Resultat der Bildung ist, soll entsprechend geformt werden[137].

135 Schultz, Theodore: „Investment in Human Capital“, S. 8f.

136 Ebd., S. 13.

137 Vor dem Hintergrund dieser Annahme wäre es rational für Regierungen bzw. Volkswirtschaften, nicht in Bevölkerungsteile zu investieren, deren

Der normative Kern der Humankapitaltheorie, ihre Interpellation an die Subjekte ist damit zweifach: Verbot, sich selbst und andere im Überfluss zu genießen. Hingegen das Gebot, sich selbst im Dienst der Verfügbarkeit (für sich selbst und den Markt) zu pflegen. Es gibt eine Fülle von Verhaltensweisen, die von dieser Bestimmung angezeigt werden – um sogleich wieder eingeebnet zu werden: die Verschwendung, Verausgabung, die Agression, die Zerstörung im Dienste des Genusses, oder die neue Genußmöglichkeiten schafft, und die Depression, die die eigene Leidensfähigkeit steigert. Dyonisos wird zur Ordnung gerufen, homo faber wird ermahnt, sich dem Genuß zu öffnen.

Die Kopplung zwischen Selbstgenuss/Selbstsorge und Markt ist eine lockere Kopplung. Sie ist jedem selbst überlassen und in diesem Sinne ein individualisiertes, ethisiertes Sozialverhältnis. Jeder ist zwar (vorgeblich) in die Freiheit entlassen, um in sich zu investieren oder eben nicht. Letztlich wird die Kultivierung der eigenen Ressourcen aber als Legitimation für tatsächlichen Lebenserfolg zur Norm erhoben[138]. Die Erhebung zur individuellen Norm setzt ein, als Gary Becker das Humankapital mit der Aquilibriumstheorie der Neoklassik verknüpft. Die Äquilibriumstheorie setzt bekanntlich das Gleichgewichtstheorem als allgemeingültig voraus, um Hypothesen zu ‚verifizieren'. In seinem Standardwerk ‚Human Capital' schreibt ‚erklärt' Becker, weshalb manche Personen mehr als andere verdienen: „Because observed earnings are gross of the return on human capital, some persons earn more than others imply because they invest more in themselves."[139] Die Wissenschaftlichkeit verifikationistischer Methodologien kann hier nicht zur Diskussion stehen; entscheidend ist, dass mit der neoklassischen Reformulierung des Humankapitalkonzepts endgültig eine Individualisierung des Zusammenhangs von Mentalität und wirtschaftlichem Erfolg eintritt. Konsequenz dieses diskursiven Umbaus ist ein marktradikales Bildungskonzept und eine Ästhetik der asketischen Lebensführung. Vor allem die Investitionen in die Produzenten erhöhen die Produktivität des Unternehmens. Becker etabliert ein Primat des Produktionsfaktors Arbeit. Marktradikal ist das Bildungskonzept v.a. deshalb, weil nur Investitionen, die zukünftige Gewinne versprechen, als Bildungsinvestitionen zu begreifen sind. Bildungsinvestitionen, die weder die Chance auf zu-

Konsumkraft nicht benötigt wird. Dies scheint z. B. für die deutsche, exportstarke Wirtschaft gültig zu sein. Auf der Folie der Humankapitaltheorie ist diese Investitionszurückhaltung allerdings nicht problematisch, sondern geboten.

138 Die Ähnlichkeit zur protestantischen Ethik ist hier offensichtlich.

139 Becker, Gary: Human Capital: A Theoretical and Empirical Analysis, S. 46.

künftige monetäre Gewinne für Individuen erzielen noch die Produktivität der Mitarbeiter erhöhen, sind als reine Konsumption oder als Fehlinvestition anzusehen. Dieses ‚realistische', neo-utilitaristische Bildungskonzept ist eng mit einer impliziten Asketik bzw. Diätetik verbunden. Die Maximierung des eigenen Glücks wird erst durch den Aufschub der Konsumption verbunden. Es ist laut Becker rational, einen möglichst großen Anteil des individuellen Einkommens, zumindest in der Kindheit, Jugend, und dem frühen bis mittleren Erwachsenenalter in die eigene Bildsamkeit, in die Humanressourcen zu investieren, anstatt zu konsumieren. Bildung ist für Becker Investition, sie kostet Geld und Lebenszeit und hat keinen eigenen Wert. Die eigene Lebenszeit soll, diesem appollinischen Prinzip zufolge, nicht verschwendet, sondern investiert werden, und zwar kontrolliert, an zukünftigen Marktlagen entlang. Becker projiziert damit das Handlungsmodell der neoklassischen Mikroökonomik auf die Hermeneutik der Lebenspraxis und unterstellt, ja, injiziert dieser Lebenspraxis damit eine intensive Sorge um die Zukunft als Berechnungsgrundlage gegenwärtiger Bemühungen.

In der neuen Pflicht zur Investition in das eigene Wohlbefinden und die eigenen Fähigkeiten zeichnen sich die Umrisse der neo-asketischen Agenda der Humankapitaltheorie ab, die durch eben diese auseinanderstrebenden Vektoren gekennzeichnet ist, die doch eine Gesamtrichtung ergeben: Aus der Vereinigung von Konsument und Produzent soll nicht mehr der Arbeiter mit Freizeit entstehen, sondern der Unternehmer in eigener Sache. Diese Programmatik wird seit den 1970er Jahren von der neoliberalen Strömung der Volkswirtschaftslehre als Reformagenda vorangetrieben, indem diese Lebensweisen propagiert werden, anderen Lebensweisen, etwa die des biederen Angestellten, des Spießers, des gewerkschaftstreuen Arbeiters als veraltet dargestellt werden.[140]

Entscheidend für die Durchsetzung der Programmatik des Humankapitals ist allerdings, welche Dokumentationsregime ins Spiel gebracht werden, um die Zurichtung von realen Akteuren auf dieses Idealmodell zu ermöglichen. Die Darstellung dieser Aufschreibesysteme ist Gegenstand des nächsten Abschnitts.

Wiederum Schultz gibt einige Hinweise darauf, durch welche Maßnahmen, gewissermaßen Policy-Felder, diese Regierung von Bevölkerung praktisch umgesetzt werden könne:

(1) health facilities and services, broadly conceived to include all expenditures that affect the life expectancy, strength, and stamina, and the vigor and vitality of a people; (2) on-the-job training, including old-style apprenticeship

140 Vgl. Barfuss, Thomas: Konformität und bizarres Bewusstsein.

organized by firms; (3) formally organized education at the elementary, secondary, and higher levels, (4) study programs for adults that are not organized by firms, including extension programs notably in agriculture, (5) migration of individuals and families to adjust to changing job opportunities.[141]

Die Ausschöpfung des Humankapitals der Gesamtbevölkerung ist somit auch eine Forderung der Humankapitaltheorie: „Racial discrimination and religious discrimination are still widespread. Professional associations and governmental bodies also hinder entry; for example, into medicine. Such purposeful interference keeps the investment in this form of human capital substantially below its optimum."[142] Das Modernisierungstheorem der Humankapitaltheorie erweist sich als Konjunktion eines Gestus der Missionierung und einer Theorie der Leistungsaskese.

Veridiktion: Der Markt als Ort der Wahrheit

Die Humankapitaltheoretiker haben mit der Äquilibrationstheorie eine Form der naturalistischen Metaphysik entwickelt. Naturalistisch sind die Chicagoer Ökonomen, insofern im Utilitarismus der neoklassischen Äquilibriumstheorie die Annahme etabliert wird, dass rational handelnde Akteure sich in ihren Handlungen gegenseitig koordinieren. Es ist Aufgabe der Ökonomie, diese Koordinierungsprozesse zu beobachten und daran die Vorannahmen über Präferenzen und Handlungsstile von Akteuren zu präzisieren. Der Markt wird dabei, nicht in der neoklassischen Theorie, sondern in der Praxis der politischen Ökonomie, zum ‚Ort der Wahrheitsfindung', wie Foucault bemerkt[143].

Foucault geht es hier um Formen der Entstehung legitimen Wissens, und zwar nicht im Sinne einer expliziten, sekundären Legitimation, sondern um die Bedingungen der primären Legitimation.

Im Humankapitaldiskurs mit seinem Netz von Steigerungs- und Kontrolltopoi und seiner spezifischen neo-disziplinären Ordnung, die sich als Überschneidungspunkt von marginalistischer Ökonomie, neoutilitaristischer Soziologie und Volkskörper-demographie erweist, zeichnen sich die Umrisse einer biopolitischen Gouvernementalität ab, die allerdings in der Zeit der Formulierung seiner Formulierung noch nicht über die Mittel zu seiner Durchsetzung verfügt.

Die Vertreter der Chicago School treten seit Mitte der 60er mit einem breiten, ja imperialen humanwissenschaftlichen Anspruch auf, der kein Gebiet menschlichen Handelns unabgedeckt lässt: Bildung, Part-

141 Schultz, Theodore: „Investment in Human Capital", S. 9.
142 Ebd., S. 14.
143 Foucault, Michel: Geschichte der Gouvernementalität I.

nerschaft, Erziehung, Arbeitsmarkt, Haushaltsführung, Kinderkriegen, Konsumverhalten, Migration, Glauben, Gesundheitsverhalten, Zähneputzen[144] bis hin zum Selbstmord.

Die Humankapitaltheorie in Verbindung mit der Heuristik der Äquilibriumstheorie beansprucht den Geltungsgrund einer universellen Erklärung menschliches Handeln. Die Komposition des Humankapitaldiskurses folgt dabei nicht etwa den Regeln einer strikt theoretischen *oder* empirischen Gattung, sondern verfährt *realitätserschließend.* Ausgehend von Handlungsbereichen, in denen sich Handeln bereits äquilibriumstheoretisch erklären lässt, werden Bereiche beschrieben, in denen die moderne Bewusstseinsform sich noch nicht durchgesetzt hat, aber vielleicht schon teilweise Handlungen beeinflusst.

Polish the stars, shoot the dogs: Strategisches Humankapitalmangement

Das Konzept von Human Resources fand zwischen 1960 und 1970 Eingang in den Kanon des Managements und der Personalführung als Teilbereich der Managementlehre. So findet sich ein Kapitel „Development of Human resources“ in der sechsten, 1970 erschienen Ausgabe des 1938 erstmalig aufgelegten Standardwerks „Personnel Management and Industrial Relations“, noch nicht aber in der 1962 erschienen fünften Auflage. Dort findet sich wie in den vorhergehenden Ausgaben zwar ein Abschnitt über „management development“. Dieser Begriff verweist aber auf der Ebene der Qualifikation für die Leitungsaufgaben der Manager: „In general, Policy proposes (1) to improve the qualifications of present managers and (2) to provide an adequate supply of well-qualified future managers.“[145] Diese Thematisierung von ‚Development‘ speist sich aus den älteren, bürokratischen, teilweise extrem mechanistischen „manpower planning“ Konzepten[146], die sich Mitte der 1950er Jahre zunehmend auf die großen organisatorischen Einheiten des Militärs und der Großbetriebe beschränken und Ende der 1960er Jahre zunehmend obsolet werden. In diesem Diskurs ist zwar auch die Rede von der Produktion von Arbeitskraft[147], aber die Herstellung der Arbeitskraft bzw. des Arbeiters wird dort als erfolgreiches Resultat einer gelingenden Auswahl des Menschenrohstoffs durch ‚selective predicition‘ im Sinne

144 Blinder, Alan S.: „The Economics of brushing teeth“.
Dieser Scherz-Aufsatz zeigt zumindest, wie selbstsicher die Humankapitaltheoretiker seit den 1970er Jahren auftreten.

145 Yoder, Dale: Personnel Management and Industrial Relations, S. 413.

146 Vgl. Jessop, W. N. (Hg.): Manpower Planning.

147 Z. B. John Parry: „The Production of Flying Personnel“.

psychotechnischer[148] und schulischer Lernkontrolle in Verbindung mit einer effizienten Vermittlung von Kompetenzinhalten („absorb the long training“) begriffen.

Die Strategie der „Personalauslese“ war auch in Deutschland bis in die 1960er Jahre dominierend für die Sicherstellung einer produktiven Verausgabung und Abschöpfung von Arbeitskraft.[149] In der 1970er Ausgabe des in hohen Auflagen gedruckten Handbuchs ist die theoretische Einführung erstmalig nicht mehr auf die industrial relations-Lehre bezogen, sondern auf „Policy and theory in manpower management“. In der Einführung wird eine Aufwertung des traditionellen „Personel management“ oder „personnel administration“[150] beschrieben, die darin begründet ist, dass manpower management für alle Managementfunktion von Bedeutung sein soll, also für die Wertschöpfung insgesamt eine gesteigerte Bedeutung annimmt: Adam Smith saw the the process of as one of combining resources – the „factors of production“, land, labor, and capital – to accomplish the goals of the organisation. Managers procure, process, and peddle, finding and employing resources, developing goods and services, and finding markets for their output. The classics in management literature identify mahor subprocesses as planning, organizing, staffing, directing, and controlling.

Manpower management is an essential in each of these functions. Every manager who plans, staffs, organizes, directs, and controls necessarily accomplishes these functions through people and applies them to people. His responsibilities include planning for people, organizing people, staffing with people, and applying controls to people.[151]

Aufgelistet als Aufgaben sind unter den traditionellen der Personalauswahl und des collective bargaining „Administration, choices of style“, „Commitment-incentivation“, „Training/Development“, „Research and Innovation“, „encouraging Creativity, venture“, „Review, audit, control“.

Diese Bildungsaufgaben im engeren Sinn sind in der Auflage von 1962 noch nicht enthalten, in der unter „management of people at work“ zunächst nur die Regelung der industriellen Beziehungen in liberalen Gesellschaftsordnungen verstanden wird:

The heart of employment relationships and the setting for all problems of management is the process of employment. This is, in itself, a unique and dis-

148 Vgl. Bültmann, Wilhelm: Psychotechnische Berufseignungsprüfung von Gießereifacharbeitern.

149 Z. B. Knoop, Ernst H.: Fibel der Personalauslese und Personalführung.

150 Yoder, Dale: Personnel Management and Industrial Relations, S. 11.

151 Ebd., S. 89ff.

tinctive process. In it, politically free citizens voluntarily work fro other free citizens, performing operations in which they may have relatively little personal interest., as a means of „making a living". These free workers accept the leadership of managers they may not respect, recognizing that such managers may have appointed themselves to positions of leadership".[152]

Diese legitimatorischen Präambeln beziehen sich auf ein Verständnis von industrial relations als Befriedungspraxis. Die Arbeitskämpfe sollten also mit einer liberalistischen Ideenwelt, einer tripartistischen Organisation der Konflikte[153] und einer gezielten Eindämmung von Konflikten beherrschbar werden. Personnel Management in diesem Sinne besteht in einem „bilateral policy making through collective bargaining and contract administration", das zu der „management function" gehört, die „labor relations" genannt wird[154].

In der sechsten Ausgabe von 1970 werden die industrial relations nicht mehr als Hauptbezugsrahmen von Personnel Management aufgeführt. Dies korrespondiert mit einem allgemeinen Niedergang der industrial relations-Literatur.

Strategisches Humankapitalmanagement

„Fortschritte" in Ökonometrie beförderten die neoklassische Revolution. Im Vorwort zum ersten Buch über „strategic human resource management" erklärt ein Personalökonom:

The distinction between employees as assets and employees as expenses is a major one that can substantially alter an organization's policies toward people in its employ. Some major changes would take place for the better in human resources or employee relations practices if human capital theory were widely applied. Employee obsolescence can be averted, for one. Turnover and low productivity can be reversed. New corporate „stars" can be identified and nurtured an long-term, steady employees can be motivated to sustain high productivity. These effects have all been produced by organizations using the tenets of human capital theory. Advantages also accrue to employees, who benefit from better management and, in turn, become increasingly valuable to the organization.[155]

Die Entwicklungen der volkswirtschaftlichen Ökonometrie schufen erst die Medienverhältnisse, die die Wirkungen solcher Metaphysika wie das

152 Ebd., S. 2.
153 „trilateral manpower policy", ebd., S. 138ff.
154 Ebd., S. 159.
155 Odiorne, George: Strategic Management of Human Resources, S. 76.

Humankapital präsentierbar und rechnerisch repräsentierbar machten. Mit dem Strategic Human Resource Management, kurz auch „SHRM“, streben Betriebswirtschaftler wie Odiorne die Etablierung eines Dispositivs auf betrieblicher Ebene an, das auf zwei Ebenen operiert: Zum einen sollten die Personalentwickler der großen Unternehmen die Legitimation erhalten, selbständig investiv tätig zu werden, d. h. eine Erweiterung ihres Budgets, ihrer Gestaltungsspielräume und eine Aufwertung ihres beruflichen Status anzustreben und durchzusetzen. Zum anderen sollen durch die Durchsetzung des Humankapitalansatzes in der Arbeitsorganisation die prognostizierten Steigerungen in der Wertschöpfung tatsächlich eintreten, und zwar auf belegbare Weise.

Im strategischen Human Resource Management wird die sogenannte Portfolio-Analyse, die ökonometrische Erfassung zukünftiger Erfolgsaussichten von Unternehmen und damit das Zentralmedium der Vergleichbarmachung von Unternehmen auf Aktienmärkten, auf menschliche Belegschaften angewandt. Dabei werden zwei Wissensformationen zusammengeführt, wie der Autor selbst bemerkt:

> The portfolio theory of human capital requires us to think in two kinds of language at once. The first is the language of finance, and the second is the human-oriented language of personnel administration, employee relations, and human resource management.[156]

Die Sprache des Managements ist dabei flexibler als die Sprache der Buchhaltung: „That which counts is that which is counted.“[157] Buchhalter müssen mit Standards der Buchhaltung konform gehen. Human Resources ließen sich in der offiziösen Buchhaltung nicht konsistent führen. Sie wurden auf der Kosten- und Gewinnrechung auf der Kostenseite geführt. Seit Mitte der 1960er Jahre war in den USA ein eigenes Genre des „Human resources accounting“ entstanden – in Deutschland seit Mitte der 1970er Jahre als Humanvermögensrechnung eingeführt[158]. „Thus, the whole cluster of ideas that sprang from Schultz's germinal concept that people were assets rather than expenses fell on hard times because the accounting profession simply wouldn't accept the notion of treating humans as assets on the balance sheet.“[159] Es gibt zwei Zweige der Buchhaltung: Finanzbuchhaltung und manageriale Buchhaltung. Finanzbuchhaltung wird meistens durch CPA (Certified public accountants) durchgeführt, während managerielles Accounting zur Entschei-

156 Ebd., S. 33.
157 Ebd., S. 51.
158 Ebd., S. 52.
159 Ebd., S. 53.

dungsfindung der Manager und der Aktienkäufer dient (der Bedeutungsanstieg der Managerialen Buchhaltung hat dem SHRM einen Aufschwung verschafft). Die Kosten-Nutzen-Rechnung verlor durch die Aktienkapitalisierung an Bedeutung gegenüber neuen Kennziffern wie etwa dem Return on Investment (ROI).

This led directly to the treatment of each product, each market, and each business within the overall corporation as part of a portfolio of assets to be weighed against one another and against alternative opportunities when the allocation of resources was planned. Corporations are slowly beginning to understand that that their human capital can be treated in much the same way.[160]

Seit den 1970er Jahren wurden Buchhaltungsansätze entwickelt, die den Beitrag des Humankapitals zur Wertschöpfung explizit auf der Investitionsseite in Rechung stellen[161] sowie die erwähnte Humanvermögensrechnung).

Informatisierung des Human Capital Ansatzes

Seit den späten 1960er Jahren[162] gibt es in der Buchführung Versuche, das Humankapital als relevante Größe aufzunehmen. Human Resource Accounting bzw. Human Asset Accounting, in der deutschen Literatur als Humanvermögensrechnung, Humankapitalrechnung, Humanpotenzialrechnung, Personalvermögensrechnung, oder personalbezogenes Rechnungswesen übersetzt, beruht auf dem Versuch, die Mitarbeiter als einen Teil des Unternehmenswerts zu bilanzieren. Auslöser für die Weiterentwicklung von Buchhaltungsverfahren war unter anderem die informationstechnische Aufrüstung der Unternehmen, von dem sich viele Manager eine kybernetisch fundierte und empirische solide Grundlage für betriebliche Entscheidungen erhofften. Buchhaltung sollte im Zusammenhang mit der informationellen Revolution nicht nur der ‚nachträglichen' Bilanzierung dienen, sondern als „Management Accounting" eine Entscheidungsgrundlage bereitstellen.

Unterschiedliche Verfahren werden eingesetzt, um Humankapital zu quantifizieren Während buchhaltungsorientierte Verfahren seit Ende der 1970er Jahre stagnieren, wurden seitdem eine Reihe von anderen Verfahren entwickelt, vor allem von Beratungsunternehmen. Seit etwa fünf-

160 Ebd., S. 55.

161 Vgl. z. B. Wunderer, Rolf et al.: „Beitrag des Personalmanagements zur Wertschöpfung im Unternehmen".

162 Brummet, R. Lee et al.: „Human Resource Measurement"; Aschoff, Christoph: Betriebliches Humanvermögen; Wall, Friederike und Michael Gebauer: „Human Resource Accounting considered harmful?".

zehn Jahren erleben quantitative Messverfahren des Human Resource Management einen Aufschwung, der an einer ganzen Reihe von neuen Verfahren und Veröffentlichungen ablesbar ist. Der Saarbrücker Betriebswirt Scholz hat mit seinen Mitarbeitern etwa 42 Verfahren zusammengetragen und schlägt eine eigene „Saarbrücker Formel" zur Bemessung des Humankapitals vor.

Human Resource Accounting zielt prinzipiell darauf ab, ‚personalbezogene Aufwendungen', beispielsweise für Personalentwicklung, als Teil der Investitionskosten zu verbuchen, und nicht als Teil der konsumptiven Kosten. Dies geschieht, indem Investitionskalküle auf den Personalbereich übertragen werden.
Der Markt wird in den marktwertorientierten Kennziffern zu einem Akteur, der quantitativ Anerkennung zollt oder vorenthält. Sogenannte indikatorenbasierte Ansätze wurden beinahe ausschließlich von Beratungsunternehmen entwickelt. Scholz et al. schreiben:

> Die indikatorenbasierten Ansätze sind auf allen Ebenen eines Unternehmens anwendbar und auch für den Einsatz bei Non-Profit-Organisationen geeignet. Allerdings sind organisationsübergreifende Vergleiche der kontextbezogenen Kennzahlen kaum durchführbar. Sie schaffen jedoch ein generelles Bewusstsein für die Wichtigkeit und Notwendigkeit der Auseinandersetzung mit immateriellen Vermögenswerten wie dem Human Capital.[163]

Eben diese Schaffung eines ‚generellen Bewusstseins' dürfte ein wichtiger Zweck der Indikatoren sein. Durch die Erhebung der Humankapitalziffern wird den Unternehmen demonstriert, wie wenig sie über ‚ihr' Humankapital wissen, und wie in diesem Bereich Handlungsbedarf besteht. Beraterinnen und Berater machen auf diese Weise einen Bereich des Nichtwissens geltend, in dem sie erfolgreich intervenieren können.[164] Auffallend ist eine kybernetische Metaphorik, die in der Verwendung von Begriffen wie Explorer, Navigator, Humatics etc. deutlich wird. Der Erfinder des Intellectual Capital Navigator schreibt daher auch: „Der Kreislauf beginnt: Menschen tun Dinge, die zu Geschichten werden, die zu Dokumenten in einem Netzwerk werden, das Menschen nutzen, um zu lernen, wie Dinge getan werden. Human Capital erzeugt strukturelles Intellectual Capital, das Human Capital erzeugt."[165]

Die Umwandlung von Erfahrung in Wissen und schließlich in Information, die dann wiederum in Erfahrungen einfließt, entspricht dem

163 Ebd., S. 95.

164 Diese Messinstrumente werden meist im Rahmen des Qualitätsmanagements eingesetzt.

165 Zitiert aus Scholz, Christian et al.: Human Capital Management, S. 108.

kybernetischen Steuerungsmodell, das Steuerung und Wachstum miteinander verknüpft. Welche Konsequenz hat die Anwendung des Humankapitalansatzes für die sozialen Beziehungen im Betrieb? Die Veränderungen lassen sich in der Managementliteratur zunächst anhand der formalisierten Klassifikation von MitarbeiterInnen als Verfahrensvorschläge analysieren.

Auffällig ist die Abwesenheit jener Zurückhaltung und entschuldigenden Rhetorik, mit der die Humankapital-Theoretiker der 1960er Jahre noch die Quantifizierung der menschlichen Anlagen eingeführt haben. Selbstbewusst kann Odiorne Mitarbeiter in „Stars", „Workhorses", „Problem Employees" und „Deadwood" einteilen. Diese Bezeichnungspraxis wird nicht mehr als Verstoß gegen den kategorischen Imperativ ‚gelesen' und wird auch nicht mehr als notwendige Begleiterscheinung der ökonomischen Theorieperspektive entschuldigt, wie in den Texten der 1960er und 1970er Jahre, sondern figuriert als selbstverständliche Konsequenz aus der marktlichen Natur des Gleichgewichts von Investition und Bildsamkeit. Dennoch warnt Ordiorne pro Domo: „Note that not all the names are suitable for public labelling, however!"

Zur Beurteilung von Mitarbeitern und zur Planung geht Ordiorne über sogenannte Lebenszyklustabellen hinaus, die eine Klassifikation nach Betriebsaltersgruppen vorsieht: „Start-up-level employees", „growth level employees", „mature-level employees" und „decline level employees"[166] zurück und schlägt stattdessen eine Kombination aus Lebenszyklus- und Portfolio-Darstellung vor:

> Problem employees are people who have great potential but who are working well below their capacity and with mixed results. […] If problem employees don't grow in to stars or settle down to become work horses, they may become deadwood. At the same time, it is useful to classify people in this way because each category requires different managerial action. As an officer of one firm using the portfolio approach described the system in a delightful oversimplification: „We polish the stars, fix the problems, feed the workhorses plenty of hay, and shoot the dogs.[167]

Das ‚tote Holz' wird nicht weiter beschrieben; dessen Charakteristika ergeben sich aber aus der Beschreibung des ‚problematischen Angestellten': Leistungsmangel über einen bestimmten Zeitraum verschlechtert die Prognose für diese Gruppe von Angestellten. Die Klassifikation von Odiorne ergibt sich aus der Prognose zukünftiger Produktivität aus

166 Odiorne, George S.: Strategic Management of Human Resources, S. 62.
167 Ebd., S. 67.

der gegenwärtigen Produktivität der Mitarbeiter in ihrer spezifischen Situation: Lebensalter, Führungskonstellation, Erfahrungen der Mitarbeiter, Organisationsgeschichte.

Die Klassifikation von Angestellten erfordert ein regelmäßige (meist empfohlen: jährliche) Einschätzung („appraisal") der Mitarbeiter. Diese Rationalisierung der Aufstiegswege von Angestellten erfordert eine ganze Reihe von Datensammlungen und Maßnahmen. Dabei werden teilweise Maßnahmen aus der „human relation"-Periode, wie ‚job enrichment' und ‚job enlargement' im Rahmen des strategischen Personalmanagement-Kalküls eingesetzt.

Das strategische Personalmanagement zielt nicht nur darauf ab, das richtige Mischungsverhältnis von Angestellten durch Einstellung oder ‚Führung' zu erreichen, sondern eine bestimmte Mentalität herzustellen bzw. zu fördern. Personalmanager sehen sich in diesem Sinne in der Rolle von Kulturstiftern. Odiorne beschreibt in diesem Duktus als erwünschten Mentalitätstypus den „Gamesman": „whose major interest is in challenges, competition, and winning. Attracted to risk, these people are impatient with lesser persons, although they find pleasure in motivating others. The communicate enthusiasm, are attracted to new and fresh ideas, and are spontaneous in their work. At the same time, they are organization people – team players whose lives center around the corporation and who will often subordinate their egos to the goals of the firm."[168] Diese selbstwidersprüchliche Subjektivitätsstruktur ist offensichtlich kaum empirisch vorzufinden, sondern entspricht einem idealtypischen Anforderungsprofil.

Odiorne unterscheidet unterschiedliche Managementstrategien für die unterschiedlichen Mitarbeiterkategorien:

‚Arbeitspferde' sollen vor allem Angebote zur Aufrechterhaltung ihre Qualifikationsniveaus und zur Anpassung ihrer Qualifikationen an neue technologische und organisatorische Herausforderungen erhalten. ‚Job enrichment' und andere Maßnahmen zur Verbreiterung des Aufgaben- und Verantwortungsbereichs sollen eine Ermüdung von Mitarbeitern vermeiden helfen. Die ‚Stars' müssen zunächst identifiziert, dann gezielt gefördert werden. Die Identifizierung wird durch eine Art Fallstudie, basierend auf Wahrscheinlichkeitsrechnung und Indexbildung bewerkstelligt. In den Index gehen demographische Merkmale, die Wahrnehmung von Persönlichkeitseigenschaften und Handlungsstilen sowie vergangene Leistungen ein. Aus diesen Faktoren wird die Wahrscheinlichkeit möglicher Produktivitätssteigerungen eingeschätzt. Fällt

168 Ebd., S. 116.

diese Einschätzung günstig aus, kommen Angestellte auf die Liste der ‚high potentials'. Asessment Center, Einschätzung durch Vorgesetzte und systematische, eher psychotechnische Messverfahren werden zu diesem Zweck eingesetzt. Der Körper des Angestellten wird in diesem Kalkül zum Ziel von Einschätzungsmaßnahmen – teilweise werden Mitarbeiter auf jährliche Gesundheitschecks verpflichtet – nach Maßgabe der Humankapitaltheorie. Stars sollen insbesondere durch Mentoring weiter gefördert werden. Für Problemfälle sowie ‚totes Holz' schlägt Ordiorne eine Kombination aus Förderungsangeboten und Disziplinierungsmaßnahmen vor.[169]

Die Rationalisierung der Klassifikation von Angestellten, die ja in jeder Form traditionellen Wirtschaftens existiert, führt allerdings auch dazu, dass eine Reihe von Vorsichtsmaßnahmen eingezogen wird, um eine voreilige Klassifikation von Mitarbeitern zu verhindern. Differentialdiagnostische Tests – durchgeführt von psychologisch geschulten Experten – und psychosoziale Beratung sollen helfen, das Potential der Angestellten zu beurteilen. Die Logik der Mitarbeiterklassifikation beinhaltet also eine fließende Grenze zwischen fähig und unfähig bzw. produktiv und unproduktiv. Die Umsetzung der Humankapitaltheorie im betrieblichen Kontext verdankt sich der zunehmenden Bedeutung der Kapitalmärkte, mit denen Fragen der Wirtschaftlichkeit bzw. der Kostenersparnis in den Vordergrund der betrieblichen Buchhaltung und des Managements rückte. Erst ab den 1990er Jahren etablierte sich, ausgehend von einer breiteren Rezeption der Ressourcentheorie und gesteigertem Innovationsdruck das Konzept des intellektuellen Kapitals. Die immateriellen Werte werden seitdem als Bedingung betrieblichen Erfolgs identifiziert.

Von der disziplinarischen zur biopolitischen Personalverwaltung

Während die Arbeitskraft von den Physiokraten bis in die Nachkriegszeit als fixer Teil des Kapitals erschien, wird den „Ressourcen" des Menschen nun ein einzigartiger Zwischenstatus eingeräumt: Einerseits sind die Ressourcen selbst Teil des Lebens, dass sich aus sich selbst heraus entwickelt, andererseits kann dieses Leben und sein ökonomisch abbildbares Korrelat, die Produktivität selbst produziert werden. Ein Rohstoff, der produziert werden kann, der seiner eigenen Ausbeutung,

169 In der Lehre des „Fördern und Forderns" finden sich diese Klassifikationen und Maßgaben beinahe unverändert im Zentrum sozialstaatlichen Handelns wieder.

gerade wenn er hochwertig geraten ist, Begrenzungen auferlegt, und weiterhin einen Rohstoff darstellt, welcher nicht nur quantitativ bis zur optimalen Nutzgröße gepflegt werden kann, sondern der sich qualitativ verändern lässt.

Die zunächst theologische, dann anthropologische Problematik der Verfügbarkeit der menschlichen Qualitäten ist damit in die Veridiktion der Ökonomie eingetreten. Die Differenz von Herstellbarkeit und Unzugänglichkeit ist der Knotenpunkt des Diskurses des Human Resource Management und der Beratung, wie sie seit Correa und Becker entstanden sind.

Der Humankapital-Ansatz ist also doppelt, in betrieblichen und wohlfahrtsstaatlichen Praktiken verankert: Zum einen ermöglicht er die Messung, Herbeiführung und Optimierung der Produktivität der Arbeitskräfte. Zum anderen deklariert er Länder des Südens – und heute auch hochproduktive Volkswirtschaften – als Entwicklungsländer, die zwar keine Knappheit an Arbeitsvermögen aufweisen, aber eine Knappheit an flexiblem, kreativem und leicht zu verwertendem Arbeitsvermögen[170]. Die Personalmanager können ihre eigene Position mit dem Nimbus des Kulturstifters ausstatten.

Die neoliberale Ökonomie entwickelt Ihre Aufwertung des legitimen Anteils der Arbeitskraft in einer historischen Situation, in der die Arbeiterklasse zum größten Teil am Massenkonsum der Nachkriegsgesellschaft teilhaben konnte, und somit die Gefahr sozialistischer Gewerkschaftspolitik minimiert war. Seit den 1920er Jahren hatte sich herausgestellt, dass ein zunehmender Anteil der Arbeiter und Angestellten eine breitere Wissensbasis und eine erweiterte Bildsamkeit, d. h. die Fähigkeit zur Aufnahme von Wissen im Lebensverlauf sowie Fähigkeiten zur selbständigen Problemlösung besitzen musste, sollten die Produktivitätssteigerungen der Nachkriegszeit fortgesetzt werden. Zugleich mussten die gesteigerten Bildungsansprüche der neuen Mittelklassen, die nun nach egalitären Bildungs- und Erwerbschancen verlangten, eingedämmt werden. Weniger apodiktisch ausgedrückt: Eine Heuristik zur Verteilung von Bildungsinvestitionen und Aufstiegschancen musste etabliert werden, eine Orientierungshilfe für Sozialplaner und Unternehmer, die über begrenzte Mittel verfügten und zugleich die Aufstiegsambitionen der ehemaligen Arbeiterklasse einzugrenzen und zu kanalisieren hatten.

170 Auf eine gewisse Weise wird so auf der Ebene der Arbeitskraft das ökonomische Prinzip der Knappheit wieder eingeführt, das seit der Bildungsexpansion der 1960er Jahre zunehmend bedeutungslos geworden war.

Die Humankapitaltheorie ist eine elegante Lösung dieses Dilemmas. Sie lässt alle Verteidigungslinien der klassischen bürgerlichen Ökonomie fallen, was den Beitrag des Faktors Arbeit zur Wertschöpfung angeht. Zugleich begrenzt sie die daraus symbolisch und schließlich auch politisch entstehenden Ansprüche der Mittelklassen auf Teilhabe durch die Naturalisierung bestehender Ungleichheitsverhältnisse. Nur der Nachweis des eigenen Humankapitals kann nunmehr Forderungen nach Teilhabe und Einkommen begründen. Die Metaphysik des Humankapitals stiftet zugleich eine neue öffentliche Religion, ein ‚Evangelium der Selbstentfaltung'. Motivierung zur Arbeit als selbstverantwortete Herstellung geeigneter Identitätsformen und Subjektivitätsstrukturen avancierte durch die vereinigten Anstrengungen konservativer Volkswirtschaftler und Entwicklungsökonomen, humanistischer Psychologen und den Proponenten der soziologischen Modernisierungstheorie zur einer neuen Biopolitik. Diese Entwicklung kann als Wandel von einer disziplinarischen zu einer biopolitischen Personalverwaltung beschrieben werden. Die Subjektivität der Angestellten gilt im Zuge dieses Übergangs zunehmend als Ressource, als Produktionsmittel, und weniger als Störfaktor der Produktion. Das Ziel der Personalverwaltung ist es im Allgemeinen, Mitarbeiter kompetent zu machen. Professionelle und informelle Beratung ist ein zentrales Medium der Subjektivierung im Paradigma der Kompetenz. Beratung zielt als Kompetenzschulung darauf ab, Personen kompetent zu machen, indem ihnen beigebracht wird, ihre Vermögen und ästhetischen Kräfte zu erfahren, sie zu inszenieren, und in Prozeduren der Evaluation von Kompetenz zu bestehen. In Beratungsdispositiven wird das Spiel der eigenen Kräfte in einem sozialen Beziehungstypus erfahren, der durch wechselseitige Inszenierung von Kräften und eine Bewertung der Vermögen bestimmt ist. Dadurch werden die Subjekte der Kompetenzförderung zugleich über ihre eigenen Optionen informiert und für die Entfaltung dieser Optionen responsibilisiert.[171]

Diese bezieht ihre strategische Wirksamkeit allerdings weniger durch eine direkte Einwirkung auf die Körper der Produzenten[172]. Mit den Medien der Messung des Humankapitals (auf nationaler, betrieblicher, und individueller Ebene) wird eine Verbindung zwischen der ‚mentalen' Subjektivität des Individuums und seiner leiblich-vitalen Lebendigkeit hergestellt. Markt und die Foren der Selbstdarstellung sind

171 Vgl. Traue:, Boris: „Das kompetente Subjekt".

172 Diese direkte Einwirkung findet allerdings im der neurochemischen Paradigma der Psychiatrie und der medikamentösen Bekämpfung der Depression.

die zwei ineinander übergehenden Orte dieser Veridiktion[173]. Auf dem Markt erweist sich, ob die Anstrengungen des Subjekts die inneren Lebendigkeits- und Beweglichkeitsreserven freigesetzt haben.

Mit der Formalisierung des Wissensfeldes der Personalwirtschaft spannt sich im Wesentlichen das Diagramm einer *Sichtbarkeit* auf, die das Humankapital von Personen als Verteilung in Diagrammen, als relationale Kennziffer, und als Beitrag zur betrieblichen Wertschöpfung erstmals sichtbar und damit bearbeitbar macht. In den human relations-Studien der 1930er Jahre wurde der Mensch als *zoon politicon* sichtbar gemacht, also in seiner Angewiesenheit auf Anerkennung in lokalen Vergemeinschaftungen. Die neue Sichtbarmachung durch die humankapitaltheoretisch inspirierten Personalverwaltungsansätze individualisieren diese Sichtbarkeit, so dass auch der Einzelne angeleitet werden kann, sich seiner Position im Feld dieser Sichtbarkeit gewahr zu werden. Während der Arbeiter in den 1930er Jahren eben noch ein Gruppenwesen ist, das gelenkt werden muss, soll er sich seit den 1970er Jahren selbst lenken; sein Sichtfeld wird durch die Raster der Personalwirtschaft aufgespannt. Die Mittel, sich in diesem Sichtfeld zu bewegen und damit den eigenen Ort zu verändern, werden durch Beratungspraktiken bereitgestellt, die ohne die Sichtbarmachung des individuellen Humankapitals keinen Ansatzpunkt hätten.

Topische Interdiskursivität: Verschränkungen von Therapeutik und Managerialismus im Coaching

Coaching ist eine Beratungsform (mit einer spezifischen Programmatik der Selbstdeutung und Selbstmodellierung), die Ende der 1970er Jahre im Zuge der ‚kybernetischen Wende' in der Therapie entstanden ist. Die Bezeichnung Coaching trägt historisch zuerst eine verkehrstechnische Bedeutung: Die Bezeichnungen Coach, Kutsche, Carozza, Carruaje, Coche, Kareta sind vom Namen des ungarischen Städtchen Kocs abgeleitet, in dem im 16. Jahrhundert die ersten Pferdefuhrwerke mit Federung hergestellt werden. Die Kutsche war das erste flächendeckende Transportmedium, das systematisch als privates und öffentliches Netz angelegt war. Es ist kein Zufall, dass ein Transportmedium namengebend für eine Beratungsform des ausgehend 20. Jahrhunderts wird:

Um 1830 wird im Oxforder Universitäts-Slang als ‚coach' ein Tutor bezeichnet, der Studenten durch eine Prüfung ‚trägt'[174]. Als Coach wird

173 Foucault, Michel: Geschichte der Gouvernementalität I.

in diesem Sinne eine Person verstanden, die einen Schüler durch eine Prüfung trägt und ihm hilft, die Karriere, d. h. die carraria, die Fahrstraße zu benutzen.

Seit Mitte des 19. Jahrhunderts wird der Begriff auf sportliche Ausbilder übertragen. Der Coach ist dabei für die Vermittlung von körperlichen Fähigkeiten verantwortlich, aber auch für die individuelle, ‚mentale' Betreuung des einzelnen Sportlers. Die Edukatoren des Sports sind typischerweise ehemalige Hochleistungssportler, die im von Ihnen betreuten Sportbereich Erfahrung aufweisen. Die Kompetenzen eines Sport-Coach bestehen gemäß der Sportpsychologie in „sportlich-technischen Fähigkeiten“, einen Blick für die „Eigenschaften und Bedürfnisse von Teilnehmern“, „pädagogischen Fähigkeiten“, und nicht zuletzt „wünschenswerte Persönlichkeits- und Charaktereigenschaften“ aufweisen können: „Haben Sie die x-Eigenschaft – Energie, Enthusiasmus, Stabilität, Hingabe, Ehrlichkeit, Integrität, Mut, Loyalität, Sinn für Humor und andere wünschenswerte Persönlichkeits- und Charaktereigenschaften, die sich auf die Teilnehmer übertragen, die eher beiläufig als planvoll aufgegriffen werden, und die Stolz und Durchhaltevermögen produzieren, die notwendige Eigenschaften von Gewinnern sind?“[175] Der Coach soll also nicht nur Technokrat und Virtuose sein, sondern auch Kraft seines bzw. ihres Charisma wirksam werden.

Ausgehend von diesem Topos des sportlichen Wettbewerbs kann hier eine erste These zur Funktion der Programmatik des Coaching formuliert werden: Eine der Aufgaben des Coaching ist es, einen ‚*Spielsinn für Konkurrenz*' herzustellen. Die militärische Vokabel vom ‚inneren Schweinhund', der sich auch in aktuellen Sportcoaching-Lehrbüchern, wenn auch in augenzwinkernden Anführungszeichen findet, ist der metaphorische Ausdruck für die Abspaltung, die für den Sportler nötig wird: Er steht in gewisser Weise im Krieg mit sich selbst und bekämpft die Schwäche in sich selbst. Die moderne Sportpädagogik verschiebt diese Metapher des inneren Kampfs allerdings auf eine Weise, die sie für kybernetische Konzepte der ‚Bewegungsbildsteuerung'[176] und die ‚psychomotorische' Wende der Psychologie[177] sehr anschlussfähig machen. Der Wettkampf soll nicht mehr durch eine Unterwerfung des Leibes unter einen stählernen Willen gewonnen werden, sondern durch die ‚Imagination' der Bewegungen, die im Wettkampf auszuführen sind.

174 Quelle: Online Etymology Dictionary. [http://www.etymonline.com] [Datum des Zugriffs: 23.3.2005].

175 Fuoss, Donald E. und Robert J. Troppman: Effective Coaching.

176 Vgl. Rieger, Stefan: Kybernetische Anthropologie.

177 Vgl. Ehrenberg, Alain: Das erschöpfte Selbst.

Die Technik der bildhaften Vorwegnahme des sportlichen Wettbewerbs, das ‚innere Spiel', wird dabei auf die Motorik des Wirtschaftslebens übertragen: vom „inner game of tennis"[178] zum „inner game of work"[179].

Die Metapher des ‚sportlichen Wettkampfs' stößt im beruflichen Habitus der Managements auf Resonanz. Sie zeigt aber auch die Umgestaltung des therapeutischen Denkens an: Ein Wandel von der Problematisierung der inneren Gedanken und Gefühle zu einer Problematisierung der ‚Psychomotorik', d. h. der psychisch bedingten Handlungsfähigkeiten, ist auch in der die klinischen Therapeutik und der Psychiatrie zu beobachten[180]. Das Angebot der Therapeutik besteht im Zuge dieser Verschiebung auch weniger in der Einfühlung durch verständnisvolle Professionelle, sondern in Verhaltensbeobachtung und ‚Führung'. Wie im Sport-Coaching hat der Business-Coach eine dreifache Funktion: Übungsleiter, Beistand und charismatischer Enthusiasmierer. Der Coach glaubt an den Spieler/Sportler und ermöglicht dadurch dessen eine Selbstcharismatisierung.

Seit Mitte der 1970er Jahre wird der Begriff in den Bereich der Beratung übertragen. Coaching als besondere Beratungspraxis wird in den Vereinigten Staaten bereits Ende der 1970er Jahre als „zielgerichtete und entwicklungsorientierte Mitarbeiterführung durch Vorgesetzte"[181] begriffen. Ungefähr Mitte der 1980er erweiterte sich die Anwendung von Coaching in den Vereinigten Staaten auf junge Führungskräfte und wurde etwa zur gleichen Zeit im europäischen Raum aufgegriffen. In Deutschland werden in dieser Zeit die ersten Aufsätze veröffentlich, die auf Coaching als Beratungsmethode aufmerksam machen.[182] Anfang der 1990er Jahre werden die ersten Ausbildungsgänge für Coaching angeboten. Diese typischerweise mehrmonatigen Weiterbildungen werden unter anderem von Personalentwicklern absolviert, die anschließend ‚internes Coaching' für ihre Kollegen im Unternehmen anbieten. Zwischen ‚freien Coachs' und ‚Personalern', die betriebsinternes Coaching anbieten, finden Ende der 1990er Jahre Auseinandersetzungen um die Frage statt, ob Coaching durch Personalmanager oder freie Berater durchgeführt werden sollte.[183] Beide Formen von Beratung koexistieren heute.

---

178 Gallwey, Timothy W.: The inner Game of Tennis.

179 Ders.: The inner Game of Work.

180 Vgl. Ehrenberg, Alain: Das erschöpfte Selbst.

181 Vgl. Böning, Uwe und Brigitte Fritschle: Coaching fürs Business, S. 26; Rauen, Christopher: Coaching.

182 Z. B. Geissler, Jürgen: „Coaching: Psychologische Hilfe am wundesten Punkt"; Looss, Wolfgang: Coaching: „Partner in dünner Luft".

183 Vgl. Böning, Uwe und Brigitte Fritschle: Coaching fürs Business, S. 28.

Sowohl psychologisch und therapeutisch geschulte psychosoziale Dienstleister als auch ehemalige Manager bieten Coaching an. Aufgrund der unterschiedlichen Zugangswege zum Coaching gibt es zwei Strömungen: eine stärker betriebswirtschaftlich orientierte und eine stärker humanistisch-psychologisch orientierte Version der Beratungspraxis. Viele Praktiker des Feldes bezweifeln die Geschlossenheit von Theorie und Praxis des Coaching, im Gegenteil, sie betonen die inhaltliche und methodische Offenheit als besonderes Merkmal dieser Beratungsform. In der durchgehenden, meist expliziten Bezugnahme auf „Prozessberatung" und „systemische Beratung" wird allerdings eine durchgängige Bezugnahme auf das kybernetische Therapieverständnis deutlich. Dabei durchzieht eine, aus den humanistischen Therapien bekannte, Euphorie die neuere Beratungsliteratur: Wachstum, Wandel und Veränderung werden als universell verfügbare Möglichkeiten der Lebensführung gepriesen. Im Gegensatz zum humanistischen Diskurs der 1940er bis 1960er Jahre treten dabei die ‚Einsicht' in die eigene Persönlichkeit und der Selbstgenuss im ‚hier und jetzt' in den Hintergrund. Im Business-, Executive- sowie im Life-Coaching steht der Erfolg des Handelns im Vordergrund: Gelingenskriterium der Beratung ist der messbare Erfolg in der äußeren Welt, erreichbar durch das kontrollierte Erreichen von ‚peak states', also Zuständen der Spitzenleistung – eine Metapher aus der Welt des Sports. Dieser Bezug auf Erfolg und Leistung steht allerdings in einem spannungsreichen Verhältnis zu einem weitreichenden Versprechen des Coaching: Fernziel des Coaching sei die ‚Beherrschung des eigenen Schicksals'.

Es handelt sich beim Coaching (in historischer Perspektive) um eine gegenwärtige Verschränkung von ökonomischem (bzw. managerialem) und therapeutischem Denken – und den davon angeleiteten Praktiken. Im Verlauf des 20. Jahrhunderts sind mehrere solcher Kollaborationen zu beobachten[184], die jeweils besondere Züge tragen.[185] Die ‚Anwen-

184 Vgl. Rose, Nikolas: Governing the Soul.

185 Der Versuch, eine Genealogie der ‚industriellen Therapeutiken' zu verfassen scheitert an den epistemischen Brüchen und dem Wandel der Produktionsweise, die jeweils den Hintergrund für die Verschränkungen bilden. Jede Verschränkung zwischen Ökonomik und Therapeutik ist Ausdruck einer historisch spezifischen Gouvernementalität. Genau aus diesem Grund haben die ansonsten bahnbrechenden Analysen von Rose (Rose, Nikolas: Governing the Soul; ders.: Inventing our selves): trotz ihrer historischen Detailfülle, das Manko einer Übergeneralisierung, die sich aus dem Versuch ergibt, die Verbindung der Psychologie mit den managerialen Praktiken und Wissensbeständen darzustellen. Trotz der Aneignung der Gouvernementalitätsthese von Michel Foucault folgen

dung' psychologischer Methoden im industriellen Bereich ist jeweils auf die Produktivitätsprobleme und die betriebliche Organisationsform einer historischen Phase ausgerichtet. So ist etwa die Psychotechnik Münsterbergs (und anderer ,Industriepsychologen') mit ihrem Schwerpunkt auf körperliche Eignungsprüfung und Vermessung von Bewegungsprofilen eng mit der fordistischen Produktionsweise verbunden.

Über die einzelnen Verschränkungsphasen hinweg besteht nur eine begrenzte Kontinuität von Praktiken, Themen und Bedeutungen der Ökonomie und der Therapeutik. Da sich die typischen Inhalte von verfestigten Kommunikationsweisen, die wir Diskurs nennen, im historischen Prozess ändern, verändern sich auch die ,Anschlussstellen', die Diskursgemeinschaften für benachbarte Diskursgemeinschaften in Form von Topoi bereithalten. Topoi sind die Einheiten von „thematischen Routinen".[186] Die Topik ist keine ,Tiefenstruktur', sondern bezeichnet die veränderbaren thematischen Routinen der Kommunikation, die den Raum des Sagbaren organisieren, indem sie Themen ein- und ausschließen und außerdem deren Verbindungen bestimmen[187].

Topische Interdiskursivität ist ein Merkmal aller Diskurse, insofern Diskursgemeinschaften, in deren Kommunikation sich gesellschaftlich relevante Probleme artikulieren, beinahe niemals völlig abgeschlossen sind und insofern die Praktiken der Diskurskontrolle niemals ,durchregieren'. Eine gelingende totale bzw. totalitäre soziale Schließung und Kontrolle eines Diskurses (d. h. seiner Formen und Inhalte) würde einen Diskurs zum ,Erstarren' bringen und letztlich seine Relevanz in Frage stellen.[188] Diskurse unterschieden sich allerdings im Grad ihrer Interdiskursivität.[189] Wie sehr ein (Spezial-)Diskurs für andere Diskurse durch-

Roses Analysen in der Annahme einer solchen Kontinuität dem Schema der kritischen Geschichte der Psychologie.

186 Hubert Knoblauch fasst die unterschiedlichen Aspekte des Toposbegriffs zusammen, indem er sie als „thematische Routinen der Kommunikation", bzw. genauer als „die habitualisierten thematischen Kristallisationen im Verwendungszusammenhang von Kommunikation" bezeichnet. Vgl. Knoblauch, Hubert: „Diskurs, Kommunikation und Wissenssoziologie", S. 221.

187 Vgl. Knoblauch, Hubert: „Diskurs, Kommunikation und Wissenssoziologie.

188 Dies sind Vorgänge, die durchaus zu beobachten sind, beispielsweise bei einer totalitären politischen Kontrolle wissenschaftlicher Diskurse. In solchen Fällen werden disziplinäre Diskurse leicht ,anachronistisch' für Zeitgenossen, die außerhalb des geschlossenen Kreises der Diskursproduzenten und ihrer ,Diskurspolizei' stehen.

189 Mit Jürgen Links Begriff des ,Basisdiskurses' lässt sich argumentieren, dass die alltägliche Rede den größten Grad an Interdiskursivität aufweist, da in ihr Themen relativ einfach aneinander angeschlossen werden

lässig ist, hängt von den Bemühungen ab, ihn zu bändigen, zu verknappen, zu kontrollieren und zu organisieren. Für die Diskursform der Praktikerliteratur gehören gerade die Öffnung zu anderen Diskursen und die Adressierung ihrer Diskursteilnehmer zu den Strategien der Organisierung des Diskurses. Praktikerliteratur ist als Vermittlung von Wissensbeständen zwischen sozialen Handlungsbereichen angelegt. Im Interdiskurs der Praktikerliteratur artikulieren sich gesamtgesellschaftlich relevante oder zumindest für einen Teilbereich gesellschaftlichen Handelns relevante Probleme. Diese Problemstellungen sind in den Topoi eines Diskurses symbolisch verdichtet.

In den Experten-Interdiskursen organisiert ein Ensemble von Spezialdiskursen und Topiken diskursive und nicht-diskursiven Praktiken (von Laien).[190] Im untersuchten Fall der Beratung, genauer: Coaching-Beratung, sind therapeutische und manageriale Diskurse, Praktiken und Medien verschränkt und verdichten sich zu einem Dispositiv. Dieses Dispositiv organisiert eine Praxis, die teils therapeutische Züge trägt (indem Beratung stattfindet und die Adressaten zur therapeutischen Selbstreflexion aufgefordert sind), teils auf Handeln in Produktions- und Organisationskontexten ausgerichtet ist.[191] Dieses Dispositiv ist relativ konsistent in den von ihm generierten Sinnbezügen und den strategischen Wirkungen, die von ihm ausgehen. In dieses Dispositiv sind allerdings auch disparate Bedeutungszusammenhänge eingelassen, deren Widersprüchlichkeit entweder Legitimationsbedarf anzeigt und zur Bildung von Legitimationsapparaten führt, oder aber in der praktischen Verwendung unsichtbar gemacht bzw. ‚produktiv' gemacht werden.

können und eine sehr große Bandbreite von Themen in ihr vorkommen kann. Der ‚Basisdiskurs' folgt allerdings je nach Milieu unterschiedlichen Regeln, so dass von einem einheitlichen Basisdiskurs nicht ausgegangen werden kann. Der Basisdiskurs alltäglicher Rede lässt sich von Spezialdiskursen vermutlich dadurch unterscheiden, dass in ihm alles zur Rede kommen kann außer einigen Themen, während in den Spezialdiskursen nichts zur Rede kommen kann, außer den Themen, die ihn definieren.

190 D. h. einer Praxis, die die Problematisierungen des jeweiligen Spezialdiskurses (noch) nicht als Deutungsschemata übernommen hat.

191 Provisorisch von einer Verschränkung auszugehen ist plausibler, als nur von einem Gebrauch oder einer Anwendung ‚der Psychologie' oder ‚der Therapie' in ‚der Wirtschaft' auszugehen. Bei einem Transfer von Wissensbeständen in Milieus, bzw. Diskursgemeinschaften oder einer Annäherung von zwei Expertengruppen verändern sich beide Kontexte.

Topoi der Beratung: Zur Verknüpfung und Differenz von Therapeutik und Verwaltung

Coachs bezeichnen sich selbst als „Prozessbegleiter", als „Ansprechpartner für Leid und Freud im Beruf"[192]: als „facilitators" oder, als „Katalysatoren"[193]. Der Klient soll nicht aus seinen Lebensvollzügen herausgenommen werden, wie es im medizinischen Modell vorgesehen ist. In der Psychoanalyse ist diese Konstruktion – und ihre Verbindungslinie zur Klinik – besonders klar: Patienten wird dringend abgeraten, während der Analyse wichtige Lebensentscheidungen zu treffen. Coaching und andere Kurzzeittherapien und Beratung sind gerade darauf angelegt, neue Lebenspläne und Vorhaben zu beginnen und bei deren Umsetzung behilflich zu sein. Coaching wird übereinstimmend als Prozessberatung beschrieben. Ein bekannter Autor definiert Coaching folgendermaßen:

> Inhaltlich ist Coaching eine Kombination aus individueller Hilfe zur Bewältigung verschiedener Anliegen und persönlicher Beratung auf der Prozessebene. In einer solchen Prozessberatung macht der Coach keine direkten Lösungsvorschläge, sondern der Gecoachte wird unterstützt, eigene Lösungen zu entwickeln. Als Prozessberater forciert der Coach das Erkennen von Problemursachen, Coaching dient daher nicht nur der Bearbeitung von Problemsymptomen, sondern zur Identifikation und Lösung der zum Problem führenden Prozesse. Der Gecoachte lernt so im Idealfall, seine Probleme selbst zu lösen, klare Ziele zu setzen und wieder eigenständig effektive Ergebnisse zu erzielen („Hilfe zur Selbsthilfe").
>
> Generell ist es das Ziel des Coachs, den Beratungs-Prozess so zu steuern, dass der Gecoachte neue Möglichkeiten erkennt und zu nutzen lernt. Es gilt, Wahrnehmung, Erleben, und Verhalten des Gecoachten zu verbessern bzw. zu erweitern.[194]

Im Selbstverständnis der Coachs wird die „Prozesshaftigkeit" ihrer Tätigkeit vom Unterbreiten direkter Lösungsvorschläge unterschieden. Begrifflich nimmt „Prozess" dabei zwei Bedeutungen an: Einerseits hat die Beratungskommunikation die „zum Problem führenden Prozesse" als Gegenstand, andererseits nimmt sie selbst einen prozesshaften Charakter an („Beratungs-Prozess"). Coaching wird somit explizit von der Expertenberatung abgesetzt, bei dem zumindest der Tendenz nach die einmalige Information im Vordergrund steht und ein eindeutiges und erhebliches Wissensgefälle zwischen Experte und Laie besteht. Der Coach als

192 Schreyögg, G.: Coaching.

193 Martin, Curly: The Life Coaching Handbook, S. 18.

194 Rauen, Christopher: Coaching, S. 2.

,Prozessbegleiter' hingegen, erleichtert die ,Reise' des Klienten, indem er unterstützt und Entscheidungen ermöglicht.

Der MIT-Managementforscher Edgar Schein definiert Prozessberatung als

> Aufbau einer Beziehung mit dem Klienten, die es Klienten und Beratern erlaubt, sich mit der Wirklichkeit auseinanderzusetzen, die Wissenslücken des Beraters füllt und das Vorgehen des Beraters klar als Intervention einstuft. Dabei steht stets die Einsicht der Klienten in die Prozesse im Vordergrund, die um sie herum, in ihnen und zwischen ihnen und anderen ablaufen. Auf der Grundlage solcher Einsichten lernen die Klienten dann durch die Prozessberatung, Strategien für diese Situationen zu entwickeln. Kern dieses Modells bleibt dabei die Philosophie, den Klienten stets dabei zu helfen, die Initiative zu behalten, womit sowohl die Initiative bei der Diagnose wie bei der Therapie gemeint ist, denn die identifizierten Probleme sind und bleiben die Probleme der Klienten, und nur sie wissen, wie komplex die Situation wirklich ist und welche Maßnahmen in ihrer Kultur wirklich Erfolg versprechen.[195]

Coaching und beinahe alle neueren Beratungsformen werden von den Theoretikern und Praktikern der Beratung als prozessorientiert beschrieben. Prozessorientierung' als Leitmetapher der Beschreibung von beraterischem Handeln beinhaltet nach Schein die Umstellung vom medizinischen Modell Diagnose-Indikation-Therapie auf das Modell des Prozesses, in den mit Prozessen interveniert wird. Auch im typisch euphorischen Gestus der ,systemischen' Konstruktivisten wird die klinische Therapie als bloßer, sich selbst verstärkender ,problem talk' disqualifiziert[196]. Berater beanspruchen, ,problem talk' durch ,solution talk' zu ersetzen und dies im Rahmen des beraterischen ,change managements' zum ,change talk' weiter zu entwickeln.

Leistung, Kreativität und der Spielsinn für Konkurrenz (1. Topos)

Der sportliche Aspekt des Coaching führt das rationalistische-vitalistische Selbstverständnis des modernen Managements mit einem ,motorischen' Wertekanon zusammen: Wettbewerb als Spiel der Kräfte, Fairness, Enthusiasmus (nicht: Nüchternheit), Motorik (nicht: Reflektion). Der Sport als Topos vereinigt disparate Bezüge der kybernetisch-ökonomischen Therapeutik und erleichtert damit die Bildung eines Dis-

195 Schein, Edgar: Prozessberatung für die Organisation der Zukunft, S. 39.
196 Vgl. Shazer, Steve de: „Worte waren ursprünglich Zauber", S. 85ff.

positivs aus Praktiken, Selbstdeutungen und Selbstmodellierungsvorgaben, die sich aus unterschiedlichen Quellen speisen.

Diese Topoi sind sowohl Bestandteil der neueren, therapeutischen Terminologie als auch der ökonomischen Terminologie. Sie finden in einen breiten kulturgeschichtlichen Resonanzraum Widerhall und können als ‚Sitz' bzw. ‚Quelle' von Argumentationen bestimmt werden, die in der (westlichen) Kulturgeschichte eine lange, d. h. nicht mehr befragte Tradition verfügen.[197]

Jeder dieser Topoi nimmt in den jeweiligen Disziplinen unterschiedliche Bedeutung an, hat Anschluss an unterschiedliche Fachterminologien und verweist auf Praktiken der Personalführung, die unterschiedlich gedeutet werden können. Die Topoi können von den Praktikern der Personalberatung je nach Publikum in die eine oder andere Richtung gewendet werden. In einem Lehrbuch der Personalpsychologie ist die Polysemie der Topoi in Form einer doppelten Aufzählung veranschaulicht:

Personalpsychologie betrachtet das Individuum in seinen Verhaltens-, Befindens-, Leistungs- und Entwicklungszusammenhängen als Mitarbeiter einer Organisation und ist damit ein Teilgebiet der Arbeits- und Organisationspsychologie. [...] Aus der Perspektive des Individuums betrachtet, sind es Berufs- und Organisationswahl, berufs- und tätigkeitsbezogene Interessen, Selbsteinschätzung von Fähigkeiten und anderen berufsrelevanten Merkmalen, Integration in eine Organisation und Bindung an sie, berufliches Lernen, produktives und auch kontraproduktives Verhalten, Leistung und Organisation der eigenen Person, Arbeits- und Leistungszufriedenheit, psychische und physische Gesundheit, Interaktion mit anderen Organisationsmitgliedern, persönliche und berufliche Entwicklung, berufliche Umorientierung, Arbeitslosigkeit, zeitweiliges und dauerhaftes Ausscheiden aus dem Berufsleben.

Aus der Perspektive der Organisation sind im Großen und Ganzen die gleichen Sachverhalte Gegenstand des Interesses. Sie gewinnen aus dem institutionell bedingten Interessenhintergrund und der entsprechenden Betrachtungsweise ihre spezifische Akzentuierung und teilweise auch ihre eigene Terminologie: Bestimmung der Tätigkeitsanforderungen, Personalmarketing, Personalauswahl, Personalentscheidungen, betriebliche Sozialisation, Training und Personalentwicklung, Führung von Mitarbeitern, Förderung von Motivation und Commitment, Befragung von Mitarbeitern und individuelle Mitarbeitergespräche, Leistungsbeurteilung, Leitung und Koordination von Arbeitsgruppen,

197 Cicero definiert den Topos (neben einer anderen, ‚amplifikatorischen' Bestimmung) als „sedes it quasi domicilia omnium argumentorum", an anderer Stelle schreibt Cicero auch von „fontes" (zitiert nach: Bornscheuer, Lothar: Topik. Zur Struktur der gesellschaftlichen Einbildungskraft, S. 63).

Gewährleistung von Gesundheit und Arbeitssicherheit, Teammanagement, Bewältigung von Kulturproblemen, Personalentscheidungen und Nutzenbestimmung, Evaluation personalpsychologischer Methoden und Rechtsfragen bei Auswahlentscheidungen.[198]

Die Personalpsychologie – als akademischer Zweig der Personalwirtschaft – versammelt zentrale Topoi der beraterischen Therapeutik und des Personalmanagements. Diese Topoi sollen auf „die gleichen Sachverhalte“ verweisen, wobei eine nach Akteursperspektive differenzierte ‚Akzentuierung‘ vorgenommen wird, und der Topos jeweils an „eigene Terminologien“ (bzw. Spezialdiskurse) anschließt. Im Interdiskurs der beraterischen Therapeutik und der Personalpsychologie können Gegenstände und Themen also in jeweils zwei Richtungen ‚gewendet‘ werden. Die Kohärenz der Gegenstände des therapeutisch-personalwirtschaftlichen Diskurses wird einerseits durch eine spezifische Weise der Problematisierung der Dispositionen und Verhaltensweisen von Individuen, andererseits durch den ‚topischen‘ Charakter des thematischen Fokus des Diskurses hergestellt. Die Topoi des therapeutisch-personalwirtschaftlichen Diskurses stützen sich damit auf eine gesellschaftliche anerkannte Vorausgeltung, gewinnen aber ihre Geltung erst durch ihre situative Anwendung auf gegenständliche Probleme individuellen und betriebswirtschaftlichen Handelns und durch die Verfügbarkeit von Medien, die diese Probleme sichtbar und bearbeitbar machen. Diese dreiseitige Verweisungsstruktur von Vorausgeltung, gegenstandsbezogenem Problembezug und Bearbeitbarkeit herstellenden Medien verschaffen einem Topos argumentative Geltungskraft.[199] Die drei bereits genannten

198 Schuler, Heinz: Lehrbuch der Organisationspsychologie, S. 4.

199 Lothar Bornscheuer bestimmt diese Struktur der Geltung des Topos folgendermaßen: „Die primäre Überzeugungskraft eines Topos beruht auf seinem Charakter als habitualisierter Standard (erstes Bestimmungsmerkmal). Wo immer in einem Argumentationszusammenhang eine Grundnorm des jeweils herrschenden ins Bewußtsein gerufen wird, handelt es sich zunächst um einen Argumentationswert. In der Regel ist aber gerade das allzu „Selbstverständliche“ derartig polyvalent (zweites Bestimmungsmerkmal): daß seine bloße Nennung im konkreten Problemfall nicht auch schon von einem Kontrahenten als einsinniges Argument anerkannt werden muß, sondern eine interpretatorische Applikationsbemühung im Sinne des je eigenen Argumentationsinteresses herausfordert. Zu der allgemeinen Überzeugungskraft eines Topos tritt also normalerweise noch eine situationsbezogene, die jedoch immer erst interpretativ vermittelt werden muß. Ohne die gesellschaftliche garantierte Vorausgeltung eines Topos ließe sich ihm auch keine situativ-interpretatorische Geltung abgewinnen, ohne seine permanente und vielsinnige Interpretationsfähigkeit verlöre er umgekehrt seine habituelle Qua-

Topoi, die sich in der gesamten Praktikerliteratur der Beratung und den benachbarten Disziplinen der Psychologie und der Managementlehre finden, sollen im Folgenden detaillierter beschrieben werden.

Prozess und Prozessmanagement (2. Topos)

Der Begriff des ‚Prozess' schließt an die Naturphilosophie an. Während der Prozessbegriff im Mittelalter noch ausschließlich juridische Bedeutung hat (Rechtsverfahren), wird der Begriff auf chemische ‚Verfahren' ausgeweitet, um schließlich auf in der Natur ablaufende Vorgänge übertragen zu werden. Diese Bedeutungsverschiebung verdankt sich der Hinwendung zu einer dynamisch-entwicklungshaften Betrachtungsweise, die eine statisch-klassifikatorische des 18. Jahrhunderts ablöste. Insbesondere Lamarck und Darwin arbeiteten den Prozessbegriff als analytischen Terminus für die Beschreibung des Artenwandels und ergänzten damit eine statische Artenklassifikation, wie sie Carl von Linné im 18. Jahrhundert aufgestellt hatte. Im 19. Jahrhundert setzt mit Schelling, Schlegel und Novalis eine philosophische Artikulation des Prozessbegriffs ein, die u. a. auf eine ‚Modernisierung' des Absolutismus abzielte. In der politischen Philosophie des späten 18. und des 19. Jahrhunderts wurde der Prozessbegriff (insbesondere bei Hegel und Marx) als Denkbewegung der politischen Philosophie ausgearbeitet. Der Aufstieg des Prozessbegriffs geht in den Naturwissenschaften und in der politischen Philosophie mit einer Auseinandersetzung mit dem Verhältnis von naturgesetzlich-schicksalhaft ablaufenden Vorgängen einerseits und Planbarkeit andererseits einher. Grob gesagt ist der Prozessbegriff mit einer Verfeinerung des Verhältnisses von eigengesetzlichem Vorgang und technischer Steuerung verbunden. Der Prozessbegriff ist schließlich in der zweiten Hälfte des 20. Jahrhunderts in die ökonomische Begrifflichkeiten aufgenommen worden.[200] Der Molluskenforscher, Verwaltungs-

---

lität und ohne argumentatorische Applikation in Problemsituationen würde er schließlich zum nutzlosen, ‚nur' habituellen Klischee oder zum beliebig verwendbaren, unverbindlichen potentiellen Gesichtspunkt degenerieren. Aus dieser wechselseitigen Konstitutionslogik objektiv-gesellschaftlicher Vorausgeltung und okkasionell-disputatorischer Auslegung erwächst als Resultante die jeweils dialogisch-dialektisch gewonnene." Bornscheuer, Lothar: Topik. Zur Struktur der gesellschaftlichen Einbildungskraft, S. 100f.

200 Die Thematik der Beeinflussung und Kontrolle ‚ökonomischer' Vorgänge ist sicherlich spätestens seit den Physiokraten in der politischen Ökonomie zentrales Thema; allerdings noch nicht in der spezifischen Verschränkung von Naturgesetzlichkeit und Technik, die für den Prozessbegriff charakteristisch ist.

wissenschaftler und Ökonom Fritz Nordsieck führt 1932 den Prozessbegriff in die Ökonomie ein:

> Der Betrieb ist in Wirklichkeit ein fortwährender Prozess, eine ununterbrochene Leistungskette. [...] Die wirkliche Struktur eines Betriebes ist die eines Stromes. [...] Anzustreben ist in jedem Fall eine klare Prozessgliederung.[201]

Der ‚Geschäftsprozess' wird damit einer naturwissenschaftlichen Betrachtung zugänglich, die den ‚Strom' des Betriebs mit all seinen Einzelströmen sichtbar macht. Seit Anfang der 1980er Jahre, als sich die digitale Informatisierung vieler betrieblicher Abläufe verbreitet, setzt eine breite Entwicklung von Ansätzen zum ‚Prozessmanagement' ein. Dabei handelt es sich um eine Form des Managements, die den ‚Prozesscharakters' des Betriebs berücksichtigt und Strategien bereithält, um das Prozessgeschehen kontinuierlich zu überwachen und zu lenken.

Das Leitbild der ‚Prozessorientierung' ist mit einer zunehmenden Responsibilisierung der Mitarbeiter verbunden. Die Responsibilisierung wird durch eine Verlagerung von Befugnissen in niedrigere Hierarchieebenen bewerkstelligt. Sowohl Responsibilisierung als auch ‚Prozess'-kontrolle in Betrieben verlangt nach der Einrichtung eines zeitlich und räumlich engmaschigen Netzes von Datenerhebungen und Rückmeldungskanälen. Die technische Infrastruktur digitaler Medien erlaubt die Erfassung und Verarbeitung der Datenmengen, die beim Prozessmanagement anfallen. Sogenannte ‚workflow-systems', wie ‚total quality management' und ‚business procedure reengineering', um nur die bekanntesten zu nennen[202]. Diese Verfahren sind mittlerweile soweit standardisiert, dass internationale Normierungen (ISO) etabliert wurden; die Wirtschaftsinformatik verfügt über Notationssysteme und mathematische Prozeduren, die das ‚Controlling' betrieblicher Prozesse erlauben.

Coaching und alle systemischen Beratungsformen werden wie bereits erwähnt von Theoretikern und Praktikern der Beratung als prozessorientiert beschrieben. Der Prozess-Topos wird in der Beratungsliteratur ubiquitär verwendet; er ist ein Bestandteil des Selbstverständnisses von Beraterinnen und Beratern und legitimiert den Zuständigkeitsanspruch von Beratern für den Bereich des personenbezogenen ‚Prozessmanagements' in Unternehmen. Der Prozessbegriff ruft in der Beratungsliteratur vor allem den naturphilosophischen Bedeutung auf – und ist damit von einem Deleuzianischen Vitalismus nicht besonders weit entfernt:

201 Nordsieck, Fritz: Grundlagen der Organisationslehre, S. 37.

202 Ulrich Bröckling hat das Qualitätsmanagement einer ausführlichen soziologischen Analyse unterzogen. Vgl. Bröckling, Ulrich: Das unternehmerische Selbst.

Aus beruflichem Stress, beruflichen Deformationen oder oft schon aus Beunruhigungen im Arbeitsprozeß können nicht nur manifeste psychische und/oder physische Symptome resultieren, sondern auch mehr oder weniger gravierende Verengungen, die zur Reduktion vieler menschlicher Potentiale wie Kreativität, Lebendigkeit usw. führen. Eine zentrale Aufgabe von Coaching besteht dann in der Unterstützung, krisenhafte Zustände überwinden oder mildern zu helfen. Ziel ist hier, daß Berufstätige ihre Potenz zur Gestaltung und Selbstgestaltung wiedergewinnen.[203]

Die Realisierung der ‚Potenz zur Gestaltung und Selbstgestaltung' soll dadurch realisiert werden, dass die durch Arbeitsverhältnisse verhinderten Lebens-Prozesse wieder in Gang gesetzt werden. Die Gestaltung der eigenen Persönlichkeit und des eigenen ‚Lebens' soll zur „Abschirmung gegen fremde Manipulationsbemühungen" dienen und eine „Stärkung der eigenen Motivation" ermöglichen[204], wie es in einem von Coachs verfassten Ratgeber „Selbstmotivation" heißt.

In der neueren, kybernetisierten Praktikerliteratur wird bisweilen die Thematik der Manipulation angesprochen. Das in der Coaching-Literatur thematisierte Heilmittel gegen Manipulation bleibt immer wieder eine Besinnung auf die ‚eigenen' Ziele und das ‚eigene Leben'. Kollektives Handeln wird von den Beratern beinahe nie thematisiert. Dazu folgende, exemplarische Stellungnahme:

Sprenger betont [...] die Unterscheidung der entsprechenden (manipulativen) Bemühungen des Managements (das so genannte „Motivieren") von der eigentlichen („intrinsischen") Motivation, die sich autonom entwickelt. Wir möchten uns dieser Unterscheidung anschließen, aber auf die gewiss brisante Problematik der instrumentellen Motivierungstheorien hier nicht weiter eingehen. Sowohl die psychotherapeutische „Human-Growth"- als auch die ökonomische „Human Relations"-Bewegung stießen recht bald an die Grenzen möglicher Veränderungen durch die gesellschaftlichen Rahmenbedingungen und Widersprüche [sic!], die aufzuheben sie nicht in der Lage waren, aber auch (bis auf wenige Ausnahme) gar nicht beabsichtigten. So sollen diese Konzepte hier auch gar nicht weiterverfolgt werden.[205]

Die kollektive Dimension der Selbstbestimmung, die mit der Regierung von betrieblichen Prozessen in Konflikt geraten könnte, bleibt ausgeblendet. Der vereinheitlichende Effekt des Prozesstopos wird nicht durch eine Thematisierung der Widersprüche zwischen betrieblicher Regierung und Selbstregierung der Arbeitnehmer gefährdet.

---

203 Schreyögg, G.: Coaching, S. 195.
204 Huhn, Gerhard und Hendrik Backerra: Selbst-Motivation, S. 11.
205 Ebd., S. 20.

Die Überwachung der Arbeitsprozesse durch kurzfristige Prüfungen und die Erzeugung von Kennzahlen wird auf die ‚individuellen' Prozesse der Mitarbeiter übertragen. Diese Prozesskontrolle wird durch entsprechende Erfassungs- und Kontrolldispositive ausgeübt und soll außerdem von den Subjekten in bestimmten Selbsttechniken praktiziert werden. Die ‚äußerliche' Prozesskontrolle wird durch eine Reihe von Maßnahmen des informatisierten Human Resource Managements realisiert: Mit Führungskräften aller Hierarchieebenen werden ‚Assessments' durchgeführt, die heute zum Alltag in großen und mittleren Unternehmen gehören[206]. Die Kontrollverfahren und -rituale der „Audit Society"[207] haben vielfältige Formen angenommen. Kunden- und Mitarbeiterbefragungen gehören dazu ebenso wie ‚Führungsaudits' und Selbsteinschätzungen. Diese Verfahren werden teils von den unternehmenseigenen Personalabteilungen, oft jedoch von spezialisierten Beratungsfirmen durchgeführt. Seit einiger Zeit finden Instrumente wie das „360°-Feedback", die diese älteren Methoden kombinieren, auch im deutschsprachigen Raum zunehmend Verbreitung. Im 360°-Feedback[208] wird unter Verwendung eines Fragebogens die Leistung von Mitarbeiterinnen und Mitarbeitern sowohl durch Kollegen, Vorgesetzte, Untergebene und Kunden als auch durch eine Selbsteinschätzung bewertet. Bei der Bewertung sollen die Befragten auf Skalen den Grad ihrer Zustimmung oder Ablehnung eintragen. Die Beurteilten erhalten die Ergebnisse in Form eines Leistungsprofils zurück. Auf Grundlage des Leistungsprofils wird jedenfalls, meist in Zusammenarbeit mit externen oder internen Beratern, ein Beratungsbedarf ermessen. Die Beratungen, die die Beurteilungsergebnisse nahelegen, werden dann von Beratern durchgeführt, die das Unternehmen den Mitarbeitern zuweist, oder die sie sich (in seltenen Fällen und abhängig vom firmeninternen Status) selbst aussuchen dürfen. Insbesondere das 360°-Feedback, als Verbindung und einheitliche Operationalisierung verschiedener Personalwirtschafts- und Managementinstrumente, erfüllen laut Bröckling die Funktion eines ‚demokratisierten Panoptikons'[209]:

Dass die 360°-Feedbacks ein Kontrollinstrument darstellen, steht außer Frage. Konditionierend wirkt allein schon das Wissen, dass Bewertungen durchgeführt werden. Die Beurteilten stehen unter multiperspektivischer Aufsicht,

206 Vgl. Bricklin, Seth Michael: The rapport program.

207 Power, Michael: The Audit Society.

208 Vgl. zur Einführung in das Verfahren Martin Scherm und Werner Sarges: 360°-Feedback.

209 Bröckling, Ulrich: Das demokratisierte Panopticon; ders.: Das unternehmerische Selbst.

wobei die Kontrollierten zugleich die Kontrolleure derjenigen sind, von denen sie kontrolliert werden. Das Ganze läuft auf einen demokratisierten Panoptismus hinaus: An die Stelle eines allsehenden Beobachters auf der einen und den in ihren eigenen Beobachtungsmöglichkeiten aufs äußerste eingeschränkten Beobachtungsobjekten tritt ein nicht-hierarchisches Modell reziproker Sichtbarkeit. Jeder ist Beobachter aller anderen und der von allen anderen Beobachtete.[210]

Die gesteigerte Fremdbeobachtung nötigt laut Bröckling zur Selbstreflektion und zur Einsicht in die Notwendigkeit der Selbstverbesserung. Er beschreibt, wie dieses und andere Verfahren der Mitarbeiterbeurteilung ein Subjektivierungsdispositiv darstellen. Allerdings sind sie auch Instrumente, mit denen Mitarbeitern ein Beratungsbedarf von außen nahegelegt wird. Sie schaffen die Bereitschaft, mit Hilfe eines Experten an sich selbst zu arbeiten, um der nächsten Beurteilung gewachsen zu sein[211]. Die konkrete Vermittlung an einen Berater ist bereits Teil des Beurteilungsprogramms – oder die Mitarbeiter suchen sich selbstständig einen Berater, um auf die Beobachter, die an der nächsten Evaluierung beteiligt sind, einen besseren Eindruck zu machen. Beratung, die aus Sicht der Unternehmen darauf abzielt, die Anpassung von Mitarbeitern an belastende Arbeitsverhältnisse zu verbessern, soll zugleich dazu dienen, ihn daraus zu befreien und ‚verlorengegangene Gestaltungspotentiale' zurückzugewinnen[212].

Zusammenfassend: Der Prozesstopos integriert die Spezialdiskurse des Managements von komplexen Produktionsprozessen und der Behauptung von natürlich-prozesshafter Subjektivität. Er bezieht seine Plausibilität aus der naturphilosophischen und ingenieurial-mathematischen Allgemeingültigkeit des Prozessbegriffs, der gegen statische Natur- und Gesellschaftskonzepte etabliert wurde. Das Digitalmedium steigert die Legitimität des Prozesstopos – erst durch digitale Protokollierung, Speicherung und darauf zurückgreifender Lektüren wird die Vorstellung einer umfassenden Lenkung von Prozessen glaubwürdig und real erfahrbar.

210 Ders.: Das unternehmerische Selbst, S. 238f.

211 Eine Erhebung in der Coaching-Branche ergab, dass 36 % aller Personaler angaben, dass Coaching-Bedarf als Folge von Beurteilungen festgestellt wird; weitere 14 % der Personaler gaben Personalentwicklungsprogramme als Anlass für Coaching an. Vgl. Böning, Uwe und Brigitte Fritschle: Coaching fürs Business, S. 19.

212 Vgl. Schreyögg, Astrid: Coaching.

Selbstorganisation und Selbststeuerung (3. Topos)

Der kybernetische Begriff der ‚Selbstorganisation' steht in engem Bezug zum Prozessbegriff: Ein Prozess passiert nicht einfach, noch wird ‚durchgeführt'; er wird geplant, beeinflusst, gesteuert und gelenkt. In der politischen Ökonomie gewinnt die Vorstellung von sich selbst regulierenden Prozessen spätestens seit Adam Smiths Konzeption der unsichtbaren Hand des Marktes an Einfluss. In der Humankapitaltheorie wird die Strategie der Führung von Bevölkerungen auf die Selbstführung von Individuen ausgeweitet; die Investitionen einer Person in ihre eigene Arbeitskraft verdichten sich zum epistischen Gegenstand der Ökonomie. Im Zuge der Rezeption des Human Resource-Ansatzes in der Personalführung entstand so in der Expertengruppe der Personalführung Bedarf nach Formen der Personalführung, die die Selbstführung von Mitarbeitern positiv beeinflusst – und sie zur Ausbildung unternehmerischen Verhaltens anregt. Eine ganze Reihe von betrieblichen Sozialtechnologien[213] soll diese Mentalität befördern. „Intrapreneurship" ist (u. a. aufgrund seines selbsterklärenden Namens) das vermutlich bekannteste Konzept ‚innerbetrieblichen Unternehmertums'. Um diesem Leitbild einen Wirklichkeitscharakter zu verschaffen, wurden unterschiedliche Techniken entwickelt, die die Bedingungen unternehmerischen Handelns innerhalb eines Betriebes gewissermaßen simulieren. Beispiele hierfür sind das „Produkt-Champion-Prinzip", „d. h. ein Mitarbeiter des Unternehmens hat eine Innovationsidee, die er über alle Phasen des Innovationsprozesses hinweg in federführender Rolle verfolgt und umsetzt" oder das „Intra-Kapital-System", das beinhaltet, „dass die finanziellen Ressourcen, die aus Erlösrückflüssen oder realisierten Kosteneinsparungen von etablierten Innovationen des Intrapreneurs erwirtschaftet werden, diesem zur Reinvestition zur Verfügung gestellt werden[214].

In der Personalpsychologie wird die Selbstführung bzw. das „Selbstmanagement" einer Person als Anforderung ‚teilautonomer' Arbeitsorganisation thematisiert:

> Unter Selbstmanagement verstehen wir (als Arbeitsdefinition) alle Bemühungen einer Person, das eigene Verhalten zielgerichtet zu beeinflussen. Selbstmanagement ist also vor allem dann wichtig, wenn eine Person viel Freiheit in ihrer Arbeit hat, also nicht dem ständigen Einfluss des Vorgesetzten ausgesetzt ist.[215]

213 Vgl. zum Überblick Breisig, Thomas: Betriebliche Sozialtechniken.
214 Guldin, Andreas: „Förderung von Innovationen", S. 323.
215 König, Cornelius und Martin Kleinmann: „Selbstmanagement", S. 332.

In der Therapeutik (also der Diskursgattung, die zwar von der Personal- und Arbeitspsychologie rezipiert wird, die aber nicht gleichbedeutend mit ihr ist) hat hingegen der Topos der Selbstorganisation zentrale Bedeutung. Der Begriff fungiert als Angelpunkt der Umformulierung des therapeutischen Diskurses im Zuge der Eintragung der therapeutischen Subjektivitätskonzeptionen in die Kybernetik. Dabei dient die Bezugnahme auf die Kybernetik den Akteuren der ‚lösungsorientierten' Therapeutiken der ausgehenden 1970er Jahre als Legitimation ihrer Ablösung von der Psychoanalyse und vor allem vom technik- und wirtschaftsskeptischen Humanismus (in der Psychologie). Zugleich ist der Selbstorganisationstopos ein attraktiver Allgemeinplatz, in dessen Bedeutungshof insbesondere philosophische Autonomiekonzepte liegen. Biologisch-kybernetische ‚Autopoiesis'-Konzepte stimmen mit der Vorstellung des Subjekts als eigengesetzlicher Instanz überein, auf die sich die Therapeuten als Expertengruppe stützen. Das Subjekt wird im Rahmen kybernetischer Selbstorganisationskonzepte als Differenz problematisiert, als etwas, das sich den Anforderungen entzieht, und sich doch umso besser anpassen kann, je mehr Umweltdifferenzen es in sich ‚prozessieren' kann. Autonomie und Anpassung schließen sich in dieser Terminologie nicht aus.

Der Selbstorganisationstopos darüber hinaus durch eine konzeptionelle Verknüpfung von Identität und Handeln, im Sinne von ‚du bist, was du tust' gekennzeichnet:

> Was Sie für ihre Zukunft sich erträumen, bleibt Fiktion, wenn Sie sich nicht engagiert auf diese Zukunft hin bewegen. Erst wenn Sie die Ärmel hochkrempeln, wird aus Ihrem Traum ein mögliches Ziel.[216]

Dabei wird das Handeln im Beratungsdiskurs gegenüber der Erkenntnis der Psyche in den Vordergrund gestellt. Das Wissen um sich spielt gegenüber der Problematisierung des Handelns eine untergeordnete Rolle. Somit schließt der Selbstorganisationstopos auch an die ‚Künstlerkritik' des Kapitalismus[217] an.

Kreativität und Innovation (4. Topos)

Der im Beratungsdiskurs zentrale Begriff der Kreativität knüpft ebenfalls sowohl an psychotherapeutische, als auch an psycho-ökonomische Bedeutungsfelder an. Für die Psychoanalyse mit ihrer Anthropologie des inneren Konflikts ist die Frage des Neuen kein zentrales Problem. Ro-

216 Migge, Björn: Coaching. Psychologische Lebensberatung, S. 52.
217 Boltanski, Luc und Ève Chiapello: Der neue Geist des Kapitalismus.

gers verortet Kreativität im Inneren jedes Menschen. Die ‚natürliche' Veranlagung zur Selbstentfaltung und -verwirklichung bildet für ihn die Quelle der Kreativität, die es freizulegen gilt. Er greift zur Metapher des Gärtners oder zu jener der Mütterlichkeit, die das „therapeutische Fruchtwasser" als „Milieu"[218] für das Wachstum der Klienten bereithält.[219]

Ökonomische Konzepte werden erst etwas später, gegen Ende des 20. Jahrhunderts in die psychologische Kreativitätsforschung eingebracht. Ulrich Bröckling beschreibt die Verknüpfung von Markt und Kreativitätsgedanken anhand neuerer psychologischer Kreativitätstheorien:

> Der kreativ Handelnde gleicht demnach einem erfolgreichen Unternehmer: Er spekuliert auf die Zukunft und sucht seine Chancen jenseits der ausgetretenen Pfade. Billig kaufen und teuer verkaufen (buy low and sell high, heißt sein Prinzip). Er setzt heute auf abseitige Ideen und hofft darauf, dass sie morgen Schule machen. […] Der kreative Imperativ nötigt daher zur permanenten Abweichung; seine Feinde sind Homogenität, Identitätszwang, Normierung und Repetition. Nur Unangepasste verfügen über Alleinstellungsmerkmale. Schöpferisch zu sein, erfordert deshalb unentwegte Anstrengung. Jeder hat nicht einfach kreativ zu sein, sondern kreativer als die anderen.[220]

Der Topos der Kreativität hat also im Zuge der Beschleunigung von Produktzyklen und der wachsenden Relevanz von Wissensarbeit an Relevanz gewonnen und eine Umgestaltung erfahren. In der Personalpsychologie wird Kreativität als Grundvoraussetzung für die Entstehung von Neuem thematisiert:

> Die Neuheit einer Innovation ist stets relativ zum innovierenden Subjekt zu betrachten, d. h. die Erstmaligkeit wird durch das innovierende Subjekt definiert. Dieses Subjekt kann dann die einzelne Person, ein Unternehmen, eine Industriebranche, eine Region, eine Volkswirtschaft oder die gesamte Menschheit (in diesem Fall handelt es sich um eine „objektive" Innovation) sein. Spricht man von betrieblichen Innovationen, ist die Unternehmenssicht maß-

218 Ders.: Der neue Mensch, S. 134.

219 „Ich kann mir keine besseren Analogie [als die Entwicklung von zwei geteilten Seeigel-Embroynalzellen in zwei komplette Organismen] für die Therapie oder die Gruppenerfahrung vorstellen, wo konstruktive Vorwärtsbewegungen immer dann eintreten, wenn es mir gelingt, ein Milieu zu schaffen, das man als „psychologisches Fruchtwasser" bezeichnen könnte." Ebd., S. 72.

220 Bröckling, Ulrich: Das unternehmerische Selbst, S. 169f.

geblich, d. h. alle für das jeweilige Unternehmen neuartigen Objekte, Produkte, Abläufe, Schnittstellen etc. gelten als Innovation.[221]

Kreativität, so die Auffassung der Personalwirtschaftsexperten, kann durch geeignete betriebliche Sozialtechniken gefördert werden: Auch hier wird über Innovation, nicht Kreativität gesprochen.

Im Kontext von nachhaltigen Organisationsveränderungen ist von den Mitarbeitern eine ganz besondere Art von Innovation, nämlich die Innovation ihrer eigenen (Arbeits-)Rolle erforderlich. Da aus ökonomischen Erwägungen heraus die Betriebe zu einer permanenten Verbesserungen der Trias Zeit-Kosten-Qualität gezwungen sind, verändern sich die Rollen der Mitarbeiter immer wieder, wobei je nach Management-Konzept die Änderungen kontinuierlich oder diskontinuierlich und eher evolutionär oder revolutionär sind. In diesem Zusammenhang der Kreativitätsförderung und der Verhaltensflexibilisierung wurden beispielhaft das betriebliche Vorschlagswesen und die Nutzung des Qualitätszirkel-Konzepts illustriert. Hierzu ergänzend wurden grundlegende Aspekte des Innovationsmanagements und innovationsfördernden Führungsverhaltens aufgezeigt.[222]

Beratung gilt diesen Experten wiederum als ein Mittel, blockierte ‚Kreativitätspotentiale‘ freizusetzen. Die Kreativitätstechniken in der Beratung operieren mit Techniken der Irritation und Entgrenzung. Die Vorstellung, dass durch die ‚Irritation‘ von Gewohnheiten Kreativität ‚freigesetzt‘ werden können, erlaubt die Rehabilitation von hypnotherapeutischen Praktiken der Herbeiführung von Krisen, die einen Zugang zu alternativen Bewusstseinszuständen und alternativen Wirklichkeiten erlauben.

Das Subjektivierungsprogramm der kybernetischen Beratung

Der Diskurs der Kybernetik führte zu einer Reartikulation von theoretischen und normativen Grundannahmen der Therapie; die Therapeutik ist von einer begrifflichen und inhaltlichen Umstellung gezeichnet: vom Leitmedium der Textualität (für das die Psychoanalyse beispielgebend ist) auf das Leitmedium der körperlichen Inszenierung (und damit des Selbstausdrucks in den humanistischen Therapeutiken der 1930er bis 1970er Jahre), bis hin zum Leitmedium digitaler Schrift. Diese Umstellungen werden anhand der Definitionen der Rollen in den therapeutischen Praktiken, anhand der therapeutischen Selbstmodellierungsvorga-

221 Guldin, Andreas: „Förderung von Innovationen“, S. 307.
222 Ebd., S. 326.

ben und der Formate deutlich, die in der therapeutisch-beraterischen Selbstbearbeitung diskutiert werden.

Die Erfassung und Messung von Mitarbeiterleistungen, ihren Qualifikationsprofilen, ihrer Persönlichkeit bildet zusammen mit den Kategoriensystemen der Beratung ein Erfassungsdispositiv, das einerseits die Erfassung der Qualitäten von Mitarbeitern ermöglicht, andererseits aber die Mitarbeiter anruft, sich (zumindest berufliche) durch diese Kategorien hindurch selbst zu schreiben. Das Ensemble dieses Erfassungsdispositivs umfasst Beratungsformen, Sozialtechnologien wie ‚Corporate Culture', die Sozialleistungen eines Unternehmens und vor allem die unterschiedlichen Aufschreibesysteme, mit denen Mitarbeiter erfasst werden.

Das Subjekt soll Hemmungen ablegen, um sein Leistungspotential und seine Kreativität entfalten zu können. Zugleich sucht die Beratung die durch diese Enthemmung und die damit verbundenen Entgrenzungen von Arbeit und Leben häufig eintretenden Erschöpfungszustände zu bekämpfen. Work-Life-Balance, Entspannungstechniken und andere Handreichungen sollen den aktivierten Individuen ermöglichen, sich von dem erfolgreich realisierten Selbstsein zu erholen und das endemische Burnout zu verhindern.

Das Subjekt der Beratung ist aufgerufen, die Fülle der eigenen Kreativität und Energie zu mobilisieren. Darin ähnelt es dem ‚vollen' Subjekt des 18. Jahrhunderts. Doch es ist zugleich ein gefährdetes Subjekt, das an den Leistungsüberprüfungen, an denen seine Aktivität einen Maßstab finden soll, zu scheitern droht, indem es sich als unzulänglich erweist. Alain Ehrenberg schildert den Zusammenhang zwischen Selbstsein und der Gefahr der Unzulänglichkeit:

> Als sich die Depression nach dem zweiten Weltkrieg deutlich von der Melancholie löste, spielten sich deren Wendepunkte zwischen den zwei Versionen der schweren Aufgabe, sich korrekt zu verhalten ab: zwischen der *Angst*, die mir zeigt, dass ich ein Verbot überschreite und mich spalte, also einer Krankheit der Schuld, einer Konfliktkrankheit einerseits, und der *Erschöpfung,* die mich entleert und mich handlungsunfähig macht, also einer Krankheit der Verantwortlichkeit, einer Krankheit der Unzulänglichkeit andererseits.
>
> Diese beiden Versionen gehen mit dem Aufkommen einer neuen Ära des Subjekts einher, das ganz offensichtlich nicht mehr das volle Subjekt des 18. Jahrhunderts ist, aber auch nicht mehr das geteilte Subjekt vom Ende des 19. Jahrhunderts: das emanzipierte Individuum. Sich befreien macht nervös,

befreit sein depressiv. Die Angst, man selbst zu sein, versteckt sich hinter der Erschöpfung, man selbst zu sein.[223]

Gerade die Betonung der Kreativität ist gegenüber den Authentizitätsvorstellungen der humanistischen Therapeutik mit einer alternativen Bestimmung des Selbst verbunden: Es geht weniger um das Innere, die Gedanken oder die Gefühle, sondern um die *Handlungen.* Die ,ethische Substanz' ist nicht das Innere, die Affekte, die Kognitionen, die Energien, sondern die Handlungen, die von Subjekt ausgehen. Die Störungen des Subjekts seit den 1980er Jahren sind vor allem ,psychomotorisch', während Fragen der Identität vor allem in Zusammenhang mit den Handlungsstörungen auftreten.

Diese Verschiebungen im Bild des Subjekts reihen sich in eine zweite Welle der vorgeblichen Emanzipation des Subjekts ein:

> Das Normensystem, das das Subjekt in der ersten Hälfte des 20. Jahrhunderts umgab, erlebte einen ersten Richtungswechsel. Sich selbst ähnlich zu werden, zeichnet die Geisteshaltung der neuen Normalität aus [...] Dieses Jahrzehnt bringt auch in anderer Hinsicht Neuerungen: Es handelt sich nicht lediglich darum, man selbst zu werden, sich auf die Suche nach seiner „Authentizität" zu machen, man muss auch selbstständig handeln und sich dabei auf seine inneren Antriebe stützen. Der zweite Faktor zur Bestimmung der Individualität des Fin de Siècle ist die individuelle Handlung.
>
> Zu den Evangelien der persönlichen Entfaltung kommen die Forderungen nach persönlicher Initiative. Die Frage nach Identität und nach dem Handeln hängen auf folgende Weise zusammen: In normativer Hinsicht ergänzt die persönliche Initiative die psychische Befreiung; in pathologischer Hinsicht verbindet sich die Schwierigkeit, eine Handlung zu beginnen mit der Unsicherheit der Identität [...] Es geht um die *Bewegung*. Depression ist das Fehlen von geistiger Bewegung.[224]

Der Mangel an Initiative, der im Mittelpunkt der Behandlung der Depressionen in der Psychiatrie steht (und durch Psychopharmaka behoben werden soll), ist auch Gegenstand der Beratung – allerdings im Sinne einer Prävention, die die Pathologien der Handlungslähmung verhindern soll.

223 Ehrenberg, Alain: Das erschöpfte Selbst, S. 53.

224 Ebd., S. 197f; Hervorhebung i. O.

Selbsttechniken der Therapeutik

Kafkas Polizist würde sein „Gibs auf, gibs auf"
heute wohl positiv als Coachingangebot
formulieren.
Ulrich Bröckling

Man ist thätig, weil alles was lebt
sich bewegen muß
– nicht *um* der Freude *willen*, also ohne Zweck:
obschon Freude dabei ist.
Friedrich Nietzsche

Der Mensch ist – außerhalb der Mutterleib-
Symbiose – ein Wesen der Distanzen. Er muß
sich die von ihm benötigten und gewünschten
Präsentierungen medial herstellen. Das heißt: Er
ist angewiesen auf mediengestütztes
Tranzendieren – das immer auch
mediengestörtes Transzendieren sein kann d. h.
fehlgehendes und illusionäres.
Walter Seitter

Welche Selbsttechniken werden in alternativen Formen der Therapeutik wie dem Coaching kommuniziert und praktisch eingeübt? Reiner Keller spricht in diesem Zusammenhang von „diskursgenerierten Modellpraktiken"[1]. Diese Praktiken sind zielgerichtete, intentionale Formen des

1 Keller, Reiner: Wissenssoziologische Diskursanalyse, S. 251.

Sich-Verhaltens, die auf die Problematisierungen des Diskurses antworten. Es sind die ‚Lösungen', die ein Diskurs anbietet. Foucault verwendet, wie bereits erwähnt, Führung im Doppelsinn von ‚(se) conduire', was gleichzeitig „die Tätigkeit des ‚Anführens' anderer mittels mehr oder weniger strikter Zwangsmechanismen und die Weise des Sich-Verhaltens in einem mehr oder weniger offenen Feld von Möglichkeiten"[2] beinhaltet.

Mit dem Begriff der ‚Techniken des Selbst' sollen hier durch unterschiedliche mediale Techniken gestützte Problematisierungen des Selbst und soziale Beziehungsformen, die Selbstverhältnisse stützen, modifizieren, oder erst herstellen bezeichnet werden. Zu den Techniken des Selbst zählen also nicht nur die Handlungen des Einzelnen selbst, sondern auch die Aufschreibesysteme und Beobachtungsinstanzen, die die Praktiken des Individuums dokumentieren und einem Publikum aussetzen. Die empirischen Analysen der Techniken orientieren sich an den Kategorien, die Foucault für die Analyse von Selbstpraktiken vorgeschlagen hat: Er unterscheidet zwischen „ethischer Substanz", d. h. der „Art und Weise, in der das Individuum diesen oder jenen Teil seiner selbst als Hauptstoff seines moralischen Verhaltens konstituieren soll", der „Unterwerfungsweise", d. h. der „Art und Weise, wie das Individuum sein Verhältnis zur Regel einrichtet und sich für verpflichtet hält, sie ins Werk zu setzten", der „ethische[n] Arbeit oder Ausarbeitung", d. h. dem praktischen Versuch „sich selber zum moralischen Subjekt seiner Lebensführung umzuformen", und der „Teleologie des Moralsubjekts", die eine ganze Lebensweise und ihren Zielzustand markiert[3]. Im Folgenden sollen fünf Gruppen von Selbsttechniken beschrieben werden, die das ‚Coaching' als Selbstmodellierungs- und Selbstdeutungspraxis charakterisieren: Imagination und Optionalisierung, Beziehungsgestaltung, Kommunikations- und Distinktionspraktiken, Techniken der Selbstgestaltung und kontraaktualistische Praktiken.

Hierzu führt Keller aus: „Eine zweite, davon unterschiedene [von Praktiken der Diskursreproduktion, B. T.] Form der Praktiken wird in Diskursen im Rahmen der inhaltlichen Strukturierung ihrer Gegenstandsbereiche als Modelle für die vom Diskurs adressierten diskursexternen Praxisfelder konstituiert. Ich bezeichne solche Praktiken als diskursgenerierte Praktiken [Hervorh. i. O.]. [...] Dabei wird zugleich deutlich, dass die diskursiv generierten Modelle ihren praktischen Vollzug zwar anleiten, aber nicht völlig determinieren. Es bestehen also Freiheitsgrade der tatsächlichen Realisierung solcher Modellpraktiken." Ebd., S. 251f.

2 Foucault, Michel: „Das Subjekt und die Macht", S. 255.

3 Foucault, Michel: Der Gebrauch der Lüste, S. 37ff.

Imagination und Optionalisierung: Techniken der Zeit

In der Beratungsliteratur wird eine Reihe von Techniken der Lebensführung dargestellt, die auf eine gesteigerte ‚rationale' Beherrschung der Zukunft abzielen. Eine andere Reihe von Selbsttechniken scheint eher darauf hinzuwirken, die Rationalität der Institutionen des Marktes und der Verwaltung durch Praktiken der ‚Imagination' zu unterlaufen. In der Problematisierung der Herbeiführung möglicher individueller Zukünfte fallen die Praktiken der Selbstdeutung und Selbstoptimierung ineins, allerdings nicht ohne Unschärfen und Widersprüche.

Die ‚Kunst des Zielens'

In der Praktikerliteratur des Coaching nimmt die Thematisierung von Zielen, Zielfindung, des Verfolgens und Erreichens von Zielen eine zentrale Stellung im Diskurs ein, sowohl in der ‚Theorie' der Beratung als auch in der ‚Behandlungstechnik'. Die Problematisierung, Generierung, Reflektion über Ziele und Verfolgung von Zielen gehört zu den zentralen Selbstmodellierungsvorgaben der Beratung, um die sich eine Reihe von Hilfstechniken gruppieren. Ziele werden als potentieller Zwang dargestellt, andererseits wird die Befreiung vom ‚Zwang der Ziele'[4] nicht in einer Abwendung von der Rationalität der Zielverfolgung, sondern in einer Bewusstwerdung über und Erweiterung des Rahmens und der Vielfalt möglicher Ziele gesehen:

> Viele Menschen kennen ihre Ziele nicht. Andere jagen mit großer Effizienz ihren Kompetenzzielen oder eingegrenzten Visionen hinterher, bis sie am Ende einer Lebenssaison merken, dass es nicht ihre eigenen waren. Manch einer erreicht seine Ziele, verliert aber die Balance zwischen dem Ansporn und der Muße.[5]

Die Alternative zum blinden Verfolgen von Zielen, die man ‚nicht kennt', die von Beraterinnen und Beratern vorgeschlagen wird, liegt darin, sich seiner de facto verfolgten Ziele bewusst zu werden, damit eine Reflektion über eine ganzen Möglichkeitsraum einsetzen kann. Die Selbstformungsprogrammatik der Beratung setzt voraus, dass der Klient zur Zielverfolgung fähig ist, sich also nicht in einer Handlungskrise be-

4 Diese Kritik der Ziele ist natürlich ein bekannter kulturkritischer Topos, der spätestens seit der Beschäftigung mit orientalischer Philosophie und Literatur in der deutschen Klassik zum Kanon westlicher Rationalitätskritik gehört.

5 Migge, Björn: Coaching, S. 53.

findet, gesund ist etc.[6], dass er sich aber andererseits über die Möglichkeiten, die Vielfalt der Ziele, die sich ihm darbieten, nicht im Klaren ist und darüber aufgeklärt werden muss.

Das Eingeständnis einer Diskrepanz zwischen Zielen und ihrer Realisierung in der Wirklichkeit – „Bestimmung von Ist- und Soll-Zustand"[7] – tritt in der Coaching-Beratung an die Stelle des ‚Geständnis' der psychischen Symptome. Diese Selbstdeutungsvorgabe fordert Antworten auf Fragen wie: ‚Was möchten Sie können? Was möchten Sie erreichen? Was benötigen Sie, damit Ihnen das in Zukunft gelingt?'

Das Kriterium für die Angemessenheit von Zielen ist das Vorhandensein von „Ressourcen", die zu ihrer Verfolgung bereitstehen:

> Welche Ressourcen müsste ich haben, um in kleinen oder auch großen Schritten das Ziel zu erreichen? In welchen Lebensbereichen habe ich vergleichbare Ressourcen? Achtung: Defizite in anderen Lebensbereichen können in diesem Kontext sogar hilfreiche Ressourcen sein (und umgedreht).[8]

Hier wird zwischen inneren und äußeren Ressourcen unterschieden: ‚Glaubenssätze', ‚commitment', Fähigkeiten sind ‚innere' Ressourcen; persönliche Unterstützung, finanzielle Ressourcen und Beziehungsnetzwerke werden als äußere Ressourcen bestimmt. Diese Vorstellung von Zielen stellt eine Umkehrung der therapeutischen Konzeption von Zielen dar: Während in der Therapie die Ziele des Lebens gewissermaßen nur Epiphänomene sind, deren latenter Sinn durch die Entschlüsselung eines inneren Texts rekonstruiert werden kann, soll in der Beratung die Setzung von Zielen den Klienten in die Lage versetzen, sich als Person zu definieren. Nicht die inneren Konflikte stehen im Mittelpunkt, sondern das Verhalten, das Folgen in der Sozialwelt hat.

---

6 Die Beratungsbeziehung ist im Unterschied zur therapeutischen Beziehung darauf angelegt, dass der Beratungsnehmer prinzipiell handlungsfähig ist und über Ziele verfügt. Die therapeutische Beziehung zeichnet sich dagegen darin aus, dass der Patient als in einer grundlegenden Handlungskrise befindlich definiert ist; diese Krise bietet den Anlass zur Therapie. Das Eingeständnis der Handlungsunfähigkeit seitens des Patienten ist Voraussetzung für die Therapie. In der Beratungsbeziehung mag der Klient vielleicht temporär nicht in der Lage sein, Ziele bzw. die richtigen Ziele zu verfolgen, es wird dabei aber vorausgesetzt, dass keine Krise vorliegt, die die Fähigkeit zum Handeln untergräbt: „Der Gecoachte lernt so im Idealfall, seine Probleme selbst zu lösen, klare Ziele zu setzen und wieder eigenständig effektive Ergebnisse zu produzieren." Rauen, Christopher: Coaching, S. 2.

7 Ebd., S. 58. Das Vokabular des „Ist- und Soll" ist der Kybernetik entlehnt und verweist auf die Fähigkeit der Person zur Selbstorganisation.

8 Migge, Björn: Coaching, S. 50.

Was für den Klienten der Beratung als Ziel gilt, soll in der Beratung festgestellt werden. Dazu werden spezialisierte Techniken entwickelt, um Ziele und die Bedingungen ihres Erreichen zu thematisieren: ‚Messung' und ‚Visualisierung' sind zwei grundlegende Hilfstechniken der Zielfindung, die im Dispositiv der Beratung Anwendung finden.

„Messung" und Selbstbeobachtung

Als Hilfstechnik der Zielfindung kommt der Messung und der Überprüfung, ob und in welchem Grad die Ziele bislang erreicht wurden, große Bedeutung zu. Dabei wird die Überprüfbarkeit zur Anforderung, die bereits an die Formulierung von Zielen gestellt wird.

By measurement, we're referring to the continuum of results that the player can produce or is committed to produce. Attained performance level is the level that the player has already achieved. The player does not need coaching in this area because the results at this level have already been achieved. This isn't the best use of coaching time to try and coach at this level. Intended results is what the player is committed to producing. The more clear the player is about the results that he or she would like to produce, the more value will be received from each coaching session. In a coaching relationship, clarity is the key in developing the intended results that the player is committed to producing. Clarity, which is ensured by the coach, must be taken to the point that there isn't any question in the player's or coach's mind about what the intended results are.[9]

Dieses an die Sprache des Sports anschließende Verständnis von ‚Ergebnissen' findet sich vor allem in Coaching-Handbüchern, die auf die Felder des Business-coaching oder Management-coaching abzielen. In diesem Segment der Praktikerliteratur wird geraten, möglichst klar messbare Ziele aufzustellen, oft unmittelbar auf Geschäftsergebnisse, erzieltes Einkommen oder erreichte berufliche Positionen bezogen. In Handbüchern, die das Feld des „Life Coaching" bedienen, wird meist auch ein lebensgeschichtlicher Ansatz propagiert, etwa im Sinne einer „history of goals that have and have not been achieved."[10] Dabei soll, oft unter Rückgriff auf psychologische Theorien[11], auch die innere Repräsentation der Zielerreichung einbezogen werden: „A good coach will investigate, through strategic questioning or through a more formal as-

9 Porché, Germaine und Jed Niederer: How to Coach Anyone about Anything S. 9.

10 Zeus, Perry und Suzanne Skiffington (2000): The complete guide to coaching at work, S. 164.

11 Z. B. sog. Kontrollüberzeugungen.

sessment (e.g. Rotter's Locus of Control Scale): the extent to which coachees believe they are in control of their own destinies"[12]. Bei diesen stärker lebensgeschichtlichen Ansätzen wird der ‚Wille' zur Erreichung von Zielen thematisiert:

Goals should be performance-oriented rather than outcome-oriented. When outcomes are the measure of success, it is difficult to tease out the individual's contribution to goal success or failure. Perfomance outcome measures also ensure that goal achievement is under the individual's control. The coach and the coachee work together to determine how achievement will be measured and how frequently. Together, they then develop a plan to track and reward success.[13]

Der Topos des Ziels zieht also Praktiken der Selbstbeobachtung, der Messung des Fortschritts, der Überprüfung und der Steuerung dieser Bewegung nach sich. Die Verbindung von Ziel, Anstrengung, Hindernis und messbarem Erfolg bildet ein interpretatives Raster, mit dem Ereignisse und Erfahrungen artikuliert werden können und das die Kommunikation zwischen Klient und Berater strukturiert. Dieses Raster bildet den Kern einer Legitimationsfigur, die das Handeln selbst orientiert und Erklärungen für Erfolg und Scheitern liefern kann.

Nachdem Ziele durch Berater und Klient artikuliert und aufgeschrieben sind (entweder tatsächlich schriftlich oder durch Wiederholung und Fixierung im mündlichen Gespräch), schlagen viele Berater vor, eine Hierarchisierung der Ziele vorzunehmen. Viele Beraterinnen und Berater betonen allerdings auch, dass Ziele nicht in einer einfachen Hierarchiebeziehung stehen, sondern komplizierter organisiert sind. Vogelauer beispielsweise trägt dem Rechnung, indem er von einem „Netzwerk der Ziele"[14] spricht, in dem sich Ziele wechselseitig verstärken oder behindern.

Visualisierungen und Visionen

In der kommunikativen Darstellung von Zielen werden im Coaching oft ‚Visualisierungen' eingesetzt:

Berater und Klient verlieren beim Wechsel von Positionen, Problemen, Ressourcen, Zielen und Rollen leicht den Überblick. Damit wir jederzeit „zurückblättern" können, haben sich in der Moderation und im Coaching Visualisie-

12 Zeus, Perry und Suzanne Skiffington (2000): The complete guide to coaching at work, S. 164.

13 Ebd., S. 166.

14 Vogelauer Werner: Methoden-ABC im Coaching, S. 146f.

rungsmethoden als hilfreich erwiesen. Sie sollten auf Kärtchen oder Flip-Charts die Kernaussagen Ihrer Klienten notieren. In Kursen über „Moderation und Visualisierung“ können Sie die wichtigsten Techniken und Materialien erproben, die sich für dieses wichtige Coaching-Medium brauchen.[15]

Die Bedeutung der Visualität in der Beratung erschöpft sich allerdings nicht im Einsatz von Moderationstechniken, obwohl allein diese Tatsache für die Absetzbewegung von der Therapie aufschlussreich ist[16]. Die Zielvorstellungen des Individuums sollen durch ‚*Visionen*‘ hervorgebracht und stabilisiert werden:

Was Sie für Ihre Zukunft erträumen, bleibt Fiktion, wenn Sie sich nicht engagiert auf diese Zukunft hin bewegen. Erst wenn Sie die Ärmel hochkrempeln, wird aus Ihrem Traum ein mögliches Ziel. Visionen entstehen aus unserer Schöpfungskraft und aus unserer Suche und dem Streben nach:

- Sinn
- neuen Eindrücken
- Betätigung

Es sind innere Bilder, Wünsche und Vorstellungen, die uns auf den Weg bringen. Komplexere Ziele, welche die Kraft haben, große Teile unseres Lebens zu gestalten und zu bestimmen, nennen wir *Visionen* [Hervorh. i. O.]. Das sind gewollte Tagträume, für die wir uns anstrengen möchten. Ohne diese Anstrengung bleiben sie Träumerei. Es gibt große und kleine Ziele. Im Coaching ist es hilfreich, wenn Sie ein Konzept verschiedener Zielarten haben.[17] Hier wird eine Unterscheidung von Träumerei, inneren Bildern, Wünschen in irreale ‚Fiktion‘ einerseits und Anstrengung, Engagement, Bewegung andererseits aufgebaut. Dabei werden diese opponierenden Begriffe in ein Verhältnis wechselseitiger Ermöglichung gesetzt. Visionen, „innere Bilder“, geben nach dieser Theoretisierung Zielbestimmungen ab, die die Anstrengungen, die eine Realisierung dieser Ziele in Aussicht stellen, erst begründen.

15 Migge, Björn: Coaching, S. 46.

16 Die Möglichkeit der ‚Berechnung‘ der Erreichbarkeit von Zielen hat die Explizierung, Schematisierung und Verschriftlichung von ‚Visionen‘ zur Voraussetzung. Verschriftlichung muss nicht heißen, dass diese Ziele tatsächlich auf Papier notiert werden. Auch eine kommunikative Stabilisierung ist denkbar: Berater und Klient ‚erinnern‘ sich immer wieder an die Ziele, die in einem kommunikativen Typisierungsprozess identifiziert wurden. In Beratung und Therapie werden diese Ziele aber meist tatsächlich schematisiert verbildlicht oder verschriftlicht. Die Zielvereinbarung zwischen Berater und Klient beinhaltet das Aufschreiben der Ziele, die Berater und Klient gemeinsam ausgearbeitet haben. Wenn eine Verschriftlichung von Visionen bzw. ‚Großzielen‘ erreicht ist, können ‚Einzelziele‘ hierarchisiert werden.

17 Migge, Björn: Coaching, S. 52

Passivität und Aktivität stehen in dieser Darstellung in einem komplementären Verhältnis: Gegenüber der Aktivierung durch Visionen seien wir passiv, denn sie orientieren uns erst in die Welt, sie haben die „Kraft", unser Leben zu gestalten und sogar zu bestimmen. Sie sind höchstens „gewollt", nicht aber planbar oder geplant. Auf diese Kraft der Vision, der sehr viel zugetraut wird, können wir uns allerdings nicht einfach verlassen – im Gegenteil, ständige Ermahnung ist notwendig, diese Ziele dann auch umzusetzen. Eine Semantik des passiven Empfangs von Visionen und der Beeinflussung und Orientierung unseres Lebens von und an ihnen wird hier mit der Aufgabe verknüpft, die Zielverbünde dann auch im Leben Geltung zu verschaffen. Diese Verbindung von passiver Empfänglichkeit für Visionen und aktiver mühevoller Zielerreichungsarbeit wiederholt sich in der Coaching-Literatur regelmäßig.

Die ‚inneren' Bilder, Wünsche und Vorstellungen werden als Motivatoren des Handelns begriffen, die es zu entwickeln, begreifen und kultivieren gilt. Sie sollen als ‚komplexe Ziele' ihre Bildförmigkeit behalten, und in der beraterischen Praxis nicht in Worte umgewandelt werden, zumindest nicht in dem Sinne, dass sie als Symptome für dahinterliegende psychische Phänomene gelesen werden[18]. Die inneren Bilder, so der Autor, übersteigen auch den Willen der Person, konstituieren ihn erst. Das Subjekt wird ins passiv gesetzt, es wird bestimmt von Visionen, die seine Kräfte tendenziell überfordern und dauernde Anstrengung verlangen. Deshalb sei eine Harmonie zwischen Imagination, den konkreten Zielen und den Kräften des Individuums anzustreben:

However, our goals, and indeed our attempts to achieve them, do not exist in a vacuum. Goals are closely interconnected with our purpose, value and vision. Therefore, any coaching program must address these issues. Purpose, values and vision tend to be examined in more depth in life skills coaching and frequently constitute the core of the coaching sessions. Yet, [...] their place in business and executive coaching is not to be underestimated. Unless goals are in harmony with our desires, beliefs and values, we are unlikely to achieve them. Understanding and developing purpose, values and vision are crucial to any coaching process.[19]

Ziele und Visionen werden in zwei unterschiedliche Verhältnisse gesetzt: Einerseits wird das Vorhandensein von Visionen als Voraussetzung

18 Diese Umgangsweise –Vertextung – schlägt Freud in der Traumdeutung vor. Er begreift den Traum als ein „Rebus", d. h. als Buchstabenrätsel, das es zu dechiffrieren gilt.

19 Zeus, Perry und Susanne Skiffington: The Complete Guide to Coaching at Work, S. 153.

zung für das Verfolgen von Zielen begriffen, indem Visionen Orientierung zwischen unterschiedlichen Zielen verschaffen und den Einzelnen motivieren, überhaupt anspruchsvolle Ziele zu verfolgen. Visionen werden in diesem ersten Verständnis als eine Art ‚Aspirationsmotor' verstanden. Andererseits gilt eine „Harmonie" zwischen Visionen und verfügbaren Ressourcen als Voraussetzung für Lebensgestaltung und Zielerreichung. Diese zweite Problematisierungsformel, mit ihrem ethischen Aspekt, die Warnung davor, die eigenen Werte und Visionen aus den Augen zu verlieren und stattdessen fremdbestimmte Ziele (fremdbestimmt entweder durch andere Menschen, Organisationen etc. oder durch sich selbst, durch Ziele aus früheren Lebensphasen) zu verfolgen, hat Ähnlichkeiten mit der ‚Selbstsorge'[20]. Die Ähnlichkeit zeigt sich daran, dass keine im Subjekt verborgene Wahrheit enthüllt werden soll, sondern das Verhältnis zwischen Überzeugungen und Lebensführung befragt wird. Wie wird dieses Verhältnis befragt? Für die Generierung der „gewollten Tagträume" der Visionen werden in der Beratung sogenannte ‚Kreativitätstechniken'[21] angewandt.[22]

Die Kreativitätstechniken haben ihren Ursprung in den ‚dramatologischen' Techniken wie dem Psychodrama, in Meditationstechniken und letztlich den Suggestionstechniken der hypnotherapeutischen Traditio-

20 Foucault expliziert die ‚Sorge um sich' als ethische Praxis: „Es geht bei all diesen unterschiedlichen Übungen nicht darum, das Geheimnis zu enthüllen, das aus den Tiefen der Seele hervorgeholt werden muß. Es geht um die Beziehung des Selbst zur Wahrheit oder zu bestimmten vernünftigen Grundsätzen. Erinnern Sie sich, dass die Seneca motivierende Frage war: ‚Brachte ich jene Verhaltensgrundsätze zur Anwendung, die ich sehr gut kenne, aber, wie es manchmal vorkommt, denen ich nicht immer entspreche, oder die ich nicht immer anwende?'. [...] Und die Frage, die sich in diesen unterschiedlichen Übungen stellt, orientierte sich an folgendem Problem: Sind wir mit diesen vernünftigen Grundsätzen ausreichend vertraut? Sind sie in unserer Seele fest genug verankert, um praktische Regeln für unser alltägliches Verhalten zu werden?" Foucault, Michel: Diskurs und Wahrheit, S. 174f.

21 Dies sind etwa Formen wie ‚Fantasiereisen', Traumanalysen, Traumtagebücher, ‚geleitete Meditationen', katathymes Bilderleben u. a.

22 Eine Beraterin schildert die Anwendung von Kreativitätstechniken folgendermaßen: „Dann äh machen wir mit denen 'n Visionsprozess, wo sie äh 'n (...) wo sie (...) das sind so geführte Meditationen, wo es darum geht, ähm 'n lang- also 'n = 'n Selbstentwurf sozusagen aufsteigen zu lassen, also auch eben nicht unbedingt auf der rationalen Ebene zu arbeiten, sondern zu gucken, was sind denn da für Bilder, äh, ne, was = was (...) wie sehe ich mich selbst in einem Zeitraum von X, weiß ich nicht, das ist also wirklich auch bei jeder Person anders, aber das ist eher langfristig angelegt und bezieht das ganze Leben auch mit ein, ne, nicht nur die berufliche Situation."

nen, die im 18. Jahrhundert entstanden sind. Insgesamt wird mit diesen Techniken an die gegenkulturellen therapeutischen Praktiken des 18. Jahrhunderts angeknüpft. Ich habe gezeigt, wie die ‚magnetischen' Praktiken Mesmers, die wir uns als ‚Events' kollektiver Efferveszens vorstellen müssen, allmählich in eine gruppentherapeutische und individuelle ärztliche Praxis überführt, und in den Selbstsuggestionspraktiken schließlich sogar in das Selbstgespräch verlagert wurden. In der Verbindung der systemischen Vorstellungswelt mit den hypnotherapeutischen Praktiken konnte in der kybernetischen Therapeutik die Beratungstechnik der ‚Begleitung' des Klienten von einem stabilen Zustand in einen anderen stabilen Zustand entstehen. Die systemischen Praktiken der Infragestellungen des Selbstverständlichen, der ‚Störung' des Systems, sollen den Klienten destabilisieren, während die hypnotherapeutischen Praktiken den Klienten viel stärker ‚führen' und durch ein ‚reframing' die Verfestigung einer neuen Wirklichkeitsdefinition bewirkt werden soll. Die neue' bzw. neu gerahmte Wirklichkeitsvorstellung des Klienten findet einerseits halt in der Beratungsbeziehung, in der die gemeinsame Begeisterung für die neu entdeckten ‚Stärken' und ‚Ziele' erlebt werden kann. Organisiert und zugleich legitimiert wird die Fremd- und Selbstformung des Selbst einerseits durch die Vorstellung einer inneren Zielrichtung des Subjekts, der es folgen muss und darf, andererseits durch die Mystik der ‚systemischen' und ‚synergetischen' Ansätze. Das Selbstmodellierungsgebot der Beratung enthält keine normative Bestimmung, keine materiale Anthropologie, orientiert sich aber an der als mystisch charakterisierbaren Vorstellung, dass auch Organisationen und ganze Wirtschaftsverbände ‚lebende Organismen' seien, zu deren Wachstum und Gesundung jeder einzelne Beitragen könne. Jedes einzelne Glied der Organisation ist aufgerufen, seinen Beitrag zu Unternehmenskulturen positiven Denkens, der Kundenorientierung und des Empowerments zu leisten. Der Weg zur Verbesserung sozialer Verhältnisse führt im Rahmen dieses Legitimationsapparats über die Selbstverbesserung des Einzelnen. Die Selbstverbesserung des Einzelnen soll sich wiederum an der Möglichkeit des Erzielens von ‚Synergieeffekten', von ‚win-win-Situationen' – wichtig ist das Vermeiden von ‚unproduktiven', ‚kritischen' Interventionen – orientiert sein.

Ganz im Sinne dieser Responsibilisierung des Einzelnen sollen Visionen immer in engem Bezug zu konkreten Zielen gehalten werden, die in der Welt, wie sie ist, umgesetzt werden können. Wie an beiden Textstellen beispielhaft deutlich wird, wird den Visionen, d. h. Imagination in der Praktikerliteratur keine von der Zielfindung und -erreichung unabhängige Rolle zugebilligt. Beide Techniken werden in der Coaching-Literatur in engem Zusammenhang thematisiert[23].

Die Befragung des Selbst und die ‚Efferveszens à deux' in der (Coaching-)Beratung wird an Vorgaben von Unternehmen und Arbeitsmärkten zurückgebunden. Die Generierung ‚geteilter' Visionen wird als Mittel der Herstellung von Enthusiasmus für betriebliche Veränderungsprozesse verstanden. Der MIT-Managementforscher Peter Senge schreibt 1990 in einem Managementbestseller, der den Untertitel ‚The art and practice of the learning organization' trägt: „Visions are exhilarating. They create the spark, the excitement that lifts an organization out of the mundane."[24] Diese Eingliederung des Visionskonzepts in die Managementlehre wirft die Frage auf, welche strategischen Wirkungen mit diesen Deutungspraktiken erzielt werden sollen, und wie die Selbsttechniken der Imagination in den Kontext der Beratung und der Personalführung eingebunden sind. Eine Verräumlichung der Repräsentation des Selbst und des Sozialen ermöglicht eine Integration der potentiell ökonomisch dysfunktionalen Efferveszenzen in die Selbstmodellierungsvorgaben des Managements von Unternehmen.

Räumliche Repräsentationen des Sozialen und des Selbst

Visionen im Sinne handlungsentlasteter und außeralltäglicher Imaginationen werden in den Techniken der Beratung auf soziale Erwartungen bezogen:

Define what successful goal achievement looks like. Do not leave it to your coachee's imagination or assumptions. What will the project look like, accomplish, and so on, when it is done to high-quality-standards? Your role is to set clear expectations with the coachee so that when the job is completed, nobody is disappointed, especially customers.

Again, go for mutual understanding. Paint a vivid picture to make clear the results you (and the organization) are expecting. And then ask the coachee to paint his or her version of the picture. Make sure that they match.[25]

---

23 Die Entstehung dieser Visionen aus der praktischen Tätigkeit, und ihre Zurückverwiesenheit an die Tätigkeit als Voraussetzung für Realisierung entspricht der Konzeption der Phantasie als ‚Bewegungsbild', als Konzept der physiologischen Kybernetik, oder auch in Gehlens Fassung der Bewegungsphantasie. Die Imagination als „Bewegungsbildsteuerung" des Handelns (vgl. Rieger, Stefan: Kybernetische Anthropologie) ist Bestandteil der kybernetischen Anthropologie.

24 Senge, Peter: The fifth Discipline. S. 208.

25 Crane, Thomas: The Heart of Coaching, S. 58.

Der Autor benennt hier das ‚match', also den Vorgang, Übereinstimmung zwischen der konkreten Imagination und dem ‚Bild' zu erzielen, das der Berater bzw. die Organisation vom zukünftigen Handeln des Akteurs haben. Hier wird ein *Angleichungsgebot* formuliert („Make sure that they match"); gemeint ist eine Übereinstimmung der Imagination des Klienten und der Zielvorstellung von Auftraggebern (vgl. die Darstellung der Kontraktformen im Coaching. Bei der ‚Vision' der Organisation handelt es sich allerdings eher um ein Schema, das die Vorlage für die Angemessenheit des affektiv geladenen und ‚vielschichtigen' Phantasiebildes des Klienten abgeben soll. Die Selbstformung des Klienten soll mit den Vorgaben der Organisation abgestimmt werden[26]. Die Rhetorik des Angleichungsgebotes durchzieht die Coaching-Literatur. Während in der humanistisch geprägten Organisationsentwicklung stets die Rede von der Vereinbarung von ‚Produktivität und Menschlichkeit'[27] ist, im Sinne einer Vereinbarung von Widersprüchen, findet sich dieses Vokabular des Kompromisses und der Übereinkunft im Coaching nur sehr selten. Ganz im Sinne der kybernetischen Hypothese wird vielmehr von wechselseitigen Koordinierungs- und Steigerungsvorgängen ausgegangen.

Bei den zu Beginn dieses Abschnitts aufgeführten Visualisierungstechniken in der Beratung handelt es sich ebenfalls nicht um vielschichtige, detailreiche ‚Bilder' sondern eher um ‚Schematisierungen', die als Vereinfachungsraster für visuelle Phantasiebilder fungieren. Im Übergang vom inneren Bild zum Schema wird ein erster Konkretisierungs-, aber auch Normierungsschritt vorgenommen, der die frei schwebenden Bilder der Klienten für die Anforderungsprofile von Management und Personalführung anschlussfähig macht. Fehlende Ressourcen und antagonistische Kräfte im Subjekt werden als „Hindernisse" oder „Stolpersteine"[28]dargestellt, die den ‚Weg' des ‚Spielers' zu seinem erwünschten Ziel behindern.

Das Vokabular der ‚Ressourcen und Hindernisse' konstruiert die Lebenswelt als quasi-natürliche Umwelt. In der Coaching-Beratung wird

26 Ein Blick auf die öffentlich ausgestellten ‚Vision-Statements' von Unternehmen lassen den schematischen Charakter der Unternehmens-Visionen schnell erkennen; es handelt sich meist um Darlegungen der angestrebten Unternehmensgröße mit entsprechendem Mitarbeiterprofil, gewissen Gewinnerwartungen, einer wünschenswerten Produktpalette und einer angestrebten Dominanz in ausgewählten Marktsegmenten, in Verbindung mit einer der Produktionsweise des Unternehmens angemessenen ‚Unternehmenskultur'.

27 Vgl. Becker, Horst und Ingo Langosch: Produktivität und Menschlichkeit.

28 Vogelauer, Werner: Methoden-ABC im Coaching, S.: 267.

oft mit der Metapher der ‚Landkarte' gearbeitet. Die Übereinstimmung von ‚inneren' Landkarten[29] bzw. der „Psychogeographie"[30] und äußeren ‚Landkarten'[31] soll zwischen Vision und Wirklichkeit vermitteln. Der Beratungsnehmer ist aufgerufen, sich selbst in einem sozialen Raum mit Wegen, Hindernissen und hilfreichen Ressourcen zu begreifen. Instruktiv ist die in manchen Lehrbüchern verwendete Luftfahrt- und Vogelflug-Metaphorik. In den dazu gehörigen Übungen wird der Klient aufgefordert, die Niederungen des Alltagslebens imaginär hinter sich zu lassen, um seine Welt verkleinert (und damit schematisiert) aus der Vogelperspektive zu überschauen.

In der aus Milton Ericksons Hypnotherapie in die Beratung übernommenen Technik der „Pseudo-orientation in time"[32] wird eine Visualisierung und Verräumlichung der Zeit vorgenommen. Der Therapeut legt auf dem Boden eine (gezeichnete oder vorgestellte) Zeitlinie aus („Carla, stellen sie sich vor, vor Ihnen, hier auf dem Boden, wäre eine Linie. Diese Linie ist eine Zeitlinie. Links befindet sich die Vergangenheit, rechts die Zukunft")[33]. Auf der Zeitlinie sollen biographische Ereignisse, Ressourcen und Glaubenssätze eingetragen werden. Der Berater leitet die Klientin an, sich auf verschiedene Punkte auf der Zeitlinie zu begeben, um diese Ressourcen neu anzuordnen. Ziel der Übung ist die Überwindung von Hindernissen, die sich aus den biographischen Erfahrungen ergeben haben, um dann „auf die Zukunft zuzugehen" (siehe Fußnote zur ausführlicheren Darstellung)[34].

---

29 „mental maps", vgl. Bandler, Richard und John Grinder: The Structure of Magic.

30 Dilts, Robert: From Coach to Awakener, S. 9ff.

31 z. B. „Landkarte der Arbeitssituation, Vogelauer, Werner: Methoden-ABC im Coaching, S. 128.

32 (Erickson 1954)

33 Dilts, Robert: Die Veränderung von Glaubenssystemen, S. 95.

34 Dilts stellt dies folgendermaßen dar: „Bitten Sie Ihren Partner, sich in jeden Teil [der eigenen Persönlichkeit, B. T.] hineinzubegeben, (angefangen bei demjenigen, der sich auf der frühesten Zeitposition befindet); lassen Sie ihn sich auf die speziellen Ressourcen dieses Teils fokussieren und langsam auf der Zeitlinie entlanggehen, wobei er die Ressourcen [die Glaubenssätze, B. T.] mitnehmen soll, und lassen Sie sie dann in die Position des anderen Teils treten – so dass jeder Teil über die Ressourcen des Anderen verfügt. (Kalibrieren Sie sich auf eine Integration/Symmetrie der beiden Psychologien, die mit den einzelnen Identitäten verbunden waren). Lassen Sie ihren Partner in die „Meta-Position" treten und visualisieren, dass die beiden Teile sich miteinander verbinden, so dass sie zu einer einzigen Identität in der Gegenwart werden. Lassen Sie ihn in jene integrierte Identität hineingehen und auf die Zukunft zugehen." Ebd., S. 191.

In diesem Kalkül von Ressourcen und Hindernissen wird ein Handlungsraum des Individuums konstruiert, in dem sich ‚Spieler' strategisch verhalten können. Dabei wird kollektives Handeln in der Praktikerliteratur nie als Möglichkeit aufgeführt, es sei denn im Sinne einer Mobilisierung von Ressourcen zur Erreichung eines individuellen Ziels. Diese individualistische Handlungstheorie ist dadurch plausibilisiert und legitimiert, dass die Coaching-Beziehung selbst die Situation sein soll, in der ‚Spieler' sich über Ziele verständigen, in der sie den effektivsten persönlichen Beistand erhalten und die es ihnen ermöglicht, ihr Handeln immer wieder flexibel an ihre Ziele anzupassen[35].

Der Klient ist aufgerufen, sich einer Überprüfung zu unterziehen. Dabei handelt es sich aber nicht um eine Überprüfung des Gewissens oder des bisherigen Lebensweges. Vielmehr wird das Verhältnis der

35 Zu diesem dauerhaft flexiblen Umgang mit Wirklichkeit und Phantasie soll ein gradueller Übergang zwischen Zielen und Visionen beitragen, der Widersprüchlichkeiten zwischen Phantasie (und ihrem Gehalt an Wünschen, Affekten und Sehnsüchten) und der Welt der erreichbaren und nicht erreichbaren Ziele minimiert.
Der Autor entwickelt eine ‚Skala' von Zielen und unterscheidet zwischen fünf Zielarten: „Kompetenzziele entstehen aus der wahrgenommenen Kluft zwischen vorhandenen Fähigkeiten und den Fähigkeiten, die für das Erreichen eines höheren Ziels notwendig sind. Leistungsziele können sich zusätzlich auf der Ebene des Seins bewegen. Beispiel: Wer sein Körpergewicht verändern möchte, formuliert dies als Leistungsziel. Etappenziele und Zwischenziele: Wenn Sie komplexere Ziele oder Visionen entwickeln, können sie auf dem Weg dorthin Zwischenziele anstreben. Visionsziele sind häufig auf eine Lebenssaison und eine spezifische Rolle zugeschnitten: Die anderen Bereiche unseres Seins werden zurückgestellt und unsere Sinnsuche ist an das Wertkonzept der spezifischen Rolle gekoppelt. Beispiel: Vorstandsvorsitzender eines großen Konzerns. Kommt es dabei allerdings zu Konflikten mit anderen Lebensbereichen, die nicht ausgeglichen werden können, entsteht Inkongruenz. Diese wird entweder im Verhalten deutlich oder verdrängt empfunden – was zu einem Mangel an Authentizität und Charisma führt. Beispiel: Vorstandsvorsitzender eines Konzerns mit Defiziten in anderen Lebensbereichen. Ganzheitliche Visionsziele richten sich auf einen zukünftigen ganzheitlichen Zustand, in dem sich die verschiedenen Bereiche des Lebens in Balance finden und das Leben im Ganzen Sinn macht. In der Tiefe wird Demut und Verantwortlichkeit empfunden. Beispiel: In Harmonie mit ihren Werten, Wünschen, Hoffnungen, Möglichkeiten sowie mit allen Ihren Lebensbereichen und ihrer Umwelt leben." Migge, Björn: Coaching, S. 52f.
Das Graduelle der Unterschiede zwischen Zielarten schwächt die Differenz zwischen passivierenden, ergreifenden Visionen und den aktiv verfolgten Zielen und suggeriert, dass die ‚Verwirklichung' von Visionen vor allem eine Frage der fachgerechten und kompetenten Abstimmung von Zielarten sei.

Wünsche zu den konkreten Zielen der Person in Frage gestellt. Die Befragung nimmt zwei Richtungen: Erstens wird gefragt, ob die de facto verfolgten Ziele mit den oft verborgenen, latenten Wunschbildern in einem harmonischen Verhältnis stehen. Wenn nicht, blockiert und sabotiert sich der Klient selbst bei der Erreichung seiner manifesten Ziele durch verborgene Wünsche. Diese Selbstblockade wird als Verfehlung der Möglichkeiten der Person kritisiert. Der Therapeut ist aufgerufen, diese Selbstblockade, die verengte Wahrnehmung der Möglichkeitswahrnehmung des Subjekts, beispielsweise durch ‚systemische' Beratungstechniken (z. B. zirkuläres Fragen), aufzubrechen. Zweitens wird geprüft, welche konkreten Strategien sich aus den Wunschbildern ableiten lassen. Entsprechen diese de facto verfolgten Lebensziele den inneren Wunschbildern? Diese zweite Befragungsrichtung ermahnt den Klienten, in der eigenen Lebensführung für sich selbst zu sorgen. Die Sorge, die hier angestrengt werden soll, ist eine Sorge darum, ob die Lebensführung und die Arbeitsverhältnisse des Einzelnen müheloses Engagement im Handeln ermöglicht, ob das Verhältnis von Wunschbildern und Lebensweise Tätigkeitsformen ermöglicht, die Glück, Mühelosigkeit, „Flow",[36] und Freiheit von Selbstzwang ermöglichen. Letztlich zielt die Befragung der Lebensführung auf ihre Leichtigkeit und Effektivität auf die Problematisierung von Entfremdung ab. Diese Reflexion auf das Glückserleben wird von Fragen der äußerlichen Entfremdung freigehalten, die etwa der Entfremdungsbegriff der Kritik der politischen Ökonomie bereit hält. Die soziale Welt bestimmt nur insofern über die Möglichkeit des nicht-entfremdeten Lebens, als es Arbeitsverhältnisse, Branchen etc. gibt, die den Dispositionen des Einzelnen nicht angemessen sind. Dem Einzelnen stehen dann zwei Möglichkeiten zur Verfügung: Entweder sie oder er wechselt den Arbeitsplatz, das Milieu etc., oder die eigenen Wünsche werden verändert. „Erlaube dir, zu gewinnen"[37] ist einer der zusammenfassenden Sinnsprüche, der die Individualisierung der Entfremdungsfrage nicht ohne Sinn für Paradoxie zum Ausdruck bringt.

In der Personalberatung werden neben diesen subtilen Zurichtungsformen außerdem oft explizit Methoden des ‚Benchmarking' und der strategischen Planung aus der Managementlehre herangezogen, um Ziele und Ressourcen systematisch zu verschriftlichen und zu relationieren, und sie schließlich einer Überprüfung unterziehen zu können[38]. Damit

36 Csikszentmihalyi, Mihaly: Flow.

37 Huhn, Gerhard und Hendrik Backerra: Selbst-Motivation, S. 34.

38 Ein Beispiel hierfür ist die Übertragung des Balanced-Scorecard-Modells auf die Beratung: „In diesem Verfahren werden verschiedene Aspekte der

werden strategische und ökonomische Kalküle auf die Imagination der Zukunft des Individuums angewandt.

Fazit: Erschließung von Zukünften und die Legitimierung der Faktizität des Sozialen

Die Verschaltung von Imagination und strategischer Planung in der Beratung soll es ermöglichen, alternative zukünftige Wirklichkeiten vorstellbar, thematisierbar, und durch Planung erreichbar zu machen. Diese Zukünfte sollen die gegenwärtige Wirklichkeit transzendieren, aber nicht soweit, dass die bestehenden Regeln der Sozialwelt soweit außer Kraft gesetzt wären, dass Planung unmöglich wird. Die Vermutung bestätigt sich, dass die hier untersuchte Beratung in Dispositive der Erfassung von Produktivitätspotentialen eingebunden ist, und zwar nicht nur ‚äußerlich', d. h. durch den Kontext ihrer Anwendung, sondern durch die Formation der Kategorien und therapeutischen Interventionen der Beratung.

In der systemtheoretischen Literatur wird argumentiert, insgesamt stärken Beratungen die ‚Zukunftsorientiertheit' moderner Gesellschaften". Die Diagnose stimmt im Prinzip mit der hier vorliegenden überein; die ‚Stärkung' der Zukunftsorientierung ist aber mit einer *Zurichtung* der Zukunft bzw. des Virtuellen verbunden, die es zu beschreiben gilt.

Die Verbindung von ‚Visionsarbeit' und ‚Zielarbeit' verdeutlicht, dass diese beiden ‚Funktionen' von Beratung zusammengeführt werden, In dieser Ambivalenz der Zuwendung zu den eigenen Möglichkeiten der reflektierten Lebensführung einerseits, der Zurichtung des Selbst für die Imperative der Produktion und der Regierung andererseits zeigt sich eine Unsicherheit, ein Schwanken dieser Selbstpraxis, die eine Anfälligkeit für die Instrumentalisierung des Selbst anzeigt. Diese Instrumentalisierung ist zugleich ein Versprechen: Es sei nicht nur möglich, sich auf sich selbst und die eigenen Möglichkeiten zurückzuwenden, sondern zugleich, diese in uns selbst angelegten Möglichkeiten in der gesellschaft-

---

Ziele von Beratung aufgestellt und quantifiziert, z. B. Veränderung des Selbst, Beziehungssituation, inhaltliche Aspekte [der Ziele, B. T.], Umsetzungsfeld, Flexibilität, Gesundheit. Den einzelnen Punkten werden dann Werte zugewiesen, die dann im Laufe des Beratungsprozesses immer wieder gemessen und zu einem Summenindex zusammenaddiert werden können, um die Wirkung der Beratung zu messen." Vogelauer: Methoden-ABC im Coaching, S. 58.

lichen Wirklichkeit zu realisieren[39]. Das Individuum ist aufgerufen, die bestehenden Verhältnisse in der Arbeitsmärkten, der Organisation der Produktionsweise etc. anzuerkennen, um sein Recht auf Selbstrealisierung wahrnehmen zu können. Auf diese Weise legitimiert die ‚Kunst des Zielens' die Institutionen auf doppelte Weise: indem sie eine praktische Legitimation für Verhaltensweisen liefert, die für die Erreichung von Zielen nützlich sind, und indem sie eine theoretische Legitimation für die individuelle und gesellschaftliche Nützlichkeit dieses Verhältnisses zu den eigenen Möglichkeiten der Selbstaktualisierung und den Bedingungen ihrer Realisierung liefert. Diese theoretische Legitimation speist sich hauptsächlich aus der Kybernetik, die Selbststeuerung als optimale Weise der sozialen und intra-individuellen Koordination propagiert und zugleich ‚Synergieeffekte', win-win-Situationen verspricht, die der Gesellschaft insgesamt als auch dem Einzelnen wiederum zugute kommen.

Bei der Arbeit an sich, die mit der Entwicklung und Verfolgung von Visionen und Zielen verbunden ist, handelt es sich um eine widersprüchliche Verbindung von Imagination und Planung, die die Verantwortlichkeit für die Realisierung von ‚positiven' Visionen in der Wirklichkeit an die Klienten delegiert. Die von den Klienten elizitierten Visionen werden einer Schematisierung unterworfen, die die Eingliederung in die Erwartung von Organisationen bzw. ihrer Leitung oder in die Erwartungen des Klienten selbst erlauben.

Zur Hierarchisierung und Kartierung werden teilweise standardisierte Verfahren aus der Managementlehre herangezogen. Diese Generierung von Bildern, „Visionen", die aus humanistischen Therapeutiken der 1950er bis 1970er Jahre übernommen ist, und teils auf ältere Formen der Suggestionstherapie zurückgreift, wird als ein Vorfeld der Produktion von immateriellen Gütern und erfolgreichen Handeln betrachtet. Mit Visionen sind ‚innere Bilder' (images) gemeint, die die eingelebten Sichtweisen durch die Entfesselung des Imaginären ‚aufbrechen' sollen. Eine Erweiterung der Blickrichtung soll hier durch ein ‚Anzapfen' (‚tapping images and resources') des inneren Bildervorrats bewerkstelligt werden. Gerade der ‚kreative', tendenziell irrationale und dysfunktionale Charakter der Visionen wird von der an die Personalführung institutionell und professionell angeschlossenen Beratung als ökonomische Ressource geschätzt – als Ressource der Innovation und Fremdformung des Subjekts.

Welche einzelnen Aspekte der Selbsttechniken lassen sich anhand der Techniken der Visionsgenerierung und Zielerreichung unterschei-

39 Dass dadurch die Faktizität sozialer Strukturen gestützt wird, indem der Einzelne sich ihren Bedingungen anpasst, wenn er seine Pläne entsprechend ausrichtet/umformuliert, wird im abschließenden Kapitel diskutiert.

den? Michel Foucault unterscheidet vier Dimensionen der Selbstführung[40]: ethische Substanz, Unterwerfungsweise, ethische Arbeit und Teleologie des Selbst.

Welche ‚Bestimmung der ethischen Substanz' wird in den Zieltechniken vorgenommen? Als ‚ethische Substanz' bezeichnet Foucault „die Art und Weise, in der das Individuum diesen oder jenen Teil seiner selbst als Hauptstoff seines moralischen Verhaltens konstituieren soll"[41]. Die ethische Substanz ist also der Gegenstand der Selbstpraktik, das was bearbeitet wird. In der beschriebenen Technik des ‚Zielens' ist dies die Wahrnehmung von Handlungsmöglichkeiten, die einer Beobachtung unterzogen und verbessert werden sollen. Der Stand der inneren Ressourcen (Bilder, Fähigkeiten, Energien): Ihre aktive Vermehrung und Umgruppierung steht im Mittelpunkt der Selbstgestaltungsbemühungen des Selbst.

Welche „Unterwerfungsweise" zeichnet sich ab? Mit Unterwerfungsweise bezeichnet Foucault „die Art und Weise, wie das Individuum sein Verhältnis zur Regel einrichtet und sich für verpflichtet hält, sie ins Werk zu setzen"[42]. Die Praktik der Reflektion auf Ziele und Visionen erfordert die Bereitschaft, die eigenen Fähigkeiten und letztlich die eigene Lebenspraxis als defizient und beschränkt zu begreifen, zugleich aber den eigenen ‚Willen' zur Selbstverbesserung zu dokumentieren. Dieses Eingeständnis der eigenen Begrenztheit bei gleichzeitiger Motiviertheit ist Voraussetzung für die ‚Beratbarkeit'. Wer die eigene Lebens- oder Lebenspraxis für vollkommen hält, gehört für die Berater zur Gruppe der ‚Beratungsresistenten', wer die eigene Handlungsfähigkeit prinzipiell in Frage stellt oder Anzeichen dafür erkennen lässt, wird im Allgemeinen als ‚therapiebedürftig' eingestuft und in psychotherapeutische Behandlung verwiesen (außer die Beraterin oder der Berater praktizieren zugleich Psychotherapie). Das Assistenzangebot des Beraters erfordert eine Bereitschaft, sich begeistern und zugleich durch den Berater verpflichten zu lassen – und diese Verpflichtung als Selbstverpflichtung zu begreifen. Welche ethische Arbeit wird geleistet, ‚um zu versuchen, sich selber zum moralischen Subjekt seiner Lebensführung umzuformen?' Die Ziele selbst sollen der Gewohnheit entrissen werden und zum Gegenstand regelmäßiger Verschriftlichungen, Hierarchisierungen und Korrekturen werden. Der Klient wird gewissermaßen zum ‚Personalentwickler seiner selbst'. Dies ist nicht nur eine Sache der selbst auferlegten Kontrolle (wie beim regelmäßigen Zähneputzen) oder Selbstdisziplin

40 Foucault, Michel: Der Gebrauch der Lüste, S. 37ff.

41 Ebd.

42 Ebd., S. 38.

(wie beim Frühaufstehen); die Überprüfung der Ziele an den Visionen, diese an den Umsetzungsmöglichkeiten und diese wiederum an der Möglichkeit der Erweiterung der Kompetenzen und Energien beinhaltet auch, sich zu fragen, ob man denn noch mit Freude und Enthusiasmus bei der Sache, ob man noch ‚im Flow‘ sei. Die Affektkontrolle des Beratenen zielt gerade nicht auf Eindämmung der Affekte, sondern auf eine ausreichende Selbststimulation ab, die die verfolgten Ziele mit ausreichend 'Energie‘ versorgen soll. Er ist nicht nur aufgerufen, sich in einer Rückwendung auf sich selbst die eigenen (zukünftigen) Möglichkeiten zu vergegenwärtigen, sondern diese aufzuschreiben und regelmäßige Überprüfungen der Differenz zwischen ‚ist‘ und ‚soll‘ vorzunehmen. Gestützt und mit sozialer Relevanz versehen werden diese Prozeduren der Selbstprüfung durch Beurteilungspraktiken im organisationellen Kontext: Audits, Personaldiagnostik, Leistungsmessung etc.

Und zuletzt: Welche ‚Teleologie des Moralsubjekts‘ liegt vor, die eine Handlungsweise „durch ihre Einfügung und ihren Platz im Ganzen einer Lebensführung“ charakterisiert?[43] Die Flexibilität des Wechselns zwischen imaginativen, selbstsorgeorientierten und kontrollierenden Formen der Selbstführung ist eine unabschließbare Finalität. Eine vollständige und kontrollierte Umsortierung von Zielen und Visionen ist das Telos dieser Selbsttechnik, die auf die Sozialisation von Personen abzielt, die ‚nie stehenbleiben‘ und ‚sich immer wieder neuen Herausforderungen stellen‘. Damit handelt es sich also insgesamt um Selbsttechniken, die das Subjekt aktivieren, d. h. von Zerstreuung abhalten und zur Übernahme von Verantwortung aufrufen. Ihr Vollzug scheint allerdings auf eine grundlegende Passivität angewiesen zu sein: eine Passivität gegenüber der Faktizität organisationeller und ökonomischer Strukturen, die als Hintergrund der Planung des eigenen Lebens erkannt, aber nicht in Frage gestellt werden sollen, um den Erfolg der Planungen nicht in Frage zu stellen. Was den Sich-Entwerfenden und Planenden behindern kann, ist die Verfasstheit der eigenen Subjektivität, die aber nicht als in ihrer inneren Beschaffenheit per se als problematisch angesehen wird. Es ist vielmehr die Blockade vitaler Phantasien und die Nicht-Übereinstimmung der Lebensplanung mit der Welt der Möglichkeiten, die problematisiert wird. Es sind nicht primär Ambivalenzkonflikte des Inneren, sondern eine verzerrte innere Wahrnehmung äußerer Möglichkeiten, die die Entfaltung einer kreativen und die Potentiale realisierenden Zukunftsplanung versperren. Die Beratungsbeziehung ist in diesem Verständnis ein funktionales Äquivalent für die Intersubjektivität oder Kol-

43 Ebd., S. 39.

lektivität des Handelns. Die Anderen figurieren im Diskurs der Beratung als Beitragende und Unterstützende, deren Mitwirken die Beratungsklienten im ‚eigenen' zielgerichteten Handeln strategisch berücksichtigen.

Die Visionen, die in der Beratung generiert werden sollen, unterliegen einer Bewertung, indem sie auf ihren Neuigkeitswert und ihre Umsetzbarkeit für den Klienten überprüft werden. Der Berater, der als Experte für Imagination *und* für realistische Zielfindung auftritt, fordert seine Klienten zur Artikulation ihrer Eigenart auf, indem er ihnen einen visuellen Projektionsraum zur Verfügung stellt. Die Techniken der Umsetzung bzw. *Realisierung* der Optionen versetzen das Subjekt in eine marktförmige Konstellation des „Wählens und des Gewählt-Werdens".[44]

Initiative und Erzielung sozialer Gewinne: Techniken der Beziehungsgestaltung

Die Gestaltung der Zukunft der Person soll, so schlagen viele Beratungs- und Selbstcoaching-Manuale vor, durch ‚effektive Kommunikation' bewerkstelligt werden. Die Ziele, die eine Person verfolgt, und die Visionen, von denen sie sich motiviert fühlt, müssen kommuniziert werden, um realisiert werden zu können. Welche Praktiken der Problematisierung und der Selbst- und Fremdformung sind mit dem therapeutischen Topos der Kommunikation verbunden? Dabei lassen sich zunächst zwei Aspekte unterscheiden: Der erste Aspekt betrifft den „kommunikativen" Zugang zur Sozialwelt (zwischen Berater und Klient sowie zwischen Klient und Welt), der zweite die Kommunikation als Möglichkeit der Selbstgestaltung.

Zunächst zur kommunikativen, bzw. ‚dialogischen' Gestaltung sozialer Beziehungen:

> In a business context, feedback provides information from the environment about how individuals and groups are performing in terms of their goals. Financial reports, performance appraisals, project evaluations, status reports, and a myriad of other tools provide feedback. In this context, feedback is also a process by which people share information and learn about certain aspects of work performance or the working relationship. However, negative feedback is not the same thing as criticism.
>
> You have probably heard the phrase *constructive criticism* [Hervorh. i. O.]. If someone is truly critical, how can it be constructive? „Constructive criticism"

44 Reckwitz, Andreas: Das hybride Subjekt, S. 589.

> is an oxymoron; these two conditions cannot coexist. The affect of criticism on human beings, regardless of intent, is almost always negative. [...] The most important and helpful energy to create and nurture in people is positive energy. [...] This focus stimulates openness, innovation, and creativity and is a more helpful framework for solving problems. Helping people to focus on the path forward is much more productive than keeping them focused on what is wrong. [Hervorh. i. O.][45]

Dieser Anschluss an die informationstheoretische Kommunikationstheorie ist typisch für das Aufgreifen des Kommunikationstopos im Coaching-Diskurs. Beinahe alle Publikationen der Praktikerliteratur aus dem Feld des Coaching knüpfen an kybernetische Kommunikationstheorien an, viele auch an entsprechende Therapiepraktiken wie das neurolinguistische Programmieren[46]. Als Feedback werden einerseits ‚objektive' und oft bewusst eingesetzte Indikatoren und Messverfahren begriffen, andererseits aber auch alltagssprachliche ‚Rückmeldungen'. Feedback, hier ausdrücklich von ‚Kritik' unterschieden, wird als Antwort der Umwelt dargestellt, ohne ‚kritische' Hintergedanken, ohne die ‚Gewalt' der Moral. Dieses kybernetische Verständnis von Kommunikation wird in der Praktikerliteratur zwar nicht theoretisch definiert, wird aber durch die Ablehnung einer Kultur der Kritik und einer ‚Hermeneutik des Verdachts' getragen. Vorgeschlagene Kommunikationsformen sind in einem spezifischen Sinn als Kommunikations*techniken* anzusehen: ‚Positives Sprechen' wird als Mittel zur Erzielung einer bestimmten Wirkung in der Welt begriffen. Ein durch Affektkontrolle ermöglichtes ‚positives', ‚ermöglichendes' und ‚potentialisierendes' Sprechen soll ‚Offenheit', Innovation' und ‚Kreativität' in anderen – und letztlich in sich selbst – hervorrufen und verstärken.

Im Rahmen der Beratung und Therapie wird im Allgemeinen durch das positive, unterstützende therapeutische Sprechen, das „Lösungsspre-

45 Crane, Thomas: The Heart of Coaching, S. 67ff.

46 Eine Ausnahme bilden solche Veröffentlichungen, die explizit an humanistische Traditionen anschließen, etwa humanistische Ansätze aus dem Bereich der ‚Organisationsentwicklung' (diese Bezeichnung verweist oft auf eine Differenz zum Coaching oder zur breiteren Organisationsberatung). Teilweise sind aber humanistische Ansätze auch mit dem Diskurs der systemischen Therapien verknüpft. In einer theoretischen Betrachtungsweise mag diese Verbindung von humanistischer Argumentation (in der das Humane im Gegensatz zum Maschinenhaftigkeit der Ökonomie steht) inkonsistent oder gar fehlerhaft erscheinen, für die Praxis stellen diese Inkonsistenzen aber nicht unbedingt ein Problem dar.

chen"[47], beabsichtigt, die Autorität des Beraters zurückzunehmen und den Klienten zu ermutigen, ,eigenständige' Lösungen zu finden, die der Psyche und Lebenswelt des Klienten angemessen sind.[48]

Die therapeutische Gesprächstechnik des ,lösungsorientierten' Sprechens sollen auch im Alltag zur Gewohnheit werden. ,Kritik' verweist notwendig auf die Vergangenheit, während das ,positive' Sprechen den Fokus auf die Zukunft legt. Das ,positive', ,helfende' bzw. lösungsorientierte Sprechen erfordert Formen von „Gefühlsarbeit"[49]. Die Gefühlsarbeit besteht für Berater und ihre Klienten erst einmal darin, Unzufriedenheit und Ärger so zu artikulieren, dass möglichst schnell Handlungsanweisungen daraus zu generieren sind, die ein Fortschreiten auf dem ,path forward' begünstigen. Beim Klienten soll eine bestimmte Form produktiver ,Energie' freigesetzt werden. Der korrespondierende Affekt –denn es handelt sich eher um einen Affekt als um ein Gefühl – lässt sich als ,Enthusiasmus' benennen.[50] Die ,Beseeltheit' ist kulturhistorisch mit dem durch Gnade errungenen Zugang zu einer Transzendenz zu verstehen. Die Rhetorik des Enthusiasmus zielt auf die Herstellung der erwähnten therapeutischen Efferveszens à deux, die, wie das letzte

47 de Shazer, Steve: Worte waren ursprünglich Magie: 87ff. Die lösungsorientierten Ansätze der Schule von Milwaukee, deren bekanntester Vertreter de Shazer ist, dürfen nicht mit den einfacheren Versionen der ,positiven Psychologie' oder des Ratgeberdiskurses des ,positiven Denkens' gleichgesetzt werden. Am zitierten Beispiel zeigt sich aber, dass das lösungsorientierte therapeutische Vokabular in seinen vereinfachten Versionen als Gefühlsnorm interpretiert werden kann.

48 „Sowohl Therapeut als auch Klientin sind bei Weakland anders konstruiert. Während der Therapeut als Besitzer von Spezialwissen (darüber, wie Probleme aufrechterhalten werden) konstruiert ist, wird die Klientin als Besitzerin des gesamten Wissens/der gesamten Information konstruiert, die benötigt wird, um das Problem zu lösen. Der Therapeut ist als Detektiv konstruiert, der lediglich den Hinweisen überall hin folgt. Die Konstruktion der Klientin steht im Vordergrund und wird ernstgenommen, ganz im Gegensatz zu der Situation in Ackermanns Fallbeispiel, in dem die Konstruktion der Klientin abqualifiziert, und unter die des Therapeuten gestellt wird." Shazer, Steve de: Worte waren ursprünglich Magie, S. 112.

49 Hochschild, Arlie: Das gekaufte Herz.

50 Während Affekte durch eine Richtungslosigkeit gekennzeichnet sind und einen eher leiblichen Charakter haben, weisen Gefühle intentionalen Charakter auf, haben also immer einen Inhalt und ,begründen' gewissermaßen Handlungen (vgl. De Sousa, Ronald: The Rationality of Emotion). Der Enthusiasmus nimmt eine Zwischenstellung ein. Es ist schwer vorstellbar, einfach nur so enthusiastisch, also begeistert zu sein. Der Enthusiasmus bezieht sich auf einen Tätigkeit, auf eine Situation oder einen Menschen, ist aber flexibel in Bezug auf das gemeinte Objekt. Unter den Affekten ist der Enthusiasmus der medialste, er ist eine Art reines Gefühlsmedium.

Zitat zeigt, auf alle Arbeitszusammenhänge ausgedehnt werden soll. In dem Maß, wie auch persönliche Beziehungen als ‚Netzwerke' gelten, die zur Verbesserung der Lebenschancen eingesetzt werden sollen, wird der Imperativ der zustimmenden Affekte und des positiven Sprechens auf diese Bereiche ausgeweitet. Die Kommunikationsstrategien fordern den Körper, die Stimme und das Aussehen als Darstellungsoberfläche an. Zugleich suchen sie eine Empfindlichkeit des Akteurs für das Auftreten anderer herzustellen. Dies sind vor allem Techniken der Beobachtung, der Affektbeherrschung und kontrollierten Affektentäußerung. Die äußere Ausdrucksoberfläche soll dabei in einer Übereinstimmung mit den inneren Absichten stehen, zumindest mit den Absichten, die in der Situation vorhanden sind. Wenn die Technik des ‚positiven' Sprechens im Alltagshandeln befolgt wird, bewirkt sie, dass der Einzelne seine Äußerungen durch das Raster einer Affektkontrolle schickt. Die Bewertungspraktiken des Human Resource Management, wie etwa das 360°-Feedback, messen das kollegiale Verhalten oder die Führungsqualitäten. Der Einzelne muss sich, zumindest im Arbeitskontext, bewusst sein, dass er durch seine Kommunikation nicht nur auf andere einwirkt, sondern auch sich selbst ‚schreibt', indem er sich selbst für andere lesbar macht. Die angestrebten Wirkungen entsprechen den im Humankapitaldiskurs als erwünscht markierten Eigenschaften von Wirtschaftssubjekten: Anpassungsfähigkeit, Innovativität und Kreativität.

Kommunikation und Distinktion: Techniken der Selbstsozialisation

Ausgangspunkt der Programmatiken des Selbst nicht nur im Coaching, sondern in der ‚systemischen' Therapie und Beratung insgesamt[51] ist ein kybernetisches Modell der Selbstorganisation bzw. Selbstregulation der Person.

> Ziel [des Coaching, B. T.] ist immer die Verbesserung der Selbstmanagementfähigkeit des Gecoachten, d. h. der Coach soll sein Gegenüber derart beraten bzw. fördern, dass der Coach letztendlich nicht mehr benötigt wird.[52]

Im Diskurs der Beratung, durch die kybernetische Hypothese geprägt, werden oft biologische (d. h. neurobiologische) und sozialkonstruktivis-

---

51 Manche Spielarten der soziologisch orientierten systemischen Beratung neigen zu einer konstruktivistischeren Sichtweise, die eine stärker dialektische Vermittlung von Selbst und Anderen voraussetzt.

52 Rauen, Christoph: Coaching, S. 4.

tische Argumentationsfiguren miteinander verknüpft, um die Möglichkeit der Gestaltung der eigenen Subjektivität zu begründen:

> Wie schon erwähnt, sind Verhalten und die damit verbundenen Fähigkeiten häufig leicht veränderbar oder erweiterbar. Damit lassen sich keine Veränderungen im Denken oder der Selbstdefinition erreichen. Bei konsequenter Anwendung einer erlernten Kommunikationstechnik verändert sich aber auch die Reaktion unserer Umwelt auf uns. In unserem Hirn werden neuronale Ensembles umgewandelt und unsere Selbstdefinition beginnt sich zu wandeln.[53]

Autorinnen und Autoren, die den humanistischen Therapien näher stehen, sprechen meist von ‚Gestaltung' des Selbst und des Sozialen. Coaching hat einer Autorin zufolge vier Ziele: Steigerung der beruflichen Qualifikation, Steigerung der Humanität im Beruf (darunter: Steigerung der Humanität gegenüber sich selbst und Steigerung der Humanität gegenüber anderen), Entwicklung menschlicher Gestaltungspotentiale im Beruf, Ausbau von Gestaltungspotentialen[54]. Sie sieht die Leistung des Coaching darin, zunächst einmal temporär verlorengegangene „individuelle Gestaltungspotentiale wiederzugewinnen", um diese in einem zweiten Schritt zu „erweitern"[55]. Dazu trage dann einerseits die „Erweiterung von Deutungsmuster" bei, des Weiteren und damit eng verbunden, die „Erweiterung von Handlungsmustern". Letzteres werde vor allem durch eine „Anleitung zum Probehandeln" erreicht.

> Klienten finden hier nicht nur Unterstützung, alte Handlungsmuster zu Gunsten neuer zu korrigieren, sondern auch ihr Handlungsrepertoire generell zu erweitern. Sie werden hierbei gebeten, sich eine „typische" Szene aus ihrem beruflichen Alltag vorzustellen, die bislang für sie unbefriedigend war. [...] Wie dieses Beispiel zeigt, erfolgt ein solches Training nicht im Sinne von Selbstmanipulation. Hierbei wird lediglich das „stille", bislang noch nicht aktualisierte Repertoire an Handlungsmustern aktiviert. Das Experimentieren mit neuen Handlungsformen erfolgt so lange, bis der Klient eine für sich und sein Gegenüber stimmige Form gefunden hat. Die im Schon- und Experimentierraum des Coaching erarbeiteten Muster müssen dann in Alltagshandeln transferiert werden.
>
> Durch die imaginativen Arbeitsformen während solcher Trainings erhält das Üben oft schon Ernstcharakter, so dass die Klienten oft selbst erstaunt sind, wie gut ihnen der Transfer gelingt. In vielen anderen Fällen wollen sie aber

53 Migge, Björn: Coaching, S. 36.
54 Schreyögg, Astrid: Coaching.
55 Ebd., S. 159

noch weiter an ihrem Handlungsinventarium feilen und es im Coaching umfassender ausbauen.[56]

Das „stille Repertoire" des Handelns wird also im Experimentierraum der Beratung aktiviert, dort mit dem Medium der Beratungsbeziehung aktualisiert, um schließlich in den Alltag transferiert zu werden. Die Handlungsfähigkeit des Klienten ist hier als durch soziale Beziehungen vermittelte gedacht.

In der Coaching-Literatur, und zwar sowohl in der Praktikerliteratur der Experten als auch in der Selbsthilfeliteratur, die sich an Laien wendet, werden dieser Theorielage entsprechend praktische Hinweise gegeben, wie soziale Beziehungen gestaltet werden sollen, um die Selbstorganisation des Subjekts zu verbessern. Die Praktikerliteratur der Coaching-Beratung ist von einem gewissen Elitismus und einer Kritik des Alltäglichen durchzogen:

> Remaining within an imagined prison – to retain beliefs and to repeat behaviors while expecting a different outcome – can be compared to a trapped wasp. It will continue to fly into the windowpane time and again until it dies. It never looks for alternative escape routes. It just keeps flying at the glass. [...] Your self-image is an accumulation of every attitude and opinion that you have been told about yourself since birth. You have perpetuated and reinforced this by repetition until, eventually, it has formed the subconscious picture of your self-image. This has become who you believe that you are, it determines how you respond to life and what you believe you are capable of doing. It has become your comfort zone.
>
> This comfort zone is the life that you are comfortable to live. [...]You are within a closed loop. […] You now operate within the limits of your self-image and it becomes real for you. Eventually it becomes your comfort zone, here you feel safe, secure, and protected. A comfort zone can be a negative place. You can feel safe and secure in prison but you would surely not want to stay incarcerated for ever. Many people, perhaps you too, choose to stay in the prison of self-image, self-beliefs, and self-talk. [...] As soon as you decide to change, you have the freedom to choose and to enjoy empowering beliefs and behaviors. The process is the same for your clients. They have their own imagined prisons and it is your job to provide the key that allows them to open the door and enjoy freedom.[57]

Der Metapher eines ‚Gefängnisses der Gewohnheiten' wird die Erlangung von ‚Freiheit' und ‚Wahl' entgegengesetzt, die genossen werden

56 Ebd., S. 69
57 Martin, Curly: The Life Coaching Handbook, S. 23f.

können. Um die ‚Komfortzone' zu verlassen, ist eine dauerhafte Selbstbefragung nötig, die Bereiche der Gewohnheit, der Bequemlichkeit und der selbstverständlichen Identität identifizierbar zu machen. Auf diese Bereiche soll eine Logik der ‚Steigerung'[58] bzw. einer Ausdehnung des Handlungsradius und einer Mobilisierung aller Kräfte angewandt werden. Der Genuss der Freiheit setzt Entschlusskraft und die Fähigkeit, Unsicherheit zu ertragen voraus. In einem Ratgeber zum Selbst-Coaching wird konstatiert:

> Wenn Sie den Weg des Erfolgs gehen, müssen Sie sich darüber bewusst sein, dass es sich um einen Entwicklungsweg handelt, der vieles an Ihnen und Ihrem Leben ändern wird. Auf dem Erfolgsweg stellen manche Menschen plötzlich fest, dass zwischen ihnen und den Mitmenschen ihres Umfeldes Welten klaffen: der eigene Partner hat sich nicht mit entwickelt, ist immer noch bescheiden, schüchtern oder spießig. Die Kinder sind in der Schule wenig erfolgreich oder gar Versager; die Freunde leben noch nach derselben kleinkarierten Art und Weise, wie schon vor zehn Jahren. [...] Einstmals wunderbare Beziehungen brechen auseinander, man hat sich nichts mehr zu sagen. Wichtig: Was jedoch einmal zerbrochen ist, lässt sich nicht mehr kitten – Ausnahmen bestätigen diese Regel. Deshalb ist es wichtig, nicht nur das eigene Erfolgsstreben im Sinn und vor Augen zu haben, sondern auch das Umfeld, in dem wir leben, insbesondere unsere nächsten Mitmenschen. Unsere Entwicklung hängt mit deren Entwicklung (oder Nichtentwicklung) zusammen. [...] Je traditioneller, gewachsener, stärker und vielseitiger Ihre Beziehungswelt ist, desto mehr wird sie von Ihnen geprägt und mitgestaltet, desto mehr reflektiert sie auch auf Ihr Verhalten.[59]

In dieser Beschreibung kommt ja durchaus eine Quintessenz des sozialwissenschaftlichen Konstruktivismus zur Anschrift: Individuen werden durch ihre Lebenswelt, ihr Milieu, ihre Bezugsgruppen sozialisiert, wenn nicht konstituiert. Wenig subtil wird in diesem gewissermaßen neutralen Diskurs eine wertende Differenz eingezogen, die veraltete gegen fortschrittliche (hier: erfolgsorientierte) Lebensweisen setzt. Die Figur des Spießers[60] wird explizit aufgerufen. Die dabei propagierte Aufwertung des Erfolgswegs wird als Selbstverständlichkeit nicht weiter thematisiert. Der zugleich arme und hyperbolische Diskurs der ‚Vermarktung seiner selbst' mag grob sein und selbstparodierende Züge tragen: die Möglichkeit des eigenen Misserfolgs bzw. die Gefahr, sich auf der ‚falschen' Seite der Unterscheidung zwischen den Menschen auf

58 Vgl. Rieger, Stefan: Kybernetische Anthropologie.
59 Weiser, Melitta: Selbstdarstellung und Selbstmarketing, S. 154ff
60 Vgl. Barfuss, Thomas: Konformität und bizarres Bewußtsein.

dem „Erfolgsweg“ und den anderen, stehengebliebenen, wiederzufinden, bleibt auf groteske Weise ausgeblendet, genauso wie moralische oder ethische Aspekte einer instrumentalistischen Haltung gegenüber den Anderen. Dieses Räsonnement ist allerdings nicht rein instrumentalistisch – eine Ethik der Kühle und Härte legitimiert die elitäre Haltung des Erfolgsmenschen. Selbstvermarktung, die in die Ausbildung einer „unverwechselbaren Persönlichkeit“ mündet und Selbstgenuss ermöglicht, erschöpft sich nicht in Sprache und Repertoire des Marketing, sondern bedarf einer gewissen ‚Techne‘ der Selbstformung. Aus diesem ‚losen Diskurs‘ der Selbstvermarktung, der als Theorie sehr grob erscheinen mag, werden konkrete Techniken abgeleitet:

„Widmen Sie den für Sie wichtigen Beziehungen möglichst viel Zeit und Aufmerksamkeit. Gehen Sie strategisch vor und beziehen Sie die Menschen, die Ihnen sehr viel bedeuten, stets in Ihre Entwicklung ein und lassen Sie sie Anteil haben an Ihrem Erfolgsweg. Nur so halten Sie die Beziehung lebendig und können auf gleicher Ebene miteinander kommunizieren. [...] Sorgen Sie auch dafür, dass Sie eine Umgebung haben, die Sie immer wieder an Ihre Ziele und guten Vorsätze erinnert. Das persönliche Umfeld prägt.[61]

Ein anderer Autor schlägt in einer ‚systemischen‘ und damit reflektierteren Diskursvariante folgende Selbstbefragungstechniken vor:

Welche Interaktionspartner wählen Sie mehr oder weniger bewusst aus, damit Sie der sein können, der Sie sind? Welche Situationen schaffen Sie in ihrem Umfeld, damit Sie Ihr Selbstkonzept ohne Änderung aufrechterhalten können? Was würde mit Ihrem Selbstbild und Ihrer Identität geschehen, wenn Sie nicht auf diesen Spielregeln bestehen würden?.[62]

Die Vergegenwärtigung der „prägenden“ Kraft des Umfelds ist ein erster Schritt, der in die „Einbeziehung“ anderer Menschen in die eigene „Entwicklung“ führen soll. Die „Lebendigkeit“ der Beziehung steht hier noch im Vordergrund. Diese Lebendigkeit ist allerdings auch ein „Mikrokosmos“, aus dem „Kraft“ für berufliches Handeln geschöpft werden soll. Ein Abgleich der Lebensweise der Anderen mit den eigenen Zielen soll zur Selbstveränderung führen, die durch stärkere Einbeziehung oder eben auch durch Abschied von diesen Menschen unterstützt werden soll. Der Aufruf zur Wachsamkeit gegenüber denen, die „uns viel stärker beeinflussen als wir denken“, regt die Rezipienten dieses Texts zur Überprüfung ihres Verhältnisses zu ihren Mitmenschen auf. Ergebnis dieser Wachsamkeit kann bzw. soll schließlich sein, dass „die Umgebung“ als

61 Weiser, Melitta: Selbstdarstellung und Selbstmarketing, 157ff.

62 Migge, Björn: Coaching, S. 48.

Generikum der sozialen Beziehungen, zielgerichtet ausgewählt sein soll – nämlich daraufhin, dass diese Umgebung an die „Ziele und guten Vorsätze" erinnert. Theoretisch legitimiert werden diese Strategien der Selbstformung mittels Manipulation anderer durch die Vorstellung von ‚Feedbackschleifen'. Der Einzelne ist aufgerufen, Feedbackschleifen einzurichten, die seine Zielvorstellungen positiv verstärken; negative Verstärkungen sind zu beseitigen. In dieser Aufwertung des positiven Feedbacks weicht die kybernetische Therapeutik von der technischen kybernetischen Literatur bemerkenswert ab. In technischen Geräten ist meist negatives Feedback zentral: die Begrenzung von Kraftzufuhr. Der ursprüngliche ‚governer'[63], dessen Entwicklung Stefan Rieger als ‚Urszene' der Kybernetik beschreibt, *begrenzt* den Dampfstrom, wenn die Drehzahl zu hoch steigt. Diese Aufwertung des positiven Feedbacks berechtigt auch die Rede von einer Selbstformungssemantik der ‚Steigerung', die von schier unbegrenzter Erweiterung menschlichen Vermögens und seiner Belastbarkeit ausgeht und zeigt die Verwandtschaft der kybernetischen Beratung mit der human-potential-Bewegung.

Diese Techniken der Überwachung der Zuträglichkeit der „Umgebung" sind Bestandteil der post-kybernetischen Selbsttechniken des Coaching. Das Aufsuchen sozialisatorischer Milieus, die planvolle Einrichtung eines Netzwerks von geeigneten Unterstützerinnen und Unterstützern, die mehr oder minder systematische Gestaltung des sozialen Umfeldes gehört zum Kreis dieser Selbsttechniken.

Die letzten Zitate zeigen, dass zur Selbstbefragung eine Bewertung der Mitmenschen treten soll, die sich als Distinktionspraxis beschreiben lässt. Berater sind aufgerufen, das Schema beweglich/unbeweglich auf ihre Klienten anzuwenden, damit diese es auf sich selbst und auf ihre Mitmenschen anwenden können. Dass in diesem Zusammenhang „Freiheit" zur Anschrift kommt, ist kein Sonderfall. In der Beratung (zumindest jener Schulen, die sich nicht auf die Psychoanalyse berufen) ersetzt die Differenz frei/unfrei durchgehend die Zentralunterscheidung krank/gesund der Therapie. Freiheit wird dabei selten im Verhältnis zu Bindungen problematisiert, sondern meist in Bezug auf das Thema des Erfolgs und des Selbstgenusses.

Fazit: Die Gestaltung des Selbst durch Selbstsozialisation und Distinktion

Die beschriebene Technik der bewussten Auswahl und Beeinflussung von Interaktionspartnern ist durch die Motivationspsychologie gestützt:

63 Vgl. Rieger, Stefan: Kybernetische Anthropologie.

Die Effektivität des Handelns wird in dieser Literatur wesentlich als Folge des ‚An-Sich-Glaubens' begriffen. „Kontrollüberzeugungen" und „Selbstwirksamkeitsannahmen" sind Folge von Erfolgserfahrungen, und sie werden zur Ursache von zielgerichtetem, planendem und ebenso optimistischem wie realitätsgerechtem Handeln. Die Motivationspsychologie ist zwar als System theoretischer Annahmen ‚mentalistisch', sie besitzt aber Parallelen zur Kybernetik: Positives Feedback, Selbstüberzeugungen und überzeugendes Handeln seien wie ein Regelkreis verschaltet. Die Berater schlagen nun vor, diesen Regelkreis mittels geeigneter Techniken im Sinne der Interessen des Individuums zu steuern. Diese Technik erschöpft sich allerdings im Paradigma des Coaching nicht darin, Kollegen, Freunde und Intimpartner zu beeindrucken und ihre Unterstützung zu mobilisieren. Im sozialkonstruktivistisch-kybernetischen Verständnis der Selbstbildung wird es durchaus als nötig begriffen, sich durch sie sozialisieren zu lassen. Im Gegenzug soll sich der Einzelne auf die Anrufungen der Anderen, insbesondere kollektiver Akteure wie Organisationen einlassen, sich für ihre Projekte zu begeistern und dadurch ‚Synergieeffekte' zu erzeugen, d. h. im kybernetischen Sinn eine verbesserte wechselseitige Anpassungen von Selbstführungen erreichen. Vor dem Hintergrund dieses Verständnisses des Selbst als kommunikativ Geformtem bilden sich unterschiedliche Praktiken bzw. Techniken des Selbst heraus:

Die Gestaltung des Selbst qua Kommunikation verlangt von den Individuen, ihre Selbstbeschreibungen den Milieus, in denen sie agieren, anzupassen, und andererseits soziale Kontexte auszuwählen und selbst zu etablieren, in denen sie ‚wachsen' können. Die lokalen Bedingungen der Kontexte, in denen sich ein Individuum bewegt, sollen dabei einer ständigen Prüfung im Hinblick auf die ‚Wachstumschancen' für das Individuum unterzogen werden.

Diese Prüfung und Ausbalancierung impliziert ein distanziertes und gewissermaßen kühles Verhältnis zur Lebenswelt[64]. Das Einrichten des Lebens in der ‚Künstlichkeit' verlangt und begünstigt eine Distanz zu den Institutionen des sozialen Lebens, die nicht in die innere Isolation, sondern in Formen *strategischer Nähe* münden soll. Das Verhältnis des Einzelnen zur Regel soll eben auf keine *bestimmte* Weise eingerichtet werden; diese Organisation des Sozialen erfordert eine andauernde und regelmäßige Überprüfung des Verhältnisses des Einzelnen zur Regel. Dabei handelt es sich um eine ‚selbstsozialisatorische' Strategie. Walter

64 In diesem Sinn gehört die beschriebene Form der Selbstsozialisation zu den „Verhaltenslehren der Kälte". Vgl. Lethen, Helmut: Verhaltenslehren der Kälte.

Heinz beschreibt mit diesem Begriff einen Individuierungs- und Vergesellschaftungsmodus in post-traditionalen Gesellschaften.[65] Individuen suchen demnach aktiv sozialisatorische Kontexte auf, von denen sie sich bestimmen lassen. Selbstsozialisation bringt eine dauerhafte Bewegung des Individuums zwischen sozialen Beziehungen, Arbeitsverhältnissen und Anforderungsprofilen mit sich.

Die beschriebene Problematisierung des Verhältnisses zwischen Individuum und Kollektiv bezieht sich auf die gelingende Erfassung und Entfaltung von Beständen, Ressourcen, und Repräsentationen, vor allem auch das Einhalten bzw. das Schaffen einer Distanz zwischen der Person und ihrer Identität. Zielrichtung (oder Teleologie) dieser ‚Selbstsozialisations'strategie ist das Gewinnen von ‚Beweglichkeit' gegenüber den Identitäten, die Gemeinschaften und soziale Gefüge bereithalten. Kulturhistorischer Hintergrund dieses Ideals (und damit Teil des Selbstdeutungsgebots des Beratungsdispositivs) ist die Ungebundenheit des Intellektuellen, der in keiner Gemeinschaft ‚heimisch' wird, bzw. werden soll, außer eben in den Universalismen, auf die er sich berufen kann. Der mobile, bewegliche Mensch des Coaching soll sich allerdings nicht auf *einen* Standpunkt oder *eine* Intellektuellen-Identität zurückziehen, sondern immer die Kontexte aufsuchen, in denen er am besten und wirkungsvollsten mit anderen kommunizieren und produzieren kann: „The coach's challenge may be to guide the coaching intervention in such a way that there is a win-win outcome for the coachee and the organisation"[66]. Die Metaphern der ‚Synergie' oder in der Sprache der Entscheidungstheorie: des „win-win" stellen die Semantik für eine Organisation des Handelns bereit, das ‚Gewinne' erzielen soll, nicht Übereinkunft, Anpassung, oder Konflikt.

Veralltäglichung der Krisentechnik: Die Gestaltung des Selbst

Die Selbstmodellierung muss gemäß der Beratungsliteratur nicht den Umweg über die Kommunikation mit anderen nehmen, sondern kann auch direkt ‚am Selbst' ansetzen – unter Vermittlung des Beraters. Wir können „unser[en] Umgang mit dem Selbst"[67] verändern. ‚Wachstum' und persönlicher ‚Wandel' werden als Maximen der Lebensführung ge-

65 Heinz, Walter: Selbstsozialisation im Lebenslauf.

66 Zeus, Perry und Suzanne: The Complete Guide to Coaching at Work, S. 201.

67 Migge, Björn: Coaching, S. 85.

priesen, die durch die Anwendung einer Methodik für jedermann erreichbar ist:

> Coaching is about reinventing oneself – creating new stories, new identities and new futures. It recognizes that the self is not a fixed identity, but is fluid and always in a state of becoming. Coaching is a journey where the journey is as important as the destination.[68]

Die angekündigte tiefgreifende Veränderung der eigenen Person (Persönlichkeit?) ist mit dem Versprechen verbunden, dass ein qualitativer Sprung in der Mobilität erreicht werden könne, der gleichzeitig mit einer ästhetischen Aufwertung der Existenz einhergeht.

Im Folgenden werden zwei Techniken dargestellt, die unterschiedlich an der Fähigkeit des Subjekts zur Selbstthematisierung und zur Steuerung des eigenen Erlebens ansetzen: Das ‚Reframing' und die ‚Glaubensarbeit'.

Reframing ist ein theoretischer und praktischer Begriff im Umfeld der kybernetischen Beratungsformen, der im ‚neurolinguistischen Programmieren' ausgearbeitet wurde. Im Allgemeinen geht die kybernetisch geprägte Beratung in drei Schritten vor. Erstens: Die Selbstverständlichkeit der Lebensführung und Identität des Klienten wird infragegestellt, im systemischen Vokabular: ‚gestört'. Zweitens: Der Klient muss über eine unsichere, krisenhafte Übergangsphase hinweg begleitet werden.[69] Drittens: Der Klient soll neue Muster, Bedeutungen und Verhaltensweisen entwickeln. Der dritte Schritt wird (oft) als Reframing bezeichnet. Er bezeichnet sowohl den therapeutischen Prozess als auch eine selbstorganisatorische Fähigkeit, die das Subjekt erlernen kann.

> Das Sechs-Schritt-Reframingmodell geht davon aus, daß es einen Teil von Ihnen gibt, der Sie veranlasst, etwas zu tun, das Sie nicht tun wollen, oder einen Teil, der Sie davon abhält, das zu tun, was Sie tun wollen. Das ist eine gewagte Präsupposition, aber man kann eine Schwierigkeit so beschreiben, und gewöhnlich kann man seine Erfahrung in diesem Sinn organisieren. [...] Nehmen wir einmal an, jemand kommt und sagt: „Ich kann nicht arbeiten. Ich setze mich hin und versuche zu arbeiten, aber ich kann mich nicht konzentrieren. Ich denke daran, Skilaufen zu gehen." Beim alten Modell [dem transaktionsanalytischen Modell] hätten wir gesagt: „Es gibt einen Teil, der Ihre Konzentration stört." In diesem Modell sagen wir nun stattdessen: „Sehen Sie, Sie haben jede Menge Teile in sich, die alle die unterschiedlichsten Aufgaben erledigen. Sie haben die Fähigkeit zu arbeiten. Sie haben die Fähigkeit, rauszuge-

68 Zeus, Perry und Suzanne: The Complete Guide to Coaching at Work, S. 3.
69 In der Synergetik von Herrmann Haken wird diese Phase als „Hysteresis" bezeichnet. Vgl. Haken, Herrmann: Erfolgsgeheimnisse der Natur.

hen und zu spielen. Wenn Sie sich hinsetzen, um konzentriert zu arbeiten, wird irgendein anderer Teil aktiv und versucht, *seine* [kursiv i. O.] Funktion durchzusetzen". Um nun eine Lösung auszuhandeln, muß man jeden Teil identifizieren, die Kommunikation mit jedem Teil herstellen und die positive Absicht eines jeden Teils ausfindig machen.[70]

Reframing ist eine Technik des geleiteten Selbstgesprächs[71]. Sie stützt sich implizit auf das ,topische' Modell der Psychoanalyse (Annahme

70 Bandler, Richard und John Grinder: Reframing, S. 61ff.

71 Bei O'Connor und Seymour werden folgende sechs Schritte ausgeführt: „1. Bestimmen sie zuerst das Verhalten oder die Reaktion, die verändert werden soll. [...] Nehmen Sie sich einen Moment Zeit dafür, diesem Persönlichkeitsanteil zu danken und ihn zu würdigen für das, was er für Sie getan hat und machen Sie klar, dass es nicht darum geht, ihn loszuwerden.
2. Nehmen Sie Kommunikation auf mit dem Persönlichkeitsanteil, der für das Verhalten verantwortlich ist. Gehen Sie nach innen und fragen Sie: „Wird der Teil, der für X verantwortlich ist, jetzt mit mir im Bewusstsein kommunizieren? Achten Sie darauf, welche Reaktion kommt. Halten Sie all Ihre Sinne offen für innere Bilder, Geräusche, Gefühle. Versuchen Sie nicht zu raten. Warten Sie auf ein eindeutiges Signal; es ist oft ein feines Körpergefühl. [...] Wenn es einen Interessenskonflikt gibt, taucht auch zugleich ein unwillkürliches Signal auf, das allerdings sehr schwach sein kann. Das Signal ist das aber im „Ja, aber..."
Nun müssen Sie diese Reaktion in ein Ja- oder Nein-Signal verwandeln. Bitten Sie den Teil, das Signal stärker werden zu lassen für „ja" und schwächer werden zu lassen für „nein". [...]
3. [...] Gehen Sie nach innen und fragen Sie den Teil: „Wenn du Möglichkeiten bekommen würdest, die dich befähigen würden, diese Absicht mindestens genauso gut zu erfüllen, wenn nicht besser, würdest du sie ausprobieren wollen?". Ein „Nein" an diesem Punkt würde bedeuten, daß ihre Signale durcheinandergekommen sind. Kein Teil könnte bei vollem Verstand solch ein Angebot ablehnen.
4. Bitten Sie den kreativen Teil, neue Möglichkeiten und Wege zu finden, die denselben Zweck erfüllen. [...]
5. Fragen Sie den Persönlichkeitsanteil X, ob er damit einverstanden ist, die neuen Wahlmöglichkeiten statt des alten Verhaltens während der nächsten paar Wochen anzuwenden. [...].
6. Ökologie-Check. Sie müssen wissen, ob es irgendwelche anderen Teile gibt, die Einwände gegen Ihre neuen Wahlmöglichkeiten haben. Fragen Sie: „Hat irgendein anderer Teil von mir einen Einwand gegen die neuen Möglichkeiten?" Seien Sie sensibel für jegliche Signale. Seien Sie an dieser Stelle sehr gründlich. Wenn Sie ein Signal wahrnehmen, bitten Sie den Teil, das Signal zu verstärken, wenn es wirklich ein Einwand ist. Stellen Sie sicher, daß die neuen Wahlmöglichkeiten die Anerkennung aller interessierten Teile finden, ansonsten wird einer Ihre Arbeit sabotieren. [...]
Six step reframing ist eine Technik für Therapie und persönliche Entwicklung. Sie berührt direkt verschiedene psychologische Themen. [...] Ein anderer Punkt ist Trance. Jeder, der ein six step reframing macht, wird in

unterschiedlicher psychischer Instanzen), ist aber von der Vorstellung geleitet, dass mit diesen Instanzen zwar nicht unmittelbar, aber durch den Körper vermittelt direkt kommuniziert werden kann. Die in der Beratung und in erwachsenenpädagogischen Fortbildungsmaßnahmen notorische Metapher des ‚inneren Teams' bezieht sich auf dieselben Annahmen und ähnliche Verfahrensweisen.

Diese Selbstgespräche dienen nicht dazu, die Vergangenheit zu entschlüsseln, sie sind vielmehr darauf ausgerichtet, vorgefasste Handlungsziele effektiver und ‚freier', d. h. ohne Selbstblockade verfolgen zu können, und zwar in einer besonderen Form des Erlebens im Trance, das auch als „Lösungserleben"[72] bezeichnet wird. Die widerstrebenden Impulse sollen nach dieser Methode in einer Art *Moderation*[73] in Übereinklang gebracht werden.

Die Imagination einer unmittelbaren Beeinflussbarkeit, wenn nicht Steuerbarkeit der Physiologie trägt die Bearbeitung der inneren Strebungen. Die Praktiken der (imaginierten) unmittelbaren Beeinflussung der Physis schließen gegenwärtig an die neurophysiologische Wende in der Psychologie an. Am genannten Beispiel wird das neuronale Selbst noch konventionell, d. h. durch Sprache und Introspektion bearbeitet, während die Neuropsychologie und ihr experimentell-pharmazeutischer Komplex die unmittelbare Steuerung von Gehirnvorgängen mit chemischen Mitteln anstrebt.

---

einer leichten Trance sein, mit der Aufmerksamkeit nach innen gerichtet." (O'Connor, Joseph und John Seymour: Gelungene Kommunikation und persönliche Entfaltung, S. 36f.)

72 Schmidt, Gunther: Einführung in die hypnosystemische Therapie und Beratung, S. 108.

73 Ulrich Bröckling zieht eine Parallele zwischen Techniken des Projektmanagements und des „Projekt Ich": „Die Technologien, mithilfe derer sich die Individuen für solche Herausforderungen rüsten sollen, gleichen jenen, die in Unternehmen für effiziente Abwicklung und befriedigendes Teamwork sorgen sollen: Erstens konsequente Planung und kontinuierliches Controlling, zweitens Moderation der disparaten Wünsche und Bedürfnisse, drittens (Selbst-)Enthusiasmierung. [...] Glaubt man einem anderen, Coach yourself betitelten Ratgeber, so beruht zeitgemäßes Selbstmanagement ebenso wie kompetente Projektleitung nicht auf Kampf und Unterwerfung, sondern auf Verhandlungsgeschick sowie der Fähigkeit, alle Beteiligten – Teammitglieder dort, Persönlichkeitsanteile hier – zu koordinieren und auf ein gemeinsames Ziel auszurichten. Nicht Selektion, sondern „ökologische Integration" ist gefordert, kein autoritäres Regime des „Kopfs" über den „Bauch", sondern Mitbestimmung und partnerschaftliche Kooperation. „Ziele werden nicht aufgrund innerer Kraftproben oder durch Selbstüberwindung erreicht, sondern durch die Dynamik eines in sich stimmigen, reibungslos aufeinander abgestimmten Persönlichkeitssystems"." (Bröckling, Ulrich: Das unternehmerische Selbst, S. 281.

Die ‚Glaubensarbeit' setzt bei der Wahrnehmung innerer Zustände an, um das Subjekt in einen krisenhaften Zustand zu versetzen, der wiederum eine Verhaltensänderung ermöglicht. In vielen Beratungshandbüchern (aus dem Bereich des Coaching und der Organisationsberatung) werden ‚Glauben' oder Überzeugungen thematisiert. Überzeugungen werden dabei einerseits als ‚selbstbeschränkende Überzeugungen'[74] problematisiert, andererseits wird die ermöglichende Potenz von Glauben in den Vordergrund gestellt: „Glauben gibt Orientierung und Kraft"[75]. Die zentrale Nennung von ‚Glauben' in der Mehrheit der Coaching-Manuale mag zunächst erstaunen, scheint die Rede vom Glauben doch dem utilitaristischen Zug der ‚ökonomisierten' Beratungsformen entgegenzustehen. In der Entgegensetzung von selbst gesetzten Zielen und festem Glauben liegt eine starke Spannung, zumindest wenn Glauben bedeuten soll, sich von einer Instanz oder Bestimmung ‚binden' zu lassen. Die Verwendung der Rhetorik des Glaubens schließt an die religiöse Bedeutung, d. h. an die Vorstellung einer bindenden Kraft an. Die Bindung wird in der Wissensordnung der Beratung allerdings intentional gesetzten Zielen untergeordnet. Der Klient ist in der Glaubensarbeit aufgerufen, seinen Glauben und seine Werte zu überprüfen. Der Berater darf sogar dahin arbeiten, diese zu verändern, auch wenn es nicht seine vorrangige Aufgabe darstellt. Eben weil den Techniken der Glaubensänderung in der Coaching-Beratung eine Schlüsselposition zugewiesen wird, haben in der Beraterszene einige (wenige) Theologen Fuß gefasst, die mit ihr Wissen um religiöse Traditionen sehr selbstbewusst anwenden.

Eine der zentralen monastischen Techniken, die für die gegenwärtige Beratung aufbereitet wurde, ist das ‚Einreden'. Das Einreden gehört zu den Bekenntnistechniken, die in Folge der Wendung des Christentums von der äußerlichen Buße zum innerlichen Geständnis – gestützt durch die Beichte gegenüber der geistlichen Autorität – entstanden sind. Es ist eine Form der Verinnerlichung der disziplinarischen Hierarchieverhältnisse der Bekenntniskultur; es handelt sich um eine Praxis, die die Konfrontation von Personen mit sich selbst in der Einsamkeit des Gläubigen forciert. Das Verhältnis zur Autorität gestaltet sich dabei als Anleitung, die nicht der fortwährenden sozialen Kontrolle bedarf, sondern alltäglich vom Gläubigen im Zwiegespräch mit sich selbst ausgeübt werden kann. Anselm Grün, ein Geistlicher, der zugleich auch als Organisationsberater und Coach arbeitet, beschreibt diese Praxis:

---

74 Zeus und Skiffington sprechen von „self-limiting beliefs" (Zeus, Perry und Suzanne Skiffington: The Complete Guide to Coaching at Work, S. 94)

75 Migge, Björn: Coaching, S. 45.

Unsere Gedanken entscheiden darüber, ob wir nach dem Geist Gottes leben oder aber in Widerspruch zu ihm. Die Gedanken prägen unsere Haltung. Gute Gedanken machen uns gut, schlechte Gedanken dagegen lassen uns böse werden. [...] Wenn der Geist kein Ziel hat, auf das er zusteuert, dann fallen alle möglichen Gedanken auf ihn ein. Er ist dem ausgeliefert, was auf ihn von außen einströmt. Er wird von außen gesteuert. Er lebt nicht selbst, sondern wird von außen gelebt. Der Geist wird immer etwas denken. Wenn wir ihm nichts vorgeben, was er denken soll, dann wird er sich mit dem beschäftigen, was sich ihm darbietet. Das ist aber so vielfältig, dass es ihn nicht zu sich kommen lässt, dass es ihn innerlich zerreißt.[76]

Der Autor zitiert die Monastik mit der Unterscheidung zwischen negativen Einreden und positiven Einreden. Die negativen Gedanken, „Dämonen", suchen uns ungefragt heim und treiben uns ins Laster. Positive Einreden können dagegengesetzt werden. Darauf zielt die „antirrhetische Methode" (Grün 2004, S. 33). „Sie besteht darin, daß ich, sobald mir ein negativer Satz in den Sinn kommt, sofort einen positiven Satz dagegensetze. [...] Man könnte sich daran gewöhnen, über jeden, der mich aufregt, ein kurzes Segenswort zu sprechen: „Danke, Herr, er meint es gut. Danke, dass es ihn gibt""[77]. Die dämonischen Einreden sind von den Gläubigen klar entlang der Frage unterscheidbar, ob sie den Glauben und die mönchische Lebensführung gefährden oder stützen.

Eine Vielzahl solcher und ähnlicher Methoden werden von Pater Grün beschrieben, darunter beispielsweise die ‚Ruminatio', das Wiederkäuen von frommen Worten. Der Autor sieht in Selbstregulierung und der Selbst-Management-Technik dieselben Techniken verwirklicht und sucht diese in seinen Fibeln und Seminaren wieder mit dem rechten Geist auszustatten, den Anschluss an die monastische Tradition wieder herzustellen. Für post-religiöse Klienten bleibt allerdings zunächst offen, woran geglaubt werden soll – das ‚Zentrum' des Glaubens muss gewissermaßen erst ermittelt, ja erst hergestellt werden. In seiner Übertragung auf therapeutische Methoden stellt Pater Grün es so dar, als würden Einreden, die den inneren Zuhörer in eine schlechtes Licht stellen („Das schaff ich nie", „Ich bin ein Versager"), die Fähigkeit, tätig zu werden, einschränken.

Als „negative Einreden" gelten solche, die die Aktivität beschränken, während solche, die die Aktivität und Vitalität bestätigen, als gute Einreden bezeichnet werden. Gute Einreden bekämpfen ‚selbstbeschränkende Überzeugungen'. Diese Differenz legt nahe, dass der Be-

76 Grün, Anselm: Einreden, S. 14f.

77 Ebd., S. 33.

zugspunkt des Glaubens in der kybernetischen Selbstführung der Glaubende selbst ist. Der Mönch redet sich den christlichen Glauben ein, er überzeugt sich zu glauben, der beratene Mensch redet sich einen Glauben aus, um sich möglichst flexibel an zeitlich begrenzte Projekte binden zu können. Gott als transzendenter Referenzpunkt und Gott als Beobachtungsinstanz (dessen Blick wir auf uns ‚spüren') fallen im monastischen Einreden ineins.

Glaubensarbeit

Die Arbeit am Glauben wird nicht unvermittelt in die Selbstführung der Moderne eingeführt. In der kybernetischen Umarbeitung der Therapie in den 1970er Jahren (vgl. Kapitel 3) wird Glauben als Einschränkung der Wahrnehmung und der inneren Repräsentation von Wirklichkeit operationalisiert. Die Bateson-Schüler Bandler und Grinder bringen Glauben als ‚universal processes of human modelling' zur Anschrift; die ‚Modellierung' von Kognition und davon abgeleitet Verhalten lassen sich ihnen zufolge an der semantischen Struktur von Aussagen ableiten, die Unterstellungen aufweisen (Generalisierungen, Auslassungen, Verzerrungen).[78] Patienten sollen ihnen zufolge dazu angeregt werden, „wohlgeformte Aussagen" zu formulieren, mit denen sie ihre Unterstellungen explizieren. In der ‚Glaubensarbeit' werden diese Annahmen stärker anwendungsorientiert weiterentwickelt:

> Man muss sich darüber klar sein, dass Glaubenssätze nicht zum Ziel haben, der Realität zu entsprechen. Ihr Zweck ist es, eine Motivation und eine Vision zu schaffen. Dadurch kann ihr tatsächliches Verhalten sich entwickeln und optimiert werden, so dass es schließlich ihren Erwartungen entspricht.[79]

In der kybernetisch-humanwissenschaftlichen Einrede ist die Hierarchie des Verhältnisses von Glaube und Zielen umgekehrt: Der Glaube ist der Erreichung von Zielen untergeordnet, während der Glaube in der Monastik um des Glaubens willen verstärkt wird: Der Glaube kann in diesem Verständnis gleichsam zur Erreichung von Zielen ‚genutzt' werden. Es ist nicht der Glauben, der das Wissen stützt, sondern umgekehrt. ‚Glaubensarbeit' schließt an alte monastische Techniken an, kehrt deren Zielrichtung aber um: Glaubenssätze werden nicht mehr zur Stabilisierung des Glaubens „eingeredet", sondern Glaubenssätze werden mobilisiert und modifiziert, um das Wissen ‚um sich' und die eigenen Handlungsentwürfe zu stützen. Gott wird zum Dienstleister. Er kann gerufen

78 Bandler, Richard und John Grinder: The Structure of Magic, S. 158.
79 Dilts, Robert: Die Veränderung von Glaubenssystemen, S. 31.

und weggeschickt werden. Die sozialen Beziehungen des Individuums werden nicht nach dem rechten Glauben ausgerichtet, sondern die Beziehungen werden so gestaltet, dass die selbst gesetzten Ziele erreichbar werden. Glaube („Glauben") und Wissen („Ziele") werden in der Beratung als flexibel aufeinander beziehbare Elemente der Steuerung des Selbst behandelt.

Fazit: Krisentechniken

Die Problematisierung von ‚Glauben' und ‚Überzeugungen' in der Beratung und die vielfältigen daraus erwachsenden Formen der Selbstthematisierung wirft die Frage auf, inwiefern es sich bei der Beratung um eine Fortführung der therapeutischen Geständnispraktiken handelt, bei der die Frage des Glaubens selbst zum Thema wird – und nicht die Verfehlungen, die in den Sündenkatalogen des Glaubens aufgeführt sind. Insofern der Klient sich an eine – wenn auch nur temporäre – Autorität und Vertrauensperson wendet, um Defizite der eigenen Lebensführung einzuräumen, ist auch die beraterische Therapeutik Bestandteil der Geständniskultur. Verlangt wird allerdings kein Geständnis, es gibt (vordergründig) keine Symptome, die berichtet werden müssten, die Handlungsfähigkeit des Klienten ist nicht eingeschränkt, es gibt keine kodifizierten Normen oder Normalitätsfolien. Das Geständnis als Bericht über Verfehlungen ist vergangenheitsbezogen, während das Bekenntnis in die Zukunft weist. Mit dem Geständnis ist die Unterwerfung unter eine Autorität verbunden, die Verhalten an einem kodifizierten Standard misst. Das Bekenntnis wird einer Öffentlichkeit (Gemeinde, „Community") gegenüber geäußert; zukünftige Taten werden an der Ankündigung gemessen. Die Selbsttechniken der Beratung ähneln der Form nach dem Bekenntnis. Dieses Quasi-Bekenntnis hat allerdings nicht die Zugehörigkeit zu einer Gemeinschaft zur Folge, sondern demonstriert die Verpflichtung auf selbst gesteckte Ziele. Die Gestaltung des Selbst durch die Mobilisierung von ‚Glaubenssätzen' soll das Subjekt zugleich ‚beweglich' machen und es zur Fokussierung befähigen. Die Dispositionen und inneren Bindungen des Subjekts sollen an die Ziele angeglichen werden, die sich die Individuen geben und geben lassen. Als defizitär erscheint wiederum das ‚unbewegliche Subjekt', das sich an unbefragte Vorurteile und milieuspezifische Gewohnheiten gebunden fühlt. Die Beratung zielt deshalb darauf ab, das Individuum in einen anhaltenden Krisenzustand zu versetzen, der allerdings nicht eskalieren dürfe, damit die inneren Kräfte in diesem ‚low intensity conflict' moderiert werden können. Die historische Analyse hat gezeigt, wie diese *Krisentechnik* des Selbst aus dem Exorzismus in die hypnotische Therapeutik Mesmers migriert ist. Das unter allen Umständen beweglich zu haltende Individuum soll vermittels dieser Techniken davon abgehalten werden, in seiner ‚Komfortzone' zu verharren, die viele Namen tragen kann: Genuss, Melancholie, Gewohnheit usw.

Die Kontraktualisierung des Sozialen: Techniken der Verpflichtung und Bindung

Während in den bisher dargestellten Selbstdeutungs- und Selbstmodellierungsvorgaben vor allem das Verhaftetsein des Subjekts in unaufgeklärten inneren oder äußeren Bindungen als Problem thematisiert wird, sollen im abschließenden Abschnitt dieses Kapitels Techniken dargestellt werden, die Bindungseffekte erzielen sollen – und damit letztlich eine Refigurierung des Verhältnisses des Bürger zum Staat, des Arbeiters zur Organisation, des Patienten zur Klinik, und vermutlich auch des Einzelnen zu Lebenspartnern, zur Familie und zu Freunden.

In der Literatur zur Prozessberatung, die sich als Paradigma für alle Formen von Organisationsberatung, Personalberatung, sozialpädagogischer Beratung und persönlicher Beratung durchgesetzt hat, wird der ‚psychologische Vertrag' als ausgehandelte sozialmoralische Rahmenbedingung für die Beratungsbeziehung beschrieben. Der in der Tradition der Aktionsforschung stehende Edgar Schein präzisiert diese Sozialmoral der Beratungsbeziehung aus Sicht des Beraters: In der „helfenden Beziehung"[80] der Prozessberatung komme ein „psychologischer Vertrag" zwischen „Helfern" und „denen sie helfen" zum tragen[81]. Er problematisiert, dass sich in dieser Beziehung „Abhängigkeit und Unterwerfung" manifestieren könne[82]. Die Lösung bzw. Umgehung dieses Problems bestehe darin, Transparenz über den impliziten und expliziten psychologischen Vertrag herzustellen:

Das strategische Ziel dabei ist, einen psychologischen Zustand zu schaffen, in der es einen funktionierenden psychologischen Vertrag gibt, eine Situation, in der jede Partei den jeweiligen Erwartungen entsprechend gibt und nimmt und in der Helfer und Klient sich als Team zu fühlen beginnen, dessen Zusammen-

80 Schein, Edgar: Prozessberatung, S. 51.

81 Die Figur des „Helfers" erinnert wohl nicht zufällig an die Beziehung zwischen Pastor und Gemeinde bzw. dem Hirten und der Herde, die Michel Foucault in den Mittelpunkt der moralischen Ökonomie der „Gouvernementalität" gerückt hat. Vgl. Foucault, Michel: Geschichte der Gouvernementalität I.

82 Schein, Edgar: Prozessberatung, S. 52.

arbeit sich zunächst auf die Diagnose des Klientenproblems konzentriert und sich dann den nächsten Schritten zuwendet. Die Schaffung eines solchen funktionierenden psychologischen Vertrags setzt bei beiden Parteien eine Einsicht in ihre ursprüngliche vorurteilsbehaftetete Wahrnehmung der Situation voraus und die Bereitschaft, sich auf ein Gespräch einzulassen, in dem diese Vorurteile und Klischees auftauchen dürfen.[83]

Die soziale Beziehung soll durch einen impliziten oder mündlich ausgesprochenen Vertrag strukturiert und definiert sein. Die Beziehung soll nicht (mehr) wie in der Expertenberatung oder wie im Arzt-Patient-Verhältnis, durch eine Autorität des Experten, die durch Wissensvorsprung legitimiert ist, begründet sein. Dieser Autorität kann sich der Klient unterordnen – oder sich ihr widersetzen. Beides sind zunächst passive Verhaltensweisen, die auf der Ausgesetztheit gegenüber dem Expertenrat aufruhen. Die Programmatik der Prozessberatung zielt stattdessen darauf ab, die Experten-Laien-Hierarchie zu verflachen und dem Klienten die Verantwortung für seine Lösungen zuzuweisen. „Das Problem und seine Lösung gehören dem Klienten"[84]. Er verpflichtet sich dadurch gegenüber sich selbst. Eine Beraterin formuliert diesen Aspekt des ‚psychologischen Vertrag', der hier als ‚commitment' des Klienten umschrieben wird, besonders drastisch:

> The main role of the life coach is to enable and empower the client. This is achieved using the „power of commitment" as leverage. Once clients agree to an activity they are committed to do it. This commitment is powerfully linked to the client's identity. The life coach taps into this power. The power of commitment relies on the social reinforcement of people conforming to who they say they are. It uses the power of honesty. Clients become dishonest if they do not fulfill their commitment to the coach. Humans are conditioned to believe that people who do not fulfill their commitments are not to be trusted. They are seen as shifty, unreliable and devious, as liars and cheats. Clients do not want their life coach to think they are any of these so they will move heaven and earth to achieve the actions, goals and targets they have agreed.[85]

Die Zustimmung des Klienten zu Zielen, die mit dem Berater vereinbart wurden, soll über den ‚Hebel' der Verpflichtung gegenüber der Beraterin oder des Beraters zugleich eine Bindung an diese Ziele herstellen und Energien freisetzen, die ihr Erreichen ermöglichen.[86]

---

83 Ebd., S. 62.

84 Ebd., S. 41.

85 Martin, Curly: The Life Coaching Handbook, S. 5.

86 Die Ausgangsüberlegung, dass Klienten etwas für den Berater tun, widerspricht dem Abstinenzgebot der psychoanalytischen Therapierichtung –

Ehrlichkeit, Vertrauen, Verpflichtung und Verlässlichkeit: Dies sind Rechtsgefühle, die im juridischen ebenso wie im moralischen Aussagenraum angesiedelt sind. Sie gehören nicht zum formalen Diskurs des Rechts, wohl aber zum Vor- bzw. Umfeld dieses Diskurses, insofern sie zur Rechtlichkeit gehören, ohne Bestandteil des kodifizierten Rechts zu sein.

Die Figur des ‚Helfenden' ist durch ihre affektive Beziehung zum Adressat der Hilfe klar vom Klienten bzw. Kunden einer Dienstleister zu unterscheiden, der lediglich eine bezahlte Arbeit am Selbst in Anspruch nimmt. Der Professionelle, der sich für die Ziele des Klienten ‚persönlich' interessiert, ohne allerdings Vorgaben zu machen, fordert eine bestimmte Intensität der Reziprozität ein. Der Klient ist zur Entfaltung von Eigenaktivität aufgerufen, die der Helfer im Gegenzug für seine Mühe verlangen kann[87]. Letztlich soll die Vertraglichkeit allerdings in das Verhältnis des Subjekts zu sich selbst eingesenkt werden, im Sinne eines „Selbst-Vereinbarung" bzw. eines „Vertrags mit sich selber" (Vogelauer 2004, S. 186).

Die Berater der systemischen, lösungsorientierten und kybernetischen ‚Schulen', zu denen die Coaching-Berater mehrheitlich gehören, verhalten sich damit dissident zum ‚Abstinenzgebot' und ‚Suggestionsverbot' der analytischen Schule. Dieses Gebot bzw. Verbot erklärt die Offenlegung der Gefühle des Therapeuten und damit die Offenlegung des Interesses des Therapeuten am Leben bzw. den Lebenszielen von Klienten zum Behandlungsfehler. In der post-analytischen Beratung darf und soll sich der Experte begeistert oder enttäuscht über den Klienten zeigen und offen zeigen, dass sie oder er ‚miterlebt', was der Klient erlebt und ein Interesse daran zeigen, dass der Patient seine Ziele erreicht. Welche Wirkung hat die Verschiebung in den Regeln des therapeutischen Umgangs?

Der Berater stellt sich den Klienten als Medium der eigenen Gefühle zur Verfügung. Dabei muss er diese Gefühle nicht mehr in sich selbst als Gegenübertragung registrieren, sondern kann diese unmittelbar ausagieren, bzw. als ‚Feedback' dem Klienten zeigen. Die Feedback-Metapher ist unmittelbarer Ausdruck dieser Umkehrung des Abstinenzgebots – ein Mitteilungsgebot. In dieser Konstellation wird nicht Wissen über das

---

die allerdings gerade aus ihrer Neutralität ihre überlegene kognitive Autorität bezieht.

87 Viele Coaching-Klienten (die informell befragt wurden) berichten von großer Dankbarkeit auch nach Beendigung des Beratungsprozesses; viele versuchen, nach der Beratung Kontakt zum Berater zu halten und sie oder ihn über aktuelle Erfolge (und Missgeschicke) auf dem Laufenden zu halten.

Subjekt generiert[88], das sich durch die Objektivierung der Artikulationen des Patienten bildet, sondern Glauben an die Person und die in ihr schlummernden Potentiale.

Eine zweite Wirkung liegt in einer Aktivierung des Klienten: Der Klient ist zum Handeln und zur Übernahme von aufgefordert, jedoch vom Fühlen entlastet. Er ist zur Aktivität aufgerufen, denn die Affekte sollen ihren Platz in der Beratungsbeziehung haben, nicht unbedingt im Feld des Handelns; im Handeln ist eine verstärkte Kontrolle von Affekten geboten.

Die dritte Wirkung ruht auf dieser Konstellation von Befähigung zum Handeln durch Entlastung des Klienten vom Erleben und der Kommunikation von Glauben an den Klienten. Das Subjekt wird in eine sozialmoralisch aufgeladene Beziehung hineingezogen, die Verantwortung verteilt: Der Klient nimmt den Berater dafür in Anspruch, an sich zu glauben, damit er handeln kann. Der Berater wiederum versucht, das Vertrauen, d. h. den Glauben des Klienten an die Hilfe der Assistenz zu gewinnen. Für den Klienten wird in der kybernetischen Beratung das Skript der Konversion angeboten, durch das der Einzelne zum Ausdruck bringen kann, jetzt ein ‚verwandelter' Mensch zu sein, der den Glauben – zumindest an sich selbst – wieder gewonnen hat. Beide inszenieren dieses ‚Glaubenserlebnis' in einer Art ‚Efferverszens à deux'. Die Technik des Kontrakts bzw. des Kontraktierens bezieht sich auf die Fähigkeit, sich freiwillig an persönliche Ziele und Utopien („Visionen") zu binden, die mit relevanten Beratungspersonen und Institutionen ‚ausgehandelt' wurden, diesen Personen und Institutionen gegenüber Rechenschaft abzulegen und Sanktionen bei Nichteinhaltung über sich selbst zu verhängen bzw. verhängen zu lassen. Die ethische Substanz dieser Selbsttechnik besteht darin, sich für Anforderungen ansprechbar zu machen, die über die formaljuridischen Verpflichtungen des Staatsbürgers bzw. des Angestellten hinausgehen. Das erkennbare Bemühen um die Einhaltung eines zusätzlichen Engagements dokumentiert dabei den Willen des Subjekts, sich aktivieren zu lassen, dieses ‚Mehr-als' zu leisten. In dieser Orientierung an faktischen Erfolg dokumentiert das Subjekt für sich und zugleich für die Beratungsperson die Bereitschaft, sich in seinem Bemühen korrigieren und bilden zu lassen.

88 ‚Wissen' im Sinne von ‚Wissen über etwas' entsteht, folgt man den sozialphänomenologischen Ansätzen und der philosophischen Anthropologie (bspw. von Helmut Plessner): wenn Erfahrungen objektiviert werden, d. h. eine materiale Gestalt annehmen, die sich gleichsam zwischen das Subjekt und seine Erfahrungen schieben. Die Objektivierung ist nach Plessner die „Grenze", an denen die Erfahrungen der Subjekte entstehen, ohne dass es eine einfache, authentische Erfahrung geben könnte.

Die zweifellos nicht immer erzielte, aber erwünschte Efferveszens der Beratungsbeziehung entsteht dabei gerade aus der impliziten Vertraglichkeit der Beziehung, insofern aus der durch den ‚freien Vertrag' entstehenden Gleichheit der ‚Partner' der therapeutischen Interaktion ein gemeinsames Projekt entsteht, das Begeisterung mobilisiert, und das der Klient als ‚befreiendes' und zugleich sozialmoralisch abgesichertes Geschehen erleben kann. Von Vertrag kann hier nicht im strengen juristischen Sinn gesprochen werden. Es handelt sich eher um eine institutionell und diskursiv abgesicherte quasi-juridische Verpflichtungsweise, die eine Zwischenstellung zwischen dem formalen Vertrag und der impliziten ‚Sozialmoral' einnimmt. Es erscheint mir hier sinnvoll, aus zwei Gründen von einem ‚*Mikro-Kontraktualismus*' zu sprechen:

Erstens, weil es sich meist um sub-juridische Rahmungen handelt, deren rechtlicher Status oft ungeklärt ist, obwohl das Nicht-Einhalten von Mikro-Kontrakten weitreichende Folgen haben kann (siehe auch unten). Zweitens, insofern durch Mikro-Kontrakte Verhaltensregulierungen möglich werden, die nicht als grobe Rahmenbedingungen oder unbefragte Hintergrundannahmen wirksam werden, sondern die sehr detailliert und feingliedrig an alltäglichen Verhaltensweisen, Wahrnehmungsweisen und Gefühlen ansetzen.

Die Technik des Mikrokontraktualismus wird als Sozialtechnologie in den verschiedensten Institutionen, die die Lebensführung von Bevölkerungen regieren, strategisch[89] eingesetzt: Der Mikro-Kontraktualismus, wie ich diese Form der Vertraglichkeit bezeichne, hat in der Arbeitswelt weite Verbreitung gefunden:

Zielvereinbarungen, Beurteilungen, Evaluationen, EDV-gestütztes Echtzeit-Controlling von Arbeitsergebnissen und Kombinationen dieser Techniken in Praktiken wie dem 360°-Feedback sind in der Evaluationskultur der ‚Audit Society' allgegenwärtig. Die Mitarbeiter sind zwar meist nicht rechtlich verpflichtet, an der Beurteilung ihres Selbst teilzunehmen, können sich diesen Maßnahmen aber kaum entziehen und kooperieren teilweise auch, weil sie sich Kompetenzzuwächse versprechen. Oft sind Weiterbildungsmaßnahmen wie Coaching oder Managementbildungsprogramme an die Beurteilungsmaßnahmen angeschlossen. Der Mitarbeiter ist insgesamt aufgerufen, einem impliziten Vertrag zuzustimmen, der dem Unternehmen einen erweiterten Einblick in die Qualitäten des Mitarbeiters einräumt, im Gegenzug für materielle, ideelle und bildungsmäßige Vergünstigungen.

89 Strategisch, weil in der entsprechenden Expertenliteratur die erwünschten Wirkungen thematisiert werden, und die Zielrichtung dieser Wirkungen erprobt und evaluiert wird.

Im wohlfahrtsstaatlichen Kontext werden seit den Hartz-Reformen mit Arbeitssuchenden sogenannte ‚Eingliederungsverträge' abgeschlossen. Bei diesen Verträgen handelt es sich um Verträge im juristischen Sinn. Sie enthalten Verpflichtungen des Arbeitssuchenden. Es ist allerdings ebenso wichtig, dass der Klient der Wohlfahrtsbehörde eine aufgeschlossene und engagierte Haltung zeigt, da der Arbeitsvermittler sonst schließen kann, dass der Klient nicht gewillt ist, die Bedingungen des Vertrags tatsächlich, d. h. mit dem gebotenen Einsatz zu erfüllen. Auch hier sind erhebliche finanzielle und lebenslaufwirksame Folgen für den Klienten möglich.

Im Gesundheitswesen spielt die Herstellung von ‚compliance' mit dem ärztlichen Rat eine zunehmend wichtige Rolle in der Diskussion um Gesundheitspflege. Auch der Präventionsgedanke spielt auf der Klaviatur des Kontraktierens: Wenn der Kunde entsprechende Präventionsangebote wahrnimmt (Prophylaxe, Zahnarztbesuche, Training), bietet die Krankenkasse Extraleistungen – oder kürzt ihre Leistungen nicht. Der Patient und die Patientin sind in diesen Programmen aufgerufen, die Prophylaxe-Aktivitäten, zu denen er oder sie aufgerufen ist, als Möglichkeit der Selbstsorge und des Autonomiegewinns zu begreifen.

In der kommunalen Verwaltung ist in den 1990er Jahren mit dem New Public Management eine andere Form des Kontraktualismus entstanden. Die Kooperation zwischen Kommunen und Privatwirtschaft beruht oft auf Versprechungen, etwa Selbstverpflichtungen der Industrie, die so etwas wie eine funktionierende Sozialmoral ‚simulieren'. Die dazu nötige Gesprächskultur zwischen kommunalen und privatwirtschaftlichen Akteuren ist ein wichtiger Bestandteil der Inszenierung von Gemeinsamkeit – divergierender Ziele zum Trotz. Dies macht sich dann oft am ‚Nichteinhalten' von Selbstverpflichtungen bemerkbar.

Diese Aufzählung soll zeigen, inwiefern die Mikro-Verträge des Individuums mit seinen Beratern und die disziplinierenden Verträge der Institutionen mit den Individuen ineinander greifen. Selbstführung und Fremdführung verweisen aufeinander und verstärken einander – und konstituieren so eine gouvernementale Struktur.

Als Selbsttechnik lässt sich der Mikro-Kontraktualismus folgendermaßen beschreiben: Die kybernetischen Berater begreifen sich grosso Modo als Angehörige einer neuen kreativen Klasse von Experten, die nicht auf die Überlegenheit von Sachexpertise und therapeutischen ‚Verfahren' angewiesen sind. Die Fähigkeit zur Selbstkritik und zum konstruktiven, kreativen Dialog gelten stattdessen als Grundlagen der Expertise – worin sie durchaus akkreditiert sein können. Die Auflösung autoritativer Kontrolle des Individuums hat zur Konsequenz, dass sich der Einzelne bereit erklären muss, informelle (und auch formelle) Verträge einzugehen, die den staatlichen und privatwirtschaftlichen Institutionen das informelle, teils auch rechtlich verankerte Recht verleiht, den Einzelnen der Kontrolle durch seine Kollegen, Vorgesetzten und Kunden auszusetzen.

Die ethische Arbeit besteht darin, den inhaltlichen Umfang des psychologischen Vertrags auszuarbeiten und sich den darin ‚festgehaltenen' Zielen zu ‚verschreiben' und sich zur Verpflichtung, sie einzulösen, zu bekennen. Der Berater ist dabei eine Beobachtungsinstanz, der die Einhaltung der Vorsätze überblickt. Mit dieser Beobachtungsbeziehung geht die Erwartung einher, sich durch Beratungsinstanzen ermahnen zu lassen, sich als lern- und frustrationsfähiges Subjekt zu zeigen. Der Berater nimmt dabei die Rolle eines Stellvertreters des Klienten ein; der Klient lässt sich vom Berater in seiner gewünschten Rolle bestätigen. Im Austausch für die geleistete affektive Investition darf der Berater wiederum stellvertretend am Leben des Klienten Anteil nehmen. Es handelt sich dabei also um eine wechselseitige Beobachtungs- und Stellvertretungsbeziehung, deren Konsequenzen im Schlusskapitel noch einmal diskutiert werden. Die Technik des ‚Kontraktierens' zählt sowohl ideologisch wie auch funktional zu den kybernetischen Techniken: Sie zielt auf eine Steigerung der Selbstorganisationsfähigkeit der kleinsten organisationellen Einheiten ab und bindet die sich selbst führenden Subjekte an die Führung durch Sozialverwaltung, Management und anderen Expertengruppen.

Das beratene Selbst und die Optionalisierungsgesellschaft

Psycho-Techniken

Die neo-therapeutischen Diskurse und Selbstpraktiken, die mit vielen Programmen in Berührung gekommen sind, ohne durch sie determiniert zu sein, erfüllen Zwecke in institutionell definierten sozialen Orten. Die Personalberatung ist eines dieser Territorien, in denen das Wissen der Therapeutik als Psycho-Technik[1] in Dispositive der Steigerung von Humankapital eingebaut sind; in dieser Funktion ist dieses Wissen Bestandteil einer unternehmerischen Rationalität, ohne den diese Rationalität weniger kohärent wäre und ihre Wirksamkeit teilweise einbüßen würde. Die Kohärenz dieser unternehmerischen Rationalität, die sich daran bemessen lässt, dass sie als Normierung des Verhaltens wirksam ist und sich in den Institutionen des Geistes und der Wirtschaftssteuerung einnisten konnte, ist keiner substanziellen, d. h. geistigen Einheit zuzurechnen, sondern dem Netz der Aussagetypen, Dispositive und Verhaltensnormierungen, die diese Rationalität erst konstituieren. Die Beratung trägt zur Legitimation der unternehmerischen Rationalität bei und ist dazu geeignet, ihre Verhaltensnormierungen und Handlungslogiken durchzusetzen, ohne auf diese Stellung beschränkt zu sein.

Die Neo-Therapeutiken können als *soziale Technik*, nämlich als ‚Psychotechnik' begriffen werden, mit der Beziehungen, biographische Zeitperspektiven und Normativitäten umgeordnet werden. Es handelt

1 Ich verwende Psychotechnik hier – wie auch im Titel des Buchs –im allgemeinen Sinn einer Sozialtechnik, nicht im engeren historischen Sinn der Psychotechnik Münsterbergs.

sich weniger um „Dispositive des formens, geformtwerdens und sichselbst formens“ (Bröckling 2007, S. 31), wenn ein Dispositiv etwas ist, das eine homogene Subjektivierungswirkung entfaltet, sondern um *Techniken,* mit denen Subjekte zusammengesetzt werden und mit denen sie sich selbst zusammensetzen. Das aktive ‚Formen‘ des Menschen als Expertenpraxis ist tatsächlich den *Dispositiven* zuzuschreiben, aber nicht den Techniken – und zwar deshalb, weil die Techniken auf unterschiedlichen Ebenen des Verhaltens und Handelns angesiedelt sind und in ihrem Zusammenwirken erst durch vereinheitlichende Dispositive und hegemoniale Interpretationen – mehr oder weniger – fest verschaltet werden.[2]

Die neo-therapeutischen Techniken der Beratung lassen sich also weder einer Rationalität subsumieren noch per se als Dispositive beschreiben, obwohl sie Dispositive wirksam werden lassen.[3] Die Differenz zwischen Dispositiv und Technik besteht allerdings nur idealtypisch; realiter werden Diskurspartikel, die einem Dispositiv zugeordnet sind, in die Techniken eingearbeitet. Dies kommt zustande, weil die Experten der Beratung sich an den Dringlichkeitsvorstellungen anderer Experten orientieren und deren Problematisierungen aufgreifen und Lösungen dafür anbieten. Die Vermarktlichung der professionsartigen Tätigkeiten intensiviert diese Vernetzung der Dispositive untereinander.

---

2 Foucault selbst hat diese Multivalenz der Techniken in seinem Spätwerk bekanntlich eingeräumt.

3 Die soziale Stellung der Beraterinnen und Berater ist insofern einzigartig, als sie die disziplinären Wissensformen und funktionalen Anforderungen in hermeneutische Problematisierungen übersetzen. Sie entwickeln Rede- und Darstellungsweisen, mit denen abstrahierte Probleme (wieder) zu Probleme von Handelnden gemacht werden, und zwar auf eine Weise, die es den Handelnden ermöglicht, ihre bestehenden Handlungskrisen zu lösen, wenn auch auf eine sehr spezifische Weise, die oft, wenn auch nicht immer, eine tiefere Unterwerfung der Individuen hervorruft. Mit tieferer Unterwerfung ist hier nicht eine ‚psychische‘ Unterwerfung gemeint, sondern eine Blockade von emanzipatorischen Möglichkeiten, die zu einem bestimmten historischen Zeitpunkt möglich sind, durch das Angebot eingeschränkter Möglichkeiten, die mit einem Verlust der weitgehenderen Möglichkeiten einhergehen. So ging etwa die historische Niederlage der Arbeit gegenüber dem Kapital in den 1970er Jahren in vielen europäischen Ländern mit der rechtlichen Durchsetzung von Mitbestimmungsrechten und ‚sozialem Frieden‘ einher. Die dabei entstandene Neuordnung der Kräfteverhältnisse und der normativen Ordnung, die mit einer Aufgabe weitergehender Demokratisierungs- und Umverteilungsprozesse verbunden war, ermöglicht heute die Schwächung und Abschaffung derselben Rechte.

Beratung ist damit eine zentrale, berufsförmig institutionalisierte Form, in der Alltagswissen als Nichtwissen problematisiert wird. Sie zielt damit auf eine Destruktion vortheoretischer und vortechnischer lebensweltlicher Gewissheit und auf die Wiederherstellung von Orientierung mit Hilfe von Psycho- und Sozio-Techniken. Das Verhältnis von Wissen und Nichtwissen wird in diskursiv konstruierten Gegenständen der Beratung repräsentiert (z. B. ‚Motivation', ‚Ziele', ‚Visionen', ‚Wachstum', ‚Kreativität'), die auf Erfahrungen von Klienten verweisen, an denen aber noch andere Parteien Interesse zeigen können (z. B. Unternehmen) und für die Experten Zuständigkeit beanspruchen. In der Beratungskommunikation werden Handlungsstrategien angeboten, die das Gefälle zwischen dem Sonderwissen der Beratungsprofessionellen und dem als Nichtwissen gerahmten Alltagswissen der Klienten vermindern sollen. Das Individuum wird in diesen Praktiken zugleich ermächtigt, indem es sich in Bezug auf sich selbst expertisiert, und ‚proletarisiert', indem seine Lebenskünste rational überformt und systematisiert werden. Die Psychotechniken der Beratung werden heute nicht nur, aber in erheblichem Maße als ‚Psychomacht' wirksam, d. h. als Mobilisierung von Affekten, Motivationen und Urteilen, die mit Verantwortungs- und Sorglosigkeit einhergehen. Allerdings nicht ausschließlich, und andere soziale Gebrauchsweisen dieser Techniken sind möglich (und zu beobachten). Die Vorstellung, es gebe eine *individuell* nützliche, emanzipierende und eine schädliche, unterwerfende Gebrauchsweise dieser Techniken, die zu wählen dem Einzelnen anheimgestellt ist wäre allerdings naiv.

Der Diskussion dieser These soll eine Zusammenfassung zentraler Ergebnisse vorausgeschickt werden:

Wissensformen und Sozialstruktur der Beratung

Im dritten Kapitel wurde gezeigt, wie die Verschränkung von Wissensbeständen gemäß der Arbeitsteilung zwischen der Verwaltung von Personal und seiner Beratung konkret organisiert ist. Die Beauftragung von Beratern durch Unternehmen (oder Einzelpersonen) folgt der Rationalität des Outsourcing von Unternehmensbereichen. Der Beratungsmarkt ist durch starke Konkurrenz unter Beratungsunternehmen, aber auch durch eine Arbeitsteilung zwischen verschieden spezialisierten Beratungen gekennzeichnet (Strategieberatung, Organisationsberatung, Coaching, Therapie). Die Beauftragung von Beratern durch Unternehmen (oder Einzelpersonen) ist eine Auslagerung von Managementaufgaben, die durch eine

Arbeitsteilung zwischen spezialisierten Beratungsunternehmen und dem Personalmanagement gekennzeichnet ist.

Eine wichtige Möglichkeit für Berater und Therapeuten mit einer relativ schmalen realen Machtbasis besteht darin, sich an bereits anerkannte, disziplinär oder professionell gestützte Wissensprojekte anzuschließen, mit denen ihre Forderungen kompatibel sind. Die Personalberatung – das konnte gezeigt werden – ist durch ein transdisziplinäres Diskursprojekt geprägt, dessen Anschlüsse an die Kybernetik aufgezeigt wurden. Die untersuchte Beratungsform Coaching konnte als Bestandteil eines historisch spezifischen Dispositivs beschrieben werden, in dem ökonomisches Denken, betriebliche Sozialtechniken, therapeutische Praktiken und kybernetische Aussagen sich zu einem Ensemble zusammenfügen. Andere Formen von Beratung verfolgen keine eigene Programmatik, sondern fungieren mehr als verlängerter Arm, als ‚outreach' bestehender Institutionen, wie etwa der Kirche (z. B. Schwangerschaftsberatung), der Medizin (z. B. genetische Beratung), des Bildungssystems (z. B. Berufsberatung) oder des Wohlfahrtsstaats (z. B. Arbeitsvermittlung).

Zur Genealogie des Beratungswissens

Die unternommene historische Analyse setzte, nachdem eine erste Untersuchung des gegenwärtigen Vokabulars der Beratung abgeschlossen war, bei der Therapeutik des 18. Jahrhunderts an. Dadurch war es möglich, die von den Beraterinnen und Beratern artikulierten gegenwärtigen Positionen und geschilderten Praktiken von den vorangegangenen therapeutischen Praktiken abzugrenzen. Die Periodisierung erlaubte es, den Bruch zwischen den therapeutischen Praktiken des frühen 20. Jahrhunderts und den seit den 1970er Jahren entwickelten Beratungspraktiken nachzuweisen: Während die Psychoanalyse als eine Textualisierung bzw. Literarisierung und Medikalisierung der Beichtpraktiken der Monastik begriffen werden kann, ist die systemische, lösungsorientierte Beratung als Digitalisierung der (bilddominierten) therapeutischen Praktiken des 18. Jahrhunderts (und künstlerischer Avantgardepraktiken) anzusehen.

Therapeutiken des 18. Jahrhunderts

Die hypnotherapeutischen Wissens- und Praxisformen des 18. Jahrhunderts werden in Logen und gebildeten Gesellschaften als organisiertes europaweites Netzwerk der ‚verborgenen Aufklärung' gepflegt, das sich in kleinen Teilen bis ins 20. Jahrhundert erhalten kann. Als sich die Psychoanalyse zu Beginn des 20. Jahrhunderts als Professionsdiskurs von der

Psychiatrie unabhängig machen kann, werden hypnotherapeutische und kulturkritische Strömungen aus der psychoanalytischen Bewegung ausgeschlossen.[4] Dass Sigmund Freud seine Seelenkunde als Entzifferung einer (durch die Lebensgeschichte eingeschriebenen) inneren Schrift in Form neuronaler Bahnung konzeptualisiert, trägt dazu, dass sich das Schriftmedium als Vehikel bürgerlicher Selbstvergewisserung durchsetzt. Die humanistischen Therapien, die im Widerstand gegen den Text-Rationalismus der Psychoanalyse entstehen, greifen den Topos und die Techniken ‚alternativer Wirklichkeiten' wieder auf. Sie setzen sich mit ihrer Vorstellung der Entfaltung ‚innerer Potentiale'[5] in therapeutischen Gruppen ‚gegen' die Gefahr der Vereinnahmung durch Maschinen, ‚kulturelle Konserven' und ökonomisches Denken ein und verlieren damit zum Zeitpunkt des politischen Scheiterns der neuen sozialen Bewegungen gegen Ende der 1970er Jahre an Attraktivität und Legitimität. In den 1950er, 1960er und 1970er Jahren gelingt es humanistischen Therapeuten allerdings, Beratung als Element der öffentlichen Daseinsvorsorge zu etablieren und damit den eigenen Arbeitsmarkts auszuweiten.[6]

Kybernetisierung der Therapeutik

Ende der 1950er Jahre ereignet sich in den Human- und Ingenieurwissenschaften ein Bruch, der Ende der 1970er Jahre seine Wirkung entfaltet. Die humanistischen Therapiediskurse werden in der Theoriesprache des interdisziplinären kybernetischen Diskurses reartikuliert. Als ‚Kybernetik' bezeichnet eine Gruppe von Ingenieuren, Mathematikern, Hirnforschern, Psychiatern, Biologen, Ethnologen, Psychologen und Soziologen das Ergebnis ihrer Diskussionen auf den sogenannten Macy-Konferenzen[7] und in einer Fülle von Veröffentlichungen, deren bekann-

4 Die Konflikte innerhalb der psychoanalytischen Bewegung wurde bekanntlich durch den Ausschluss theoretisch nicht-rationalistischer oder politisch aktiver Mitglieder befriedet, wodurch die Risiken des Scheiterns der psychoanalytischen Bewegung an den Widerständen des im Allgemeinen antisozialistisch eingestellten Bürgertums verhindert werden konnten. Beispielhaft sei an den Ausschluss des millenaristischen Sozialreformers Otto Gross erinnert.

5 Viele humanistische Therapeuten waren kultur-, technik- und kapitalismuskritisch eingestellt, konnten und wollten sich aber, von einigen Ausnahmen abgesehen (beispielsweise dem Anarchisten und Gestalttherapeuten Paul Goodman), nicht politisch organisieren.

6 In Gestalt der Beratungsschule der ‚Organisationsentwicklung' konnten sich Teile der humanistischen Schule im industriellen Anwendungsbereich halten.

7 Vgl. Pias, Claus: Die Epoche der Kybernetik, Rieger, Stefan: Kybernetische Anthropologie.

teste vielleicht Norbert Wieners „Cybernetics or Control and Communication in the Animal and the Machine“ von 1948 ist.

Die Kybernetik fußt auf der Annahme, dass der Lebendigkeit von Organismen und ihrer Anpassungsfähigkeit ein Prinzip der Selbststeuerung zugrunde liegt. Die ‚kybernetische Hypothese‘ entsteht als Theorie, die sowohl physiologische Phänomene der Koordination von Bewegungen als auch die Steuerung komplexer technischer Prozesse durch Rechenmaschinen zu erklären beansprucht. Die Sachverständigen der kybernetischen Physiologie und Anthropologie rehabilitieren das (Bewegungs-)Bild als Organisationsweise menschlicher Erfahrung und menschlichen Verhaltens. Diese ‚Überwindung‘ von Behaviorismus und Geisteswissenschaft qua Rehabilitierung des Bildes veranlasst den Medientheoretiker Stefan Rieger, die „Bewegungsbildsteuerung“[8] des Handelns als zentralen Topos der Kybernetik zu identifizieren.

Die Diskontinuität, die die kybernetische Hypothese markiert und hervorbringt, wird durch das Kollabieren des Unterschieds zwischen ‚Mechanismus‘ und ‚Leben‘ und infolgedessen der (wissens-)politischen Opposition zwischen mechanistischen und vitalistischen Positionen deutlich. Die Psychoanalyse sieht bekanntlich zwei distinkte Kräfte im Menschen am Werk: die Triebe als vitale Antriebsquelle und die sprachliche Maschinerie der Verdrängung mit ihren Mechanismen der Verneinung, Verleugnung, Verdichtung und Verschiebung. Die Humanisten wiederum externalisieren diese Differenz und sehen den Menschen im Konflikt mit äußeren Kräften. Der kybernetische Monismus ist zugleich ein Holismus. Das holistische Versprechen liegt in der Möglichkeit der optimalen und ‚synergetischen‘ Integration von Systemen verschiedener Größenordnung. Die menschliche ‚Stufe‘ dieser Integration aller Elemente in ein funktionierendes Ganzes hat das Privileg, steuernd einzugreifen und sich mit Hilfe der Imagination aus der Herrschaft der gesellschaftlichen Mechanismen zu befreien. Die Kybernetik, dies wurde herausgearbeitet, ähnelt – überraschenderweise – als holistische Weltanschauung dem Holismus des „covert enlightenment“ des 18. Jahrhunderts, mit dem Unterschied, dass die Kybernetik sich anmaßt, mit Hilfe rückkopplungsfähiger digitaler (Bild-)Schrift alternative Wirklichkeiten herstellen zu können, anstatt einen Zugang zu den – bestehenden – alternativen Wirklichkeiten des ‚kosmischen Fluidums‘ zu erschließen.

Die Reartikulation der therapeutischen Sprache (und Praktiken) im Diskurs der Kybernetik führt zur Entstehung einer ‚kybernetischen Therapeutik‘. Die Praktiken des Dispositivs der kybernetischen Beratung

8 Rieger, Stefan: Kybernetische Anthropologie, S. 186ff.

vermeiden jede ‚zentrale' oder hierarchische Regulierung des Verhaltens und zielen stattdessen auf das Einrichten von ‚Feedbackschleifen' ab – in kommunikativen Beratungspraktiken (z. B. ‚zirkuläres Fragen'), in Bewertungssystemen (z. B. ‚360°-Feedback') und im betrieblichen Humankapitalmanagement. In der kybernetischen Therapeutik sind die holistische Religiosität des 18. Jahrhunderts und seine magnetischen bzw. hypnotherapeutischen Praktiken mit einer Vorstellung der Steuerbarkeit biographischer und sozialer Vorgänge verknüpft. Ziel der Genealogie ist die Beschreibung der Verknüpfung von therapeutischem und ökonomischem bzw. managerialem Wissen. Dieser erste Schritt, die Rekonstruktion der diskursiven Kontinuitäten, Transformation und Brüche hat gezeigt, wie die Therapeutik im Zuge ihrer Kybernetisierung anschlussfähig für Fragen des Managements wird, indem sie die Entgegensetzung von Mensch und Maschine, Vitalität und Rationalität aufgibt.

Vom Personalwesen zum ‚human resource management'

Die Personalwirtschaft entsteht als Berufsfeld und als betriebswirtschaftliche Subdisziplin mit der Aufwertung des Faktors Arbeit als Faktor der Wertschöpfung in der Humankapitaltheorie. Diese Theorie nimmt ihren Ausgang in agrarökonomischen Untersuchungen infolge der Great Depression. Die frühen humankapitaltheoretischen Studien führen u. a. zur Belehrung von Landwirten durch groß angelegte Agrarberatungsprogramme. Die Humankapitaltheorie und das daraus entstehende Human Resources Management, die Grundlagen der gegenwärtigen Personalführungspraktiken, führen diese Vorstellung einer Notwendigkeit der gezielten Veränderung von Mentalitäten im Sinne einer Mobilisierung von inneren Ressourcen fort.

Ab Mitte der 1960er Jahre werden die Aufgaben der Personalabteilungen erweitert, die bis dahin vor allem mit der Personalauslese und der Verwaltung des Personals in allen Belangen der Bezahlung, der betrieblichen Wohlfahrtspflege etc. betraut waren. Die Umbenennung der ‚Personalverwaltung' bzw. des ‚Personalwesens' in die heute auch im deutschsprachigen Raum durchweg gängige Bezeichnung ‚Human Resource Management' trägt dieser Erweiterung Rechnung. ‚Human Resource Management' umfasst die Etablierung und Implementierung von Weiterbildungsprogrammen, das Einwirken auf die Mentalität von Angestellten („encouraging creativity, venture") und die ‚Echtzeitabbildung und -kontrolle' dieser Maßnahmen („review, audit and control"). Die Allokation von Ressourcen auf die Mitarbeiter wird zudem durch die Anwendung von managerialen Kategoriensystemen gesteuert.

In den späten 1960er Jahren setzt eine Informatisierung des ‚Human Resource Management' ein (‚Human Resource Accounting'): als praktische Umsetzung der theoriegeleiteten Vorstellung, das Humanvermögen der Mitarbeiter sei ein Bestandteil des Unternehmens und der Wertschöpfungskette, der erfasst und kontrolliert werden sollte. Durch den Einsatz digitaler Informationstechnologie wird die Vorstellung von Rückkopplungsschleifen zwischen der (formellen und informellen) Qualifikation und Mentalität der Mitarbeiter und den Steuerungsbemühungen des Managements praktisch umsetzbar.[9] Die informationstechnische Implementierung des Humankapitalkonzepts soll nicht nur der ‚nachträglichen' Bilanzierung, sondern als Entscheidungsgrundlage (‚qua Benchmarking') für Manager und Investoren dienen. In dieser Phase wird die Anwendung traditioneller Instrumente betrieblicher Sozialtechnologie um umfangreiche ‚Rückmeldungssysteme' erweitert.

Der neue Diskurs der Personalwirtschaft unterscheidet sich von disziplinarischen Diskursen der Führung und Kontrolle von Bevölkerungen, insofern er eine biopolitischen Strategie institutionalisiert: Der Wert des Arbeitsvermögens soll erhöht werden, indem Motivation, Zufriedenheit, Betriebsbindung und Aktualität des Wissensstandes der Mitarbeiter durch formalisierte quantifizierte Verfahren gemessen und durch modularisierte Bildungs- und Motivationsmaßnahmen gesteigert werden.

Therapeutik, Staat und Ökonomie

Im Lauf des 20. Jahrhunderts ereignen sich, stark zugespitzt, vier große Überschneidungen von Therapeutik und Personalführung, in denen sich humanwissenschaftlich fundierte Therapeutik und Managerialismus überkreuzen.

Als erstes Projekt ist die Psychotechnik zu Beginn des 20. Jahrhunderts anzusehen. Freuds Gegenspieler Münsterberg und andere Psychotechniker setzen erfolgreich ein Regime von Eignungstests und physiologischen Rationalisierungen der industriellen Arbeit um und tragen damit zur Etablierung des Menschenformungsdispositivs des frühen Fordismus bei.

An zweiter Stelle steht die Human Relations-Bewegung um Elton Mayo. Sie wendet in den 1920er Jahren sozialwissenschaftliche Theoreme der Soziologie der Gruppe auf die Fabrikorganisation an und wirkt

9 Theoretiker des Managements erhofften sich in den 1960er Jahren im Zuge der damaligen Kybernetik-Euphorie eine kybernetisch fundierte und empirische solide Grundlage für das Fällen betrieblicher Entscheidungen.

so an der ‚Humanisierung' komplexer arbeitsteiliger Produktionsprozesse in Großbetrieben mit. Die T-Groups, die im Umfeld von Kurt Lewin entstehen und in den National Training Laboratories institutionalisiert werden, ähnlich wie in England das Tavistock Institute, führen zur Einrichtung eines spätfordistischen Arbeitsregimes, in dem Mitarbeiter unterschiedlichen Geschlechts und unterschiedlicher Ethnizität kooperieren sollen und das zudem als Erfolg der Demokratisierung und Egalisierung westlicher Gesellschaften angesehen wird, weil das Management gewisse Ansprüche an Mitsprache und zivile betrieblicher Umgangsformen und Führungsstile einhalten muss.

Die dritte Verbindung von Therapeutik und personenbezogenen Produktionstechniken besteht in der Bewegung, die in Deutschland den Namen ‚Humanisierung der Arbeitswelt' trägt.[10] Die Humanisierung zielt darauf ab, die Probleme, die sich aus der zunehmenden Automatisierung des Arbeitsprozesses ergeben hatten, abzumildern. Zudem handelt es sich in Deutschland um eine Epoche des Kompromisses zwischen Arbeitgebern und Gewerkschaften; gewisse Mitbestimmungsrechte wurden gesetzlich festgeschrieben, unter Verlust weitergehender Forderung nach ‚wirtschaftsdemokratischen' Reformen.

Die vierte Überschneidung besteht in der Implementation der kybernetisierten humanistischen Therapeutiken. Dieses gegenwärtig dominierende Dispositiv des *Coaching* lässt sich nicht anhand einer Analyse des Musters vorheriger Wissensprojekte rekonstruieren, sondern verlangt nach einer eigenständigen Analyse der konkreten historischen Gewordenheit. Die Geschichte der Gegenwart kann so verstanden gewiss keine lineare Geschichtsschreibung sein, sondern ist immer eine Geschichte der Gegenwart in ihrer konkreten Realisierung geschichtlicher Möglichkeiten[11] und der ‚strategischen Wiederauffüllung' von Dispositiven.[12]

Die quantitative und qualitative Ausweitung der Personalführung und, wie plausibler Weise angenommen werden kann, auch die Akzeptanz von ‚Personalentwicklung' bei Mitarbeitern, erzeugt einen Bedarf an geeigneten Bildungs- und Motivationsmaßnahmen, der zunehmend von spezialisierten Experten mit human- und sozialwissenschaftlicher Qualifikation abgedeckt wird, die eine speziell zugeschnittene Beratungsprogrammatik anbieten. Es wurde herausgearbeitet, dass durch die kybernetische Reartikulation der Therapeutik und die humankapitaltheoretisch begründete Ausweitung der Personalverwaltung eine theore-

10 In anderen Ländern finden zu dieser Zeit ähnliche Entwicklungen statt, die hier nicht dargestellt werden können.

11 Vgl. Saar, Martin: Genealogie als Kritik.

12 Vgl. Foucault, Michel: Dispositive der Macht.

tische Konvergenz von Therapeutik und Personalmanagement angelegt war. Indem Topoi des Managements in die Therapeutik aufgenommen wurden (Change-Prozesse, Selbstmanagement, Visions- und Missionsentwicklung, Ressourcen) und die Personalverwaltung ihrerseits Topoi der Therapeutik in die Kommunikation ihrer Maßnahmen aufgenommen hat (Personal‚entwicklung‘, Wachstum), entsteht als Ergebnis eines interdiskursiven Prozesses ein Raum des Wiss- und Sagbaren, in dem Therapeutik und Managementdiskurs ineinander übergehen, und in dem sich beide Diskurse wechselseitig Legitimität verschaffen.

Diese diskursive Dynamik ist auch als Vorgang zu begreifen, bei dem Bedürfnisse von ‚Subalternen‘ aufgegriffen und verschoben werden. Ein deutliches Beispiel ist die Aneignung des ‚change‘-Begriffs durch die Managementliteratur. Die sozialreformerische Bedeutung dieses Begriffs, der in den 1960er Jahren zur linksprogressiven Rhetorik gehörte, wurde durch Managementtheoretiker umgekehrt: Mit ‚change‘ werden nun betriebliche Umstrukturierungen wie ‚mergers and acquisitions‘ bezeichnet, die oft mit einer Verschärfung der managerialen Kontrolle des Arbeitsprozesses verbunden sind. Diese Umbauten von Wirtschaftsorganisationen und ganzen Arbeitsmärkten, die mit einem Machtverlust der Angestellten gegenüber globalen Konzernzentralen einhergehen, werden den Betroffenen als Gelegenheit für persönlichen ‚change‘ und ‚growth‘ nähergebracht.

Berufsstrukturell ist das Arrangement der therapeutisch tätigen Berufsgruppen mit dem Staat und der Privatwirtschaft im 20. Jahrhundert durch Kompromisse geprägt. Allgemein, d. h. sehr vereinfacht lässt sich konstatieren: Die als Funktionäre aus einer therapeutischen Berufsgruppe hervortretenden sehen sich dazu verpflichtet, politisch allzu ambitionierte oder wissenschaftlich heterodoxe Mitglieder ihrer Berufsgruppe zu disziplinieren oder auszuschließen. Im Austausch für diese Selbstbeschränkung und Aufrechterhaltung ‚professioneller‘ Standarts[13] erhalten die Angehörigen der Berufsgruppe die Möglichkeit, exklusive und auf Dauer gestellten Erwerbschancen zu nutzen[14] und entsprechend qualifiziertes und weiter qualifizierbares ‚Nachwuchs‘-personal für den Beruf zu gewinnen. Die Profession etwa der klinischen Psychotherapeuten

13 Die professionellen Standarts bieten - und die professionssoziologische Literatur wird nicht müde, dies zu betonen - einen Schutz von staatlichen und ökonomischen Interessen. Dies ist zweiffellos der Fall. Fremdkontrolle wird hier eben durch eine Selbstkontrolle ersetzt, die größere Freiheitsgrade bietet.

14 Max Weber spricht hier in kulturübergreifender Perspektive von der „monopolistischen Appropriation der Verwertungschancen and den einzelnen Arbeitenden“ (Max Weber: Wirtschaft und Gesellschaft, S. 70)

konnte sich in vielen staatlichen Gemeinwesen von unmittelbaren Erwartungen Dritter isolieren – durch die Einrichtung eines Apparats von Selbstverwaltungsorganen, die zwischen die Praktiker und den Staat bzw. Ökonomie treten. Die staatlichen Institutionen akzeptieren dafür mehr oder weniger, dass hin und wieder ein Ideentransfer aus heterodoxen Strömungen der Therapeutik in die institutionalisierten, d. h. ideologisch disziplinierten Bereiche hinein stattfindet. Insgesamt zeigt sich (auch anhand der Gespräche mit Beraterinnen und Beratern), dass die Vermittlung zwischen den wie auch immer beschaffenen therapeutischen Selbstverständnis und der Verpflichtung gegenüber Institutionen und ihrer Eigenideologie bei den nicht oder doch nur schwach professionalisierten Therapieformen relativ unmittelbar und für die Therapeuten bzw. Berater äußerst spürbar (bspw. in Form von Interessenskonflikten) stattfindet. Insbesondere die Frage, wem das Arbeitsvermögen der Klienten/Patienten ‚gehört'[15], bzw. wer Anspruch auf dessen Formung und Nutzung erheben darf ist hier Gegenstand großer Spannungen. In anderen Therapie- und Beratungsformen, die eine eher traditionelle Professionalitätsform ausbilden konnten, haben meist nur die Funktionäre der Berufsverbände direkt mit dieser Vermittlung zu tun. Eine weitere De-Professionalisierung von sozialen Dienstleistungsberufen bzw. ihre Transformation in Formen der ‚Marktprofessionalität'[16] wird die Anforderungen an einzelne bzw. vereinzelte Berufsangehörige hinsichtlich der Vermittlung zwischen therapeutischem Ethos und äußerlichen Anforderungen und Ansprüchen verschärfen. Diese Berufsgruppen werden sich der Instrumentalisierung ihrer Kompetenz durch Dritte bzw. der Selbstinstrumentalisierung im Rahmen einer Kultur der Verwertung und Selbstverwertung nur durch eine Neuerfindung ihrer (post-) professionellen beruflichenInteressenvertretung und ihrer Selbstverständigungskultur erwehren können.

Gouverne*medialität* der Beratung

Wie bereits ausgeführt, sind nicht nur ökonomische und juridische Verhältnisse, sondern auch *Medienverhältnisse* auf vielfältige Weise bestimmend für die Eigenart und die Wirkungen therapeutischer Techniken und Kulturen. Dabei ist nicht nur der großflächige Medienwandel

15 Vgl. hier auch die Diskussion von Erving Goffmans professionssoziologischen Überlegungen zur Eigentumsfrage im Kapitel „Feld und Expertise der Beratung".

16 Vgl. S. 98ff und Traue, Boris: „Marktprofessionalität und ihre Legitimationsquellen".

von Belang, der mit der Einführung digitaler Aufschreibesysteme einhergeht, sondern die Medialität der Techniken, besonders der Selbsttechniken. Sich selbst schreiben – im Tagebuch oder in Briefen – unterscheidet sich eben sehr vom psychoanalytischen Sprechen, das seinen schriftlichen Niederschlag später findet, nämlich in der Fallstudie des Analytikers oder auch im Tagebuch des Patienten.[17] Die visuellen Techniken des Coachings, etwa die ‚Hindernisse' und ‚Stolpersteine' von inneren und äußeren ‚Landkarten', wiederum befördern statt Reflexion und Erinnerung Entwürfe in die Zukunft. Aber auch Dokumentationsregime, die den Selbsttechniken äußerlich sind, tragen zur Konstitution von Subjektivität bei:

Die Evaluationen, ‚Appraisals' und Leistungsmessungen der ‚Audit Society'[18] führen zu einer Kanalisierung von Deutungs- und Handlungsmöglichkeiten, nicht zuletzt durch eine Stärkung von Bürokratie und eine Dequalifizierung, die Christine Resch als Merkmale des „Berater-Kapitalismus"[19] ausmacht. Die Kategorien dieser Bewertungssysteme orientieren sich an ökonomischen und wissenschaftlichen Wahrheitsprozeduren. Die Aufschreibesysteme des Personalmanagements und der Unternehmenskultur, einschließlich der Formulierung von ‚vision statements', machen den ‚Erfolg' der Selbstorganisationsbemühungen des Individuums sichtbar und sichern (zumindest der Tendenz nach) die Übereinstimmung individueller Ziele mit diskursiven Vorgaben.

Dabei sind Säkularvisionen durchaus geeignet, Handlungsentwürfe anzuregen, welche die Leistungsorientierung gegenwärtiger Selbstmodellierungsimperative überbieten und (zumindest individuelle) Anstöße für alternative, selbstbestimmte Lebensentwürfe liefern können. Problematisch ist eben die Anschmiegung der Beratungspraktiken an die Dokumentationsregime, sowohl in den Symbolpraktiken der Beratungspraxis als auch durch die Einbettung von Beratung in betriebliche Sozialtechnologien. Während die erste Welle der Emanzipation (durch humanistische Therapien begleitet) in einem Protest des privaten Menschen gegen den Zwang, kollektiven Zielen anzuhängen und in der Gewinnung einer ‚Identität' besteht, geht es in der gegenwärtige Welle der ‚neoliberalen' Emanzipation von Bürokratie und Wohlfahrtspaternalismus darum, nachweisliche soziale Gewinne aus dem Selbstsein zu ziehen. Be-

17 In diesem Sinn gehört die Schrift sehr wohl zum Medienregime der Psychoanalyse, aber eben auf andere Weise, in einem anderen Kreislauf als in der Briefkultur.

18 Power, Michael: The Audit Society.

19 Resch, Christine: Berater-Kapitalismus oder Wissensgesellschaft?

ratungspraktiken sind an dieser Valorisierung von Subjektivitätsgestaltung und -behauptung beteiligt.

Eine gesellschaftliche Diskussion um die Kriterien dieser Evaluations- und Dokumentationsregime steht noch weitgehend aus. Die Lücke zwischen Anspruch an Aktivierung und tatsächlicher Aktivität, Kreativität und Alltag, die der Diskurs der Aktivierung und Mobilisierung von Humanressourcen unweigerlich hervorbringt, führt nicht zu dessen Scheitern, sondern verstärkt ihn noch. Jede Abweichung ermöglicht und führt schließlich zur Einrichtung neuer Evaluations- und Interventionsverfahren. Die Regierungsweisen des unternehmerischen bzw. beweglichen Selbst verstärken sich an ihrer Kontrafaktizität, indem sie Anlass zu verstärkten Regierungsbemühungen geben. Auch Ulrich Bröckling weist auf diese ‚List' der kybernetischen Medien und ihrer gesellschaftlichen Institutionalisierung in Evaluationsprogrammen verschiedener Art hin: „Die Programme der unternehmerischen Menschen- und Selbstführung gehorchen nicht dem Prinzip von Regel und Anwendung, sondern dem kybernetischen Modell des Prozessmonitorings und nutzen Störungen als Signale, um ihre Interventionen zu regulieren."[20]

Die unter anderem durch ‚optionalisierende' Beratung forcierte Bindung der Individuen an die Bemühungen, ihre Subjektivität zu erfassen und produktiv zu machen, ist ein Element moderner Gouverne*medialität*.[21] Gouvernemedialität unterscheidet sich von der Gouvernementalität dadurch, dass nicht mehr der moralisch aufgeladene imaginäre Gesellschaftsvertrag im Mittelpunkt der Regierungstechniken steht, sondern staatliche und ökonomische Aufschreibesysteme. Dieser Medienbruch versetzt die Gouverne*mentalität* in eine Krise, die sich durch eine teilweise Suspension ihrer Programme und Programmatiken ergibt. Die Instanzen der Verwaltung, zu denen eben auch die Personalverwaltung gehört, haben bereits auf diese Krise reagiert: Verbunden mit der Verbreitung des e-government, d. h. der digitalen staatlichen Verwaltung, setzt eine neue Welle der Erfassung von Raum, Zeit und Körpern ein, die sich von der Wahrung territorialer Integrität und der schwerfälligen Registratur von Bevölkerungen durch ‚brick-and-mortar'-Bürokratien auf frappierende Weise unterscheidet. Im Unterschied zur Aktenbürokratie bezieht das e-government die Staatsbürger und ‚corporate citizens' ein, indem es sie dazu auffordert, sich selbst in die elektronischen Akten der

20 Bröckling, Ulrich: Das unternehmerische Selbst, S. 284.

21 Engemann, Christoph: „Write me down, make me real – zur Gouvernemedialität digitaler Identität", Traue, Boris: „Gouvernemedialität der digitalen Partizipation. Überlegungen zu medialen und gesellschaftlichen Voraussetzungen der Schriftkundigkeit"

Datenbänke einzuschreiben und vermittels dieser Einschreibungen ihr Leben zu repräsentieren[22]. Diese neue Ausrichtung der Aufschreibesysteme von Ökonomie und Wissenschaft auf das Subjekt, darauf weist Christoph Engemann hin, ruft beim Einzelnen einen veränderten „Willen, sich selbst zu schreiben“[23], d. h. in Echtzeit zu schreiben, hervor, der den Einzelnen – mit seinen Möglichkeiten – für Andere und sich selbst lesbar macht.

Das kybernetische Selbst der Beratung

Therapeutische Selbsttechniken

Durch die Beratung werden unterschiedliche Formen von Selbstdeutungs- und Selbstmodellierungsvorgaben in Umlauf gebracht:

a) Anweisungen zur Durchführung von Techniken der Selbstreflektion, zur Lebensplanung und zur Bearbeitung der eigenen Identität sowie zur Mobilisierung von Unterstützung (z. B. ‚Glaubensarbeit‘, ‚Zielfindung‘).

b) Explizite Selbstdeutungsschablonen, mit denen direkt und offen an den Einzelnen appelliert wird, ein angemessenes Selbstverständnis und Selbstverhältnis zu etablieren (z. B. ‚Begreifen Sie Ihre Psyche als inneres Team, das Sie für ihre Ziele begeistern können‘).

c) Implizite Selbstdeutungsvorschläge, die die Form von anthropologischen Theoremen annehmen (z. B. ‚Manche Menschen bleiben gern in ihrer Komfortzone‘), von zeitdiagnostischen Aussagen (‚Die heutige Arbeitswelt erfordert lebenslange Neuorientierungs- und Anpassungsleistungen‘) oder die auf die Abwertung als veraltet geltender Lebensweisen abzielen (z. B. ‚Der eigene Partner hat sich nicht mitentwickelt, ist immer noch bescheiden, schüchtern oder spießig‘).

d) Gegenstandsbeschreibungen und Theorien, die Handlungen orientieren, indem sie ein Ursache/Wirkungsgefüge oder Sichtbarkeitsverhältnisse und Beobachtungsweisen beschreiben, denen Individuen unterworfen sind bzw. an denen sie sich orientieren sollen. Die Spezifik der Selbsttechniken lässt sich anhand der Ablösung von älteren Selbstdeutungs- und Selbstmodellierungsvorgaben durch neuere, bzw. reaktualisierte beschreiben.

22 Engemann, Christoph: Electronic Government – vom user zum Bürger. Zur kritischen Theorie des Internet.

23 Vgl. ders.: „Write me down, make me real“, S. 78.

In der kybernetischen Therapeutik stehen hermeneutische Praktiken der Entschlüsselung des ‚Texts' der Bildungsgeschichte des Subjekts – aber nicht einer inneren Wahrheit des Begehrens – neben Praktiken der Imagination und Entscheidungsfindung. In Imaginationspraktiken wird die Vorstellungskraft auf die Zukunft der Person gerichtet, um Handlungsmöglichkeiten in Bildern der eigenen Zukunft verfügbar zu machen. Praktiken der ‚Zielfindung' zielen darauf ab, Handlungsoptionen des Individuums zu hierarchisieren (bzw. zu priorisieren), indem innere Ressourcen (Leit-Bilder, Qualifikationen, ‚Kompetenzen') mit äußeren Gelegenheiten in der Sozialwelt abgeglichen werden. Auf diese Weise soll für Individuen ein Tableau von Handlungsoptionen sichtbar gemacht werden, das Passungsverhältnisse zwischen inneren Ressourcen und äußeren Gelegenheiten (Erwartungen der Sozialwelt, Gewinnchancen) abbildet. Es wäre falsch, in diesen Einbildungs- und damit Optionalisierungstechniken bloße Disziplinartechnologien zu sehen, die etwa Gelegenheiten vortäuschen, wo es keine gibt.

Politik und Technik der Zeitlichkeit

Die Umstellung des therapeutischen Codes vom gesprochenen Text der Libido auf erwünschte Bilder und Schemata ist Bestandteil eines allgemeinen Prozesses der Erweiterung der *Hypomnemata,* also der Erinnerungstechniken und damit Planungstechniken. Anders gesagt: Die visuellen Techniken erlauben die Imagination von Erfahrungen, die noch nicht gemacht wurden. Die sekundären Protentionen Alfred Schütz' werden hier, um Bernard Stiegler zu folgen, durch tertiäre Retentionen angeleitet:

> Die Techniken des Selbst und der Anderen setzen tertiäre Retentionen als Verräumlichungen der retentionellen Zeit (in Form des Archivs) und der protentionellen Zeit (in Form von Bildern, Ikonen, Trägern der phantasia im Allgemeinen sowie der unendlich vielfältigen Repräsentationen der Objekte des Begehrens) in Gang.[24]

Die ‚kybernetischen' Selbsttechniken, so die hier verfolgte These, bilden das wichtigste Medium der Durchsetzung und Verbreitung des postbürokratischen Anforderungsprofils. Die Selbsttechniken der Beratung setzen primär an der Modifizierung der Zeitperspektive an. Diese Zeitperspektive der Beratung unterscheidet sich von den typischen Zeitper-

24 Stiegler, Bernard: Von der Biopolitik zur Psychomacht. S. 118.

spektiven der Psychoanalyse und der humanistischen Therapie.[25] In der Psychoanalyse wird vor allem die Vergangenheit thematisiert. Die Retrospektion dient dazu, die Wiederholung der Vergangenheit, den ‚Wiederholungszwang' zu durchbrechen. Die Ambivalenzen der traumatischen Erinnerung sollen in der Redekur als Konflikte thematisiert und durch die Therapie in eine Lebensgeschichte umgeschrieben werden. Die Psychoanalyse gibt sich die Aufgabe, diesen Schreibprozess anzuleiten. Ihre Praktiker sind ‚Ghostwriter' von Patienten-Lebensgeschichten. Im Gegensatz zur ‚Bewältigung' der Vergangenheit im psychoanalytischen *Durcharbeiten* ist der humanistische Gruppentherapeut Moderator der im „Hier und Jetzt" stattfindenden Erfahrungen in der Gruppe. Der kybernetische Berater richtet seine Aufmerksamkeit dagegen prinzipiell auf die Zukunft, und zwar auf die Realisierung möglicher Zukünfte des Individuums und der Gesellschaft. Dabei handelt es sich genauer um eine Art ‚Erinnerung an die Zukunft', insofern die Zukunft als Fortsetzung der Gegenwart begriffen wird, als Fortsetzung einer Gegenwart, deren Virtualität (d. h. deren ‚Potentiale', deren ‚Wachstumschancen') realisiert werden soll.

Die Verräumlichung der Zeit der Handlung und der Biographie wird also durch die ‚Hypomnemata', Vorstellungs- und Erinnerungshilfen der Therapeutik zustande gebracht. Die Visualisierung der alternativen therapeutischen Praktiken privilegiert die cinematographischen und kartographischen Techniken der Zukunftsimagination gegenüber den akustischen und textuellen Techniken der psychoanalytischen Erinnerungskultur. Die Verräumlichung der Zeit durch die Beratung hat Konsequenzen, die im Folgenden näher beschrieben werden sollen. Die Kommunikation in der Beratung findet wie jede Kommunikation ‚in der Zeit' statt. Als Sonderform ist sie zugleich aus der Zeit ausgenommen, sie gehört nicht im eigentlichen Sinn in die Zeit der Sorge, da in ihr nicht im eigentlichen Sinn gehandelt wird. Die Beratung ist ein Aufschub des Handelns, Reflexion auf mögliches Handeln, die sich des Spiegelstadiums der Beratungssituation bedient. Die in der Beratungssi-

25 Insbesondere die Geschichtswissenschaft hat eine reichhaltige Literatur zum Wandel von Zeitkonzeptionen hervorgebracht, auf die hier aus Platzgründen aber nicht weiter eingegangen werden kann. Insbesondere Koselleck (Koselleck, Reinhart: Vergangene Zukunft: Zur Semantik geschichtlicher Zeiten) hat auf diesem Gebiet bahnbrechende Arbeit geleistet. Seit einigen Jahren hat sich auch in der Soziologie das Thema Zeit, insbesondere ihre Beschleunigung, als wichtiges Thema etabliert. Vgl. z. B. Zoll, Rainer (Hg.): Zerstörung und Wiederaneignung von Zeit; Brose, Hanns-Georg et al.: Soziale Zeit und Biographie; Rosa, Hartmut: Beschleunigung.

tuation hergestellte Programmatik der Lebensführung schließt an andere gesellschaftsweit wirksame Programmatiken an.

Beweglichkeit

Die Programmatik der Beratung und insbesondere neuerer Beratungsformen wie dem Coaching schließt an allgemeinere, d. h. in Gegenwartsgesellschaften und sogar weltweit breit zirkulierende interdiskursive Topoi von *Beweglichkeit*, bzw. *Mobilität* an. Beweglichkeit ist ein interdiskursiver Nenner unterschiedlicher Diskurse, der eine gesellschaftliche *Semantik* darstellt - in der Bedeutung, die Niklas Luhmann diesem Begriff verliehen hat.[26] Der Begriff des Coaching selbst ist, wie bereits erwähnt, einer Verkehrsmetapher. Die Anleihen aus der Sportpsychologie und der Praxis des ‚Trainings' verweisen ebenfalls auf Bewegung als zentrales Anliegen. Dieser Einsatz von visuellen Metaphern und Methoden im Coaching ist schon von der medialen Grundkonstellation her auf die Wahrnehmung von Bewegung ausgerichtet: Zeit ist im Visuellen als *Bewegung* erkennbar.

Der ersten beiden Merkmale dieser Beweglichkeit sind die *Stetigkeit* und die *Selbstbezüglichkeit* der Bewegung . Stefanie Duttweiler gelangt in ihrer eingangs erwähnten Studie, in der sie aktuelle Lebenshilferatgeber zum Thema ‚Glück' untersucht, zu einem überraschenden und bemerkenswerten Befund:

> Ratgeber zum Glück sind mehr als Anleitungen zu purem Eskapismus, sie sind wirkmächtige und unverzichtbare Momente neoliberaler Gouvernementalität, indem sie zu *unentwegter Selbstproblematisierung* verpflichten, zu Selbsttransformation und zur Suche nach individueller Orientierung anregen und orientierende Individualität und flexible Identität produzieren. [Hervorhebung B. T.][27]

Nicht die zeitweilige *Flucht* ins Glück, sondern eine „unentwegte" Suche nach beglückender Selbstveränderung ist ihrer Diagnose zufolge Kennzeichen der neueren Glücksprogrammatik. Die gegenwärtige Suche nach dem Glück folgt, schenken wir ihrer Diagnose Glauben, einem Prinzip der *Stetigkeit*. Eine Glückssuche, die mit einer Verpflichtung auf die Problematisierung seiner selbst einhergeht, die also einem Kampf

26 Der Bezug auf den Begriff der gesellschaftlichen Semantik wurde ansonsten vermieden, da er eine institutionen- und damit machtunabhängige Evolution von symbolischen Formen unterstellt. An dieser Stelle soll aber gerade auf die Anschlussstellen der Beratungsdiskurse mit anderen diskursiven Feldern hingewiesen werden.

27 Duttweiler, Stefanie: Sein Glück machen, S. 222.

gegen die Selbstzufriedenheit verpflichtet ist, muss als höchst eigenartig gelten, scheint sie doch ihr Ziel nicht vorrangig im *Erreichen* des Glücks zu haben. Dass die Glücksratgeber eine „Suche nach Orientierung" anregen, verweist auf eine narzisstische, d. h. kurzschlüssige und selbstbezügliche Begehrensstruktur[28]: Das Begehren richtet sich demnach nicht (nur) auf den Glückszustand selbst, sondern vor allem auf die Informiertheit über Glücksoptionen. Ein Merkmal des beweglichen Subjekts wäre demnach, dass es ein selbstbezügliches *Begehren nach dem Begehren* ausbildet. Es versetzt sich in Bewegung, um beweglich zu werden, zu sein oder zu bleiben. Die Stetigkeit der Bewegung – und zwar als Ent-traditionalisierung der Lebensführung und der tendenziellen Proletarisierung des je eigenen savoir-vivre – ist damit als Begehren in die Subjekte versenkt. Die *Sedimentierung* unterschiedlicher moderner Bedeutungsschichten von Bewegung und Beweglichkeit führt zur Ausbildung einer eigenartigen Traditionalität, einer lebensweltlichen Selbstverständlichkeit der Bewegung *als Wert*, die zweifellos eine Form wenn nicht notwendig falschen, so doch unglücklichen Bewusstseins darstellt. Die Arbeit der Wissenssoziologie und insbesondere einer wissenssoziologischen Diskursanalyse besteht hier zum eine in einer De-Sedimentierung, einer Ent-selbstverständlichung. Zum anderen müssen die institutionellen Träger benannt und in ihren Strategien untersucht werden, die diese Sedimentierung – um im Bild zu bleiben – durch Tiefbauarbeiten am gewissheitsspendenden Grund des Wissens vorantreiben.[29]

Die Beweglichkeit des beratenen Subjekts ist dabei nämlich aber nicht ganz ungerichtet: In den vitalistisch-kybernetischen Beratungsdiskursen ist der Mensch zwar ein Prozesswesen, das nicht unbedingt seinen Impulsen, aber dem Telos der eigenen Entwicklung folgen soll. Diese Prozessualität des Selbst hat allerdings ihr defizitäres Gegenstück – die Unbeweglichkeit als *Unfähigkeit,* die nötige Anpassung an sich selbst und an äußerliche Erwartungen zu leisten. Diese Unwilligkeit und Unfähigkeit, ob unterstellt oder real, wird zum Gegenstand staatlicher und ökonomischer Sanktionen:

Stephan Lessenich weist darauf hin, dass das Gegenbild der Beweglichkeit, die „Semantik der Unbeweglichkeit" dazu dient, „räumliche, berufliche und psychische Mobilität" einzufordern:

28 Vgl. zum Problem des Narzissmus auch Traue 2010b.

29 Die Beratung ist hier vielleicht nicht einmal die wichtigste Institution. Insbesondere die Stiftungen und think tanks haben sich als ‚Diskursingenieure' etabliert. So ist die Bertelsmann-Stiftung etwa bekanntlich einer der wichtigsten Träger der Durchsetzung des Umbaus des deutschen Wohlfahrtsstaats. Als Lobbyorganisation, die sich selbst wechselnde Auftraggeber sucht, sind alle Stiftungen und think tanks allerdings *beratend* tätig.

Zwar wird Beweglichkeit in vielen Fällen sehr wohl unter Beweis gestellt, aber nicht belohnt. Gleichwohl wird die öffentliche Debatte hierzulande zunehmend vom Bild einer trägen, satten, versorgungsmentalitätsgeschädigten gesellschaftlichen Masse beherrscht, durch die (wenn überhaupt, dann) nur dank politautoritär-bildungsbürgerlicher Erziehungs-, Verantwortungs- und Zwangskampagnen der sprichwörtliche Herzog'sche „Ruck" gehen könne. Unbeweglichkeit wider willen – nämlich zu wollen, aber nicht zu können – kommt hier kaum vor, und allzu oft wird Beweglichkeit wider Wissen eingefordert – als ob die Angerufenen nach Ansicht der sie Anrufenden eben doch könnten, wenn sie nur wollten.[30]

Die Semantik der Beweglichkeit, darauf soll es hier ankommen, ermöglicht die Beschämung der vorgeblich Unbeweglichen. Auch hier nimmt die ‚seelische' und körperliche Mobilität selbstbezüglichen Charakter an. Nicht nur die faktische Anpassung an die Verhältnisse, die ja immer schon geleistet wird, sondern die zur Schau getragene Anpassung an das Anforderungsprofil der Beweglichkeit wird normalisiert und damit auch durch Arbeitgeber und Wohlfahrtsbürokratie sanktioniert. In diesem sanktionsbewehrten Zwang zur *Darstellung* der eigenen Zustimmung zu den Anforderungen an die eigenen Person zeigt sich eine totalitärer Tendenz des Beweglichkeitstopos. Die Eigenzeitlichkeit des Bewusstsein und der Lebensführung kann nicht ausgeschaltet werden, ist Voraussetzung für jede Form der Produktivität, und soll doch Gegenstand einer Scham über die Unbeweglichkeit werden. Die Beweglichkeit des Selbst und ihre Symbole werden zur Voraussetzung für soziale Anerkennung und Teilhabe erhoben und bestimmen über die Zuweisung von Ressourcen. Dies ist insbesondere im historischen Vergleich erstaunlich, bot doch allzu große Beweglichkeit lange Zeit Anlass zu einem tiefen Misstrauen.[31] Auch Richard Sennett[32] begreift Flexibilität und Mobilität vor allem als eingeforderte Anpassungsleistung. Sie gewährleiste einem Teil der Menschheit Gewinne, unter Inkaufnahme einer sozialen und inneren Entwurzelung, die er ‚drift' nennt. In diesem Sinne ist die eingeforderte und erbrachte Beweglichkeit ein Ausdruck der Ökonomisierung des Sozialen. Beweglichkeit im Sinne von Flexibilität und Bereitschaft zur Ausbeutung der eigenen Kräfte – im Namen der Prozesshaftigkeit des Sozialen – wird zur Norm, die vom beschleunigten und beschleunigenden Kapitalismus[33] und seinen Kulturträgern durchgesetzt wird.

30 Lessenich, Stephan: Beweglich – Unbeweglich, S. 337.

31 Vgl. z. B. Bauman, Zygmunt: Moderne und Ambivalenz.

32 Sennett, Richard: Der flexible Mensch ; ders. Die Kultur des neuen Kapitalismus

33 Rosa, Hartmut: Beschleunigung.

Die Anrufung, beweglich zu werden, betrifft aber eben nicht nur die Anpassung an äußere Gegebenheiten. Auch das biologische und mentale Innenleben der Subjekte wird durch Konzepte der Beweglichkeit problematisiert: Der Genealoge der Depression Alain Ehrenberg verdeutlicht dies in Zusammenhang mit der Psychopathologie der Depression:

> Zu den Evangelien der persönlichen Entfaltung kommen [nach 1970] die Forderungen nach persönlicher Initiative. Die Frage nach Identität und nach dem Handeln hängen auf folgende Weise zusammen: In normativer Hinsicht ergänzt die persönliche Initiative die psychische Befreiung; in pathologischer Hinsicht verbindet sich die Schwierigkeit, eine Handlung zu beginnen mit der Unsicherheit der Identität. Der Rückgang der Regulierung durch die Disziplin macht den individuellen Akteur zum Verantwortlichen für sein Handeln. Gleichzeitig geht das psychiatrische Denken immer mehr davon aus, dass die grundlegende Störung der Depression psychomotorisch ist: Das fehlerhafte Handeln entthront das gestörte Gemüt [...] Es geht um die *Bewegung*. Depression ist das Fehlen von geistiger Bewegung [Hervorhebung i. O.][34]

Das Fehlen von geistiger Bewegung steht im Mittelpunkt der Konstruktion der Depression. Die medikamentösen Behandlungsregime zielen darauf ab, die geistige Beweglichkeit durch chemische Intervention in die (Hirn-)Physis wiederherzustellen. Auch im Coaching, das ein präventives Positiv zum reparativen Negativ der Psychiatrie darstellt, gilt innere Beweglichkeit als Voraussetzung gelingender Persönlichkeitsbildung. Innere Beweglichkeit soll vor allem durch eine Aufhebung von Hemmungen durch einsozialisierte ‚Glaubenssätze' sowie durch eine Reihe aktivierender Selbsttechniken hergestellt werden.

Die eingebildete Beweglichkeit des Subjekts der Beratung

Für die Programmatik des beratenen Selbst ist wie bereits erwähnt die Formierung der Einbildungskraft als Fähigkeit zur Projektion, zum Entwurf, von größerer Bedeutung als die Formierung der Erinnerung.

Bewegung erfordert eine *Vorstellung* von Bewegung. Die Einbildungskraft gilt im Diskurs der Kybernetik als Steuerungsmodus jeglichen Handelns: In der kybernetischen Anthropologie ist der Mensch ein „phantombildendes Wesen".[35] Eine Orientierung an ästhetischem Selbstausdruck gilt in den Sozial- und Kulturwissenschaften als typisch für moderne Subjektivitäten, zumindest in der urbanen Kultur. Für Andreas

34 Ehrenberg, Alain: Das erschöpfte Selbst, S. 197ff.

35 Rieger, Stefan: Kybernetische Anthropologie, S. 234.

Reckwitz stellt die ästhetische Orientierung ein zentrales Merkmal der „postmodernen Subjektordnung“ dar:

Die ästhetische Orientierung wird dabei nicht vom ‚Individuum‘ gegen die Sozialwelt mobilisiert, vielmehr *erlegen* die sozialen Praktiken und Diskurse in sämtlichen sozialen Feldern dem Subjekt *auf*, sich als ein solches im weiteren Sinn ästhetisches zu formen.[36]

Beratung ist in ihrer Mittlerrolle[37] eine kommunikative Institution, die im Verlauf des 20. Jahrhunderts fortwährend Bestimmungen der Vitalität bzw. des Lebens hervorgebracht hat. In der post-textuellen Beratung und Therapeutik ist ein Verständnis von Lebendigkeit artikuliert, das sich aus dem Topos der Imagination (bzw. Bildlichkeit) speist. Praktiken der Einbildung möglicher Zukünfte stehen im Mittelpunkt der Beratungstechniken. Bernt Schnettler weist auf den Umstand hin, dass die Imagination sich als „doppelt bedingte Größe“ darstellt: „höchst individuell und zugleich [...] abhängig von gesellschaftlichem Wissen“.[38] Dabei unterscheidet er zwischen ‚intendiertem‘ und ‚auferlegtem‘ Imaginieren. Das intendierte Imaginieren werde als Produkt des eigenen Denkhandelns, das auferlegte Imaginieren im Sinne einer außeralltäglichen Imagination der Zukunft im Traum, in Rauschzuständen und in der Vision als Passivierung des Subjekts erlebt. Bei den Imaginationspraktiken der Beratung handelt es sich sicherlich um intendiertes Imaginieren, da die Beratenen ja nicht von Visionen heimgesucht werden. Doch in welchem Verhältnis steht die bildhafte Intentionalität zu den Symbolisierungen, mit denen sie intersubjektiv und gesellschaftlich objektiviert

36 Reckwitz, Andreas: Das hybride Subjekt, S. 596.

37 Beratung nimmt aufgrund ihrer Distanz zum Gesundheitssystem eine Mittlerrolle ein. Hingegen stellt der Ausschluss von heterodoxen therapeutischen Ansätzen einen Grundzug der Geschichte der Psychotherapie dar: Die ‚Dissidenten‘ der Psychoanalyse, die körperorientierten Therapien, die Gruppentherapien wurden jeweils entweder aus dem System der staatlichen Finanzierung ausgeschlossen – größtenteils durch die Kollegen, die um die Gunst der staatlich organisierten Finanzierung besorgt waren. Eine Ausnahme bildet auf gewisse Weise die Gruppenpsychotherapie, die unter anderem aufgrund ihrer Sparsamkeit im klinischen Kontext Verbreitung finden konnte – unter Bereinigung ihrer sozialrevolutionären Züge. Das deutsche Psychotherapiegesetz hat das Prinzip dieses Ausschlusses – man könnte auch sagen: die Aufrechterhaltung der professionellen Rationalität – festgeschrieben. Neben der Psychoanalyse, tiefenpsychologische Verfahren und der Verhaltenstherapie wurde allerdings die systemische Therapie im Dezember 2008 prinzipiell als psychologisch fundierte Therapie anerkannt.

38 Schnettler, Bernt: Zukunftsvisionen, S. 66.

wird? Mit anderen Worten: Ist die Interpretation der Visionen auferlegt? Auf diese Frage wird im Abschnitt zur Optionalisierung näher eingegangen.

Ein Grund für die Attraktivität der Selbstverbesserungsprogramme für die Adressaten und Nachfrager von Beratung liegt darin, dass ihnen die Ästhetisierung der eigenen Lebenspraxis zugestanden und nahegelegt wird. Ohne eine Gewährung von Gelegenheiten zur Imagination persönlicher Zukünfte und zur ästhetischen Selbststilisierung, die nicht zuletzt in der Beratung stimuliert wird, wäre es kaum plausibel, sich den Imperativen der Selbstoptimierung auszuliefern. Ein ganzer Formenkreis von Bewegungsphantasien, eingebildeten Bewegungen und visuellen Inszenierungen, die Beweglichkeit anzeigen, entsteht im Umfeld der durch Beratung mitkonstituierten Subjektivierungsformen. Die Bindung an diese Bewegungsphantasien kann als Form der Identifikation interpretiert werden, die Judith Butler „leidenschaftliche Verhaftung" nennt.[39] Die Verhaftung an eine flexible, zielgerichtete Lebens- und Selbstführung, die vorgeblich hochindividuelle Biografien hervorbringt, bindet das Subjekt an risiko- und sanktionsbehaftete Selbstoptimierungsdispositive und an die damit verbundenen Risiken des Scheiterns, der Verfehlung und der Erschöpfung. Eine Milderung dieser Gefahren bieten Märkte des Konsums und der Beratung, die die Immersion in ‚alternative', wirklichkeitsenthobene Erlebniswelten oder eben weitere individuelle Korrekturschleifen bereithalten.

Selbstsorge oder Psychomacht?

In den neo-therapeutischen Praktiken sind allerdings auch Formen von *Selbstsorge* angelegt. Foucault beschreibt die ‚Sorge um sich' als ethische Praxis, nicht als Praxis des Wissens:

> Es geht bei all diesen unterschiedlichen Übungen nicht darum, das Geheimnis zu enthüllen, das aus den Tiefen der Seele hervorgeholt werden muß. Es geht um die Beziehung des Selbst zur Wahrheit oder zu bestimmten vernünftigen Grundsätzen. […] Und die Frage, die sich in diesen unterschiedlichen Übungen stellt, orientiert sich an folgendem Problem: Sind wir mit diesen vernünftigen Grundsätzen ausreichend vertraut? Sind sie in unserer Seele fest genug verankert, um praktische Regeln für unser alltägliches Verhalten zu werden?[40]

39 Butler, Judith: Psyche der Macht.

40 Foucault, Michel: Diskurs und Wahrheit, S. 174f.

Die Ähnlichkeit der Selbstpraktiken der Beratung mit der ‚cura sui' besteht darin, dass bei beiden keine im Subjekt verborgene Wahrheit enthüllt werden soll. In der Selbstsorge wird das Verhältnis zwischen Überzeugungen und Lebensführung befragt – in Praktiken, die zugleich an sich und an der Sorge der anderen um *ihr* Leben orientiert sind. Dazu gehört, sich für die Selbstsorge der anderen zu interessieren und sie in der Aufrechterhaltung ihrer Selbstpraktiken zu stützen. Die Beratung kann also, wenn sie dabei behilflich ist, die jeweils individuellen ‚vernünftigen Grundsätze' zu erfinden, Praktiken der Selbstsorge anstoßen, die sich in interpersonalen Beziehungsformen entwickeln können. Die Beziehung zwischen Berater und Klient kann diese soziale Beziehungsdynamik modellhaft erfahrbar machen, etwa, wenn sorgende Beziehungen mit anderen Bezugspersonen zusammengebrochen sind – die Informalität der Beratungsbeziehung, in der sich die beratende Person mit ihren Erfahrungen zeigt und das beratene Gegenüber prinzipiell in seinen Zielen bestärkt, befördert diesen sozialen Prozess.

Die Selbstsorge ist, teilweise in expliziter Bezugnahme auf Foucault, ein wichtiger Topos von Selbsthilferatgebern. Wenn dieser implizite oder explizite Anspruch der Beratung, Sorge zu ermöglichen, ernst genommen werden soll, muss die Frage gestellt werden, ob oder besser: unter welchen Umständen und in welchen gesellschaftlichen Verhältnissen die Praktiken der Beratung und die in der Beratung vermittelten Selbsttechniken tatsächlich dazu geeignet sind, Subjekte zusammenzusetzen, die der Vereinnahmung durch ihre eigenen Impulse und durch die Methoden der ‚Nutzung' des Humankapitals widerstehen können.

Die methodisch nicht kontrollierte Affektivität der Beratungsbeziehung kann auch in verdeckte, bzw. wenig sichtbare Sozialtechniken eingebaut sein: Der ‚Spielsinn für Konkurrenz', der in Beratungsbeziehungen eingeübt wird, ist ein Beispiel für ökonomisierte Gefühlsrepertoires. Die Sorge in der Beratung und die Selbstsorge, die daraus erwächst, können auch auf eine Weise kurzschlüssig sein, die narzisstisch genannt werden kann, obwohl dieser Bezug auf psychoanalytische, d. h. tiefenpsychologische Begriffsbildung den sozialtechnischen Charakter des Spiegelstadium-Selbst der Beratung verkennt. Im Anschluss an Bernard Stiegler können wir in dieser Ambivalenz der Techniken der Sorge ein ‚pharmakologisches' Problem erkennen. Er bezieht sich mit diesem griechischen Begriff auf Derridas Platon-Interpretation. Platon kritisiert die Privilegierung der lebendigen Erinnerung gegenüber der künstlichen und letztendlich schädlichen Erinnerungs‚hilfe' Schrift.[41] Die Schrift

41 Derrida, Jacques: Plato's pharmacy. Die Schrift wird in diesem Dialog als ‚pharmakon', d. h. als Gift diskutiert, und zwar in Bezug auf die Frage der

bzw. allgemeiner: die Technik (einschließlich der Selbsttechnik) ist aber Derrida als *pharmakon* Gift *und* Heilmittel. Derrida argumentiert, erst die Heraufkunft des pharmakon mache eine ursprüngliche Form der Erinnerung greifbar. Die Ursprünglichkeit der anamnestischen Erinnerung gegenüber der technisch gestützten Erinnerung wäre dann ein perspektivischer Irrtum.

Die Berücksichtigung der „essentiellen Doppeldeutigkeit des *pharmakon*“[42] bezeichnet Stiegler als ‚Pharmakologie‘. Die pharmakologische Analyse zielt darauf ab, die Wirkungen der Grammatisierung in ihrer Ermöglichung von Handlungsfähigkeiten *und* der Erschließung dieser Fähigkeiten für Indienstnahmen und Verwertungsprozesse zu erkennen:

> Das Archiv wird durch den Prozeß der Grammatisierung als Einprägung (*engrammage*) von Aussagen sowie als Materialisierung des Diskurses sowie nicht-diskursiver Praktiken und sonstigen Formen von Strömen ermöglicht. Dabei entfaltet es jedoch zugleich Techniken, die dann zu Technologien werden. Daraus entstehen die Apparate, die all jene Prozesse der Delegation ermöglichen, mit denen man psychische Apparate und Institutionen – etwa zugunsten der Programm- und Dienstleistungsindustrien – kurzschließen kann. [...] Die Grammatisierung ist der Ursprung der abendländischen Rationalität und ihrer Archäologie, verstanden als Prozeß der Formierung von *hypomnemata* [Hervorh. B.S.], das heißt aufeinanderfolgender Epochen des psychotechnischen *pharmakon*. Das bedeutet jedoch, daß es die Grammatisierung ist, die das Feld der kritischen Rationalität konstituiert – *wobei die Rationalität hier die höchste Form der Sorge darstellt* – und zugleich vergiftet.“ [Hervorh. i. O.][43]

Diese vergiftende Indienstnahme bezeichnet Stiegler auch als ‚Psychomacht‘: „Diese hypermateriellen Dispositive erlauben die Entwicklung dessen, was man, in aller Kürze, die Technologien einer Psychomacht nennen könnte, die erdrückende Situationen freiwilliger Dienstbarkeit, der Faszination und der Anästhesie herstellen – die ohne geschichtliches Vorbild sind [eigene Übersetzung]“[44] Die Psychotechniken werden in

Erinnerung. Die Schrift ist ein hypomnematon – eine Erinnerungstechnik – und damit ein physisches Surrogat des Psychischen. Platon stellt die hypomnemata, also die Erinnerungshilfen der Sophisten, der anamnesis gegenüber, jener Form der Erinnerung, die Grundlage und Ziel der Praxis der Philosophen sein soll.

42 Steigler, Bernard: Von der Biopolitik zur Psychomacht. Logik der Sorge Bd. 2, S. 46.

43 Stiegler, Bernard: Von der Biopolitik zur Psychomacht, S. 119.

44 Stiegler, Bernard: Économie de l’hypermatériel et psychopouvoir, S. 107.

den Dienst der Psychomacht gestellt, wenn sie zur „„Auflösung der assoziierten Milieus[45] und damit zu Kurzschlüssen in der Transindividuation“ führen.[46] Psychomacht hat heute, so Stiegler, die Form der ,industriellen Synthese der Erinnerung‘[47], mit der Programmindustrien die Aufmerksamkeit beanspruchen, ohne sich um eine ausreichende Vermittlung der neuen Techniken mit der kollektiven Erinnerung zu kümmern. Die Erinnerung ist allerdings selbst ,prosthetisch‘[48], d. h. nicht ohne Zeichen, Denkmäler, Schrift oder Bild zu denken. Anstatt technisierte Formen der Sorge oder der Erinnerung vorgeblich nicht-technisierten gegenüberzustellen, können kurzschlüssige und lange Kreisläufe der Subjektivierung diagnostiziert werden. Transindividuation, die ich hier als sozialkonstitutive und zugleich technikkonstitutive Selbstkonstitution begreife, kann kurzschlüssig oder in ,langen Kreisläufen‘ stattfinden. In langen Kreisläufen setzen Individuen sich mit ,fremden’ Erfahrungen, etwa jenen vorheriger Generationen auseinander. Sie führen zur Ausbildung von Handlungsfähigkeit, ,Agency’, die sich im Medium historischen Bewusstseins entfaltet. Kurzschlüssige Subjektivierungen sind dagegen De-Subjektivierungen, die die Psychotechniken zu Psychotechnologien zusammenschließen und der Psychomacht der Programmindustrien unterstellen. Als soziale Technologie der ,Informierung des Nichtwissens‘ schalten sich die Psychotechniken in Prozesse der Erfahrungskonstitution und Subjektbildung ein.

Beratung bietet also „ein Einfallstor für Innovationen in lebensweltliche Zusammenhänge“[49]. Die Innovation wird hier in einem systemtheoretischen Diskurs als Alternative zu „Routine, Tradition, Macht Autorität oder Sitte“[50] dargestellt. Beinahe unabsichtlich wird damit eine zutreffende Diagnose formuliert, die aber nur dann Bestand hat, wenn

45 Den Begriff des Milieus entnimmt Stiegler den Anthropologien André Leroi-Gourhans und Gilbert Simondons. Leroi-Gourhan unterscheidet zwischen dem ,technischen Milieu‘ und dem ,inneren‘, oder auch ,ethnischen‘ Milieu. Stiegler stellt im Anschluss an diese Unterscheidung die These auf, man könne sich vorstellen, „dass die technische Gruppe gegenüber der ethnischen Gruppe einen Vorsprung gewinnt, insofern die technische Entwicklung sich wie heute so sehr beschleunigt, dass sie zu schnell wird für die Aneignungsmöglichkeiten der „anderen Systeme““ (Bernard Stiegler, Technik und Zeit, Bd. 1, S. 89). Ein assoziiertes Milieu ist für Simondon ein Milieu, in dem ,technisches‘ und ,geographisches‘ Milieu sich ergänzen und wechselseitig stützen (vgl. ebd., S. 111).

46 Stiegler, Bernard: Von der Biopolitik zur Psychomacht, S. 119.

47 Stiegler, Bernard: Disorientation. Technics and time, Bd. 2, S. 146.

48 Vgl. Stiegler, Bernard: Technik und Zeit, Bd. 1.

49 Schützeichel, Rainer: Skizze zu einer Soziologie der Beratung, S. 281.

50 Ebd.

deutlich wird, dass mit dem Begriff der *Innovation* vor allem ökonomisch nützbare *Inventionen* gemeint sind.

Die Optionalisierungsgesellschaft

Gegenwärtige Sozialtechniken der Beratung sind Bestandteile eines umfassenderen Dispositivs, das wissenschaftliche Diskurse der Systemtheorie, Entscheidungstheorie und Humankapitaltheorie, aber auch betriebliche Sozialtechnologien, Lebensstile und Konsumformen, mediale Infrastrukturen sowie Erfahrungsweisen umfasst.[51]

In der Beratung werden unterschiedlichste Handlungsprobleme als Problem der Generierung von Optionen, zwischen denen sich entschieden werden muss, aufgefasst. Das Versprechen der Erweiterung von Erfahrungsweisen wird als Möglichkeit der Entscheidung zwischen alternativen Handlungsoptionen gerahmt. Das Optionalisierungsdispositiv bildet ein Ensemble aus Diskursen, Medien und Techniken, das das Verhältnis zwischen Individuen und ihrer sozialen Welt als Verhältnis von Möglichkeiten beschreibbar macht und das Mittel bereithält, die Sozialwelt als Gefüge von Möglichkeiten erfahrbar zu machen.

Das phänotypisch hervorstechendste Merkmal des Optionalisierungsdispositivs ist die Kommunikation über Gelegenheiten, Möglichkeiten, Chancen. Beratung ist eine der kommunikativen Gattungen, in der eine Optionalisierung des Handelns vermittelt wird.

Gesetzliche Regelungen wohlfahrtsstaatlicher Absicherung, die das Individuum für sein Arbeitshandeln responsibilisieren, bilden eine juridische Grundlage des Optionalisierungsdispositivs. Die juridischen Regulierungen zeichnen sich insgesamt durch eine Kontraktualisierung sozialer Beziehungen aus. Der Vertrag des Einzelnen mit dem Staat und mit privatwirtschaftlichen Institutionen regelt die Anspruchsverhältnisse und weist dem Individuum zugleich die Verantwortung für das Einhalten der Verträge zu. Die Einführung digitaler Medien im staatlich-bürokratischen wie auch im kommerziellen Sektor haben zu einer Dezentralisierung von Datensammlung und -verarbeitung geführt. Nutzer digitaler Medien ‚schreiben sich selbst' in die Datenbanken der bürokratischen Verfahren und kommerziellen Angebote ein. Bei dieser Selbsteinschreibung kommt zugleich eine ethische Aufladung des kybernetischen Diskurses zum Zuge. Die Selbststeuerungsbemühungen des Ein-

51 Die beherrschende, geschichtsphilosophisch bewehrte Suggestion des ‚there is no alternative' ist eine spezifische historische Ausbildung einer Optionalisierungstechnik.

zelnen, so die kybernetische Hypothese, gehen in ein großes Ganzes ein. Gerade aufgrund der ‚Entleerung' der Subjektivität des Einzelnen können, so die Experten, ungeahnte ‚Synergien' entbunden werden, die der Allgemeinheit zugute kommen. Diese Figur erinnert an die liberalistische Metaphysik der „unsichtbaren Hand" des Markts, ist aber ungleich realer, da sie sich auf in digitalen Informationssystemen und expertisierten Kommunikationen materialisierte Steuerungsmechanismen bezieht.

Was ist das Spezifische an der qua Beratung in Gang gesetzten und bearbeiteten Optionalisierung? Sie zeichnet sich erstens durch eine *Informationalisierung der Normativität* aus. Formen der Kontrolle und Messung von Leistungen geben dem Individuum ‚Feedback' über das Gelingen oder Scheitern der selbst angestrebten oder von Organisationen eingeforderten Ziele. Die Verallgemeinerung des ‚Feedbacks' als Metapher impliziert, dass eine große Anzahl von Mitteilungen nicht als Kritik, als Lob, als Gemeinheit, als Drohung etc. sondern eben *als Feedback,* d. h. als Information über das eigene Handeln verstanden werden (soll).

Die Optionalisierung intensiviert zweitens die Möglichkeiten der Adressierung und *Nutzung* von Subjektivität in Dispositiven der Psychomacht. Dispositive der Optionalisierung mobilisieren Subjektivität *als* Ressource, um sie in der Produktionssphäre *nutzbar,* durch staatliche Akteure *regierbar* und für Individuen erlebbar zu machen. Alain Ehrenberg nennt eine Konsequenz dieser Veränderung: „Wir leben eine allen gemeinsame Erfahrung, dass sich die Frage nach dem Erlaubten der Frage nach dem Möglichen unterordnet."[52] Die Frage nach dem Möglichen verschiebt die Reflexion auf gesellschaftliche, kollektive oder transzendente Möglichkeiten, auf je *meine* Möglichkeiten, gemessen an je meiner Ausstattung an Bildung, Ressourcen, Motivation etc. Dabei bleibt die gesellschaftliche Vermittlung dieser Bildung, dieser Ressourcen und dieser Affekte für den Einzelnen unverstanden.

Drittens, und dieser Punkt betrifft die mittelbaren Konsequenzen der Beratungskultur, wird die republikanische Kultur des Konflikts tiefgreifend transformiert: Seit der kybernetischen Wende in Beratung und Therapie wird die Kultur des Konflikts, die bis zu diesem Zeitpunkt sowohl für gesellschaftliche Prozesse des Interessensausgleichs als auch für die Theorie des Subjekts zentralen Stellenwert hatte, abgelöst durch eine Kultur der Moderation und des „Monitoring"[53]. Dies ist mit einer tiefgreifenden Re-Konfiguration des Politischen verbunden, an der die Beratung einen Anteil hat. Die Dethematisierung von Konflikt ist nicht nur

52 Ehrenberg, Alain: Das erschöpfte Selbst, S. 266.
53 Krasmann, Susanne: „Monitoring".

mit einem neutralen, ‚konstruktivistischen' Schweigen zu bestehenden Konflikten verbunden, sondern mit einer Abwertung der Option Konflikt im öffentlichen Handeln und in Bezug auf das Verhältnis zu sich selbst. Optionalisierende Beratung stützt de facto neoliberale Regierungsformen, obwohl ihre Praktiken auf eine Ausweitung der Imagination möglicher Zukünfte abzielen. Berater sind in diesem Sinne keine ‚hidden technocrats' (Kellner/Heuberger 1992), leisten aber mit ihrem Ethos der Kreativität und ihrem Evangelium der Selbstentfaltung einen Beitrag zur Umgestaltung wenn nicht Eliminierung des Politischen.

In der systemtheoretisch fundierten Literatur wird allgemein postuliert, Beratungen „befassen sich [...] mit Entscheidungsproblemen" der Ratsuchenden:[54]

> Damit haben wir idealtypisch folgende Kriterien identifiziert, um die kommunikative Gattung [der Beratung] näher bestimmen zu können: Es handelt sich um thematisch bzw. sachlich auf Entscheidungsprobleme fokussierte, zeitlich limitierte Kommunikation zwischen einem Alternativen offerierenden Ratgeber und einem um Entscheidungen ringenden Ratsuchenden.[55]

Ausgehend von solchen relativ ahistorischen Idealtypen lassen sich Analysen von Kommunikationsprozessen durchführen; in Bezug auf die Frage der gesellschaftlichen Wirkungen von Beratungen sind solche Ausgangspunkte positivistisch verkürzt. Nur wenn man von der Dynamik einer „soziokulturellen Evolution"[56] ausgeht, die *in the long run* mit einer Verwirklichung der Möglichkeiten der Menschheit einhergehen wird, kann man zum Schluss kommen, Beratung sei „ein vorzügliches Instrument reflexiver, auf sich selbst und ihre Folgen angewendeter Differenzierung",[57] so dass man sagen kann: „Wenn es Beratungen in der

---

54 So Rainer Schützeichels Auffassung: „In Beratungen geht es um die Entscheidungsprobleme des Ratsuchenden" (Rainer Schützeichel: Skizzen zu einer Soziologie der Beratung, S. 276). Er räumt zwar ein, dass sich der Rat auf die „Präsentation von Situationsdefinitionen und Situationsbeschreibungen", die „Präsentation von Handlungsoptionen", sowie auf die „Darstellung von Haupt- und Nebenfolgen bezüglich der Wahl/Nichtwahl dieser Optionen" beziehe (ebd.), die Frage der Entscheidung über bestehende Optionen steht aber im Vordergrund. Andere systemtheoretisch orientierte Autoren teilen diese unproblematisierte modernistische Überhöhung der „Entscheidung", ironisieren allerdings die damit verbundenen Wirksamkeitsfiktionen; so etwa Peter Fuchs in seinem Essay „Die magische Welt der Beratung". Zu einer soziologischen Aufklärung trägt dies allerdings wenig bei.

55 Ebd., S. 278.

56 Ebd., S. 284.

57 Ebd.

modernen Gesellschaft nicht geben würde, so müßte man sie erfinden".[58]

Der ,pharmakologische' Charakter der Beratung, d. h. die Relationierung nützlicher und schädlicher Wirkungen wird nicht thematisiert, obwohl *(über)generalisierend* konstatiert wird: „reflexive, individualisierende und entscheidungsforcierende soziale Beziehungen"[59] stellen sich durch Beratung ein. Trotzdem „geben [Beratungen] die Möglichkeit, in einem zunehmend[en] Maß Verantwortlichkeiten zu verankern".[60] Die Frage der Verantwortung und der Generierung von Handlungsmöglichkeiten, für die überhaupt Verantwortung zugewiesen werden könnten, soll im Folgenden adressiert werden.

Die kommunikative und diskursive Konstruktion von Handlungsmöglichkeiten in der Beratung ist – wie beschrieben – von Techniken und Technologien der *Optionalisierung* bestimmt. Dieser Umstand ist in der systemtheoretischen Betrachtung von beraterischen Psychotechniken theoretisch legitimiert. Im Dispositiv der Optionalisierung wird soziales Handeln auf einen ,Raum' von Möglichkeiten ausgerichtet. Die Deutung der Biographie und des Sozialen als *Entscheidungsraum* wird durch die Techniken der Optionalität erst hergestellt.

Aber wie können wir die Optionalisierung *per se* überhaupt problematisieren, scheint sie doch als konstitutives Merkmal der Moderne begrüßenswert zu sein?

Die Optionalisierung, verstanden als historische Konfiguration der ,Erweiterung' von Handlungsmöglichkeiten als Möglichkeiten der Wahl, kann *drei grundlegenden Formen der Kritik* unterzogen werden: Die erste besteht darin, die Konstruktion des *Spektrums* der Wahl- und Entscheidungsmöglichkeiten, die in einer gegebenen konkreten oder allgemeiner: historischen Situation gegeben sind, zu untersuchen. So privilegieren und forcieren Institution bestimmte ,Entscheidungen' und werten andere ab, oder verbieten sie sogar. Diese Kritik ist zweifellos wichtig, und sie hatte eine große historische Bedeutung, insofern sie auf die Ausübung von *Rechten* bezogen ist. Es gibt eine begrenzte Anzahl von in sozialen Konflikten erkämpften Rechten, die in einer historischen Situation jeweils gegeben sind; die faktische Einschränkung ihrer Wahrnehmung ist Gegenstand einer Kritik, die sich leicht als zentrale Figur des Liberalismus erkennen lässt. Sie richtet sich in der zweiten Hälfte des 20. Jahrhunderts als neoliberale Staatskritik verstärkt gegen die Institutionen der bürgerlichen Gesellschaft selbst. Diese Form der Optio-

58 Ebd., S. 283.
59 Ebd., S. 284.
60 Ebd., S. 283.

nalitätskritik ist also dadurch erschwert, wenn nicht unmöglich gemacht, dass sie in ihrer gegenwärtigen Gestalt zur Erosion der Rechtsinstitute und damit zur Einschränkung der Freiheiten beiträgt, die zu schützen sie vorgibt.

Zweitens kann ein ein Widerspruch zwischen *behaupteteten* und *realen* Optionen konstatiert werden. In der Responsibilisierung des Einzelnen können strukturelle gesellschaftliche Probleme in einer Art ideologischen Kategorienfehler auf den Einzelnen projiziert werden. Dieser Fehler hat dann Affekte und Effekte zur Folge: die Einzelnen nehmen eine *Schuld* oder *Beschämung* auf sich und leiden an einer Einschränkung ihrer Handlungsfähigkeit, die doch vorgeblich gesteigert werden sollte. Die Institutionen, die allein die Herstellung von Handlungsfähigkeiten sichern können, können als Effekt dieser ihrer Verantwortung entgehen. Eine zweite Version dieser Problematisierung der Optionalitätskonstruktionen ist ähnlich, aber als Thematisierung eines *‚institutional lag‘* etwas anders angelegt. Optionalisierungsdispositive, die als Subjektivierungsinstanzen wirksam werden, etablieren sich in Gesellschaften, die weniger Gelegenheiten bieten, als der Diskurs der Optionalität *glauben macht*. Bildungssysteme sind nach wie vor von klassenspezifischen und ethnischen Spaltungslinien durchzogen, Produktivitätsgewinne werden nicht gerecht distribuiert, Mobilitätschancen sind ungleich verteilt. Dieser Kontrast zwischen Optionalisierung als Diskurs und Optionalität als gesellschaftlicher Realität macht den ideologischen Charakter des Optionalitätsdiskurses aus: Nicht, weil es sich um ‚falsches Bewusstsein‘ handelt, sondern, weil die Diskrepanz zwischen dem Versprechen auf Steigerung von Entscheidungsmöglichkeiten und den gesellschaftlichen Bedingungen seiner Einlösung im Rahmen dieser Diskurse nicht thematisiert wird. Der Vorgriff auf eine zukünftige Gesellschaft gesteigerter Lebenschancen behindert deren Hervorbringung, wenn die Bedingungen ihrer individuellen und kollektiven Gestaltung systematisch vernachlässigt werden. Diese Form der deskriptiven Kritik ist immer möglich und zugleich nötig, nicht nur um Ungleichheiten der Chancen und ihre Folgen zu thematisieren. Sie bietet auch die Möglichkeit, kulturpessimistische soziologische Zeitdiagnosen in ihre Schranken zu weisen, die ‚Multioptionalität' als Lebenswelt zerstörendes, ‚modernes' *Faktum* missverstehen,[61] und nicht als faktische *Einschränkung* von zukünftigen Alternativen jenseits der kapitalistischen Gegenwartsgesellschaft. Die Optionalisierung rekonstruiert ja gerade Lebensweltlichkeit mit sozialtechnischen Mitteln. Der Einsatz solcher Mittel muss wohl als

61 Vgl. Peter Gross' Essay zur ‚Multioptionsgesellschaft'.

‚Preis der Freiheit' prinzipiell akzeptiert werden. Die Vereinnahmung dieser kognitiv und demokratisch zu kontrollierenden Mittel im Rahmen von ungebändigten Verwertungszusammenhängen kann aber beschrieben und schließlich verhindert werden.

Schließlich gibt es eine dritte, für die zurückliegende Untersuchung bestimmende Form der Optionalitätskritik. Sie wendet sich der impliziten, d. h. zur Selbstverständlichkeit entstellten, dabei aber durchaus *erzeugten* Ontologie der Wahl und der Möglichkeit zu. Die Techniken, die Handlungen als Verhältnis von Optionen und und ihrer Wahl vorstellen, *repräsentieren* nicht nur Handlungsformen; sie re-*präsentieren*, generieren *Onto-logien*, Vorstellungen des Seienden, d. h. des Bestehenden und Möglichen. Ein Verständnis der *Option* als Erweiterung der Auswahl in einem Tableau von sichtbaren, d. h. repräsentierbaren Möglichkeiten schließt die Möglichkeit des Eintretens von unerwarteten Ereignissen bereits aus. Dies wird besonders deutlich, wenn die zugrundeliegende Vorstellung des Realen und des Möglichen mit einer Ontologie des Virtuellen und Aktuellen konfrontiert wird, wie sie etwa Gilles Deleuze vorschlägt, die aber auch im phänomenologischen Denken angelegt ist. Olli Pyyhtinen beschreibt diese Unterscheidung im Kontrast zu einer Ontologie der Möglichkeit, also der Option:

> The notion of the 'virtual' [bei Deleuze] does not refer here to something less real, as the everyday sense of the term suggests. [...] The virtual is not less real or a simulation of the real but rather it already *'possesses a reality'*. Deleuze further elaborates the notion of the virtual by distinguishing it from the 'possible'. Whereas the possible is, according to him, 'the opposite of the real', the virtual is not opposed to the real but only to the actual. [...] Given that events involve *changes* in things and their properties, an event does not merely make real something already there as a possibility, but it always contains the aspect of the *new*, novelty. Thus, events are to be considered not in terms of a shift from the possible to the real but from the virtual to the actual. According to Deleuze, actualization does not proceed by eliminating possibilities limited in advance, but it is always creative: the actual 'does *not* resemble the virtuality that it embodies', but the virtual must *create* its own lines of actualization in positive acts'.[62]

In der Deleuzianischen Philosophie des Werdens nimmt die Kategorie des Ereignisses eine charakteristische Rolle ein. Das Ereignis ist nicht

62 Pyyhtinen, Olli: Simmel and 'the Social', S. 75f. Zu einer ausführlicheren Diskussion der Perspektive einer vitalistischen Ontologie Mariam Fraser, Experiencing Sociology und Celia Lury und Lisa Adkins, What is the Empirical?

nur ‚Ausdruck' der Aktualisierung des Virtuellen, sondern ist auch Anzeichen für eine unverstandene Virtualität, die sich mit dem Ereignis offenbart und damit als mögliche Geschichtlichkeit zugänglich wird. In der Ontologie des Möglichen und Realen dagegen kann es kein Ereignis geben, das diese Bedeutung stiften könnte. Jede unerwartete Wendung kann nur ‚jeweils' Ausdruck einer von Vornherein gegebenen Möglichkeitsordnung gewesen sein, die nur noch nicht ordentlich verdatet wurden. Die Möglichkeitserschließung durch beratungsinduzierte Entscheidungsfokussierung zeichnet sich vor allem durch eine ‚sekundäre Veralltäglichung' des Entscheidens aus. Das Entscheiden ist ja immer schon alltäglich, wird aber einer Reflexivierung und Intensivierung unterzogen. Die Verdopplung des alltäglichen Entscheidens, einmal als praktisches Entscheiden, und dann noch einmal als bewusste Lebensführung, führt zu einer kybernetisch zu nennenden Handlungsregulierung, die unberechenbare Möglichkeiten gerade ausschließt. Die Optionalisierung ist damit eine Bändigung des Möglichkeitshorizonts.

Indem es nicht nur Problematisierungen des Selbst und Handlungsmöglichkeiten hervorbringt, sondern das individuelle und gesellschaftliche Werden durch sein ‚Vorstellung möglicher Möglichkeiten' selbst mit-konstituiert, ist das Optionalisierungsdispositiv mit seinen Techniken Instanz einer Psycho-Macht. Die Bändigung, Einhegung und zugleich sozialtechnische Erschließung eines Möglichkeits‚raums' ist dabei Funktion der etablierten Arbeitsteilung. Die Eingrenzung des vorstellbar Möglichen korrespondiert eng mit den Interessenlagen der beteiligten Diskursproduzenten. Eine wissenssoziologische Kommentierung der Diskurse muss daher vor allem eine Deskription der gesellschaftlichen Verhältnisse der Diskursproduktion sein.

Nur eine Repräsentation dieser Psycho-Macht im Diskurs, d. h. eine ‚Politisierung' der Expertise, also eine Verbindung der kybernetischen und visuellen ‚Modulationen'[63] mit den öffentlichen juridischen und phänomenkonstituierenden diskursiven Formationen kann überhaupt eine gesellschaftliche Aneignung der Psychotechniken ermöglichen. ein dialogischen Verhältnis zwischen Experten, Betroffenen und Expertisierten

Die zeitgenössische Optionalisierung überträgt nicht nur Verantwortlichkeiten an Individuen, sondern sie bringt – im Gegenteil – auch Verantwortungslosigkeit hervor. Diese Verantwortungslosigkeit lässt sich als Form der Subjektivierung beschreiben, die letztlich in einer *Desub-*

63 Vgl. Deleuze, Gilles: Postskriptum über die Kontrollgesellschaften.

jektivierung besteht.[64] Diese These mag paradox erscheinen, hat sich doch die oft vorgebrachte These des Responsibilisierung des Individuums in der vorliegenden Untersuchung bestätigt. Beratung ist eine kommunikative und diskursive Wissensform, die disparate Wissensbestände und Handlungsfelder überbrückt, indem sie das Individuum als Handlungszentrum konstruiert.[65] Diesem Befund muss allerdings hinzugefügt werden, dass viele Beratungsformen, etwa die Unternehmensberatung, zugleich eine unmittelbare ‚Verantwortlichkeitsdissipation' bewirken: Die betriebswirtschaftliche Strategieberatung erlaubt die Übertragung von Verantwortlichkeit für betriebliche Umstrukturierungsprozesse auf Beratungsunternehmen (die sich qua ihrer Expertenrolle als Träger einer neutralen Rationalität inszenieren) – und eine Entlastung der Funktionäre und Rollenträger. Aber nicht nur die Strategieberatung, bei der die Verantwortungslosigkeit nicht nur ins Auge sticht, sondern sogar rechtlich verankert ist (sie können für Beratungsfolgen nicht verantwortlich gemacht werden), auch die persönliche Beratung macht auf eine Weise verantwortlich, die verantwortungslos macht oder zumindest machen kann.

Beratung bringt gegenläufige Responsibilisierungs- und De-Responsibilisierungsprozesse mit sich. Die Responsibilisierung macht die Einzelnen – weil sie für sich selbst und nur für sich selbst verantwortlich gemacht werden – zugleich zutiefst verantwortungslos. Und dies nicht nur, weil die Selbstsorge der Gegenwart meist nur eine halbierte Selbstsorge ist, der die Sorge um Andere und die Bereitschaft, sich der Kritik Anderer auszuliefern, fehlen. Auch die Beschäftigung mit kurzschlüssigen Selbsttechniken der Selbstmotivation, des ‚unclutter your life', der Pflege des eigenen Körpers, der digitalen ‚Soziabilitätstechniken' konstituieren Sorglosigkeiten.

Die in der Beratung vorgenommene Modalisierung von Zeitperspektiven, die sich aus einer Imagination von Entscheidungsbewegungen auf einem Markt von Optionen ergibt, standardisiert die Zeitperspektiven des Handelns: Die Erfahrungen der Vergangenheit werden als Ressourcen für den Entwurf der Zukunft begriffen. Das heißt, sie wird kurzschlüssig eingesetzt und auf den Handlungshorizont des bereits vereinzelten Individuums beschränkt. Das Denken der Zukünftigkeit erleich-

64 Agamben, Giorgio: Was ist ein Dispositiv?; Traue, Boris: Das Optionalisierungsdispositiv: Techniken und Diskurse der Beratung.

65 Hier ist der systemtheoretischen Lesart ausnahmsweise recht zu geben, wenn die Interpretation dieses Sachverhalts auch anders ausfällt: Beratungen „konstituieren den Einzelnen als Entscheider" (Rainer Schützeichel: Skizze zu einer Soziologie der Beratung, S. 283).

tert zweifellos die Orientierung im zersplitterten Wissenshorizont der Gegenwart. In diesem Sinne leistet Beratung eine ‚Integration' von Handlungsorientierungen in der ‚Wissensgesellschaft'. Sie fördert den Willen, sich selbst als Zukünftiges zu imaginieren und zu schreiben. Das Lernen durch Beratung bleibt allerdings – und dies liegt vor allem daran, dass Beratung von den Traditionen des kollektiven Rats und der Demokratie abgetrennt bleibt – kurzschlüssig, wenn es auf den Problemhorizont des Einzelnen beschränkt wird, als Dienstleistung am Individuum verstanden wird oder als Belehrung gebraucht wird, wie in der Unternehmensberatung.

Optionalisierende Beratung antwortet auf eine Krise der Gouvernementalität: Der Übergang von Industriegesellschaften zu Informationsgesellschaften hat eine Indienstnahme und Inwertsetzung von vormals als lebensweltlich bzw. privat begriffenen Tätigkeiten und Fähigkeiten, Wünschen und Bilderwelten hervorgebracht. Mit der Psychopolitik, in der Psychotechniken in den Dienst der Psychomacht genommen werden, werden ‚Bevölkerungen von Einzelnen' als produktives Potential entdeckt. Die Anforderung, sich fortwährend als freies Subjekt zu imaginieren und zu schreiben ruft Orientierungsbedarf hervor und erfordert dezentrale soziale Vermittlungsinstanzen, die bei der Bewältigung dieses Anforderungsprofils behilflich sind und es bei jenen durchsetzen, die glauben, sich noch entziehen zu können. Beratung ist eine dieser Instanzen, obgleich sie nicht nicht auf diese Funktion beschränkt ist: Mit dem Wissen der Beratung, in dem lebensweltliche Gewissheiten als Technik wiederkehren, werden Kulturtechniken in Umlauf gebracht, die zur Sorge und damit zu einer Kritik der Psychomacht befähigen *könnten*. Ob dies gelingt, hängt mittelbar davon ab, ob neue Modelle für die Beruflichkeit und damit Gesellschaftlichkeit der Therapeutiken gefunden werden. Weder das Wissenschaftsmodell, mit seinem inhärenten „Wille zum Wissen", noch das Professionsmodell, mit seiner Isolierung von gesellschaftlichen und vernünftigen Ansprüchen, noch das Dienstleistungsmodell, mit seiner Ausgeliefertheit an die Märkte kann dies leisten. In einer Situation, die sich durch eine beschleunigte Standardisierungs- und Optionalisierungsaktivität auszeichnet, die gleichwohl in eine tiefe Sorglosigkeit geführt hat, sollte es darum gehen, neue Sorge-Systeme zu erfinden. Zu solchen Systemen der Sorge könnten die Therapeutiken beitragen, wenn die Psycho-Therapie zugleich Möglichkeiten einer Sozio-Therapie eröffnet.

Literatur

Aanstoos, Christopher N., Ilene Serlin und Tom Greening (2000): History of Division 32 (Humanistic Psychology) of the American Psychological Association, in: D. Dewsbury (Hg.): Unification through Division: Histories of the divisions of the American Psychological Association, Vol V, Washington, DC.

Abbott, Andrew (1981): Status and Status Strain in the Professions, American Journal of Sociology, 86, S. 819-835.

Adorno, Theodor W. (1982): Studien zum autoritären Charakter, Frankfurt am Main.

Adorno, Theodor W. und Max Horkheimer (1987): Dialektik der Aufklärung. Philosophische Fragmente, in: Gunzelin Schmid Noerr (Hg.): Gesammelte Schriften. Band 5, Frankfurt am Main.

Agamben, Giorgio (2008): Was ist ein Dispositiv?, Berlin

Aicher, Otl (1991): analog und digital, Lüdenscheid.

Alheit, Peter (1995): Die Spaltung von „Biographie“ und „Gesellschaft“. Kollektive Verlaufskurven der deutschen Wiedervereinigung, in: Wolfram Fischer-Rosenthal, Peter Alheit (Hg.): Biographien in Deutschland, Opladen, S. 87-118.

Anderson, Benedict R. (1993): Imagined communities: reflections on the origin and spread of nationalism, London.

Armstrong, Michael (1979): Case Studies in Personnel Management, London.

Aschoff, Christoph (1978): Betriebliches Humanvermögen. Grundlagen einer Humanvermögensrechnung, Wiesbaden.

Ashby, W. R. (1952): Design for a Brain, London.

Austin, Kimberlee Paulynn (2001): Coaching as a metaphor for teaching in a community of practice, Dissertation Abstracts International, A

(Humanities and Social Sciences): 61, 9-A): S. 3463, US: Univ Microfilms International.

Baethge, Martin (1991): Arbeit, Vergesellschaftung, Identität – Zur zunehmenden normativen Subjektivierung der Arbeit, Soziale Welt, 42, 1, S. 6-19.

Bahnmüller, Reinhard und Christiane Fisecker (2003): Dezentralisierung, Vermarktlichung und Shareholderorientierung im Personalwesen. Folgen für die Stellung und das Selbstverständnis und die Interaktionsmuster mit dem Betriebsrat. Working Paper Forschungsinstitut für Arbeit, Technik und Kultur e.V an der Universtität Tübingen.

Bandler, Richard und John Grinder (1973): Guide to Transformational Grammar, New York.

– (1975): The Structure of Magic, Palo Alto.

– (1981): Neue Wege der Kurzzeit-Therapie, Paderborn.

– (1985): Reframing. Ein ökologischer Ansatz in der Psychotherapie, Paderborn.

Bandler, Richard, John Grinder und Virginia Satir (1978, orig. 1976): Mit Familien reden: Gesprächsmuster und therapeutische Veränderung, München.

Barfuss, Thomas (2002): Konformität und bizarres Bewusstsein. Zur Verallgemeinerung und Veraltung von Lebensweisen in der Kultur des 20. Jahrhunderts, Hamburg.

Bateson, Gregory (1985, orig. 1972): Ökologie des Geistes, Frankfurt a. M.

Bauman, Zygmunt (1987): Legislators and interpreters: On Modernity, Postmodernity and the Intellecuals, Cambridge.

– (1991): Modernity and Ambivalence, New York.

– (1992): Life-World and Expertise: Social Production of Dependency, in: Nico Stehr und Richard V. Ericson (Hg.): The Culture and Power of Knowledge Inquiry into Contemporary Societies, Berlin.

– (1993): Postmodern Ethics, Cambridge.

Beck, Ulrich und Wolfgang Bonß (1989): Weder Sozialtechnologie noch Aufklärung – Analysen zur Verwendung sozialwissenschaftlichen Wissens, Frankfurt a. M.

Becker, Gary (1964): Human Capital: A Theoretical and Empirical Analysis, with Special Reference to Education, Chicago.

Becker, Horst und Ingo Langosch (1990): Produktivität und Menschlichkeit, Stuttgart.

Becker, Howard S., Blanche Geer, Everett C. Hughes und Anselm L. Strauss (1961): Boys in White, Chicago.

Beckerath, Paul Gert von (1988): Über das Berufsethos des Personalleiters, in: Paul Gert von Beckerath (Hg.): Verhaltensethik im Personalwesen Prinzipien und Regeln für die Konzeption einer betrieblichen Personalpolitik, Stuttgart.

Benkert, Hans (1952): Mensch und Fortschritt im Betrieb, Wiesbaden.

Benz, Ernst (1973): Franz Anton Mesmer (1734-1815) und seine Ausstrahlung in Europa und Amerika, München.

Berger, Peter und Thomas Luckmann (1996, orig. 1966): Die gesellschaftliche Konstruktion der Wirklichkeit, Frankfurt am Main.

Bergmann, Jörg (1998): Sinnorientierung durch Beratung? Funktionen von Beratungseinrichtungen in der pluralistischen Gesellschaft, in: Thomas Luckmann (Hg.): Moral im Alltag Sinnvermittlung und moralische kommunikation in intermediären Institutionen, Gütersloh, S. 143-218.

Bertalanffy, Ludwig von (1968): General Systems Theory, New York.

Bigelow, B. (1938): Building an effective training program for field salesmen, Personnel, 14, S. 142-150.

Bisani, Fritz (1976): Personalwesen. Grundlagen, Organisation, Planung, Opladen.

Bjerre, Paul (1920): Wetterstrand and the Nancy School, in: P. Bjerre (Hg.): The History and Practice of Psychanalysis, Toronto, S. 43-82.

Blinder, Alan S. (1974): The Economics of brushing teeth, Journal of Political Economy, 82, 4, S. 887-891.

Blumenberg, Hans (1981): Die Lesbarkeit der Welt, Frankfurt a. M.

Boes, Andreas (1996): Formierung und Emanzipation, in: Rudi Schmiede (Hg.): Virtuelle Arbeitswelten, Berlin, S. 159-178.

Boettcher, Wolfgang und Dorothee Meer (Hg.) (2000): „Ich hab nur ne ganz kurze Frage" – Umgang mit knappen Ressourcen. Sprechstundengespräche an der Hochschule, Neuwied/Kriftel.

Bogner, A., B. Littig und W. Menz (2002): Das Experteninterview. Theorie, Methode, Anwendung, Opladen.

Bohler, Karl und Hansfried Kellner (2004): Auf der Suche nach Effizienz, Frankfurt a. M.

Böhme, Gernot (1981): Wissenschaftliches und lebensweltliches Wissen am Beispiel der Verwissenschaftlichung der Geburtshilfe, in: Nico Stehr und Volker Meja (Hg.): Wissenssoziologie Sonderheft 22 der KZfSS, Opladen.

Boltanski, Luc und Ève Chiapello (2002): Der neue Geist des Kapitalismus, Konstanz.

Böning, Uwe und Brigitte Fritschle (2005): Coaching fürs Business. Was Coaches, Personaler und Manager über Coaching wissen müssen, Bonn.

Bornscheuer, Lothar (1976): Topik. Zur Struktur der gesellschaftlichen Einbildungskraft, Frankfurt am Main.

Bourdieu, Pierre (1987): Sozialer Sinn: Kritik der theoretischen Vernunft, Frankfurt am Main.

Boyne, Roy (1990): Foucault and Derrida, London.

Braun, Christina von (1996): Das Behagen in der Schuld, in: Lilli Gast, Jürgen Koerner: Psychoanalytische Anthropologie I: Über die verborgenen anthropologischen Entwürfe der Psychoanalyse, Tübingen, S. 61-94.

Breisig, Thomas (1990): Betriebliche Sozialtechniken, Neuwied.

Bricklin, Seth Michael (2002): The rapport program: A model for improving the emotional intelligence of executive coaching clients. Widener U, Inst. For Graduate Clinical Psychology, US, 1. (Thesis)

Bröckling, Ulrich (2000): Totale Mobilmachung. Menschenführung im Qualitäts- und Selbstmanagement, in: Ulrich Bröckling, Susanne Krasmann und Thomas Lemke (Hg.): Gouvernementalität der Gegenwart, Frankfurt am Main.

– (2002): Diktat des Komparativs. Zur Anthropologie des „unternehmerischen Selbst", in: Ulrich Bröckling und Eva Horn (Hg.): Anthropologie der Arbeit, Tübingen.

– (2003): Das demokratisierte Panopticon. Subjektivierung und Kontrolle im 360°-Feedback, in: Axel Honneth und Martin Saar (Hg.): Michel Foucault Zwischenbilanz einer Rezeption Frankfurter Foucault-Konferenz 2001, Frankfurt am Main.

– (2007): Das unternehmerische Selbst. Soziologie einer Subjektivierungsform. Frankfurt am Main.

Bröckling, Ulrich, Susanne Krasmann und Thomas Lemke (Hg.) (2004): Glossar der Gegenwart. Frankfurt am Main.

Bröckling, Ulrich, Susanne Krasmann und Thomas Lemke (Hg.) (2000): Gouvernementalität der Gegenwart. Studien zur Ökonomisierung des Sozialen, Frankfurt am Main.

Brose, Hanns-Georg, Monika Wohlrab-Sahr und Michael Corsten (1993): Soziale Zeit und Biographie. Opladen.

Brückner, Peter, Thomas Leithäuser und Werner Kriesel (1968): Psychoanalyse. Frankfurt am Main.

Brummet, R. Lee, Eric G. Flamholtz und William C. Pyle (1968): Human Resource Measurement – A challenge for Accountants, Accounting Review, 43, S. 217-224.

Bruner, Jerome (1987): Life as Narrative, in: Social Research, 54, S. 11-32.

Brunsson, Nils und Bengt Jacobsson (Hg.) (2000): A world of standards, Oxford.

Bührmann, Andrea D. (2004): Das Auftauchen des unternehmerischen Selbst und seine gegenwärtige Hegemonialität. Einige grundlegende

Anmerkungen zur Analyse des (Trans-)Formierungsgeschehens moderner Subjektivierungsweisen, Forum Qualitative Sozialforschung/ Forum: Qualitative Social Research (Online Journal): 6, 1, Art. 16.

Bültmann, Wilhelm (1928): Psychotechnische Berufseignungsprüfung von Gießereifacharbeitern, Berlin.

Burchell, Graham, Colin Gordon, und Peter Miller (Hg.) (1991): The Foucault Effect: Studies in Governmentality: With Two Lectures by and an Interview with Michel Foucault, Chicago,

Burrage, Michael, Konrad Jarausch und Hannes Siegrist (1990): An Actor-Based Framework for the Study of the Professions, in: Michael Burrage und Rolf Torstendahl (Hg.): Professions in Theory and History, London.

Butler, Judith (1997): The Psychic Life of Power: Theories in Subjection, Stanford.

Buzzotta, V. R., R. E. Lefton und Mannie Sherberg (1977): Coaching and counseling: How you can improve the way it's done, Training & Development Journal, 31, 11, S. 50-60.

Candeias, Mario (2004): Neoliberalismus, Hochtechnologie, Hegemonie. Grundrisse einer transnationalen kapitalistischen Produktions- und Lebensweise. Eine Kritik, Hamburg.

Cascio, Wayne F. und Elias M. Awad (1981): Human Resource Management. An information systems approach, Reston.

Castel, Robert, Françoise Castel und Anne Lovell (1982): Psychiatrisierung des Alltags: Produktion u. Vermarktung d. Psychowaren in d. USA, Frankfurt am Main.

– (1973): Le psychanalysme, Paris.

– (1979): Die psychiatrische Ordnung. Das goldene Zeitalter des Irrenwesens, Frankfurt am Main.

Castells, Manuel (1996): The Information Age: Economy, Society, and Culture. Vol. 1: The Rise of the Network Society, Oxford.

Castoriadis, Cornelius (1984): Gesellschaft als imaginäre Institution: Entwurf einer politischen Philosophie, Frankfurt am Main.

Charaudeau, Patrick und Dominique Maingueneau (Hg.) (2002): Dictionnaire d'Analyse du discours, Paris.

Cicourel, Aaron V. (1986): The Reproduction of Objective knowledge, in: Gernot Böhme und Nico Stehr (Hg.): The Knowledge Society, Dordrecht, S. 87-122.

Conway, Neil und Rob B. Briner (2005): Understanding Psychological Contracts at Work: A Critical Evaluation of Theory and Research. Oxford, UK.

Conway, Roger Lawrence (2000): The impact of coaching mid-level managers utilizing multi-rater feedback. (managers): Dissertation

Abstracts International, A (Humanities and Social Sciences): 60, 7-A): S. 2672, US: University Microfilms International.
Correa, Hector (1963): The Economics of Human Resources, Amsterdam.
Corsten, Michael (1998): Die Kultivierung beruflicher Handlungsstile, Frankfurt am Main.
Coué, Émile (1998, orig. 1926): Mentaltraining und Autosuggestion, Zürich.
Crane, Thomas G. (2002): The heart of Coaching. Using Transformational Coaching to create a high-performance culture, San Diego.
Cruikshank, Barbara (1993): Revolution within. Self-governement and self-esteem, Theory, Culture, and Society, 3, S. 327-344.
Csikszentmihalyi, Mihaly (1995): Flow. Das Geheimnis des Glücks, Stuttgart.
Daheim, Hansjürgen (2001): Zum Stand der Professionssoziologie Rekonstruktion machttheoretischer Modelle der Profession, in: Bernd Dewe, Wilfried Ferchhoff und Frank-Olaf Radtke (Hg.): Erziehen als Profession Zur Logik professionellen Handelns in pädagogischen Feldern, Opladen, S. 21-35.
Darnton, Robert (1970): Mesmerism and the End of the Enlightenment in France, New York.
Degele, Nina, Tanja Münch, Hans J. Pongratz und Nicole J. Saam (2001): Soziologische Beratungsforschung. Perspektiven für Theorie und Praxis der Organisationsberatung, Opladen.
Deleuze, Gilles (1986): Foucault, Minneapolis.
– (1993): Postskriptum über die Kontrollgesellschaften, in: ders. (Hg.): Unterhandlungen, Frankfurt am Main.
– (2000): Die Falte. Leibniz und der Barock, Frankfurt am Main.
Deleuze, Gilles und Félix Guattari (1997): 1000 Plateaus, Berlin.
– (1997, orig. 1972): Anti-Ödipus, Frankfurt am Main.
Derrida, Jacques (1974): Grammatologie, Frankfurt am Main.
Derrida, Jacques (1981): Plato's Pharmacy, in: ders.: Dissemination, Chicago, S. 61-84.
Desatnick, Robert L. (1979): The Expanding Role of the Human Resources Manager, New York.
Deutschmann, Christoph (1989): Reflexive Verwissenschaftlichung und kultureller „Imperialismus“ des Managements, Soziale Welt, 24, 6): S. 374-396.
Dilts, Robert B. (1983): Roots of neuro-linguistic programming, Cupertino.
– (1990): Changing Belief Systems, Ben Lomond, CA.

– (1992): Cognitive Patterns of Jesus of Nazareth: Tools of the Spirit, Ben Lomond, CA.
– (1993): Die Veränderung von Glaubenssystemen, Paderborn.
– (1994): Strategies of Genius, Capitola, CA.
– (2003): From Coach to Awakener. Capitola, CA.
Dingwall, P. und P. B. Lewis (1983): The Sociology of Professions, London.
Douglas, Christina A. und Cynthia D. McCauley (1999): Formal developmental relationships: A survey of organizational practices, Human Resource Development Quarterly, 10, 3, S. 203-220.
Dreitzel, Hans Peter (1962): Elitebegriff und Sozialstruktur, Stuttgart.
Druckman, Daniel und John A. Swets (Hg.) (1988): Enhancing Human Performance: Issues, Theories, and Techniques, Washington DC.
Durkheim, Emile (1992, orig. 1893): Die soziale Arbeitsteilung, Frankfurt am Main.
Duttweiler, Stefanie (2005): Beratung, in: Ulrich Bröckling, Thomas Lemke und Susanne Krasmann (Hg.): Glossar der Gegenwart, Frankfurt am Main.
– (2007): Sein Glück machen. Arbeit am Glück als neoliberale Regierungstechnologie, Konstanz.
Eberle, Thomas S. (1994): Zeitmanagement-Experten, in: R. Hitzler, A. Honer und C. Maeder (Hg.): Expertenwissen, Opladen, S. 124-145.
Ehrenberg, Alain (2002): Das erschöpfte Selbst. Depression und Gesellschaft in der Gegenwart, Frankfurt am Main.
– (1991): Le culte de la performance, Paris.
Elias, Norbert (1969): Über den Prozeß der Zivilisation, Bern.
Endruweit, Günter (1981): Beratungsforschung in wissenschaftstheoretischer Sicht, in: Heinz Jürgen Kaiser und Hans-Jürgen Seel (Hg.): Sozialwissenschaft als Dialog: die methodischen Prinzipien der Beratungsforschung, Weinheim, S. 264-280.
Engemann, Christoph (2003): Electronic Government – vom user zum Bürger. Zur kritischen Theorie des Internet, Bielefeld.
– (2010): Write me down, make me real – zur Gouvernemedialität digitaler Identität. In: Josef Wehner und Jan Passoth (Hg.): Von der Klasse zum Cluster – Zum Verhältnis von Medien, Messungen und Sozialität, Wiesbaden. (im Erscheinen).
Erzberger, C. (1998): Zahlen und Wörter. Die Verbindung quantitativer Daten und Methoden im Forschungsprozess, Weinheim.
Esping-Andersen, Gosta (1990): Three Worlds of Welfare Capitalism, Cambridge.
Evetts, Julia (2006): Short Note: The Sociology of Professional Groups: New Directions, Current Sociology, 54, 1, S. 133-143.

Farrelly, Frank und J. N. Brandsma (1986): Provokative Therapie, Berlin.

Fatzer, Gerhard (2004): Organisationsenwicklung für die Zukunft, Weinheim.

Faust, M., P. Jauch und Christoph Deutschmann (1998): Reorganisation des Managements. Mythos und Realität des ,Intrapreneurs', Industrielle Beziehungen, 5, 1, S. 101-118.

Femppel, Kurt (2000): Das Personalwesen in der deutschen Wirtschaft. Eine empirische Untersuchung, München.

Filippi, Ronald (1968): Coaching: A therapy for people who do not seek help, Psychotherapie, Psychosomatik, Medizinische Psychologie, 18, 6, S. 225-229.

Fineman, Stephen (Hg.) (1993): Emotions in Organizations, London.

Foerster, Heinz von (1993): KybernEthik, Berlin.

Foucault, Michel (1963) : Naissance de la clinique. Une archéologie du regard médical, Paris.

– (1972) : Histoire de la folie à l'âge classique. Folie et déraison, Paris.

– (1975): Surveiller et punir, Paris.

– (1978): Dispositive der Macht: Über Sexualität, Wissen und Wahrheit, Berlin.

– (1981): Archäologie des Wissens, Frankfurt am Main.

– (1985): Geschichte der Sexualität, Ästhetik und Kommunikation, 57/58, S. 157-164.

– (1986): Die Sorge um sich. Sexualität und Wahrheit 3, Frankfurt am Main.

– (1987): Das Subjekt und die Macht, in: Hubert L. Dreyfus und Paul Rabinow (Hg.): Jenseits von Hermeneutik und Strukturalismus, Frankfurt am Main, S. 265-292.

– (1988): Technologies of the Self, in: H. P. Hutton, H. Gutman und L. H. Martin (Hg.): Techologies of the Self. A Seminar with Michel Foucault, Amherst, S. 16-49.

– (1989a): Der Gebrauch der Lüste. Sexualität und Wahrheit 2, Frankfurt am Main.

– (1989b): Der Wille zum Wissen. Sexualität und Wahrheit 1, Frankfurt am Main.

– (1996): Diskurs und Wahrheit. Die Problematisierung der Parrhesia, Berlin.

– (2004): Geschichte der Gouvernementalität I. Sicherheit, Territorium, Bevölkerung. Vorlesung am Collège de France 1977-1978, Frankfurt am Main.

Fraser, Mariam (2009): Experiencing Sociology. European Journal of Social Theory, 12, 1, 63-81

Frayn, D. H. (1990): Regressive transferences – a manifestation of primitive personality organization, Americal Journal of Psychotherapy, 44, 1, S. 55-65.

Freidson, Eliot (2001): Professionalism. The third Logic, Chicago.

Freud, Sigmund (2000a, orig. 1900): Die Traumdeutung, Studienausgabe, Bd. II, Frankfurt am Main.

– (2000a, orig. 1912): Ratschläge für den Arzt bei der psychoanalytischen Behandlung, Studienausgabe, Ergänzungsband Behandlungstechnik, Frankfurt am Main, S. 170-180.

– (2000b, orig. 1913): Zur Einleitung der Behandlung, Studienausgabe, Ergänzungsband Behandlungstechnik, Frankfurt a. M., S. 181-204.

– (2000c, orig. 1914): Erinnern, Wiederholen und Durcharbeiten, Studienausgabe, Ergänzungsband Behandlungstechnik, Frankfurt am Main, S. 207-215.

– (2000d, orig. 1915): Das Unbewusste, Studienausgabe, Bd III, Frankfurt am Main, S. 119-174.

– (2000e, orig. 1925): Notiz über den „Wunderblock“, Studienausgabe, Bd. 3, Psychologie des Unbewußten, Frankfurt am Main, S. 363-370.

Fuchs, Peter (1994): Die Form beratender Kommunikation. Zur Struktur einer kommunikativen Gattung, in: Peter Fuchs und Eckart Pankoke (Hg.): Beratungsgesellschaft, Katholische Akademie Schwerte, Schwerte.

– (2004): Die magische Welt der Beratung, in: Rainer Schützeichel und Thomas Brüsemeister (Hg.): Die beratene Gesellschaft, Opladen, S. 239-258.

Fuchs, Peter und Enrico Mahler (2000): Form und Funktion von Beratung, Soziale Systeme, 6, S. 349-368.

Fuchs, Peter und Eckart Pankoke (Hg.) (1994): Beratungsgesellschaft, Katholische Akademie Schwerte, Schwerte.

Fuoss, Donald E. und Robert J. Troppman (1981): Effective Coaching. A psychological approach, New York.

Furedi, Frank (2004): Therapy Culture, Routledge.

Furman, Ben und Tapani Ahola (1992): Solution Talk: Hosting Therapeutic Conversations, London.

Furusten (2000): The Knowledge Base of Standards, in: Nils Brunsson und Bengt Jacobsson (Hg.): A World of Standards, Oxford.

Gabay, Alfred J. (2005): The covert enlightenment. Eighteenth Century counterculture and its aftermath, West Chester.

Gale, Jerry (1991): Conversation analysis of therapeutic discourse: the pursuit of a therapeutic agenda, Norwood, NJ.

Galloway, Alexander (2004): Protocol, Cambridge.

Gallwey, Timothy W. (2000): The inner Game of Work. Overcoming mental Obstacles for maximum Performance, New York.

– (2003, Orig. 1974): The inner Game of Tennis. Die Kunst der entspannten Konzentration, Unkel.

Garcia Montalvo, Carmen und Enrique J. Garces de los Fayos (1996): A theoretical review of burnout in coaches: Contributions of a theoretical model for the understanding of the syndrome in the coaching profession, Apuntes de Psicologia No, 48, S. 83-93.

Garrett, Clarke (1975): Respectable Folly: Millenarians and the French Revolution in France and England, Baltimore.

Gaßner, Johann Joseph (1775): Des Hochwürdigen Und Hochgelehrten Hernn Joseph Johann Gaßner, der Gottesgelahrtheit und des geistlichen Rechts Candidaten, freyresignieren Pfarrern zu Klösterl nun Hofcaplan, Und geistl. Rath Sr. Hochfürstl. Gnaden des Bisschoffs von Regensburg, Probsten und Herrn zu Ellwang Weise fromm und gesund zu leben, auch ruhig und gottseelig zu sterben, oder nützlicher Unterricht wider den Teufel zu streiten: durch Beantwortung der Fragen: I. Kann der Teufel dem Leibe der Menschen schaden? II. Welcher am mehresten? III. Wie ist zu helfen?, Augsburg.

Geissler, Jürgen: Coaching: Psychologische Hilfe am wundesten Punkt. In: Blick durch die Wirtschaft Beilage der FAZ, 1731986. 1986.

Geißler, Karlheinz, Stephan Laske und Astrid Orthey (1990): Handbuch Personalentwicklung: Beraten, Trainieren, Qualifizieren, Köln.

Giddens, Anthony (1991): Modernity and Self-Identity, Cambridge.

Goffman, Erving (1961): The Medical Model and Mental Hospitalization. Some Notes on the Vicissitudes of the Tinkering Trade, in: Erving Goffman (Hg.): Asylums Essays on the social situation of mental patients and other inmates, New York, S. 321-386.

– (1981): Forms of Talk, Philadelphia.

Goldner, Collin S. (2000): Die Psycho-Szene, München.

Goode, William (1972): Professionen und Gesellschaft, in: Thomas Luckmann und Walter M. Sprondel (Hg.): Berufssoziologie, S. 157-168.

Greco, Monica (2004): Wellness, in: Ulrich Bröckling, Susanne Krasmann und Thomas Lemke (Hg.): Glossar der Gegenwart, Frankfurt a. M., S. 58-73.

– (2005): The Vitality of Vitalism. in Theory, Culture & Society, 22, 1, S. 15-27.

– (2000): Illness as a work of thought. A Foucauldian Perspective on Psychosomatics. London: Routledge.

Green, Martin (1992): Prophets of a New Age. The Politics of Hope from the eighteenth through the twenty-first Centuries, New York.

Gregor-Rauschenberger, Brigitte und Jürgen Hansel (1993): Innovative Projektführung. Erfolgreiches Führungsverhalten durch Supervision und Coaching, Berlin.

Grodzki, Lynn (2002): When the therapist needs a coach, in: Grodzki, Lynn (Hg.): The new private practice: Therapist-coaches share stories, strategies, and advice, New York, NY, US, S. 211-225.

Gross, Peter (1994): Die Multioptionsgesellschaft, Frankfurt a. M.

Grün, Anselm (2004, orig. 1983): Einreden. Der Umgang mit den Gedanken, Münsterschwarzach.

Guldin, Andreas (2006): Förderung von Innovationen, in: Heinz Schuler (Hg.): Lehrbuch der Personalpsychologie, Göttingen, S. 306-330.

Habermas, Jürgen (1984): Theorie des kommunikativen Handelns. 2 Bd., Frankfurt am Main.

Hacking, Ian (1986): Making up people, in: T. C. Heller et al. (Hg.): Reconstructing Individualism: Autonomy, Individuality and the Self in Western Thought, Stanford.

Hahn, Alois und Volker Kapp (Hg.) (1987): Selbstthematisierung und Selbstzeugnis: Bekenntnis und Geständnis, Frankfurt a. M., S. 9-24.

Hahn, Alois (1987): Identität und Selbstthematisierung, in: Alois Hahn und Volker Kapp (Hg.): Selbstthematisierung und Selbstzeugnis: Bekenntnis und Geständnis, Frankfurt am Main, S. 9-24.

– (1988): Biographie und Lebenslauf, in: Hanns-Georg Brose und Bruno Hildenbrand (Hg.): Vom Ende des Individuums zur Individualität ohne Ende, Opladen.

Haken, Hermann (1983): Erfolgsgeheimnisse der Natur. Synergetik: die Lehre vom Zusammenwirken, Stuttgart.

Haken, Hermann und Günter Schiepek (2006): Synergetik in der Psychologie, Göttingen.

Hale, Mathew Jr. (1980): Human Science and Social Order, Philadelphia.

Hamermesh, Daniel S. und Neal M. Soss (1974): An economic theory of suicide, Journal of Political Economy, 82, 1, S. 83-98.

Han, Byung-Chul (2005): Hyperkulturalität. Kultur und Globalisierung, Berlin.

Hartog, Jennifer (1996): Das genetische Beratungsgespräch. Institutionalisierte Kommunikation zwischen Experten und Nicht-Experten, Tübingen.

Harvey, David (2005): Der neue Imperialismus, Hamburg.

Hayek, Friedrich von (1960): The constitution of liberty, London.

– (1967): Studies in philosophy, politics and economics, London.

Heelas, Paul (1991): Cults for capitalism, Self religions, magic, and the empowerment of business, in: P. Gee und J. Fulton (Hg.): Religion and Power, London.

– (1992): The Sacralization of the Self and New Age Capitalism, in: N. Abercrombie und A. Warde Cambridge (Hg.): Social Change in Contemporary Britain, Cambridge, S. 139-166.

Heidegger, Martin (1969): Das Ende der Philosophie und die Aufgabe des Denkens. In: (ders.) Zur Sache des Denkens, Tübingen.

– (2002): Die Technik und die Kehre, Stuttgart.

Heidenreich, Martin (1999): Berufskonstruktion und Professionalisierung. Erträge der soziologischen Forschung, in: Hans-Jürgen Apel, Klaus-Peter Horn, Peter Lundgreen und Uwe Sandfuchs (Hg.): Professionalisierung pädagogischer Berufe im historischen Prozess, Bad Heilbrunn.

Heintz, Bettina (1993): Die Herrschaft der Regel: Zur Grundlagengeschichte des Computers, Frankfurt am Main.

Heinz, Walter R. (2000): Selbstsozialisation im Lebenslauf. Umrisse einer Theorie biographischen Handelns, in: Erika Hoerning und Peter Alheit (Hg.): Biographische Sozialisation, Stuttgart, S. 165-186.

– (2002): Self-socialization and post-traditional society, in: R. A. Settersen und T. J. Owen (Hg.): Advances in Life Course Research: New Frontiers in Socialization, New York, S. 41-64.

Heuberger, Frank W. (1992): The New Class: On the Theory of a no Longer Entirely New Phenomenon, in: Hansfried Kellner und Frank W. Heuberger (Hg.): Hidden Technocrats The New Class and New Capitalism, New Brunswick, London.

Hirschman, Albert O. (1970): Exit, Voice, and Loyalty: Responses to Decline in Firms, Organizations, and State, Cambridge.

Hitzler, Ronald (1994): Wissen und Wesen des Experten, in: Ronald Hitzler, Anne Honer und Christoph Maeder (Hg.): Expertenwissen Die institutionalisierte Kompetenz zur Konstruktion von Expertenwissen, Opladen, S. 13-31.

Hitzler, Ronald, Anne Honer und Christoph Maeder (Hg.) (1994): Expertenwissen. Die Institutionalisierte Kompetenz zur Konstruktion von Wirklichkeit, Opladen.

Hochschild, Arlie (1990): Das gekaufte Herz. Zur Kommerzialisierung der Gefühle, Frankfurt am Main.

Holm-Hadulla, Rainer M. (2002): Coaching, Psychotherapeut, 47, 4, S. 241-248.

Honer, Anne (1994): Die Produktion von Geduld und Vertrauen. Zur audiovisuellen Selbstdarstellung des Fortpflanzungsexperten, in: R. Hitzler, A. Honer und C. Maeder (Hg.): Expertenwissen Die institutionalisierte Kompetenz zur Konstruktion von Expertenwissen, Opladen, S. 44-61.

Horkheimer, Max (1974): Zur Kritik der instrumentellen Vernunft, Frankfurt am Main.

Hughes, Everett C. (1958): Men and their work, Glencloe.

Huhn, Gerhard und Hendrik Backerra (2002): Selbst-Motivation, München.

Husserl, Edmund (1996): Die Krisis der europäischen Wissenschaften und die transzendentale Phänomenologie, Hamburg.

Iding, Hermann (2000): Hinter den Kulissen der Organisationsberatung. Macht als zentrales Thema soziologischer Beratungsforschung, in: Nina Degele, Tanja Münch, Hans J. Pongratz und Nicole J. Saam (Hg.): Soziologische Beratungsforschung: Perspektiven für Theorie und Praxis der Organisationsberatung, Opladen, S. 71-85.

Jessop, W. N. (Hg.) (1965): Manpower Planning. A conference, under the aegis of the NATO Science Committee, New York.

Joas, Hans (1989): Praktische Intersubjektivität, Frankfurt am Main.

Johnson, T. J. (1972): Professions and Power, London.

Kallmeyer, Werner (2000): Beraten und Betreuen, Zeitschrift für qualitative Bildungs- Beratungs- und Sozialforschung, 2, S. 277-252.

Kallmeyer, Werner und R. Schmitt (1996): Forcieren oder die verschärfte Gangart. Zur Analyse von Kooperationsformen im Gespräch, in: Werner Kallmeyer (Hg.): Gesprächsrhetorik, Tübingen, S. 19-118.

Kampa-Kokesch, Sheila und Mary Z. Anderson (2001): Executive coaching: A comprehensive review of the literature, Consulting Psychology Journal: Practice & Research, 53, 4, 34-66.

Kamper, Dietmar (1996): Medienimmanenz und transzendentale Körperlichkeit. Acht Merkposten für eine postmediale Zukunft, in: Rudolf Maresch (Hg.): Medien und Öffentlichkeit, München.

Katzan, Harry Jr. (1989): Quality Circle Management, Blue Ridge Summit, PA.

Keller, Reiner (1994): Verstreute Expertisen. Psychologisches Wissen und Biographiekonstruktion, in: R. Hitzler, A. Honer und C. Maeder (Hg.): Expertenwissen, Opladen, S. 60-73.

– (2004): Diskursforschung, Wiesbaden.

– (2005): Wissenssoziologische Diskursanalyse. Grundlegung eines Forschungsprogramms, Wiesbaden.

Kellner, Hansfried und Peter L. Berger (1992): Life-Style Engineering: Some theoretical Reflections, in: Hansfried; Heuberger Kellner, Frank W. (Hg.): Hidden Technocrats The New Class and New Capitalism, New Brunswick/London, S. 1-22.

Kellner, Hansfried und Frank W. Heuberger (Hg.) (1992): Hidden Technocrats, New Brunswick.

Kern, Jill P., John J. Riley und Louis N. Jones (1978): Human Resources Management, Milwaukee.

Kersting, Wolfgang (1992): Artikel Rat II: Von der Patristik bis zur Neuzeit, in: Joachim Ritter und Karlfried Gründer (Hg.): Historisches Wörterbuch der Philosophie, Bd 8, Basel, S. 34-37.

Kittler, Friedrich (1985): Aufschreibesysteme 1800 · 1900, München.

– (1986): Grammophon Film Typewriter, Berlin.

Kittler, Friedrich und Georg Christoph Tholen (Hg.) (1989): Arsenale der Seele, München.

Klatetzki, Thomas (2005): Professionelle Arbeit und kollegiale Organisation. Eine symbolisch interaktionistische Perspektive, in: Thomas Klatetzki und Veronika Tacke (Hg.): Organisation und Profession, Wiesbaden, S. 253-283.

Kleemann, Frank, Ingo Matuschek und G. Günther Voß (2002): Subjektivierung von Arbeit – Ein Überblick zum Stand der soziologischen Diskussion, in: Manfred Moldaschl und G. Günter Voß (Hg.): Subjektivierung von Arbeit, München. S. 8-34.

Klein, Naomi (2007): Die Schock-Strategie. Der Aufstieg des Katastrophen-Kapitalismus, Frankfurt am Main.

Knoblauch, Hubert (1995): Kommunikationskultur, Berlin.

– (1996): Arbeit als interaktion. Informationsgesellschaft, Post-Fordismus und Kommunikationsarbeit, Soziale Welt, 47, 3, S. 344-362.

– (2000): Topik und Soziologie, in: Thomas Schirren und Gert Ueding (Hg.): Topik und Rhetorik. Ein interdisziplinäres Symposium, Tübingen, S. 651-668.

– (2001): Diskurs, Kommunikation und Wissenssoziologie, in: Andreas Hirseland, Reiner Keller, Werner Schneider und Willy Viehöver (Hg.): Handbuch Diskursanalyse Band 1: Theorien und Methoden, Opladen, S. 207-224.

– (2005): Wissenssoziologie, Konstanz.

– (2006): Sozialtechnologie, Soziologie und Rhetorik, Manuskript, Berlin.

– (2008): Transzendentale Subjektivität. Überlegungen zu einer wissenssoziologischen Theorie des Subjekts, in: Jürgen Raab, Michaela Pfadenhauer, Peter Stegmaier, Jochen Dreher und Bernt Schnettler (Hg.): Wiesbaden, S. 65-73.

Knoblauch, Hubert und Susanne Günthner (1997): Gattungsanalyse, in: Ronald Hitzler und Anne Honer (Hg.): Sozialwissenschaftliche Hermeneutik, Opladen.

Knoop, Ernst H. (1957): Fibel der Personalauslese und Personalführung, Darmstadt.

Knorr Cetina, Karin (1984): Die Fabrikation von Erkenntnis, Frankfurt am Main.

Kohli, Martin (1985: Moralökonomie und „Generationenvertrag", in: Max Haller, Hans-Joachim Hoffmann-Nowotny und Wolfgang Zapf (Hg.): Kultur und Gesellschaft: Verhandlungen des 24 Deutschen Soziologentags, Frankfurt am Main.

König, Cornelius und Martin Kleinmann (2006): Selbstmanagement, in: Heinz Schuler (Hg.): Lehrbuch der Personalpsychologie, Göttingen, S. 332-346.

Konrad, Wilfried (1999): Wissen und Arbeit: Neue Konturen von Wissensarbeit, Münster.

Koppetsch, Cornelia (2006): Zwischen Disziplin und Expressivität: zum Wandel beruflicher Identitaeten im neuen Kapitalismus; das Beispiel der Werbeberufe, Berliner Journal für Soziologie, 16, S. 155-172.

Koselleck, Reinhart (1979): Vergangene Zukunft: Zur Semantik geschichtlicher Zeiten, Frankfurt am Main.

Kossak, Hans-Christian (1997): Lehrbuch Hypnose, Weinheim.

Kotthoff, Helga und I. Matthäi (2001): Die Stellung des Personalwesens im dezentralisierten Unternehmen. Dienstleistung oder Politik im Dienst des Ganzen? in: J. Abel und J. Sperling (Hg.): Umbrüche und Kontinuitäten Perspektiven nationaler und internationaler Arbeitsbeziehungen Walter Müller-Jentsch zum 65 Geburtstag, München, S. 49-68.

Krappmann, Lothar (1975): Soziologische Dimensionen der Identität: strukturelle Bedingungen für die Teilnahme an Interaktionsprozessen, Stuttgart.

Kühl, Stefan (2001): Professionalität ohne Profession, in: Nina Degele, Tanja Münch und Hans J. Pongratz (Hg.): Soziologische Beratungsforschung, Opladen, S. 209-238.

– (2005) Das Scharlatanerieproblem. Coaching zwischen Qualitätsproblem und Professionalisierungsbemühung. Arbeitspapier. Köln: Deutsche Gesellschaft für Supervision.

Krasmann, Susanne (2004): Monitoring, in: Ulrich Bröckling, Susanne Krasmann, Thomas Lemke (Hg.): Glossar der Gegenwart, Frankfurt a. M., 167-173.

Laclau, Ernest und Chantal Mouffe (2001): Hegemony and Socialist Strategy – Towards a radical democratic politics, London.

Laplanche, J., Pontalis, J.-B. (1998): Das Vokabular der Psychoanalyse, Frankfurt am Main.

Latour, Bruno (1987): Science in Action. How to follow Scientists in Society, Cambridge.

Lauretis, Teresa de (1987): Technologies of Gender, Indiana.

Leiter, Robert D. (1948): The Foreman in industrial relations, New York.

Lemke, Thomas (1997): Eine Kritik der politischen Vernunft. Foucaults Analyse der Gouvernementalität, Hamburg.

Lessenich, Stephan (2008): Beweglich – unbeweglich. In: Stephan Lessenich und Frank Nullmeier: Deutschland – eine gespaltene Gesellschaft. Frankfurt am Main, S. 330-345.

Lethen, Helmut (1994): Verhaltenslehren der Kälte. Lebensversuche zwischen den Kriegen, Frankfurt am Main.

Lewin, Kurt (1935): A dynamic theory of personality, New York.

Lewis, P. B. (1947): Supervisory training methods, Personnel Journal, 25, S. 316-322.

Lichtblau, Klaus (1996): Kulturkrise und Soziologie um die Jahrhundertwende: zur Genealogie der Kultursoziologie in Deutschland, Frankfurt am Main.

Link, Jürgen (1990): Literaturwissenschaftliche Grundbegriffe, München.

Looss, Wolfgang (1997): Unter vier Augen, München.

– (1986): Coaching: Partner in dünner Luft, Manager Magazin, 8, S. 136-140.

Löw, Reinhard, Peter Koslowski und Robert Spaemann (Hg.) (1990): Expertenwissen und Politik, Weinheim.

Luciani, Joseph J. (2001): Self-coaching: How to heal anxiety and depression, New York.

Luckmann, Thomas (2007, orig. 1986): Grundformen der gesellschaftlichen Vermittlung des Wissens: Kommunikative Gattungen, in: Jochen Dreher (Hg.): Lebenswelt, Identität und Gesellschaft, Konstanz, S. 272-292.

Luhmann, Niklas (1980): Gesellschaftsstruktur und Semantik: Studien zur Wissenssoziologie der modernen Gesellschaft: Bd. 1-3, Frankfurt am Main.

Lury, Celia und Lisa Adkins (2009): What is the Empirical? European Journal of Social Theory, 12, 1, S. 5-20.

Lyotard, Jean-François (1999): Das postmoderne Wissen. Ein Bericht, Wien.

Mabey, Christopher, Denise Skinner und Timothy Clark (Hg.) (1998): Experiencing Human Resource Management, London.

Macho, Thomas (1999): Zur Ideengeschichte der Beratung, in: Gert Prechtl (Hg.): Das Buch von Rat und Tat, München, S. 17-33.

Macmillan, Carol (1999): The role of the organizational consultant: A model for clinicians. (consultant, executive coaching): Dissertation Abstracts International: Section B: the Sciences & Engineering, 60, (5-B): S. 2351, US: Univ Microfilms International.

Mannheim, Karl (1980): Strukturen des Denkens, Frankfurt am Main.

Mannheim, Karl (1928): Das Problem der Generationen. Kölner Vierteljahreshefte für Soziologie, 7: S. 1-34.

Martin, Curly (2004): The Life Coaching Handbook, Carmarthen, Wales.

Marx, Karl (1962): Das Kapital, Berlin.

Marx, Karl (1970): Resultate des unmittelbaren Produktionsprozesses. Frankfurt am Main.

Maslow, Abraham A. (1954): Motivation and Personality, New York.

– (1985, orig. 1968): Psychologie des Seins, Frankfurt am Main.

Matejko, Alexander J. (1994): Consulting and Management Coaching in Poland: A Personal Experience, Guru Nanak Journal of Sociology, 15, 2, S. 111-121.

Maturana, Humberto R. (1978): Cognition, in: Peter M. Hejl, Wolfram K. Köck und Gerhard Roth (Hg.): Wahrnehmung und Kommunikation, Frankfurt am Main, S. 29-49.

Maturana, Humberto R. und Francisco J. Varela (1987): The Tree of Knowledge, Boston.

Mayo, Elton (1949): Hawthorne and the Western Electric Company, The Social Problems of an Industrial Civilisation, London.

Mayrhofer, W. (1999): Personalpolitiken und -strategien im internationalen Vergleich, in: W. Elsik und W. Mayrhofer (Hg.): Strategische Personalpolitik Festschrift für Prof. Dr. Dudo von Eckardstein, München, S. 27-46.

McLuhan, Marshall (1968, orig. 1962): Die Gutenberg Galaxis, Düsseldorf.

Mead, George H. (1967): Mind, Self, & Society, Chicago.

Meckl, R. (1997): Outsourcing von Personalleistungen aus strategischer Sicht, Personal, 49, 8, S. 388-395.

Megginson, Leon C. (1968): Human Resources: Cases & Concepts, New York.

Menz, Adrian (1989): Menschen führen Menschen. Unterwegs zu einem humanen Management, Wiesbaden.

Mercedes AG Büromaschinen-Werke (1938) Die Organisation der Gefolgschafts- und Lohnabteilung eines industriellen Großbetriebes. Broschüre.

Mesmer, Anton (1779): Mémoire sur la découverte du magnetisme animal, Genf und Paris.

– (1985 orig. 1781): Abhandlung über die Entdeckung des thierischen Magnetismus, Tübingen.

Meter, Roz Van (2002): Using lightness and humor to coach highly creative people, in: Lynn Grodzki (Hg): The new private practice: Therapist-coaches share stories, strategies, and advice, New York, S. 128-144.

Meuser, Michael und Ulrike Nagel (1991): ExpertInneninterviews – vielfach erprobt, wenig bedacht, in: Detlev Garz und K. Kraimer (Hg.): Qualitativ-empirische Sozialforschung, Opladen, S. 180-192.

Michael, Ed, Ellen Handfield-Jones und Beth Axelrod (2001): The war for talents, New York.

Midelfort, Erik H. C. (2005): Exorcism and Enlightenment: Johann Joseph Gassner and the demons of eighteenth century Germany, New Haven, London.

Migge, Björn (2002): Coaching. Psychologische Lebensberatung. Praktisches Lehrbuch der professionellen Kommunikation, Minden.

Miller, Peter und Nikolas Rose (1994): Das ökonomische Leben regieren, in: Richard Schwarz und Jacques Donzelot (Hg.): Zur Genealogie der Regulation Anschlüsse an Michel Foucault, Mainz, S. 54-108.

Moldaschl, Manfred und G. Günter Voß (2002): Subjektivierung von Arbeit, München.

Moreno, Jacob (1946): Psychodrama, Vol. 1. Beacon, NY.

Morrill, Calvin und Gary Alan Fine (1997): Ethnographic Contributions to Organizational Sociology, Sociological Methods & Research, 25, 4, S. 424-451.

Münsterberg, Hugo (1912): Psychologie und Wirtschaftsleben, Leipzig.

– (1914): Grundzüge der Psychotechnik, Leipzig.

Nassehi, Armin, Susanne Brüggen und Irmhild Saake (2002): Beratung zum Tode. Eine neue ars moriendi? Berliner Journal für Soziologie, 1, S. 63-85.

Nelson, B. (1965): Self-Images and Systems of Spiritual Direction in the History of European Civilization, in: S. Klausner (Hg.): The quest for Self Control, New York.

Neuberger, O. (2000): Der Mensch ist Mittelpunkt. Der Mensch ist Mittel. Punkt, Personalführung, 1, S. 3-10.

Nordsieck, Fritz (1932): Grundlagen der Organisationslehre, Stuttgart.

O'Hanlon, Bill (1988): Solution-oriented Therapy: A Megatrend in Psychotherapy, in: Jeffrey K. Zeig und Stephen R. Lankton (Hg.): Developing Ericksonian Therapy State of the Art, New York.

O'Connor, Joseph und John Seymour (2005): Neurolinguistisches Programmieren: Gelungene Kommunikation und persönliche Entfaltung, Kirchzarten.

Odiorne, George S. (1984): Strategic Management of Human Resources, San Francisco.

Oechsler, Walter (2000): Personal und Arbeit. Grundlagen des Human Resource Management und der Arbeitgeber-Arbeitnehmer-Beziehungen, München.

Oechsler, Walter (1996): Historische Entwicklung zum Human Resource Management, in: P. Knauth und P. und A. Woller (Hg.): Human Resource Management, Köln, S. 1-29.

Oevermann, Ulrich (1985): Versozialwissenschaftlichung der Identitätsformation und die Verweigerung von Lebenspraxis. Eine aktuelle Variante der Dialektik der Aufklärung, in: B. Lutz (Hg.): Soziologie und gesellschaftliche Entwicklung, Frankfurt am Main, S. 463-474.

– (1996): Theoretische Skizze einer revidierten Theorie professionalisierten Handelns, in: Arno Combe und Werner Helsper (Hg.): Pädagogische Professionalität, Frankfurt am Main.

Opitz, Sven (2004): Gouvernementalität im Postfordismus. Macht, Wissen und Techniken des Selbst im Feld unternehmerischer Rationalität, Hamburg.

Orth, Charles D., Harry E. Wilkinson und Robert C. Benfari (1987): The manager's role as coach and mentor, Organizational Dynamics, 15, 4, S. 66-74.

Paris, Rainer (1992): Eine Gretchenfrage. Sachverständigkeit als Problem, in: Gabriele Althaus u. a. (Hg.): Avanti Dilettanti, Berlin, S. 11-66.

Parsons, Talcott (1964): The Professions and Social Structure, in: ders. (Hg.): Essays in Sociological Theory, New York, S. 34-49.

– (1964): Propaganda and Social Control, in: ders. (Hg.): Essays in sociological theory, London.

– (1965): Struktur und Funktion der modernen Medizin, Kölner Zeitschrift für Soziologie und Sozialpsychologie, Sonderheft 3, S. 45-67.

– (1968): Professions, in: International Encyclopedia of the Social Sciences, Vol 12, S. 536-547.

John Parry (1965): The Production of Flying Personnel, in: Jessop, W. N. (Hg.): Manpower Planning. A conference, under the aegis of the NATO Science Committee, New York.

Patten, Thomas H. Jr. (1968): The Foreman: Forgotten man of management, New York.

– (1971): Manpower Planning and the Development of Human Resources, New York.

Paulitz, Tanja (2005): Netzsubjektivitäten, Münster.

Perls, Frederick (1974): Gestalt-Therapie in Aktion, Stuttgart.

Perniola, Mario (2004): Wider die Kommunikation, Berlin.

Peter, Burkhard (2000): Hypnotische Selbstkontrolle. Die wirksame Psychotherapie des Teufelsbanners Johann Joseph Gassner um 1775, Hypnose und Kognition, 17, Doppelheft 1-2, S. 19-34.

Pfadenhauer, Michaela (2003): Professionalität. Eine wissenssoziologische Rekonstruktion institutionalisierter Kompetenzdarstellungskompetenz, Opladen.

Pfahl, Lisa und Boris Traue (2010): Die Erfahrung der Sonderpädagogik. Zur Verknüpfung von Diskurs- und Biographieanalyse. In: Reiner Keller und Inga Truschkat: Anwendungen der Wissenssoziologischen Diskursanalyse. Wiesbaden. (im Erscheinen).

Pfaller, Robert (2002): Die Illusionen der anderen. Über das Lustprinzip in der Kultur, Frankfurt am Main.

Pias, Claus (2003a): Die Epoche der Kybernetik, Berlin.

– (Hg.) (2003b): Cybernetics. The Macy Conferencess 1946-1953, Zürich.

Plessner, Helmut (1981): Die Stufen des Organischen und der Mensch. Einleitung in die philosophische Anthropologie, in: ders. (Hg.): Gesammelte Schriften IV, Frankfurt am Main.

Pomerantz, A. (1987): Pursuing a response, in: J. M. Atkinson und J. Heritage (Hg.): Structure of social action: Studies in conversation analysis, Cambridge, S. 152-164.

Porché, Germaine and Jed Niederer (2006): Coach Anyone About Anything: How to Help People Succeed in Business and Life. New York.

Power, Michael (1997): The Audit Society. Rituals of Verification, Oxford.

Pühl, Katharina (2003): Der Bericht der Hartz-Kommission und die „Unternehmerin ihrer Selbst“: Geschlechterverhältnisse, Gouvernementalität und Neoliberalismus, in: Marianne Piper und Encarnacion Guitierez Rodriguez (Hg.): Gouvernementalität. Ein sozialwissenschaftliches Konzept im Anschluss an Foucault, Frankfurt am Main, S. 111-135.

Pühl, Katharina und Susanne Schultz (2001): Gouvernementatlität und Geschlecht – über das Paradox der Festschreibung und Flexibilisierung des Geschlechterverhältnisses, in: Sabine Hesse und Ramona Lenz (Hg.): Geschlecht und Globalisierung, Königstein i. Ts., S. 102-127.

Pyyhtinen, Olli (2010) Simmel and ‚the Social‘. Houndmills, Basingstoke, Hampshire, New York.

Rabinow, Paul und William Sullivan (Hg.) (1987): Interpretative Social Science: A Second Look, Berkeley.

Radatz, Sonja (2006): Einführung in das systemische Coaching, Heidelberg.

Rauen, Christopher (2003): Coaching, Göttingen.

Reckwitz, Andreas (2006): Das hybride Subjekt. Eine Theorie der Subjektkulturen von der bürgerlichen Moderne zur Postmoderne, Weilerswist.

Reichertz, Jo (1993): Das Dilemma des ‚klinischen' Sozialwissenschaftlers und Sozialpädagogen. Kritische Randnotizen zur Nutzung des Oevermannschen Professionstheorie im sozialpädagogischen Diskurs, in: Hans Pfaffenberger und Hans Schenk (Hg.): Sozialarbeit zwischen Berufung und Beruf, Münster/Hamburg, S. 205-222.

Reiß, M und H. Schuster (1996): Das Personalwesen als Kooperationspartner interner Service-Bereiche, Zeitschrift für Personalforschung, 2, S. 203-222.

Resch, Christine (2005): Berater-Kapitalismus oder Wissensgesellschaft? Münster.

Richter, Horst-Eberhard (1973): Die Gruppe, Weinheim.

Ricœur, Paul (1974, orig. 1965): Die Interpretation. Ein Versuch über Freud, Frankfurt am Main.

Rieff, Philip (1968): Triumph of the Therapeutic, New York.

Rieger, Stefan (2002): Arbeit an sich. Dispositive der Selbstsorge in der Moderne, in: Ulrich Bröckling und Eva Horn (Hg.): Tübingen, S. 79-96.

– (2003): Kybernetische Anthropologie. Eine Geschichte der Virtualität, Frankfurt am Main.

Riekhof, Hans-Christian (1989): Strategien der Personalentwicklung, Wiesbaden.

Robbins, Stephen (1978): Personnel. The Management of human resources, Englewood Cliffs, NJ.

Roethlisberger, Fritz. J. (1968): Man-in-organization, Cambridge, Mass.

Roethlisberger, Fritz und W. J. Dickson (1939): Management and the Worker. Cambridge, Mass.

Rogers, Carl R. (1942): Counseling and Psychotherapy, Boston.

– (1951): Client-Centered Psychotherapy, Boston.

– (1961): On Becoming a Person, New York.

– (1981) Der neue Mensch. Stuttgart.

Röggla, Kathrin (2004): wir schlafen nicht, Frankfurt am Main.

Rosa, Hartmut (2005): Beschleunigung. Die Veränderung der Zeitstrukturen in der Moderne, Frankfurt am Main.

Rose, M. (1975): Industrial Behavior, London.

Rose, Nikolas (1989): Governing the Soul. The shaping of the private self, London.
– (1996): The death of the social? Refiguring the territory of government, Economy and Society, 25, 3, S. 327-356.
– (1998): Inventing our selves. Psychology, Power, and Personhood, Cambridge.
– (2004): Becoming Neurochemical Selves. In: Stehr, Nico (Hg.), Bio technology, Commerce And Civil Society. Somerset, S. 89-128.
Rousseau, Denise M. (1996): Psychological Contracts in Organizations: Understanding Written and Unwritten Agreements, Newbury Park, CA.
Rowan, John (1976): Ordinary Ecstasy. Humanistic Psychology in Action, New York.
Rückle, Horst (1992): Coaching, Düsseldorf.
Rügemer, Werner (Hg.) (2007): Die Berater. Frankfurt am Main.
Saar, Martin (2007): Genealogie als Kritik. Geschichte und Theorie des Subjekts nach Nietzsche und Foucault, Frankfurt am Main.
Salamon, Karen Lisa G. (2000): No Borders in business: the managerial discourse of organisational holism, in: Timothy Bewes und Jeremy Gilbert (Hg.): Cultural Capitalism – Politics after New Labour, London, S. 134-157.
Salamon, Karen Lisa Goldschmidt (2000): Faith Brought to Work: A spiritual movement in business management, Anthropology in Action Journal for Applied Anthropology in Policy and Practice, 7, 3, S. 24-29.
– (2001): Going global from the inside out – Spiritual Globalism in the Workplace, in: Mikael Rothstein (Hg.): New Age and Globalization, Aarhus.
Satir, Virginia (1972): Peoplemaking, Palo Alto, CA.
Schatzki, Theodore R., Karin Knorr Cetina und Eike von Savigny (Hg.) (2001): The Practice Turn in Contemporary Theory, London.
Schein, Edgar H. (1965): Personal and Organizational Change through Group Methods, New York.
– (2003): Prozessberatung für die Organisation der Zukunft. Der Aufbau einer helfenden Beziehung, Bergisch Gladbach.
Scheler, Max (1926): Die Wissensformen und die Gesellschaft, Bern.
Schelsky, Helmut (1972): Die Bedeutung des Berufs in der modernen Gesellschaft, in: Thomas Luckmann und Walter M. Sprondel (Hg.): Berufssoziologie, Köln, S. 25-35.
– (1975): Die Arbeit tun die anderen: Klassenkampf und Priesterherrschaft der Intellektuellen, Opladen.
Scherf, Michael (2002): Beratung als System, Wiesbaden.

Scherm, Martin und Werner Sarges (2002): 360°-Feedback, Göttingen.

Schevlin, Susan (2002): Beyond Insight to Vision, in: Lynn Grodzki (Hg.): The New Private Practice, New York.

Schiepek, Günter: Synergetik in der Psychologie, Frankfurt a. Main.

Schmiede, Rudi (Hg.) (1996): Virtuelle Arbeitswelten. Arbeit, Produktion und Subjekt in der „Informationsgesellschaft", Berlin.

Schmidt, Gunther (2008) Einführung in die hypnosystemische Therapie und Beratung, Heidelberg.

Schnettler, Bernt (2004): Zukunftsvisionen. Transzendenzerfahrung und Alltagswelt, Konstanz.

Scholz, Christian, Volker Stein und Roman Bechtel (2006): Human Capital Management. Wege aus der Unverbindlichkeit, München.

Schreyögg, Astrid (1995): Coaching, Frankfurt am Main.

Schuler, Heinz (2006): Lehrbuch der Organisationspsychologie, Göttingen.

Schultz, Theodore (1935): Vanishing Farm Markets and our world trade, Boston.

– (1943): Redirecting Farm Policy, New York.

– (1961): Investment in Human Capital, American Economic Review, March, S. 1-17.

– (1964): Transforming Traditional Agriculture, New Haven.

– (1971): Investment in Human Capital: The Role of Education and Research, New York.

– (1980): Investing in people. The Economics of population quality, Berkeley.

– (1980): Nobel Lecture: The economics of being poor, Journal of Political Economy, 88, 4, S. 639-651.

– (1990): Restoring economic equilibrium: human capital in the modernizing economy, Cambridge, Massachusetts.

Schütz, Alfred (1970): Reflections on the Problem of Relevance, New Haven.

– (1971): Wissenschaftliche Interpretationen und Alltagsverständnis menschlichen Handelns, in: Alfred Schütz (Hg.): Gesammelte Aufsätze, Bd 1, Den Haag, S. 3-54.

– (1971): Über die mannigfaltigen Wirklichkeiten, in: Ders. (Hg.): Gesammelte Aufsätze, Den Haag.

– (1971): Begriffs- und Theoriebildung in den Sozialwissenschaften, in: ders. (Hg.): Gesammelte Aufsätze Band 1, Den Haag, S. 55-76.

– (1972): Don Quixote und das Problem der Realität, in: ders. (Hg.): Gesammelte Aufsätze, Den Haag, S. 102-128.

– (1972): Der gut informierte Bürger, in: ders. (Hg.): Gesammelte Aufsätze, Den Haag, S. 85-101.

– (2003): Die kommunikative Ordnung der Lebenswelt, Konstanz.

Schütz, Alfred und Thomas Luckmann (1979): Strukturen der Lebenswelt, 2 Bd., Frankfurt am Main.

Schützeichel, Rainer (2004): Skizzen zu einer Soziologie der Beratung, in: Rainer Schützeichel und Thomas Brüsemeister (Hg.): Die beratene Gesellschaft Zur gesellschaftlichen Bedeutung von Beratung.

Schützeichel, Rainer und Thomas Brüsemeister (Hg.) (2004): Die beratene Gesellschaft. Zur gesellschaftlichen Bedeutung von Beratung, Wiesbaden.

Schwalbe, Silke und Astrid Beger (2003): Die Rolle des eHRM in der Personalwelt, Personal, 8, S. 10-13.

Sciulli, David (2007): Professions before Professionalism, European Journal of Sociology, 48, 1, S. 121-147.

Seel, Hans-Jürgen (1981): Zur normativen Begründung der Beratungsforschung, in: Heinz Jürgen Kaiser und Hans-Jürgen Seel (Hg.): Sozialwissenschaft als Dialog: die methodischen Prinzipien der Beratungsforschung, Weinheim, S. 48-70.

Seitter, Walter (2002): Physik der Medien. Materialien, Apparate, Präsentierungen, Weimar.

Senge, Peter (1990): The fifth Discipline: The Art and Practice of the Learning Organisation, New York.

Senge, Peter M. (2004): Presence. Exploring profound change in people, organizations and society, London.

Sennett, Richard (2000): Der flexible Mensch. Die Kultur des neuen Kapitalismus, Berlin.

– (2005): Die Kultur des neuen Kapitalismus, Berlin.

Shazer, Steve de (1996, orig. 1994): „Worte waren ursprünglich Zauber“, Dortmund.

Siegel, Tilla (2003): Denkmuster der Rationalisierung. Ein soziologischer Blick auf Selbstverständlichkeiten, in: Susann Geideck und Wolf-Andreas Liebert (Hg.): Sinnformeln. Linguistische und soziologische Analysen von Leitbildern, Metaphern und anderen kollektiven Orientierungsrahmen, Berlin, New York, S. 17-36.

Siegert, Bernhard (1989): Industrielle Echtzeit, in: Friedrich Kittler und Georg Christoph Tholen (Hg.): Arsenale der Seele, München, S. 203-210.

Siegert, Bernhard und Joseph Vogl (Hg.) (2003): Europa. Kultur der Sekretäre, Berlin.

Simon, Fritz B. (1988): Wirklichkeitskonstruktionen in der systemischen Therapie, in: Fritz B. Simon (Hg.): Lebende Systeme, Berlin, S. 1-9.

Sloterdijk, Peter (1985): Der Zauberbaum. Die Entstehung der Psychoanalyse im Jahr 1785, Frankfurt am Main.

Sombart, W. (1987): Der moderne Kapitalismus. Historisch-systematische Darstellung des gesamteuropäischen Wirtschaftslebens von seinen Anfängen bis zur Gegenwart, München.

Sommer, Carol (2002): Uncommon-sense coaching, in: Lynn Grodzki (Hg.): The new private practice: Therapist-coaches share stories, strategies, and advice, New York, NY, US, S. 161-177.

Sousa, Ronald de (1987): The Rationality of Emotion, Cambridge.

Sperry, Len (1996): Corporate therapy and consulting, Philadelphia.

Spie, Ulrich (1983): Entwicklungsphasen und derzeitiger Stand des betrieblichen Personalwesens, in: U. Spie (Hg.): Personalwesen als Managementaufgabe, Stuttgart, S. 3-56.

Spivak, Gayatri Chakravorty (1988): In other worlds, New York.

Sprondel, Walter M. (1979): „Experte" und „Laie": Zur Entstehung von Typenbegriffen in der Wissenssoziologie, in: ders. und Richard Grathoff (Hg.): Alfred Schütz und die Idee des Alltags in den Sozialwissenschaften, Stuttgart, S. 140-154.

Staehle, W. H. (1994): Management, München.

Stengers, Isabelle (2000): The Invention of Modern Science. Minneapolis.

Stichweh, Rudolf (1994): Professionen in einer funktional differenzierten Gesellschaft, in: ders. (Hg.): Wissenschaft, Universität, Professionen, Frankfurt am Main, S. 278-336.

– (1994): Wissenschaft Universität Professionen, Frankfurt am Main.

Stiegler, Bernard (2008a): Technik und Zeit, Bd. 1. Der Fehler der Epimetheus. Berlin, Zürich.

– (2008b): Èconomie de l'hypermatériel et psychopouvoir. Entretiens avec Philippe Petit et Vincent Bontems, Paris.

– (2009a): Technics and Time, Vol. 2. Disorientation, Stanford.

– (2009b): Von der Biopolitik zur Psychomacht. Die Logik der Sorge, Bd. 2, Frankfurt am Main.

– (2009c): Pour une nouvelle critique de l'économie politique, Paris.

Stockard, James G. (1980): Rethinking People Management. A New Look at the Human Resource Function, New York.

Strauss, Anselm (1986): Coaching for character change, Residential Treatment for Children & Youth, 4,1, S. 23-48.

Taylor, Charles (1996): Quellen des Selbst, Frankfurt am Main.

Ternes, Bernd (2000): Risiko Experten? in: Bernd Ternes (Hg.): Soziologische Marginalien 2 Aufsätze, Marburg, S. 21-33.

Theberge, Nancy (1988): Making a Career in a Man's World: The Experiences and Orientations of Women in Coaching, Arena Review, 12, 2, S. 116-127.

– (1990): Gender, Work, and Power: The Case of Women in Coaching, Canadian Journal of Sociology/Cahiers Canadiens de Sociologie, 15, 1, S. 59-75.

Theweleit, Klaus (1980): Männerphantasien: Bd. 1, Frankfurt am Main.

Thiersch, Hans (1989): Homo consultabilis: zur Moral institutionalisierter Beratung, in: Karin Köllert und Hans-Uwe Otto (Hg.): Soziale Arbeit auf der Suche nach Zukunft, Bielefeld, S. 175-193.

Tiqqun (2007): Kybernetik und Revolte, Berlin, Zürich.

Torpey, John (2000): The Invention of the Passport: Surveillance, Citizenship and the State, New York.

Touraine, Alain (1992): Critique de la Modernité, Paris.

Traue, Boris (2005): Das Subjekt in der Arbeitsforschung. Subjekttheoretische Arbeitsforschung und Perspektiven ihrer wissenssoziologischen/diskursanalytischen Erweiterung, GendA Discussion Paper Netzwerk feministische Arbeitsforschung an der Universität Marburg, 14.

– (2006): Verschränkungen von organisationellem und biographischem Wissen im Coaching, in: Karl-Siegbert Rehberg (Hg.): Soziale Ungleichheit - Kulturelle Unterschiede. Verhandlungen des 32. Kongresses der Deutschen Gesellschaft für Soziologie in München 2004, Frankfurt am Main, 1569-1579.

– (2008) Sozialwissenschaften und Menschenführungspraktiken im Spannungsfeld zwischen der ‚Verfügbarkeit der inneren Natur' und einer ‚Autonomie des Lebens', in: Karl-Siegbert Rehberg, u. Mitarb. v. Thomas Dumke und Dana Giesecke (Hg.): Die Natur der Gesellschaft. Verhandlungen des 33. Kongresses der Deutschen Gesellschaft für Soziologie in Kassel 2006, Frankfurt am Main.

– (2009a): Kompetente Subjekte. Kompetenz als Bildungs- und Regierungsdispositiv im Postfordismus. In: Thomas Kurtz und Michaela Pfadenhauer (Hg.): Soziologische Kompetenzforschung, Wiesbaden. S. 78-96.

– (2009b): Gouvernemedialität der digitalen Partizipation. Überlegungen zu medialen und gesellschaftlichen Voraussetzungen der Schriftkundigkeit. In: Sozialwissenschaften und Berufspraxis (SuB), 32, 2. S. 169-183.

– (2010a) The Cybernetic Self and its Discontents. In: Andrea D. Bührmann/Stefanie Ernst (Hg.): Control or Care of the Self. Sociology of the Subject in the 21st Century, Cambridge. (im Erscheinen)

– (2010b): Das Optionalisierungsdispositiv. Diskurse und Techniken der Beratung. In: Johannes Angermüller und Silke van Dyk: Diskursanalyse meets Gouvernementalitätsforschung. Frankfurt am Main. (im Erscheinen)

– (2010c): Marktprofessionalität und ihre Legitimationsquellen. In: Hans-Georg Soeffner (Hg.): Unsichere Zeiten: Herausforderungen gesellschaftlicher Transformationen. Verhandlungen des 34. Kongresses der Deutschen Gesellschaft für Soziologie (CD-ROM), Wiesbaden.

Treichler, Hans Peter (1988): Die magnetische Zeit. Alltag und Lebensgefühl im frühen 19. Jahrhundert, Zürich.

Tuschling, Anna und Christoph Engemann (2006): From Education to Lifelong Learning: The emerging regime of learning in the European Union, Educational Philosophy and Theory, 38, 4, S. 451-469.

Vogelauer, Werner (2004): Methoden-ABC im Coaching. Praktisches Handwerkszeug für den erfolgreichen Coach, München.

Vogl, Joseph (2004): Regierung und Regelkreis. Historisches Vorspiel, in: Claus Pias (Hg.): Cybernetics. Kybernetik. The Macy-conferences 1946-1953. Bd 2: Essays und Dokumente, Berlin, Zürich, S. 67-79.

Voß, G. Günter und Hans J. Pongratz (1997): Fremdorganisierte Selbstorganisation. Eine soziologische Diskussion aktueller Managementkonzepte, Zeitschrift für Personalforschung, 11, 1, S. 30-53.

Voß, G. Günter und Hans J. Pongratz (1998): Der Arbeitskraftunternehmer. Eine neue Grundform der Ware Arbeitskraft? Kölner Zeitschrift für Soziologie und Sozialpsychologie, 1, S. 131-148.

Wächter, H. (1979): Einführung ins Personalwesen, Berlin.

– (1992): Vom Personalwesen zum Strategic Human Resource Management. Ein Zustandsbericht anhand der neueren Literatur, in: W. H. Staehle und P. Conrad (Hg.): Managementforschung 2, Berlin, S. 313-340.

Wagner, Petra (1994): Literaturdokumentation: Personal und Arbeit. Rahmenbedingungen, Probleme und Lösungen der Personalwirtschaft, Nürnberg.

Wahlberg, Ayo (2007): Measuring Progress: Calculating the Life of Nations, Scandinavian Journal of Social Theory, 14, S. 65-82.

Wall, Friederike und Michael Gebauer (2002): Human Resource Accounting considered harmful? Ein stakeholder-orientierter Argumentationsleitfaden für ein neues altes Instrumentarium, Kostenrechnungspraxis, 46, S. 311-318.

Wallis, Roy (1984): The elementary forms of the new religious life, London.

Walsh, J. R. (1935): Capital Concept applied to Man, Quarterly Journal of Economics, February, S. 78-102.

Walter-Busch, Emil (1994): Gemeinsame Denkfiguren von Experten und Laien. Über Stufen der Versozialwissenschaftlichung und einfache Formen sozialwissenschaftlichen Wissens, in: R. Hitzler, A. Honer und C. Maeder (Hg.): Expertenwissen. Die institutionalisierte Kompetenz zur Konstruktion von Wissen, Opladen, S. 83-103.

Watzlawik, Paul, Janet H. Beavin und Don D. Jackson (1969): Menschliche Kommunikation - Formen, Störungen, Paradoxien. Bern.

Weber, Max (1969): Die protestantische Ethik (und der Geist des Kapitalismus) 2 Bde., München, Hamburg.

– (1980): Wirtschaft und Gesellschaft. Studienausgabe, Tübingen.

Weiser, Melitta (2001): Selbstdarstellung und Selfmarketing. So werden Sie eine unverwechselbare Persönlichkeit, Regensburg.

Weiskopf, Richard (2005): Gouvernementabilität: die Produktion des regierbaren Menschen in post-disziplinären Regimen, Zeitschrift für Personalführung, 19, 3, S. 289-311.

Wertheimer, Max (1938): Gestalt Theory, in: Willis D. Ellis (Hg.): A source book of Gestalt Psychology, London.

Wiener, Norbert (1961): Cybernetics or control and communication in the animal and the machine, Cambridge.

Wilensky, H. A. (1972): Jeder Beruf eine Profession? in: Thomas Luckmann und Walter M. Sprondel (Hg.): Berufssoziologie, Köln, S. 198-215.

Wilker, Friedrich-W. (Hg.) (1995): Supervision und Coaching, Bonn.

Willems Herbert (1994): Psychotherapie und Gesellschaft, Opladen.

Wingens, Matthias (1988): Soziologisches Wissen und politische Praxis. Neuere theoretische Entwicklungen der Verwendungsforschung, Frankfurt am Main.

Wiskemann, Gabriel (2000): Strategisches Human Resource Management und Arbeitsmarkt. Personalplanung als Grundlage eines systematischen Beschäftigungsmanagements, Baden-Baden.

Wolfson, M., Z. B. Orzech und S. Hanna (1986): Marx, Karl and the depletion of human-capital as open-access resource, History of Political Economy, 18, 3, S. 497-513.

Wolters, Gereon (Hg.) (1988): Franz Anton Mesmer und der Mesmerismus. Wissenschaft, Scharlatanerie, Poesie, Konstanz.

Wrana, Daniel (2002): Formen der Individualität. Eine Analyse diskursiver Praktiken der Gesellschaftsbeschreibung bei Kursleiterinnen der Erwachsenenbildung, in: Herrmann J. Fomeck und Wolfgang Lippitz (Hg.): Literalität und Bildung Festschrift zum 60 Geburtstag von Prof. Dr. Michael W. Schwander, Marburg.

Wright, Patrick M. (Hg.) (1999): Strategic Human Resources Management in the 21st Century, Stanford.

Wunderer, Rolf (1992): Von der Personaladministration zum Wertschöpfung-Center, Die Betriebswirtschaft, 52, 2, S. 201-215.

Wunderer, Rolf, Sabina von Arx und André Jaritz (1998): Beitrag des Personalmanagements zur Wertschöpfung im Unternehmen, Personal, 50, S. 346-350.

Yoder, Dale (1970, Erstausgabe 1938): Personnel Management and Industrial Relations, London.

– (1962): Personnel Management and Industrial Relations, London.

Zeus, Perry und Suzanne Skiffington (2000): The complete guide to coaching at work, Sydney.

Zizek, Slavoj (1991): Liebe dein Symptom wie dich selbst! Berlin.

Zoll, Rainer (Hg.) (1988): Zerstörung und Wiederaneignung von Zeit, Frankfurt am Main.

Zweig, Stefan (1952): Die Heilung durch den Geist. Mesmer. Mary Baker-Eddy. Freud, Frankfurt am Main.

Zygowski, Hans (Hg.) (1987): Psychotherapie und Gesellschaft, Frankfurt am Main.

Sozialtheorie

Ulrich Bröckling,
Robert Feustel (Hg.)
Das Politische denken
Zeitgenössische Positionen

Januar 2010, 340 Seiten, kart., 25,80 €,
ISBN 978-3-8376-1160-1

Anina Engelhardt,
Laura Kajetzke (Hg.)
Handbuch Wissensgesellschaft
Theorien, Themen und Probleme

Oktober 2010, 378 Seiten, kart., 25,80 €,
ISBN 978-3-8376-1324-7

Markus Gamper,
Linda Reschke (Hg.)
Knoten und Kanten
Soziale Netzwerkanalyse in Wirtschafts- und Migrationsforschung

Oktober 2010, 428 Seiten, kart.,
zahlr. z.T. farbige Abb., 32,80 €,
ISBN 978-3-8376-1311-7

Leseproben, weitere Informationen und Bestellmöglichkeiten finden Sie unter www.transcript-verlag.de

Sozialtheorie

Max Miller
Sozialtheorie
Eine Kritik aktueller Theorieparadigmen. Gesammelte Aufsätze

Dezember 2010, ca. 300 Seiten,
kart., ca. 27,80 €, ISBN 978-3-89942-703-5

Elisabeth Mixa
Body & Soul
Wellness: von heilsamer Lustbarkeit und Postsexualität

Januar 2011, ca. 250 Seiten,
kart., zahlr. Abb., ca. 24,80 €,
ISBN 978-3-8376-1154-0

Stephan Moebius, Sophia Prinz (Hg.)
Das Design der Gesellschaft
Zur Kultursoziologie des Designs

Oktober 2011, ca. 300 Seiten, kart., ca. 28,80 €,
ISBN 978-3-8376-1483-1

Leseproben, weitere Informationen und Bestellmöglichkeiten finden Sie unter www.transcript-verlag.de

Sozialtheorie

Roswitha Breckner
Sozialtheorie des Bildes
Zur interpretativen Analyse von Bildern und Fotografien
Dezember 2010, ca. 386 Seiten, kart., zahlr. z.T. farb. Abb., ca. 33,80 €, ISBN 978-3-8376-1282-0

Hannelore Bublitz
Im Beichtstuhl der Medien
Die Produktion des Selbst im öffentlichen Bekenntnis
März 2010, 240 Seiten, kart., 25,80 €, ISBN 978-3-8376-1371-1

Michael Busch, Jan Jeskow, Rüdiger Stutz (Hg.)
Zwischen Prekarisierung und Protest
Die Lebenslagen und Generationsbilder von Jugendlichen in Ost und West
Januar 2010, 496 Seiten, kart., 29,80 €, ISBN 978-3-8376-1203-5

Pradeep Chakkarath, Doris Weidemann (Hg.)
Kulturpsychologische Gegenwartsdiagnosen
Bestandsaufnahmen zu Wissenschaft und Gesellschaft
Dezember 2010, ca. 226 Seiten, kart., ca. 25,80 €, ISBN 978-3-8376-1500-5

Jürgen Howaldt, Michael Schwarz
»Soziale Innovation« im Fokus
Skizze eines gesellschaftstheoretisch inspirierten Forschungskonzepts
August 2010, 152 Seiten, kart., 18,80 €, ISBN 978-3-8376-1535-7

Karin Kaudelka, Gerhard Kilger (Hg.)
Die Arbeitswelt von morgen
Wie wollen wir leben und arbeiten?
Oktober 2010, 230 Seiten, kart., zahlr. Abb., 19,80 €, ISBN 978-3-8376-1423-7

Carolin Kollewe, Elmar Schenkel (Hg.)
Alter: unbekannt
Über die Vielfalt des Älterwerdens. Internationale Perspektiven
Januar 2011, ca. 280 Seiten, kart., zahlr. Abb., 29,80 €, ISBN 978-3-8376-1506-7

Thomas Lenz
Konsum und Modernisierung
Die Debatte um das Warenhaus als Diskurs um die Moderne
Dezember 2010, ca. 218 Seiten, kart., ca. 23,80 €, ISBN 978-3-8376-1382-7

Stephan Lorenz (Hg.)
TafelGesellschaft
Zum neuen Umgang mit Überfluss und Ausgrenzung
August 2010, 240 Seiten, kart., 22,80 €, ISBN 978-3-8376-1504-3

Herfried Münkler, Matthias Bohlender, Sabine Meurer (Hg.)
Handeln unter Risiko
Gestaltungsansätze zwischen Wagnis und Vorsorge
Juli 2010, 288 Seiten, kart., 29,80 €, ISBN 978-3-8376-1228-8